Spiritualität & Wissenschaft

Mahãn Hannes Jacob

Spiritualität & Wissenschaft

Heilung und Medialität im Alltag

Liebe Jaqueline
ich denke oft an Euch
Möge Euer Weg
in Freude sein

WERDVERLAG.CH

Vorwort

→ von Prof. Dr. Laura Martignon, Professorin an der Pädagogischen Hochschule Ludwigsburg und wissenschaftliche Partnerin des Max-Planck-Instituts für Bildungsforschung.

Das Buch enthält autobiografische Auszüge aus dem Leben des Autors. Seine Schilderungen sind deshalb wichtig, weil sie die Ursprünge seiner Beweggründe erklären. Sie dienen gleichzeitig als Einleitung zu den wichtigsten Themen des Buches, vor allem aber geben sie uns sehr konkrete Beispiele der Anwendung dieser Erkenntnisse im Alltag.

Das Buch von H. Jacob ist sowohl ein spiritueller als auch ein wissenschaftlicher Text. In der Tat ist die Absicht vor allem spiritueller Natur, allerdings stellt sich sein Werk erfolgreich einer doppelten Herausforderung: Es verbindet und fesselt den esoterisch geneigten Leser, den Therapeuten, genauso wie den Wissenschaftler und alle, die auf der Suche nach Erklärungen für Phänomene sind, die heute noch als rätselhaft betrachtet werden. Es gelingt ihm ebenso, einen Text und eine Terminologie zu erarbeiten, die einerseits für den Laien in seiner spirituellen Entwicklung verständlich sind, aber andererseits auch wissenschaftliche Elemente enthalten, welche den gelehrten Forscher ansprechen. Seine Ausführungen ermöglichen eine Entmystifizierung zahlreicher verfehlter Vorstellungen, während sie gleichzeitig den Leser auf eine zaubervolle Reise mitnehmen, auf eine Entdeckungsreise mitten in die Magie des Lebens!

Der Autor hält Bescheidenheit für die grösste Tugend, wenn es darum geht, Medium zu werden. Dem Leser wird rasch klar, dass der Autor zwar ein grosses Medium ist, dass er aber das ganze Buch hindurch bescheiden und gleichzeitig vertrauenswürdig bleibt. Seine Schreibweise ist eindeutig, sehr präzise und diszipliniert; seine Ausführungen sind konkret und verdienen höchsten Respekt.

Die enthaltenen praktischen Übungen werden bei den verschiedensten Lesern, welche bereit sind, in die Praxis einzutauchen, sie zu festigen oder zu vertiefen, Anklang finden. Es handelt sich also auch um ein Arbeitsbuch. Als Expertin im Bereich der Bildungsforschung erkenne ich in diesem Werk ein wertvolles Unterrichtswerkzeug.

Das vorliegende Werk ist ausserordentlich gut und klar verfasst. Es stellt einen hervorragenden Einstieg dar in einen Bereich, der oft im Amalgam mit esoterischen Aktivitäten oder Meinungen gesehen wird. Es zeigt ebenfalls auf, dass die spirituelle Dimension des Lebens deutlich ernster zu nehmen ist, als der moderne Mensch dies heute in seinem ewigen Wettlauf tut. Es lädt den Leser ein, eine Weile innezuhalten, zu meditieren und auch zu beten.

Ich freue mich, dieses Buch mit all jenen zu teilen, die gespannt sind, das Wesen des Lebens zu erfassen und Medialität zu praktizieren, sowie mit all meinen Kollegen aus der Wissenschaft. Ich muss zugeben, dass ich darüber erstaunt bin, bis dato weder Untersuchungen zum Hannes-Jacob-Syndrom noch zu den physischen und psychischen Störungen, unter denen zahlreiche sensitive Menschen leiden können, gefunden zu haben. Ich freue mich aber und bin beruhigt, zu erkennen, dass diese Störungen keine Fatalität darstellen und dass es Lösungen gibt. Ich bin davon überzeugt, dass die innovativen Ideen, die in diesem Buch dargelegt werden, es verdienen, die nötigen Mittel und neugierigen Wissenschaftler anzuziehen, damit in Zukunft weitere Forschungsarbeiten durchgeführt werden können.

Als ich mich dazu entschloss, dieses Buch zu lesen, geschah dies zunächst aus Neugierde, welche in der Folge jedoch zwei Dinge in mir auslöste: den Wunsch, mehr darüber zu erfahren und vor allem eine echte Hoffnung. Viele Menschen tendieren dazu, die zwei Hemisphären des Gehirns als getrennt zu betrachten, indem sie ihnen explizite Funktionen zuweisen: links den Intellekt und das Denken, rechts die Intuition und die Kreativität. In gleicher Weise neigen wir irrtümlicherweise dazu, die klassische Medizin von komplementären Heilmethoden zu trennen. Ich teile diese Auffassung nicht. Wir müssen akzeptieren, dass die beiden Gehirnhälften sich ergänzen, wenngleich jede ihre spezifischen Besonderheiten besitzt. In ähnlicher Weise müssen wir akzeptieren, dass sowohl die klassische Medizin als auch alternative Heilmethoden ihre jeweils eigenen Anwendungsgebiete haben und sich deshalb nicht gegenseitig ausschliessen.

Meine Hoffnung entspringt dem Schreibstil dieses Werkes und der Art und Weise, wie die Themen angegangen werden. Wenn wir in der heutigen Zeit so wenig Zusammenwirken dieser beiden Gebiete finden, bedeutet dies, dass es immer noch weitgehend an Dialogbereitschaft und gegenseitigem Zuhören fehlt. Es muss ein Ausweg aus dieser Sackgasse gefunden und die Hindernisse zwischen diesen zwei Welten überwunden werden. Tatsächlich sind auf Gehirnebene Dialog und Austausch zwischen den beiden Hemisphären konstant, vielschichtig, reichhaltig und unendlich. Die Lösung, die zur gegenseitigen Annäherung führt, liegt nicht nur in Kommunikation, Begegnung oder Diskussion, sondern verlangt ebenfalls nach Geduld. Zwischenmenschliche Kommunikation ist immer die stärkste aller Kommunikationsformen. Mögen die Disziplinen, die sich heute noch entgegenstehen, diese Begegnung zulassen und sich so gemeinsam auf den Weg der Erkenntnis machen. Humphrey Bogart würde sagen: «This is the beginning of a beautiful friendship» (Dies ist der Beginn einer wunderbaren Freundschaft).

Prof. Dr. Laura Martignon

Inhaltsverzeichnis

Danksagung

Mein Dank reicht Jahre zurück; ich zähle nicht mehr, wie oft ich den Versuch gemacht habe, meine Ideen und Erlebnisse zu Papier zu bringen …

Dieses Buch wäre ohne meine Assistentin und beste Freundin Mélanie Engetschwiler niemals entstanden. Ich werde niemals genügend Worte finden, um ihr für die unzähligen Nächte zu danken, die sie damit verbracht hat, mein «Griechisch-Appenzeller-Französisch» zu korrigieren sowie für ihre Vorschläge zu Inhalt und Organisation meines Textes.

Anne Renaud hat als allererste meine Audio-Aufnahmen niedergeschrieben. Jahre später hat Maribel Torrent meine ersten Entwürfe kommentiert. Ausserdem danke ich dem Parkhotel Elefante in Verona dafür, mich während des ganzen Aufenthaltes, den ich ausschliesslich der Ausarbeitung dieses Buches gewidmet habe, wie einen der Ihrigen behandelt zu haben.

Viele Professoren haben mich gelehrt und geformt: Maharaj Swamiji Dharmananda Saraswati hat mich Meditation und Kriya-Yoga gelehrt. Sie gab mir auch meinen spirituellen Namen «Mahãn». Glyn Edwards hat mich beim Erlernen der Medialität geführt (sie verstarb im Sommer 2015). Chris Denton hat mich das Heilen und die Trance gelehrt. Ich danke meinen spirituellen Meistern und all meinen irdischen Lehrern von ganzem Herzen.

Ich bin Therese Furrer und Dr. Donatus Rüetschi zu grösstem Respekt verpflichtet für ihre Geduld mit dem nicht konformen Schüler, der ich war, als ich in den neunziger Jahren ihre Schule für Medialität in Bern besuchte. Mit dem heutigen Abstand denke ich, dass ich eine furchtbare Nervensäge gewesen sein muss. Dank ihrer Hingabe gebe ich mir heute Mühe, für meine Schüler ebenso viel Geduld aufzubringen, wie sie damals für mich.

Dank geht an Dr. François Moll, Psychiater in Biel, der den Mut hatte, bei seinen Kollegen anzuecken und es mir so ermöglicht hat, Zugang zu verschiedenen Labors zu erhalten, um dort meine Versuche durchzuführen. Ich danke auch dem Chefarzt der Neurologie in Biel, Dr. Ralph Hassink, der meine Versuche zum Distanzheilen überwacht und kommentiert hat und der den Mut hatte, sich zu meinem Thema vor eine Fernsehkamera zu stellen. Ich danke zum einen Dr. A. Amsel (Ärztin für Psychiatrie), damals Chefärztin der externen Psychiatrie in Bern, die mich vielfach ermutigt hat, nicht aufzugeben, und die das positive Verhalten einer Patientin während meiner energetischen Behandlung kommentiert hat, und zum anderen Dr. Helen Burach in Biel. Mein Dank geht ebenfalls an Prof. Dr. Laura Martignon vom Max-Planck-Institut und der verstorbenen Prof. Dr. Ulla Mitzdorfer, die meine Schriften über das «Hannes-Jacob-Syndrom», das in diesem Buch im Kapitel über die Sensitivitätsstörung beschrieben ist, in meinem Namen eingereicht haben. Ich richte meinen Dank auch an Dr. Nathalie Calame für ihre Überwachung des medizinischen Teils des Buches.

Ganz besonderer Dank geht an meine Eltern in Speicher im Appenzell, die mich immer unterstützt haben; auch noch nach mehrfachem Laufbahnwechsel ihres Sohnes, der zunächst an der Schweizer Polizeischule studiert, um dann ins Hotelfach zu wechseln (ohne etwa jemals ein Hotel besitzen zu wollen), der sich dann zum Erfinder der «Sled Dogs snowskates» mausert, einem Wintersportartikel, welcher als «Inline Skates für die Piste» beschrieben werden könnte (Videos hierzu sind auf YouTube zu finden) und dann weiter auf dem Weg des internationalen Marketing zum Immobilienmakler wird. All das, um schlussendlich vor die Tatsache gestellt zu werden, dass ihr Sohn von alledem nun genug hat und dass er von nun an Heiler sein würde – und zu allem Überfluss auch noch mit Verstorbenen kommunizieren würde.

Mein Dank richtet sich schliesslich an Dr. Catherine Bourquin, die mich 2005 zur Gründung der (dazumal) Schweizer Schule für Medialität Fréquences ermutigt und mich dann ebenfalls bei deren Aufbau begleitet hat. Dank geht auch an Roland Bühlmann, der als Heiler in Biel tätig ist. Als damaliger Partner bei meinem Abenteuer Fréquences glich er als ruhender Pol so einige Erschütterungen aus. Ausserdem möchte ich ganz herzlichst Marlis Seligmann, Viviane Kuhn und Aurélie Cuttat für ihre Beiträge danken.

Danke, danke euch allen ... und Dank auch an all jene, die ich vielleicht vergessen habe und die mich unterstützt haben, danke von ganzem Herzen.

Über den Autor

Seit 1990 arbeitet Hannes Jacob als Geistheiler in seiner Praxis in Neuchâtel (Neuenburg) in der Schweiz. Als Leiter der Schweizer Schule für Heilung Fréquences, die er 2005 gegründet hat, und als diplomierter Professor des Arthur Findlay College in London vermittelt er verschiedene Heilmethoden (wie z. B. EPI – Extraction of Pathological Information, geistiges Heilen, Therapeutic Touch, Kahuna, Reiki), Medialität sowie verschiedene Meditationstechniken. Er ist SNU Approved Healer und hat 6 Jahre lang an der Schweizerischen Vereinigung für Parapsychologie in Bern unterrichtet. Seit 2002 unterrichtet er am Zentrum für Gesundheitsvorsorge von Colombier in der Westschweiz. Er hat Kriya-Yoga studiert bei Swamiji Dharmananda Saraswati Maharaj, die ihm seinen geistigen Namen «Mahãn» gab, und zieht sich regelmässig in buddhistische Klöster zurück, um in Stille zu meditieren. Seit vielen Jahren interessiert er sich tiefgehend für veränderte Bewusstseinszustände und hat in diesem Bereich zahlreiche Untersuchungen geführt. Eine grosse Anzahl Artikel über ihn sind in unterschiedlichen Ländern erschienen. Er hat an Fernsehsendungen und Radiointerviews teilgenommen und Vorträge in der Schweiz und in England gehalten.

Einleitung

In meiner Danksagung habe ich diejenigen genannt, die noch auf dieser Welt weilen. Natürlich geht der grösste Dank an die geistige Welt, zuallererst an meine Geistführer Jonathan und White Feather, die meine Texte beeinflusst und meine Feder geführt haben.

Sollten Sie in diesem Buch auf Ungereimtheiten stossen, so glauben Sie mir bitte, dass diese nicht etwa dem Heiligen Geist, sondern meiner eigenen Unkenntnis entspringen. All mein Wissen basiert auf meinen Erfahrungen und Beobachtungen. So kann nie vollkommen ausgeschlossen werden, dass etwaige Abweichungen von der absoluten Wahrheit – sofern diese denn existiert – auftreten können, oder sich vielleicht Lücken finden. Sollte sich jemand verletzt fühlen, so liegt dies gewiss nicht in meiner Absicht. Da meine Erlebnisse und Erfahrungen meine einzige Quelle sind, komme ich nicht darum herum, auch über mich selbst zu sprechen, was aber sicherlich nicht das Ziel des Buches ist.

Der Leser mag mich während der Lektüre vielleicht als bestimmte und selbstsichere Persönlichkeit kennenlernen, es sei ihm aber versichert, dass ich mir bewusst bin, dass sich eine Vielzahl von Aspekten noch meiner Kenntnis entzieht: Dennoch muss alles irgendwo einmal seinen Anfang finden.

Ich habe bereits ein Buch über meine Pilgerreise nach Venedig geschrieben. Wenn ich es heute wieder aufschlage und darin lese, dann zieht mich der Zauber der Reise immer noch in seinen Bann. Ein Fussmarsch nach Venedig, mit dem Ziel ein zehnminütiges Interview zu bekommen, um danach Milliardenumsätze einem guten Zweck zufliessen lassen zu wollen (ich werde im Kapitel *Das Projekt Maschine* näher darauf eingehen), wird vielen Menschen als verrückt erscheinen. Wenn man die Welt retten will, wird man für verrückt gehalten, und vielleicht ist man es auch … Dennoch war diese Reise der Auslöser für meinen Glauben. Später habe ich dann Tagebuch geführt über meine Reisen nach Griechenland und die damit verbundene Mystik. Vielleicht werde ich diese Initiationsreisen einmal als Sammlung veröffentlichen.

Was mich letztendlich dazu gebracht hat, meine persönlichen Erfahrungen und Recherchen in einem Buch zusammenzustellen, sind die zahlreichen Vorurteile, welche gegenüber dem Beruf des Mediums und Heilers immer noch zu oft geäussert werden. Es ging mir darum, die Situation um den offensichtlichen allgemeinen Wissensmangel zu verbessern und dabei auch jegliche Missverständnisse bezüglich diesen zwei wunderbaren Berufen auszuräumen. In allererster Linie geht es mir darum, das Vorurteil zu beheben, nachdem Medialität und Heilen bloss folkloristischer Unsinn sind.

In der Tat bedauere ich zutiefst, dass der Begriff «Medium» unter einer derartig schlechten Konnotation leidet, auch wenn ich in vielen Fällen die Ursprünge der Vorurteile erkennen kann. Manche Menschen suchen umgehend das Weite, sobald man sich ihnen als Medium vorstellt, während andere sich ein fantasievolles Bild von dieser Tätigkeit machen und ihr Möglichkeiten zuschreiben, die weit von unserer Realität entfernt liegen. Mit dem Titel dieses Werkes, Spiritualität & Wissenschaft – Heilen und Medialität im Alltag, möchte ich klar zum Ausdruck bringen, dass Medialität und Heilen Gebiete sind, welche nicht nur grundsätzlich jedem Menschen zugänglich sind und in dessen Alltag eine äusserst konstruktive Rolle spielen können, sondern welche durchaus auch wissenschaftlich untersucht werden können und sollen.

Damit meine Ausführungen in diesem Buch dem Leser so klar wie möglich werden, werde ich vorab jeweils die Begriffe, welche generell mit dem Thema der Sensitivität zusammenhängen, erläutern, bevor ich mich dann zu medizinischen oder medialen Aspekten äussere. Die Kenntnis der entsprechenden Terminologie und der Grundlagen der verschiedenen Funktionsweisen des Ätherkörpers und des Geistes wird das Verständnis der besprochenen Themen erleichtern.

Die Begriffe werden auch mit dem Ziel erläutert, dem Leser sowie meinen Schülern den Zusammenhang zwischen ihrer Aktivität als Heiler oder Medium und den medizinischen Folgen erkenntlich zu machen und somit die Risiken, welche im Zusammenhang mit hoher Sensitivität für ihre eigene Gesundheit sowie diejenige ihrer Patienten entstehen können, deutlicher zu machen.

Ich habe mein Bestes getan, um dieses weitreichende Gebiet gut abzudecken und ich hoffe, damit so einige Missverständnisse zu beseitigen. Aber vor allem habe ich mein ganzes Herz in dieses Werk gesteckt, im Wunsch, meinem Leser die ganze Pracht des menschlichen Geistes und irdischen Lebens zu offenbaren.

Tod

—

Enthülle den Schleier deines Geheimnisses

—

Habe Mitleid mit unserem Schicksal

—

Damit wir aus unserer Unwissenheit treten

—

Und in alle Ewigkeit

—

Das Leben

—

Preisen können

Nennen wir ihn Johann

Johann ist über zwanzig Jahre lang einer meiner engsten Freunde gewesen. Sobald er ein Glas getrunken hatte, wurde er vom intelligenten Wissenschaftler zum grössten Komiker. Wir spielten, assen und tranken zusammen und wir verbrachten jedes Jahr Ferien zusammen, – bis an jenem Tag, an dem ich ihm offenbarte, was mir im Zusammenhang mit dem Heilen und der Medialität widerfuhr.

Daraufhin wies er sein gesamtes Umfeld an, im Umgang mit mir Vorsicht walten zu lassen; er liess ebenfalls verlauten, dass ich womöglich einer Sekte beigetreten sei, dass ich wohl zu einem Scharlatan geworden sei, und dass ich mein Umfeld früher oder später wohl arg enttäuschen würde.

Wir haben uns nie wieder gesehen.

Natürlich befiehl mich eine grosse Wut. Aber sie war von Nutzen, denn sie zwang mich, über sie hinaus zu schauen.

Wie kann ich einem Blinden vorwerfen, dass er die Diskussion über die Farben oder die Tiefe eines Bildes nicht versteht?

Wie kann ich einen Tauben deswegen verurteilen, weil er mit mir nicht im selben Takt tanzt?

Wie kann man sich von Unkenntnis verletzt fühlen?

Jeder Mensch kennt mehr als einen Johann. Jeder Mensch heisst Johann. Und je nach Thema bin ich selbst Johann.

Ein Hoch auf Johann!

Meine Begegnung mit der Medialität

Mein Bewusstsein, mein ganzer Geist fliegt durch die verschiedenen Dimensionen, um schliesslich in einer Steppenlandschaft zu landen. Ich befinde mich jetzt auf einem schwarzen Panther, der durch Gras und Sträucher jagt. Nach und nach, im Rhythmus seiner Bewegung nähern sich unsere Geister. Schliesslich verschmelzen sie und ich werde eins mit dem Panther. Jetzt bin ich in seinem Inneren und nehme die Umgebung mit seinen Sinnen wahr. Ich sehe nicht nur mit seinen Augen, sondern fühle auch, wie das hohe Gras und die feinen Sträucher meine Schnauze und mein Gesicht streifen…

Ein anderes Mal, während einer Meditation in Präsenz meiner Geistführer, erweitert sich meine Wahrnehmung und ich finde mich inmitten eines tropischen Waldes. Über einem kleinen Teich erscheint eine Fee oder Königin, anders kann ich sie nicht beschreiben. Sie ist jung, etwa zwanzig Jahre alt, wenn man ihr denn ein Alter zuschreiben kann. Eine Perlenkette schmückt ihr Haar und ihre Schönheit ist fast übermenschlicher Natur.

— Wer bist du?

— Eine Freundin.

Ich will sie mit «Königin» anreden, aber bevor ich das Wort aussprechen kann, sagt sie «Shiva» und lächelt mich an. Daraufhin verschwindet ihre Erscheinung sogleich und weicht einem grossen weissen Schwan von majestätischem Antlitz, dessen Wesen tiefste Ruhe und wahrhaftigen Frieden ausstrahlt.

Ich bin ein sehr rationaler Mensch. Aber ich habe diese Dinge erlebt und weiss, dass sie real sind. Die Gewissheit ist so gross, als ginge es darum, zwei und zwei zu addieren.

Die wohl längste Erfahrung widerfuhr mir bei mir zu Hause; sie geschah an mehreren Vormittagen während meiner täglichen Meditationen und zog sich über einen Zeitraum von etwa sechs Wochen. Während meiner Sitzung sehe ich einen Mann mit langem braunem Haar in einem langen Gewand; seine beiden Hände stützen sich auf einen grossen vor ihm auf dem Boden abgestellten Säbel. Ich ignoriere den Mann, obwohl er immer wieder erscheint, denn ich sage mir, dass es sich lediglich um eine mentale Projektion handelt. Eines Tages frage ich ihn dennoch, mit ein wenig Skepsis aber Humor zugleich: «Wer bist du? Eine Art Jesus?» «Nein», erwidert er zu meiner Überraschung, «Ich bin Michael, du wirkst in meiner Energie»; ich bin erstaunt und befrage ihn weiter: «Bist du Erzengel Michael?» «Ja.» Für den Bruchteil einer Sekunde erscheinen mir symbolische Flügel, dann verschwindet Michael.

Unser Universum besteht aus mehreren Existenz- und Bewusstseinsdimensionen. Diese verschiedenen Schichten überlappen sich, durchdringen einander und koexistieren an ein und demselben Ort. Die materielle Dimension hält sich für göttlich und dennoch gibt es nichts Vergänglicheres. Die natürlichen Elemente bearbeiten sie, formen und zerstören sie ganz beliebig. Das gesamte Universum unterliegt diesem Prozess und seinen Regeln, und der Mensch damit ebenso. Der Zugang zu diesen anderen Dimensionen ist mir nicht von einem Tag auf den anderen in den Schoss gefallen, ich habe ihn nicht ohne jede Mühe erhalten.

DIE ERSTEN ZEICHEN

Meine Entwicklung im Bereich der Medialität begann am Ende meiner Pubertät, im Alter von siebzehn oder achtzehn Jahren. Ich interessierte mich zunächst für Chirologie, also Handlesekunst. Durch äusserst regelmässiges Handlesen für die verschiedensten Personen konnte ich mir in wenigen Jahren eine solide Grundlage in diesem Feld erwerben: Handlesen ermöglicht mir ganz unabhängig von der jeweiligen Hand, zahlreiche und meistens auch genaue Aussagen über die betreffende Person zu machen. Dabei betreibe ich jedoch niemals Hellseherei oder Wahrsagerei.

Nicht sehr viel später wurde ich von einer Zigeunerin in die Radiästhesie und die Benutzung des Pendels eingeführt. Auch hierbei stellte sich der Erfolg sofort ein. Trotz dieser vielversprechenden Anfänge wurde mir jedoch schnell bewusst, dass mir die Reife für eine derart verantwortungsvolle Arbeit noch fehlte. In der Tat hatte ich mich nicht aus tieferen Beweggründen heraus darin geübt; es ging mir eher darum, mich zu amüsieren. Ausserdem entwickelte ich eine ungesunde Neugierde bezüglich Dingen, die mich nichts angingen, so zum Beispiel das künftige Schicksal der Menschen in meinem Umfeld. Mir wurde rasch klar, dass der Moment noch nicht gekommen war, mich mit einer so ernsthaften Materie auseinanderzusetzen. So legte ich das Pendel nieder und las nur noch anlässlich abendlicher Zusammenkünfte gelegentlich und zum oberflächlichen Amüsement der Anwesenden deren Hände.

—

Der Fluss

—

Erst am Anfang der neunziger Jahre, während einer relativ einfachen Meditationsübung, bei der es darum geht, seinen Körper mit Energie zu füllen, spürte ich in meinem ganzen Körper etwas Neues und sehr Starkes. Es war, als sei ein Fluss in Bewegung gesetzt worden. Mir war sofort klar, dass dieser dazu da war, mich selbst und andere Menschen zu heilen. Nach dieser Entdeckung übte ich mich, ohne jemandem davon zu erzählen, regelmässig anhand verschiedener Übungen in diesem neuen energetischen Bewusstsein, um mir diese noch ungeläufige Energie anzueignen. So liess ich zum Beispiel Energie von einer Hand zur anderen strömen oder ich hielt solange wie möglich – und ohne mich zu verbrennen – eine Hand über eine Flamme. So ging dies eine Weile, bis ich eines Tages damit begann, die Kühe des Bauern von nebenan und die Menschen in meinem Umfeld zu behandeln. Damit wurden die Ergebnisse zum ersten Mal sichtbar. Seitdem habe ich nie mehr aufgehört, mit dieser Energie zu arbeiten.

—

Meine Sicht erweitert sich – Wahrnehmung der Energie

—

Eines Morgens erwachte ich mit einer veränderten Wahrnehmung. Wo immer ich mich gerade befand, sah ich etwas, was einem feinen Lichtregen gleicht, welcher alles durchdringt. Anfangs erschien mir dies alles seltsam und ich dachte, ich hätte ein Sehproblem. Später begriff ich, dass es sich lediglich um diese natürliche Energie handelt, welche – je nach Kultur – von den einen «Prana» genannt wird, «Chi» oder auch «universelle Energie» von den anderen. Diese Energie umgibt und durchdringt uns alle, nährt uns und spielt eine grundlegende Rolle in unserer

Existenz. Die Wahrnehmung ist mir geblieben: Ich sehe dieses goldene Licht in der Luft, auf den Feldern, in Räumen oder um Pflanzen herum. Es ähnelt sehr dem sehr feinen Regen, der mir in einem weiter unten beschriebenen Traum erschien. Dieses Licht ist die Energie, die um uns und in uns ist. Ich kann gewiss nicht mit Sicherheit sagen, was dieses Licht alles für uns tun kann, aber fest steht, dass dieser Fluss, welcher aus meiner Hand strömt, mir dabei hilft, Menschen zu heilen. Ich weiss, dass dieses Licht real ist, weil ich es durch sensorische Erfahrung wahrnehme und nicht etwa aus einem religiösen Glauben heraus akzeptiere.

Nicht viel später entdeckte ich ohne etwaigen Unterricht meine Fähigkeit, Behandlungen auch auf Distanz vornehmen zu können. Diese neue Fähigkeit hat es mir oft auch ermöglicht, intuitiv und ohne etwa über Erklärungen dafür zu verfügen, präzise Informationen über die Schwierigkeiten zu erhalten, mit denen andere Menschen gerade zu kämpfen hatten. Sobald es jedoch um Fragen bezüglich meiner eigenen Belange geht, täusche ich mich leider noch häufig, und zwar aus dem einfachen und guten Grund, dass dabei mein Denken ins Spiel kommt, und damit die Antwort nicht mehr aus dem Geist, sondern aus meinem Intellekt oder meinen Wunschvorstellungen kommt.

Das Projekt «Maschine»

Jahrelang hatte ich mich ganz dem Marketing verschrieben. Ich kümmerte mich um die Förderung und den Vertrieb von Konsumgütern, sowie Wintersportartikeln im Rahmen von grossen internationalen Ereignissen wie etwa der Skiweltmeisterschaften oder der Olympischen Winterspiele. Allerdings veränderte sich meine Orientierung nach und nach, da ich mich mit philanthropischen Projekten befasste, die eine andere Ausrichtung hatten. Ich komme hier also nicht umhin, von einem grossen Traum, den ich hatte, zu erzählen. Ein Traum von einem philanthropischen Projekt, welches mir am Herzen lag.

Parallel zu meinen Hauptbeschäftigungen widmete ich mich mit Leib und Seele der Studie eines sehr interessanten und ehrgeizigen Werbeprojektes. Es handelte sich um die Herstellung einer Maschine, die in der

Lage war, auf den Rasen von Sportplätzen Werbebotschaften zu schreiben, so wie man es vom amerikanischen Football, Cricket oder Rugby kennt. Diese Maschine sollte Grashalme in verschiedene Richtungen beugen, um solche Botschaften sichtbar werden zu lassen, und zwar ohne jeglichen Einsatz von Farbe. Diese riesigen Grünflächen bergen ein enormes Werbepotenzial mit entsprechend grossen potenziellen Einnahmen (wir reden hier von neunstelligen Zahlen). Allerdings interessierte mich dieser Aspekt nur insoweit als die Renditen Projekten zugutekamen, die ethische Werte oder humanitäre oder ökologische Ziele vertraten. Ich sollte die «Fünfsternenstiftung» gründen, deren Logo aus einem Stern mit fünf Armen bestand, von denen jeder ein philanthropisches Thema darstellte: humanitäre Hilfe, Ernährung, Bildung, Artenschutz und Naturschutz.

Was mich damals zum Schwingen brachte, war das Kommunikationspotenzial dieser Maschine. Ich unternahm alles, um Geldgeber, Vorsitzende von Sportvereinen, Politiker – das ging so weit, dass ich die Länderabgeordneten besuchte – davon zu überzeugen, mir bei diesem Kampf unter die Arme zu greifen. Ich brauchte ihre Hilfe nicht nur zur Realisierung der Maschine, sondern auch dafür, dass diese politisch auf dem Spielrasen akzeptiert werden würde. Ich wollte erst dann bei der FIFA und anderen grossen Sportföderationen anklopfen, wenn ich die Unterstützung der Werbeagenturen erhalten und den Status der NGO (Non Governmental Organisation) erreicht hatte. Bevor ich nicht ein erfolgversprechendes Projekt in der Hand hatte, wollte ich keinerlei Geldabfluss. Dennoch habe ich trotz jahrelangem Suchen weder ausreichende Unterstützung noch Investoren gefunden, welche dazu bereit gewesen wären, hunderttausende von Schweizerfranken in Projekte zu stecken, deren Gewinne humanitären Zwecken zugutekommen würden, Bereiche die per Definition kein lukratives Ziel verfolgen. Bei den Korruptionsskandalen, von denen die FIFA damals geschüttelt wurde, hätte ein solches Projekt wohl die Möglichkeit geboten, beim breiten Publikum erneut an Sympathie zu gewinnen. Es dürfte heute wohl allgemeingültiges Wissen sein, dass mit solchen Dienstleistungen Milliardenbeträge erwirtschaftet werden.

Trotz aller Widerstände war ich davon überzeugt, dass es mir gelingen würde, dieses Projekt, welches mir so am Herzen lag, eines Tages zu realisieren. Eines Abends sass ich in meinem Wohnzimmer und sah über die Schulter meiner Partnerin hinweg eine Werbung für die Marke MEXX, welche sogleich meine ganze Aufmerksamkeit beanspruchte. Die Werbung zeigte einen dunkelhäutigen Mann und eine weisse Frau, die sich eng umschlungen hielten. Dieses Bild liess mich sofort an Luciano Benetton denken, den Gründer der Bekleidungskette, welche in einer ihrer Werbekampagnen ein weisses und ein schwarzes Pferd bei der Paarung zeigte. Man erinnert sich an die lange Zusammenarbeit von Luciano Benetton mit dem wenig konformen Werbeagenten Olivieiro Toscani. Waren dessen Fotos zu Beginn noch schön und farbig und zeigten beispielsweise Kinder verschiedener Ethnien vereint und lachend, so schlugen die folgenden Kampagnen eine neue Richtung ein und verwendeten dabei deutliche Botschaften zu sehr sensiblen Themen wie Krieg oder Todesstrafe, mit immer stärker provozierenden und für manche gar schockierenden Bildern. So war ich mir denn gewiss, in Luciano Benetton den Mann gefunden zu haben, den ich gesucht hatte, und der dazu bereit war, Werbung in den Dienst humanitärer und ökologischer Anliegen zu stellen.

← Beispiel der Realisierung des Logos der CHAMPIONS LEAGUE; trotz eines schlecht gepflegten Rasens ist das Bild sehr präzise und deutlich erkennbar. Dominante Marken wie Coca-Cola geben enorme Beträge dafür aus, um für Millionen von Zuschauern sichtbar zu sein – eine verpasste Chance für die damalige Lancierung des Green Coke?

Der Traum

In derselben Nacht hatte ich einen ganz besonderen Traum, eine Art Wachtraum, der für meinen weiteren Werdegang eine ganz besondere Bedeutung haben sollte. Ich sass in einer Lichtung und eine Stimme sprach zu mir, ohne dass ich sehen konnte, woher sie kam. Diese Stimme sagte zu mir: «Luciano Benetton». «Luciano» liess mich an «Luce», also an «das Licht» denken, und «Benetton» an «den guten Ton». Darauf sah ich sogleich goldenen Lichtregen fallen und ich fühlte mich in dieser Lichtung, eingehüllt in diese sanfte Klarheit, glücklich und zutiefst angerührt. Was geschah, war richtig und erfüllte mich mit Sinn. Danach wachte ich auf, es war mitten in der Nacht und ich erinnerte mich an jedes Detail dieses seltsamen, aber schönen Traumes. Die Stimme schien mich ins Schlafzimmer zu begleiten. In diesem Moment wusste ich: Das Einzige, was ich zu tun hatte, war Herrn Benetton zu finden, um zu erreichen, dass er sich an meinem Projekt beteiligen würde.

Am nächsten Morgen beschloss ich, Luciano Benetton anzurufen. Die Dame, die den Anruf entgegennahm, bemerkte, dass Herr Benetton mich nicht kenne und fragte nach dem Grund meines Anrufes. Ich antwortete ihr, dass ich den Direktor persönlich sprechen wolle, aber sie entgegnete, dass dies nicht möglich sei und ich ihm schreiben müsse.

«Wissen Sie», sagte ich zu ihr «manche Dinge kann man nicht schreiben, weder in einem Fax noch in einem Brief.»

Ich dachte nach und beschloss dennoch, ein Fax zu schicken, in dem in etwa Folgendes stand: «Ich würde gerne mit Ihnen über etwas ausgesprochen Wichtiges sprechen, wofür zehn Minuten ausreichen ...» Meinem sehr knappen Schreiben legte ich drei Empfehlungsschreiben bei: eins von der Caritas, eins vom WWF International und eins von der Banque Alternative, um die Relevanz meines Projektes zu unterstreichen und Herrn Benetton das nötige Vertrauen zu vermitteln. Zwei Tage später hatte ich immer noch keine Antwort erhalten; ich rief also erneut an. Dieselbe Person antwortete: «Wir haben Ihr Fax erhalten, aber in dieser Form nützt das nichts.» Sie legte auf.

Ich war etwas aufgebracht, wusste nicht, wie ich reagieren soll. In dem Moment bekam ich ein Zeichen von oben, ohne dass ich danach gesucht hätte. Ich wusste, dass es einen Weg gibt… einen Weg und diese Eingabe: Ich würde zu Fuss nach Venedig gehen, denn meine Investition von ein bis zwei Monaten Gehen mit dem Ziel, dass Herr Benetton zehn Minuten für mein Projekt aufbrachte, schien mir mehr als ausgewogen.

Da ich nun wusste, dass ich zu Fuss nach Venedig gehen würde, und um die Geduld zu üben, die ich während der Reise brauchen würde, erstellte ich eine besondere Tabelle, in die ich in Kleinbuchstaben unermesslich oft einen Satz schrieb, der mir eingefallen ist, und der lautet: «Wenn nicht die Geduld auf die Probe gestellt würde, dann ginge es nicht um sie.»

Um die Übung in einem meditativen Zustand zu beenden, wusch ich jedes einzelne Blatt jeder einzelnen Pflanze in meiner Wohnung mit warmem Wasser ab. Und an Blättern mangelt es da nicht…

Willst Du meinen Glauben herausfordern?
Erst muss er mal gefunden werden!
Wo beginnt Glaube?
Wo hört Verbissenheit auf?
Hoffnung und Verzweiflung,
Hand in Hand
Glauben

Bedeutet bis ans Ende zu Glauben
Wenn es Gott nicht gibt,
Dann gibt es ihn zumindest in mir

Venedig

Am 5. Februar 1997 ging ich also los, an jenem Morgen regnete es heftig; ich hatte mir eine Regel auferlegt, welche es mir verbat, jegliche öffentlichen Transportmittel zu benutzen.

Schon vom ersten Tag an und auf allen achthundert Kilometern, auf welchen mich dieser Weg durch die Schweiz, über die schneebedeckten Alpen und anschliessend durch ganz Norditalien bis nach Venedig führte, litt ich unter starken Schmerzen an Füssen und Gelenken.

Es ging nicht mehr um Blasen, denn ab der neunzehnten hatte ich aufgehört, sie zu zählen; während der ganzen Zeit, bei vollstem Bewusstsein und umgeben von diesem wunderbaren Lichtregen trug mich mein Glaube, sämtlichen Schmerzen zum Trotz. Zeitweise kostete es mich enorme Anstrengung, nach einer Pause wieder aufzustehen.

Und dennoch verfeinerte sich während dieses achthundert Kilometer langen Weges und dieser vierzigtägigen Einsamkeit trotz aller körperlicher Strapazen meine Wahrnehmung. Ich hörte eine Stimme, die wochenlang aus meinen eigenen Gedanken zu kommen schien. Sie wurde immer klarer, sie korrigierte mich, wenn ich den falschen Weg nahm, schenkte mir philosophische und lehrreiche Gedanken. Diese Stimme kündigte mir sogar an, dass das Hotel meiner Wahl an diesem Tag geschlossen sein würde. Kein einziges Mal irrte sich diese Stimme.

Irgendwann, nachdem ich viele Male die Rolle des Advocatus Diaboli gespielt hatte, musste ich die Tatsache akzeptieren, dass diese Stimme nicht aus meinem Kopf, sondern aus der geistigen Welt kam. Etwas nach Verona setzte ich mich in einem kleinen Dorf auf einem Platz namens «San Benedetto» unter einen Baum, worauf die Stimme zu mir sagte:

«Das Leben ist wie ein Kartenspiel:
Eure Vergangenheit teilt die Karten aus,
Der Spieler gibt sein Bestes
Aber was auch immer am Ende geschieht,
Alle Karten werden wieder
In der Hand des Grossen Geistes sein»

Nach genau vierzig Tagen zu Fuss kam ich bei Benetton an, wo man mich sehr schlecht empfing. Ich durfte mich nicht einmal ins Gras vor seinem Firmengebäude setzen.

«Proprieta privata», erklärte man mir und jagte mich davon. Ich zog schockiert ab, obwohl ich doch so sicher war, vom Licht gesandt worden zu sein. So hielt ich vor einer grossen Jesusstatue inne und frage, was denn dieser Quatsch wohl zu bedeuten habe. Es kam keine Antwort, nur ein seliges Lächeln.

Erstaunlicherweise überraschte ich mich noch am selben Abend beim Singen unter der Dusche; ich war so guter Laune, als wäre alles beim besten. Als ich später aber wieder zurück in Neuchâtel angekommen war, befiel mich eine Depression: Es breitete sich in mir eine Angst aus. Die Angst, dass all diese Zeichen lediglich einer Psychose zuzuschreiben waren. Die Stimme, die ich so oft vernommen hatte, wurde denn auch schwächer, die Veränderungen meiner Wahrnehmung hingegen immer stärker und klarer.

Eines Nachts, gegen zwei Uhr morgens, stand ich auf, um zur Toilette zu gehen. Als ich in mein Zimmer zurückkehrte, stand da ein nordamerikanischer Indianer mitten in meinem Korridor! In seiner vollsten Pracht! Mit seinen Federn und seinem Kostüm aus kleinen Knochen auf der Brust. Er stand da, unbeweglich und völlig friedlich. Es war, als ob er lebendig wäre, er war lebendig! Noch heute verstehe ich meine eigene Reaktion nicht: Anstatt mich niederzuwerfen, vor ihm niederzuknien, oder vor lauter Erschütterung zusammenzubrechen, kam mir schlicht der Gedanke «Ah!? So ist das? So sieht er also aus, mein Geistführer?», wonach ich wieder ins Bett ging. Dem Leser dürfte es leichtfallen, sich die Schamgefühle vorzustellen, welche mich am nächsten Morgen überkamen.

Dieser Indianer, welcher, wie ich später erfuhr, den Namen «White Feather» trägt, zu deutsch also «Weisse Feder», hat mir all dies jedoch nicht übel genommen, denn er assistiert heute noch bei meinen energetischen Behandlungen und lehrt mich auch weiterhin. Hingegen ist er mir nach seiner ersten Erscheinung in jener Nacht nie wieder in seiner Ganzheit erschienen, dreidimensional, objektiv, ausserhalb von mir selbst, sondern subjektiv, das heisst innerhalb meines Feldes, also ähnlich wie ich die Energie vom Erzengel Michael oder von meinen anderen geistigen Lehrmeistern spüre, oder wie ich Verstorbene sehen kann.

Mentale Medialität im alltäglichen Leben

Rina, eine verstorbene Freundin

Am 26. Oktober 1999 wachte ich wie gewöhnlich um fünf Uhr oder fünf Uhr dreissig morgens auf, um meine drei bis vier Stunden täglicher Meditation zu praktizieren. Inmitten meiner Meditation erschien mir Rina, eine Freundin, die etwa drei Jahre zuvor an Krebs gestorben war. Sie hatte ihren Mann Steve und ihren damals etwa elf Jahre alten Sohn Robin hinterlassen. Während dieser drei letzten Jahre hatte sie mir schon mehrere freundschaftliche Besuche aus dem Jenseits abgestattet. Allerdings nahm unser Austausch an diesem Tag eine andere Wendung. Rina eröffnete folgendermassen: «Robin, mein Sohn, fühlt sich verlassen.» Auf meine Frage, was ich denn tun könne, kam ihre prompte und einfache Antwort: «Sprich mit Steve.» Da ich über diese Bitte erstaunt und mir nicht sicher war, sie richtig verstanden zu haben, bat ich Rina, mir ein Zeichen zu schicken (so wie dies in *Meditation mit den Geistführern – Die Frage* im entsprechenden Übungskapitel beschrieben wird), welches mir in den kommenden Stunden oder Tagen bestätigen würde, dass ich ihre Nachricht richtig verstanden hatte: «Zeige mir ein ungewöhnliches Objekt, dem ich heute begegnen oder das ich sehen werde.» Und im Bruchteil einer Sekunde zeigte mir Rina ein Spielzeug: ein rotes Feuerwehrauto. Darauf antwortete ich ihr also: «In Ordnung, Rina, wenn ich heute ein rotes Feuerwehrauto sehe, dann besuche ich Steve und rede mit ihm, sonst aber nicht.» Sie antwortete mir nur mit «Danke». Das war alles. Hierauf verschwand die Energie, und ich setzte meine Meditation fort.

Schon am Mittag brachte mir meine Tochter ihren kleinen roten Holzlastwagen und bat mich, das abgefallene Rad anzukleben.

Ich verspürte ein leichtes Zucken in mir, nahm mich aber gleich wieder zusammen: Dies war nicht das erwartete Zeichen, Rina hatte von einem Feuerwehrauto gesprochen und nicht von einem Lastwagen. Obwohl ich sehr aufmerksam war, erblickte ich jedoch den ganzen Tag über nichts, was dem Zeichen entsprach – weder in der Stadt noch in einem Schaufenster, noch sonst irgendwo. Am Abend stellte ich den Fernseher an und es lief ein Film mit Michelle Pfeiffer, eine typische Hollywoodproduktion mit Happy End. Plötzlich rief ich: «Das Auto, das Feuerwehrauto.» Der Sohn der Mutter, welche Michelle Pfeiffer spielte, sass auf der Treppe und hielt ein Spielzeug in der Hand, das nichts anderes war als ein rotes Feuerwehrauto! In diesem Moment wusste ich, dass ich richtig verstanden hatte, was Rina mir mitgeteilt hatte. Ich war sehr berührt, ja sogar aufgewühlt.

Ich dachte einige Tage lang darüber nach, aber am schwersten fiel es mir, genügend Mut aufzubringen, um mit Steve Kontakt aufzunehmen. Als ich beschlossen hatte, dies zu tun, erfuhr ich von seiner neuen Freundin, wo und wann ich ihn erreichen konnte. Am darauffolgenden Sonntag suchte ich ihn bei seiner Arbeit auf, er war sehr beschäftigt. Mit ein paar knappen Worten schlug ich ihm vor, einen Termin zu finden, an dem wir über etwas Wichtiges sprechen könnten. Obwohl wir uns nur oberflächlich kannten, nahm er meine Bitte an, ohne mir weitere Fragen zu stellen und wir legten den übernächsten Tag, Dienstag, fest. In diesem Moment wandte ich mich innerlich an Rina: «Du wirst da sein, du wirst mich nicht im Stich lassen.» In derselben Sekunde, in der mir dieser Gedanke durch den Kopf ging, spürte ich, wie mich eine Energie durchdrang, eine Art Zittern, aber angenehm und warm. Ich verstand gleich, dass sie schon da war und dass sie an besagtem Dienstag auch da sein würde.

An jenem Tag, kurz vor dem Treffen, fragte ich Rina erneut, was ich Steve sagen sollte. «Sag ihm nur, dass er sich mehr um Robin kümmern soll, das genügt.»

Zum Zeitpunkt des Treffens war ich so nervös wie noch nie. Als Steve erschien, entschuldigte ich mich und ging zur Toilette, obwohl ich dies schon zweimal getan hatte. Dann fragte ich ihn, wie es Robin ginge. «Es geht ihm gut, sehr gut.» Seine Antwort machte es mir unmöglich, um den heissen Brei herumzureden, so entschied ich mich für den direkten Weg: «Hör zu, Steve, ich bin Medium. Ich weiss nicht alles, aber es ist etwas Wichtiges passiert, in Zusammenhang mit Rina. Sie hat mich aufgesucht.» Ich teilte ihm mit, was sie über Robin gesagt hatte und erwähnte auch den Beweis in Form des Feuerwehrautos. Steve schaute mich mit grossen Augen an und erwiderte nur: «Weisst du, du hast Recht. Seit einiger Zeit zeigt Robin ein recht beunruhigendes Verhalten. Wenn er aus der

Schule kommt, schliesst er sich in seinem Zimmer ein, ganz allein im Dunkeln. Er spricht überhaupt nicht mehr mit mir. Wenn ich ihm vorschlage, etwas mit mir zu unternehmen, lehnt er ab. Da mich seine Reaktion ärgert, insistiere ich nicht und lasse ihn allein. Es ist schon sehr lange her, dass wir miteinander geredet haben und ich traue mich nicht mehr, mich ihm zu nähern.» Um das Gespräch zu beenden, sagte ich ihm, dass er es nehmen solle wie er wolle, aber dass seine verstorbene Frau ihn darum bat, sich um seinen Sohn zu kümmern.

Der Moment, den wir in diesem Café teilten, war spürbar intensiv und als wir gingen, einte uns ein tiefes Band, ein Verständnis, welches über das Gesagte hinausging. Als ich Steve einige Zeit darauf wieder traf, wusste ich, dass sein Versprechen, sich mehr um seinen Sohn zu kümmern, Früchte getragen hatte: «Die Dinge haben sich wieder eingerenkt», sagte er, «Robin hat wieder Freude am Leben gefunden. Ich habe meinen Jungen wiedergefunden und wir haben jetzt eine fantastische Beziehung.»

Mit dieser Erfahrung begann ich zu verstehen, wozu all die Jahre der Arbeit gedient haben, warum ich gelernt hatte, mit der anderen Welt zu kommunizieren. Jetzt öffnen sich die Türen, ich kann den Menschen um mich herum dienen.

Am darauffolgenden Tag sprach während meiner täglichen Meditation meine innere Stimme zu mir und führte mich zurück zu besagtem Traum auf der Lichtung; jener, welcher der Auslöser für meine Reise nach Venedig gewesen war. Ich hatte plötzlich eine Art Erleuchtung und verstand endlich den wahren Sinn der Worte, die ich auf dieser Lichtung vernommen hatte: Die Reise war mein Initiationspfad gewesen. Luciano Benetton? Luciano: Licht, Benetton: der Ton ist richtig. Ich arbeite im Licht und der Ton, der Klang, ist derjenige der anderen Dimension, der mehr als wohltuend ist. Es war nie um eine wirkliche Verbindung zu Luciano Benetton gegangen. Es handelte sich lediglich um eine Metapher! Wenn ich nicht an meinen Traum geglaubt hätte, nicht all die Strapazen und arge Erschöpfung ausgehalten hätte, wäre ich heute nicht da, wo ich stehe. Meine damalige Interpretation hätte nicht irrtümlicher gewesen sein können und mit all diesen Ereignissen schreibe ich heute dieses Buch ... Welche Freude ich in diesem Moment empfand! Wie grossartig dies ist!

«Glauben» heisst, bis zum Ende glauben. Wer bis zum Schluss glaubt, wird aufhören zu glauben, denn er wird wissen!

Auf der Suche nach meinen Wurzeln

Ich bin griechischer Abstammung und hatte das Glück, von einer wundervollen Familie im Appenzellerland, die mich aus dem Waisenhaus geholt hat, adoptiert worden zu sein. Eines Tages begann ich, mich für meine ursprüngliche Herkunft zu interessieren. Nicht etwa, weil es mir im Appenzellerland an irgendetwas gefehlt hätte, das ich woanders finden zu können glaubte, sondern aus dem Bedürfnis heraus, zu erkunden, woher ich kam. Die Geschichte, die ich gleich erzählen werde, ist ein eigenes Buch wert, weshalb ich versuchen werde, mich kurzzufassen.

Im Jahr 2000 fand ich den Mut, mit meinen Nachforschungen zu beginnen. Bereits nach meinen ersten Erkundigungen teilten mir die griechischen Behörden mit, dass sich meine Mutter in der Schweiz aufhielt. In der Schweiz aber zeigte mir das Einwohneramt Papiere, die belegten, dass sie nach Griechenland zurückgekehrt war. Immerhin hatte ich ihren Namen und den ihrer Eltern. Die Geschichte hätte hier enden können, aber es kam anders! Bei meiner weiteren Suche, zunächst nur auf der Peloponnes, dann aber auch im restlichen Griechenland, liess ich mich von meiner Intuition leiten; ich sprach mit zahlreichen Menschen, um zu erfahren, ob sie den Namen meiner Mutter kannten. Meine Freundin Aspasia, Psychiaterin mit grauem Haar, eine schöne und kultivierte Dame von zweiundsiebzig Jahren, begleitete mich. Und dennoch war ich alleine, als ich während einem meiner Spaziergänge in Delphi zu einem gewissen Mann in einem Laden geführt wurde. Als ich an diesem Laden vorbei ging, fühlte es sich an, als würde ich in diesen hineingezogen, jedoch ohne dass etwa Wind blies oder sich jemand neben mir befunden hätte, der mich hätte stossen können. Yorgos, der Besitzer des Ladens, interessierte sich für mein Schicksal. Nach einer oder zwei Flaschen Metaxa – eine Art griechischer Cognac –, die wir leerten, während ich meine Geschichte erzählte und über den Stand meiner Nachforschungen berichtete, versprach er mir im Nebel des Alkohols, meine Mutter zu finden. Natürlich glaubte ich ihm nicht. Ich kehrte unverrichteter Dinge in die Schweiz zurück und setzte dort meine persönlichen Ermittlungen fort.

Zwei Jahre später kehrte ich wieder nach Griechenland zurück, weil ein gewisser Herr Rieder aus dem Wallis mir einen Hinweis auf zwei Städte gegeben hatte, in denen sich meine Mutter möglicherweise aufhielt; Städte, die er mittels eines Pendels lokalisiert hatte. Eine davon war Arachova, in der Nähe von Delphi gelegen. Aspasia begleitete mich erneut. Meine Freundin und ich befragten eine Unzahl von Menschen, jedoch ohne eine zufriedenstellende Antwort zu erhalten. Danach kehrte ich nach Delphi zurück, um meinen Metaxakumpel Yorgos zu besuchen. Dieser empfing mich jedoch gar nicht mit Freude, im Gegenteil, er war verärgert. Ich fiel aus allen Wolken. «Erkennst du mich nicht?», fragte ich ihn. «Doch, ich erkenne dich! Ich habe alles getan, um deine Familie zu finden, aber du, du rufst mich nicht einmal an!», entgegnete er. Nach mehrmonatigem Suchen und mehr als achtzig Anrufen hatte Yorgos tatsächlich meine Familie ausfindig gemacht. Wir schlossen schnell Frieden und er versprach Aspasia, ihr die Telefonnummer meiner Familie, die er nicht bei sich hatte, mitzuteilen. Es blieben mir noch fünf Tage bis zu meinem Rückflug in die Schweiz. Ich schaute mir die Karte von Griechenland an, um mir zu überlegen, wo ich Urlaub machen könnte, und mein Blick fiel auf das «Cap Sounio», ein Ort unterhalb von Keratea, etwas mehr als eine gute Stunde von Athen entfernt. Beim Wort «Sounio» dachte ich an «Sonne» und in dem Moment sah ich vor meinem dritten Auge eine Sonne. Also entschied ich mich, dorthin zu fahren und ich übernachtete im Hotel Aegeon. Aspasia hatte mir zuvor allerdings geraten, eher nach Mykonos, Santorin, Naxos oder ganz woanders hinzufahren. Obwohl uns so etwas noch nie passiert war, stritten wir uns tatsächlich über meinen Zielort, aber meine Entscheidung stand fest. Ihrer Meinung nach gab es in Sounio ausser dem Poseidontempel nichts zu sehen, und diesen hätte man in einer Stunde besichtigt. Für mich änderten ihre Argumente nichts, ich musste nach Cap Sounio. Im Hotel Aegeon wurde ich vom Besitzer Simeon, den ich nicht kannte, wie ein Sohn empfangen. Ich verbrachte Stunden mit dem alten Mann und erzählte meine Geschichte während wir Metaxa tranken, bis er am Tisch einschlief! Am nächsten Tag stellt er mir seinen Bruder Koukos vor, der Besitzer des Restaurants oberhalb des Hotels am Poseidontempel. Ich wusste nicht, warum er darauf beharrte, dass ich seinen Bruder kennenlernte. Das Hotel, welches er besitzt, zählte zweihundert Betten und war bis oben gefüllt mit Touristen. Warum also ich? Koukos lud mich ein, mich zu setzen und schenkte mir grosszügig ein, während er mit seinem Bruder über Geschäftliches sprach. Jedes Mal, wenn ich versuchte, ihn über meine Familie zu befragen, um zu erfahren, ob er den «Athanassopoulos» kannte, kam er auf seine laufenden Geschäfte zurück und solange er mit seinem Bruder sprach, war es mir unmöglich, ihre Unterhaltung in angemessener Form zu unterbrechen; so konnte ich ihm die Frage, die mir so sehr auf den Lippen brannte, nicht stellen.

↑ Hotel Aegeon, unterhalb des Poseidontempels.

↑ Poseidontempel.

Schliesslich kehrte ich in die Schweiz zurück. In der Zwischenzeit hatte Yorgos die Telefonnummer meines Onkels Aspasia übermittelt – ja, die Nummer meines Onkels, denn, wie ich im gleichen Zug erfuhr, war meine Mutter inzwischen verstorben! Meine Freundin Aspasia bot mir an, ihn für mich anzurufen, um mit ihm auf Griechisch sprechen zu können und teilte mir danach mit, dass meine Onkel mich mit Freude erwarteten.

Zwei Wochen später war ich wieder zurück in Griechenland, und zwar in Keratea, der Stadt, in der meine Onkel lebten. Sie empfingen mich wie den verlorenen Sohn, der nach Hause zurückkehrte. Meine Ankunft war für sie, als kehrte ein Teil ihrer geliebten Schwester, die auf tragische Weise umgekommen war, zu ihnen zurück. Vor dieser Begegnung hatte ich ihnen Fotos und Dokumente, die meine griechische Identität belegten, geschickt. Als ich meinen Onkeln erzählte, dass ich einige Wochen zuvor im Hotel Aegeon in Sounio, nur zwanzig Minuten von ihnen entfernt, abgestiegen war, riefen sie im Chor: «Simeon und Koukos gehören zu unseren engsten Freunden!» Spontan suchten sie alle Fotos hervor, welche sie von ihren Freunden hatten. Es war wirklich unglaublich, Griechenland ist so gross! Und wenn Simeon während meines letzten Aufenthaltes in Sounio nicht eingeschlafen wäre, nachdem er über die Vernunft getrunken hatte und wenn Koukos weniger beschäftigt gewesen wäre, hätten meine Onkel und ich uns schon damals begegnen können!

Über zwei verschiedene Wege und zweimal hintereinander hatte ich zu meiner Familie gefunden: einmal indirekt durch Yorgos und einmal durch die beiden Brüder. Allein durch meine Intuition, die von meinen verstorbenen Vorfahren gelenkt war, ohne jegliche Behörden und ohne bürokratische Papiere ...

Monate später trat während einer Meditation zum ersten Mal meine verstorbene Mutter an mich heran. Als ich sie fragte, warum sie mir nicht schon lange vorher gesagt hatte, dass sie verschieden war, antwortete sie mir: «Wenn ich es dir gesagt hätte, hättest du dich nicht aufgemacht, mich zu suchen, so hätte ich dich nicht zu den Deinen führen können!»

So habe ich nun einen Bruder, eine Schwester, Onkel und Cousins, die sich zu der Familie gesellen, die ich schon habe. Ich besuche meine griechische Familie jedes Jahr, es ist jedes Jahr ein wahres Vergnügen, beim Angeln von Tintenfischen mehr über meine Wurzeln zu erfahren.

Die Geschichte der Suche nach meinen Wurzeln zeigt, dass Medialität ins tägliche Leben integriert werden kann. Es zeigt, dass Menschen, die uns wichtig sind, uns nicht nur helfen können, sondern auch wie sehr sie uns weiterhin lieben, von wo immer sie auch sein mögen, nur eine Frequenz weiter, nur einen Augenblick entfernt!

—

Philosophische Ansätze

—

Der Gedanke

—

«Am Anfang war das Wort.»

So beginnt das Evangelium nach Johannes in der Bibel.

Allerdings entspringt jedes Wort, jede Geste, jede Pflanze, jedes Tier oder jeder Mensch, jede Kreation, so fein und subtil sie auch sein mag, zunächst einem Gedanken.

Der Gedanke ist der Ursprung aller Dinge. Er ist es, der schafft, verwandelt, zerstört. Die Frage, ob es der Gedanke oder die Information ist, die zuerst gesendet wird, ist der Frage nach dem Huhn und dem Ei gleichzusetzen. In der Quantenphysik, so wie sie derzeit verstanden wird, beschreibt Dr. Robert Lanza von der Wake Forest University in Kalifornien in den Vereinigten Staaten, dass es weder Zeit noch Raum gibt, weshalb es unsinnig ist, darüber zu debattieren, was zuerst kam. In Wirklichkeit sind die Dinge weitaus einfacher: Jeder Gedanke ist zugleich Anfang und Ende von allem. Ein Gedanke schafft den nächsten, der wiederum einen anderen schafft, entsprechend dem Prozess der Selbsterschaffung. Denken ist also unendliche Bewegung «par excellence». Es ist, was der Mensch «Gott» nennt.

—

Wer bin ich?

—

Gott hat keinen Einfluss auf Glück oder Unglück des Menschen. In Wirklichkeit bestraft oder belohnt sich letzterer selbst, nämlich durch seine Taten. Jede Tat, ob positiv oder negativ, schreibt sich in unser Wesen ein. Mit anderen Worten, der Mensch sucht sich diejenigen Erfahrungen für sein Leben aus, die er – je nach Entwicklungsstand seiner Seele und seines Geistes – machen möchte, um Glauben und Mitgefühl in unterschiedlichen Umständen zu erlernen. So ist das schönste Geschenk, das Gott der Menschheit machen konnte nicht etwa unsere Geburt mit ihren Umständen, sondern unser freier Wille. Dessen Aufgabe ist es, uns zu steuern, wie der Kapitän sein Schiff steuert. Entsprechend dem Gebrauch, den wir davon machen – das heisst, je nachdem ob wir unserem eigenen Ego dienen oder uns zu Glauben und Mitgefühl hin entwickeln wollen – dient der freie Wille uns dazu, dem Kreislauf der Dualitäten und der Reinkarnationen entkommen zu können, um uns die Auflösung im Grossen Geist, dem Reinen Bewusstsein, also der Essenz zu ermöglichen.

Die Begriffe «Seele» und «Geist» finden sich in allen Religionen. In einigen wird der Geist mit dem entkörperten Zustand und die Seele mit dem menschgewordenen Zustand verbunden. Andere Religionen oder Lehren, wie beispielsweise der Buddhismus, betrachten die Seele als eine Illusion, als den Kern des Egos. Im Buddhismus gibt es also keine Seele. Was mich betrifft, so glaube ich, dass die Seele in unserer Kultur eine Metapher darstellt, die unser göttliches Wesen bezeichnet. Diese Sichtweise geht davon aus, dass alle Seelen identisch sind, der Geist und der Körper aber offensichtlich nicht.

«Wer bin ich? Was ist das? Mein Körper, meine Zellen ändern sich Billionen Mal pro Sekunde ... Bin ich mein Körper? Zu welchem genauen Zeitpunkt dieser ständigen Wandlung wäre ich dann mein Körper?» (Quelle: S. N. Goenka, buddhistischer Lehrer). Mein Geist reist durch die Zeit, durch verschiedene Leben, verändert sich mit jedem Gedanken ... Bin ich mein Geist? Zu welchem genauen Zeitpunkt dieser ständigen Wandlung wäre ich also mein Geist? Ich kann nicht mein Körper sein, er wandelt sich unentwegt. Ich kann nicht mein Geist sein, er wandelt sich unentwegt.

Ich existiert nicht, **Ich** ist eine Illusion genau wie «mir» oder «mein». Ein Objekt, eine Person kann nicht «mir» gehören, selbst wenn ich glaube, es oder sie zu besitzen. Alles hat eine äussere Form für einen Bruchteil einer Sekunde, einen Bruchteil eines Augenblickes. Wer bin ich? Was bin ich? Woher kommt mein Bewusstsein? Woher kommt dieses Licht? Dieses unendlich helle Licht, welches meine Augen blendet, ohne mich jedoch erblinden zu lassen. Woher kommt dieser allgegenwärtige Frieden? Dieser Frieden, welcher meinen Körper, meinen Geist übersteigt? Warum wandelt er sich nicht so, wie mein Körper und mein Geist sich wandeln? Woher kommt diese Liebe, die mein Herz bis zum Zerspringen überflutet? Diese bedingungslose und reine Liebe?

Die Antwort lautet: **Ich bin** dieses Licht, dieser Frieden, diese Liebe. Zu jedem Zeitpunkt, für die Ewigkeit! Ich bin nichts als das.

Ich bin ein Schwamm im Ozean und der Ozean ist im Schwamm. Mein Körper ist in meinem Geist, mein Geist ist in meinem Körper. Der Schwamm löst sich auf, der Ozean nicht. Mein Geist in meiner Wesenheit, meine Wesenheit in meinem Geist. Der Geist löst sich in der Wesenheit auf, wie der Schwamm sich im Ozean auflöst. So wie der Ozean löst sich die Wesenheit nicht auf. Ich bin Wesenheit.

Warum lieben wir unsere Kinder mehr als die Kinder anderer? Warum lieben wir unsere Kinder noch mehr, wenn sie sich unseren Wünschen entsprechend entwickeln? Liebe bedeutet nicht Begehren oder Habgier. Warum glauben wir, begehren sei lieben? Eltern-Kind-Beziehung und Liebes- oder Freundschaftsbeziehungen müssen frei von Begehren sein, um wirklich Liebe zu sein.

Wo hört die Illusion auf, wenn nicht in der Wesenheit?

Ohne Geist könnte der Mensch nicht denken, sein Denken wäre nichts als Information, ein von Neuronen transportierter Mechanismus und nur durch Materie definiert. Jeder Gedanke ist von energetischen Partikeln imprägniert. Zusammengeführt ergeben diese Partikel Informationen. Ausserhalb der Materie gibt es keine Information ohne Energie. Anders ausgedrückt beinhaltet jegliche Form von Energie Informationen, die dem Denken entstammen.

Dies ist das Grundprinzip, welches uns erlaubt zu verstehen, dass der Geist existiert. Wir haben einen Geist und dieser Geist umgibt uns vollständig. Er ist nicht nur in der Lage, mit seinem energetischen Zentrum und seinem äusseren Umfeld zu kommunizieren, sondern er steht auch mit jedem Gedanken in Verbindung. Und umgekehrt hat jeder Gedanke ebenfalls einen Einfluss auf den Geist. Ein so banaler Satz wie etwa «du siehst gut aus, heute Morgen» oder im Gegenteil «du siehst aber müde aus» verändert unseren Geist, damit unser energetisches Feld und dadurch schliesslich unseren physischen Körper. Die dafür verantwortlichen ursprünglichen Gedanken können dabei von der Person selbst generiert worden oder durch das Erfassen physischer oder energetischer Informationen entstanden sein. Physische Information wird durch die fünf Sinne aufgenommen und übersetzt. Energetische Information hingegen wird vom Geist empfangen, was oft als «sechster Sinn» oder «aussersinnliche Wahrnehmung» bezeichnet wird. Energetische Information wird vom Gehirn übersetzt. Und die Übersetzung wird dann an den Intellekt weitergeleitet.

Der Geist umfasst und enthält die Gesamtheit unserer Gedanken. Er ist ein intelligentes, interaktives Gedächtnis, welches weit über die diversen Funktionsweisen des menschlichen Körpers hinausgeht. Der physische Körper an sich ist schon ein unbeschreibliches Wunder der Schöpfung und der göttlichen Wesenheit, des Ursprungs und der Ewigkeit. Die Tatsache, dass die Menschheit in ihren verschiedenen Kulturen das fundamentale Zusammenspiel und die gegenseitigen Abhängigkeiten zwischen Gedanken und Geist noch nicht in vollstem Bewusstsein integriert hat, weist auf den noch hohen Grad menschlicher Ignoranz hin. Sie spiegelt den Entwicklungsstand unserer Evolution wider. Jeder einzelne Gedanke, der gedacht wird, wird in unserem Wesen festgeschrieben. Simplere oder rein intellektuelle Gedanken werden fortlaufend und unabhängig von der Situation in unserem Wesen verankert. «Grosse Gedanken», also diejenigen, welche vom Geist erfasst und vom höheren Bewusstsein übersetzt werden, verankern sich jedoch nur im meditativen Zustand.

Wer bin ich noch?

In meinen Selbstbefragungen beschäftigt mich immer wieder die Frage nach der Gesamtheit und dem Teilaspekt der Seele oder des Geistes. Stellt mein menschgewordener Geist alles, was ich bin, oder nur einen kleinen Teil davon dar? Wenn wir unseren Körper einem Glas und unseren Geist dem Inhalt dieses Glases gleichsetzen, dann würde das Wasser in diesem Glas sämtliche Informationen darstellen, die sich in einem Leben angesammelt haben. Jede Information ist in jedem Teil des Wassers enthalten. Wenn wir einen bestimmten Tropfen dieses Wassers betrachten, dann enthält dieser exakt dieselbe Information wie alle anderen Tropfen dieses Wassers. Denn die gesamte Information ist in diesem Wasser enthalten und somit enthält jeder Wassertropfen dieselbe Information wie das gesamte Wasser. Vor dem Hintergrund dieser Hypothese wäre es also denkbar, dass mein menschgewordener Geist oder der Verstorbene, mit dem ich in Kontakt bin, nur ein Bruchteil dessen ist, was wir insgesamt sind.

Diese Frage, ob wir die Gesamtheit oder nur einen Bruchteil darstellen, stellt sich auch dann immer wieder, wenn es um das Thema der Seelenverwandtschaft geht. Wer sind meine Seelenverwandten? Lediglich ein anderer Aspekt meiner selbst, der in diesem Moment gewisse Erfahrungen macht, während ich selbst andere mache, wonach wir uns später per Zufall oder Schicksalsfügung treffen? Silver Birch, eine geistige Entität, welche durch Maurice Barbanell kommuniziert, hat von einem nach verschiedenen Facetten geschliffenen Diamanten gesprochen und davon, dass jedes Wesen als eine Facette des Diamanten verstanden werden kann. Seit ich diesen Satz vernommen habe, geht er mir nicht mehr aus dem Kopf. Ein weiterer Geistführer hat ebenfalls von diesen Aspekten der Persönlichkeit gesprochen. Auch mein Geistführer Jonathan hat seine Sichtweise der Dinge zum Thema «Teil oder Ganzheit» kundgetan (siehe folgendes Kapitel). Ich verfüge nicht über den unumstösslichen Beweis für die Theorie über Aspekt oder Ganzheit unseres menschgewordenen Wesens. In meiner beruflichen Praxis bin ich auch nicht etwa auf den unwiderlegbaren Beweis gestossen. In meinen Schulungen weiss ich nicht recht, wie ich dieses Thema einbringen sollte, da ich nicht auf Annahmen oder Hypothesen aufbaue. Über das Thema zu philosophieren, halte ich hingegen immer für eine gute Idee. Die Quantenphysik kann mit ihrer Annahme, dass sich ein Atom an mehreren Orten gleichzeitig befinden kann, einige Ansätze für Antworten aufzeigen.

Da wo das Nichts sich nach vorne beugt
Da
Wo es das Ganze in seine Arme schliesst
Da
Wo beide sich in zarten Küssen vereinen
Da
Meine Liebe
Wohnt der Moment

Masaru Emoto legt in seinen Büchern zum «Gedächtnis des Wassers» sehr gut das Verständnis des Gedankens, seiner energetischen Speicherung und damit seines Gedächtnisses dar: Um den Einfluss, welchen Gedanken auf Wasser haben, aufzuzeigen, klebt Emoto ein Etikett mit einem Wort oder einem Satz auf eine mit Wasser gefüllte Petrischale. Dann friert er das Wasser drei Stunden lang bei –25 Grad ein. Während dieser gesamten Zeit wird das Wasser vom entsprechenden Wort oder Satz geprägt. Danach holt er die Schalen aus dem Gefrierschrank und untersucht die Kristalle, die sich geformt haben. Im Allgemeinen hat Wasser, das Sätzen wie «du ekelst mich an» ausgesetzt war, verzerrte und unvollständige Kristalle geformt. Hingegen hat Wasser, welches Begriffen wie «Liebe» oder «Frieden» ausgesetzt war, Kristalle ergeben, die an wunderschöne Schneeflocken erinnern. Wie immer, wenn sich die Welt der Wissenschaft mit bahnbrechenden Hypothesen konfrontiert sieht, oder mit solchen, die hergebrachte Schemata verwerfen, stossen sich manche Wissenschaftler an den Ergebnissen. Das Experiment wurde tatsächlich mehrfach wiederholt und die Ergebnisse – die Bilder – waren nur ähnlich, aber nie identisch! Wenn man all die Bilder betrachtet, lassen einen die Kristalle nicht unberührt. Da Herrn Emotos Arbeit von der wissenschaftlichen Welt nicht validiert wurde, bezeichnet er sie als Kunst und nicht als Wissenschaft.

Denken allein verändert unser energetisches Feld und unser Bewusstsein. Mittels beruhigender, meditativer Gedanken können wir durch den Nebel unserer Emotionen hindurchsehen, welcher sich durch Habgier und Abscheu bilden kann. Es ist unser Bewusstsein, welches uns zum persönlichen Erfolg führt und, was noch viel bedeutender ist, zum Frieden. Wenn wir in Frieden sind, nehmen wir immer deutlicher unsere wahre Natur und die Natur aller Dinge wahr, was bedeutet, dass Denken uns letztlich zu unserer Wesenheit, zum Grossen Geist führt.

Karma – Ursache und Wirkung

Die Vergangenheit steht in der Gegenwart geschrieben
So viel Zukunft hängt von so wenig Gegenwart ab
Die Gegenwart ist alles und der einzige Moment,
den wir beeinflussen können

Gemäss der buddhistischen und hinduistischen Lehre über die Kontinuität des Lebens im Jenseits, vor allem in Bezug auf das Thema der Reinkarnationen, werden Gedanken, welche der Mensch entstehen lässt, in seinem Wesen verankert.

Karma, aus dem Sanskrit, bedeutet schlicht «Ursache und Wirkung». In der westlichen Welt wird der Begriff «Karma» vor allem benutzt, um negative Ursachen und Wirkungen zu bezeichnen. Die Reduktion auf diesen einen Aspekt ist einseitig und damit falsch! Karma kann gut, schlecht oder sogar neutral sein. Tatsächlich handelt es sich lediglich um ein Ereignis oder eine Reihe von Ereignissen, die Wirkungen hervorrufen, also um die Summe von logischen Aneinanderreihungen. Es fällt uns leicht, Ursachen und Wirkungen in unserem gegenwärtigen Leben zu erfassen. Hingegen haben wir Mühe zu glauben, dass die Folgen bestimmter Handlungen aus einem früheren Leben Auswirkungen auf unser jetziges Leben haben können.

Karma kann auf verschiedene Arten beschrieben werden. Sogyal Rinpoché, Autor des Buches «Das tibetische Buch vom Leben und vom Sterben», beschreibt Karma als einen Berg von Würfeln, die es zu werfen gilt. Jeder Würfel stellt eine andere Entität dar. Obwohl sie alle unterschiedlich sind, stehen sie auf logische Art und Weise miteinander in Verbindung und in Abhängigkeit voneinander. Man könnte die Verbindung von Ursache und Wirkung im Sinne des Karmas auch mit der Flamme einer Kerze vergleichen. Wo wir glauben, nur eine Flamme zu sehen, gibt es in Wirklichkeit eine Folge von Millionen von Flammen: Jede einzelne ist abhängig von der vorhergehenden. Die Information, die wir sind, tritt in Resonanz mit bestimmten anderen Informationen, aber mit einigen nicht. Im Moment unseres Todes verlässt der Geist, der wir sind, seine fleischliche Hülle mit allen in ihm enthaltenen Informationen. Wenn der Geist sich reinkarniert, enthält er immer noch sämtliche Informationen, die nicht aufgelöst wurden. Diese Informationen können von der Geburt bis zum Tod aufgelöst werden, um den Zyklus der Reinkarnationen zu verlassen und nur noch Wesenheit zu sein. Die tibetischen Buddhisten nennen diesen Prozess «Bardo». Somit ist Karma eine Abfolge von logischen Ereignissen, die von unserem eigenen Denken organisiert und in unserem Gedächtnis festgehalten werden. Keine unserer Begegnungen wurde uns von Gott zugespielt. Er ist auch nicht für unser Schicksal verantwortlich. Vielmehr tritt unsere Information in Resonanz mit anderen Personen und Situationen. So wie ein Magnet von einem Stück Eisen oder vom Gegenpol eines anderen Magneten angezogen wird. Meine Überzeugungen sind das Resultat meiner persönlichen Erlebnisse; und diese haben mich vollständig davon überzeugt, dass der Zyklus der Reinkarnationen der Wirklichkeit entspricht!

Der Geist, der den Körper beim Tod verlässt, muss sich bei der Geburt zuerst einmal verkörpern. Bei der Geburt meiner Tochter konnte ich mit meinen eigenen Augen sehen, wie ihr Geist in ihren Körper eindrang. Während meine Frau in heftigen Wehen lag und der Büschel der schwarzen Haare meiner Tochter schon sichtbar wurde, ging eine lavendelfarbene Lichtkugel mit grosser Geschwindigkeit auf den Kopf meiner Frau nieder. Plötzlich hielt die Lichtkugel inne, es hätte nicht präziser sein können! Dann drehte sie sich und setzte sich auf die Schulter meiner Frau, sich an ihren Kopf lehnend. Dort blieb die Kugel mehrere Minuten lang sitzen, so als ob sie beobachtete, was gerade vor sich ging. Plötzlich drang sie in den Körper der Kleinen ein, deren Geburt noch immer nicht vollzogen war. Seit dieser Erfahrung, die ich selbst erlebt habe, bin ich mir sicher, dass Seele und Geist den Körper vom Moment der Geburt an bewohnen. Nicht etwa schon zuvor während der Schwangerschaft. Ich bin mir ebenfalls sicher, dass die schöne Lavendelfarbe dieser Kugel Aufschluss über den Entwicklungsstand der Seele geben kann, oder zumindest auf den Informationsgehalt, den sie zu diesem Zeitpunkt hatte.

Der Kanadier Ian Stevenson, Doktor der Psychiatrie und Professor an der medizinischen Fakultät von Virginia in den Vereinigten Staaten verdient besondere Aufmerksamkeit. Was mir an seiner Arbeit besonders gefällt, ist seine wissenschaftliche Strenge. Er ist weder religiös noch esoterisch, sondern schlicht sachlich. Mit seiner Arbeit verfolgt er das Ziel, die Kenntnis der Reinkarnation wissenschaftlich zu etablieren. Und um sachliche Beweise, die für die Existenz der Reinkarnation sprechen, zu sammeln, sprach er mit mehr als dreitausend Kindern, die vorgaben, Erinnerungen an ein vergangenes Leben zu haben. Um diese Bezeugungen zusammenzutragen, legte er in einem einzigen Jahr neunzigtausend Kilometer zurück, von Afrika bis Alaska. Anschliessend nutzte er sein Netz, welches den ganzen Globus umspannte, um die von diesen Kindern gelieferten Informationen zu überprüfen und jegliche Art von Psychose auszuschliessen. Sein Beziehungsnetz lieferte ihm Geburtsurkunden, Polizeiberichte und medizinische Berichte. Ian Stevenson interessierte sich vor allem für Kinder zwischen drei und acht Jahren. Er ist der Meinung, dass Kinder dieser Altersstufe sich besser und authentischer an ihre vergangenen Leben erinnern können. Ian Stevenson denkt, dass die meisten Pathologien, unter denen diese Kinder leiden, ihren Ursprung in einem Trauma aus einem früheren Leben haben oder die Folge eines traumatischen Todes sind. Geburtsmale seien demnach als Wunden aus dem vorangegangenen Leben zu verstehen. Ebenso seien Ängste, Paranoia und auch Talente wie beispielsweise die Fähigkeit, ein bestimmtes Instrument meisterhaft zu beherrschen, oder eine nicht erlernte Sprache sprechen zu können, Vermächtnisse aus früheren Leben.

Einer der von Professor Stevenson untersuchten Fälle [1] ist der eines Jungen, welcher sich in einem früheren Leben das Leben genommen haben soll. Dank der Recherchen, die entsprechend der Aussagen der Kinder gemacht wurden, konnte seine Identität in seinem früheren Leben festgestellt werden. Sogar seine Schwester in jenem früheren Leben wurde gefunden. Da sie noch am Leben war, konnte sie bestätigen, dass ihr Bruder sich durch einen Schuss in den Hals umgebracht hatte. Professor Stevenson erhielt Zugang zum Autopsiebericht des Suizids, worin die Austrittsstelle der Kugel auf der Oberseite des Schädels festgehalten war. Stevenson untersuchte daraufhin den Schädel des kleinen Jungen und fand die Austrittsstelle der Kugel in Form eines Geburtsmales.

Bei einem ähnlichen Fall, der von Professor Stevenson untersucht wurde, handelt es sich um einen Jungen, der behauptete, von einem Be-

1 Quelle: Ian Stevenson, 20 Fälle, die auf Reinkarnation hindeuten.

kannten durch eine Kugel ermordet worden zu sein. Die Untersuchungen, welche die Aussagen des Jungen beweisen sollten, führten Professor Stevenson zum Ermordeten und zum Mörder dieser Person. Er konnte zudem die Fotos der Autopsie einsehen. Auf dem Körper hatte die Kugel am Bauch ein kleines Eintrittsloch und am Rücken ein grösseres Austrittsloch hinterlassen. Als er den Jungen untersuchte, fand er auf dem Körper desselben zwei Geburtsmale an denselben Stellen und von derselben Form wie die zwei Schusswunden, die auf den Fotos der Autopsie festgehalten worden waren.

Dieses Werk soll jedoch nicht dem Phänomen der Reinkarnation gewidmet sein. Die Fälle und Analogien, die ich an dieser Stelle anführe, sollen lediglich zum Verständnis der verschiedenen Zusammenhänge dienen, die Teil der Parapsychologie sind. Die Auslegung der Fakten bleibt Sache des Lesers. So wird im Falle des Kindes, das plötzlich eine nicht erlernte Sprache spricht, derjenige, der von Reinkarnation überzeugt ist, freudig kundtun, dass er einen Beweis für ein früheres Leben gefunden hat. Der katholische Priester hingegen wird seinen Exorzismus beginnen, denn für ihn ist das Kind von einem Dämon oder dem Teufel selbst besessen. Und ein Medium schliesslich mag darüber jubeln, bei einem so kleinen Kind schon eine spontane Trance beobachten zu können.

ASW – Aussersinnliche Wahrnehmung

Bevor wir in die Welt der aussersinnlichen Wahrnehmungen eintauchen, möchte ich den Leser auf eine Reise durch unseren Körper und unseren Geist mitnehmen.

Wir kennen alle die fünf Sinne: den Sehsinn, den Hörsinn, den Tastsinn, den Geruchssinn und den Geschmackssinn. Da ihre Funktionen und Fähigkeiten allgemein bekannt sind, werde ich hier nicht weiter auf dieses Thema eingehen. Der Buddhismus ergänzt unsere westliche Definition der Wahrnehmung durch die fünf Sinne. Die Definition des Buddhismus erleichtert uns das Verständnis und die Beschreibung der menschlichen Natur, indem ein weiterer Sinn hinzugefügt wird; der sechste Sinn. Auf Englisch wird der sechste Sinn oft mit «mind» übersetzt. «Mind» kann jedoch auch als «der mentale Teil» verstanden werden, je nach Kontext. Die häufigste Übersetzung ist aber «Geist». Das Wort «vedana» in Pali, einem alten Dialekt des Sanskrits, kann mit «Empfinden», «Sinneseindrücke» oder «Wahrnehmungen» übersetzt werden. Das Wort beinhaltet nicht nur sämtliche Wahrnehmungen der fünf physischen Sinne, sondern auch die vom sechsten Sinn erhaltenen Informationen. Dieser so besondere Sinn unterteilt sich in verschiedene Hellsinne: die Hellsichtigkeit, die Hellhörigkeit, das Hellfühlen, das Hellriechen, das Hellschmecken und das Hellwissen. Hellsinne können geschult werden, insbesondere mithilfe der Übungen, welche im entsprechenden Kapitel weiter hinten angeführt werden.

Der Geist – oder «mind», also der sechste Sinn – ist unendlich. Er nimmt jede subtile Information wahr. Diese subtilen Informationen sind verankert und abgespeichert im Energiefeld jeder lebenden oder verstorbenen Person, jedes Objektes, jedes Ortes und so weiter. Diese energetische Gravierung ermöglicht es uns, eine Person zu lesen, ganz gleich ob sie uns gegenübersteht oder zwanzigtausend Kilometer entfernt ist. Ich würde sogar darauf wetten, eine Person in einer Raumfahrtstation lesen zu können. Damit eine subtile Information in einem Energiefeld gelesen werden kann, bedarf diese Information nicht unbedingt eines physikalischen Trägers. Und zwar deshalb nicht, weil der Geist unendlich ist. Zeit und Entfernung existieren nur in physikalischen Gesetzen.

Um eine ASW zu erhalten, weite ich mein energetisches Bewusstseinsfeld aus: Das heisst, ich sende einen Strahl meiner Aura an den gewünschten Zielpunkt. Dieser Zielpunkt kann beispielsweise die Aura einer anderen Person sein, ein Ort, eine andere Zeitebene oder das Energiefeld eines Verstorbenen. Durch diesen Prozess konzentriert sich meine Energie auf das Ziel. Mein Geist ist erweitert und erhält Informationen subtiler Natur, also gewissermassen die energetischen Inschriften des Objektes, welches ich dadurch lese. Danach muss mein Gehirn meinem Intellekt die von meinem Aurastrahl empfangenen Informationen auf rationaler Ebene übersetzen.

Die ASW mit ihrem Potenzial dient nicht nur hochempfindlichen Menschen als Hilfsmittel und deren Klienten als Unterstützung. Sie wurde auch von einer der wohl bekanntesten amerikanischen Nachrichtenagenturen eingesetzt. Trotz der Bemühungen der CIA, das Projekt «Stargate» geheim zu halten, brach einer der Hauptagenten, Joseph McMoneagle, das Schweigen und machte das Projekt der CIA publik.

Zu Beginn der 70er Jahre entdeckte McMoneagle, schon damals im Dienst der Armee der Vereinigten Staaten, seine aussersinnlichen Fähigkeiten. Nach seiner Entdeckung arbeitet er zwanzig Jahre lang für die Armee an diesem Regierungsprojekt, aber auch für die CIA und andere Geheimdienste. Die angewandte Technik wurde «remote viewing» oder «Fernwahrnehmung» genannt. Von der Militärbasis aus, der er angehörte, lieferte er Informationen über Orte, an denen Geiseln festgehalten wurden, sich Militärbasen, Waffen von feindlich gesinnten Regimen, oder sogar verschwundene Flugzeuge befanden, die man mit «normalen» Mitteln nicht hätte orten können. McMoneagle wurde dafür mehrfach mit Medaillen ausgezeichnet. Er erhielt insbesondere das Grosse Verdienstkreuz, welches Bürger für besondere Dienste auszeichnet. Heute arbeitet McMoneagle nicht mehr für die Armee, sondern setzt seine Arbeit als Selbständiger fort. Beim von ihm angewandten Verfahren handelt es sich um die klassische aussersinnliche Wahrnehmung, mittels derer ein Energiefeld, ein Objekt oder eine Person aus der Ferne gelesen werden kann.

Per Videokonferenz habe ich selbst mit Personen in New Delhi, Tokio oder Heidelberg ähnliche Erfahrungen gemacht, wobei ich in deren Energiefelder Informationen aus ihrer jüngsten Vergangenheit gelesen habe. Ich habe diese Lesungen vorgenommen, während sich die betroffenen Personen hunderte oder gar tausende Kilometer von mir entfernt befanden.

Unabhängig davon, ob ich mit einem Verstorbenen spreche, die Aura einer lebenden Person lese, die sich in meiner Nähe oder weit entfernt befindet, oder ob ich einen unbekannten Ort besuche und dabei Wahrnehmungen habe, ist es immer **mein eigenes** Gedächtnis, welches die Analogien mit Empfundenem, mit Lauten, mit Bildern oder mit jeglichen anderen Sinneseindrücken herstellt.

Das Gehirn kann hierfür nur in der Erinnerung dessen suchen, was es erlebt hat. Es kann dem Intellekt keine Information übersetzen, die es nicht kennt. Es kann sich nicht etwas Unbekanntes vorstellen und es dann genau beschreiben. Es ist, als ob das Gehirn eine Art «Pictionary» spielen würde. Alle Formen von Telepathie laufen durch diesen subjektiven Filter.

Wenn ein Medium hingegen seine objektiven Hellsinne entwickelt hat, dann wird es in die Lage versetzt sein, sich einer Sprache bedienen zu können, die es nicht aus seiner Erinnerung kennt; es wird in der Lage sein, neue Heilmittel, neue Technologien zu entwickeln, ohne wissenschaftliche Kenntnisse darüber zu besitzen, die es in seinem Gedächtnis hätte ansammeln können.

Erwachsene, die zu ASW fähig sind, sind selten. Olivia Boa (siehe das Kapitel zur Aura) ist eine bemerkenswerte Vertreterin und ein schönes Beispiel objektiver Sensitivität. Die objektiven Wahrnehmungen treten vor allem bei Kindern und manchen Jugendlichen auf. Die meisten sensitiven Menschen nehmen jedoch auf subjektive Weise wahr.

Die grosse Schwierigkeit der subjektiven ASW liegt darin, den Verstand auszuschalten, um das Wesen unserer Wahrnehmung zu erkennen. Dies kann widersprüchlich erscheinen: Der Verstand muss ausgeschaltet werden, um den Informationen Platz zu machen, welche vom Verstand übersetzt werden müssen. Ausserdem werden diese Informationen vom Gedächtnis zur Verfügung gestellt, welches als Teil des Verstandes gesehen werden kann. Den Verstand auszuschalten und gleichzeitig mit ihm arbeiten zu wollen mag uns in der Tat als ein Ding der Unmöglichkeit erscheinen. Die Lösung hierzu liegt in der Entschlüsselung des Prozesses, der dem Verstand die Informationen liefert und desjenigen, welcher es uns erlaubt, die Art und Weise, auf welche die Information unserem Intellekt erscheint, klar zu erkennen. (Siehe Übungen.)

Die objektive Wahrnehmung hat ihre Eigenheiten und ist zwar selten, aber keineswegs Fiktion. Beim objektiven Hellsehen sieht das Medium mit offenen Augen ausserhalb seiner selbst und nicht in Form einer Projektion auf seinem subjektiven inneren Bildschirm. Es sieht ein dreidimensionales Hologramm. Die Verstorbenen, Orte oder auch Organe von Patienten werden so wahrgenommen, wie sie sind, und nicht in ihrer Symbolik. Es geht ebenfalls darum, die objektive Wahrnehmung von der physikalischen Medialität und dem Phänomen der Materialisierung, welche diese ermöglicht, zu unterscheiden. Wir unterscheiden die mentale Medialität – deren Resultate nur das Medium wahrnimmt – von der physikalischen Medialität, wo das Ergebnis von allen fünf Sinnen wahrgenommen werden kann, und zwar nicht nur von jenen des Mediums. Eine objektive Wahrnehmung heisst also zu sehen, was wirklich da ist: Eine wirkliche Stimme zu hören (auch in einer unbekannten Sprache), einen Geschmack im Mund oder einen Geruch in der Nase zu haben oder sogar die physische Präsenz einer anderen Person auf seinem Körper zu spüren. Ja, man kann in eine andere Dimension, eine andere Realität, eine andere Frequenz katapultiert werden und dort in drei Dimensionen existieren. Und dies nicht etwa aufgrund einer Psychose oder Schizophrenie! Ausserkörperliche Erfahrungen (AKE; Englisch «out-of-body experience», OBE), Astralreisen, Nahtoderfahrungen (NTE; Englisch «near death experience», NDE) und schamanische Reisen sind weitere Beispiele objektiver aussersinnlicher Wahrnehmungen.

Im Folgenden eines aus unzähligen Beispielen von Nahtoderfahrungen: Ein Junge, der im Operationssaal eines Krankenhauses von Ärzten und seinen beiden Eltern umgeben schon für klinisch tot erklärt worden war, kam erneut ins Leben zurück. Sobald er wieder bei Bewusstsein war, berichtete er, wie er in einem Lichttunnel angekommen war, wo er seine Grossmutter und seine Schwester, denen es beiden sehr gut ging, getroffen hatte. Sie hatten ihm erklärt, dass er nicht mit ihnen kommen könne, weil es dafür für ihn noch zu früh sei. Als der Junge seinen Eltern die Geschichte erzählte, nahmen sie ihn nicht ernst. Schliesslich besuchte ihre Tochter ja die Schule. Erst als sie am Abend nach Hause kamen, erfuhren sie zu Ihrer grössten Trauer, dass ihre Tochter im Laufe des Tages verstorben war. So gross ihre Trauer über den Verlust der Tochter, die sie so sehr liebten, auch war, die Freude, sie am Leben und in Begleitung ihrer Grossmutter zu wissen, war ebenso gross.

Unzählige Personen haben schon ausserkörperliche Erfahrungen erlebt, auch ohne sich dabei in einem Nahtodzustand zu befinden. Ein Dokumentarfilm berichtet über das Erlebnis eines Mannes, der während einer Safari von einem Löwen, der aus dem Gebüsch sprang, überrascht wurde. Der Mann wurde vom Löwen am Genick gepackt und wie ein Plüschtier durchgeschüttelt. Dabei erlebte er die ganze Szene aus drei Metern Höhe oberhalb seines Körpers, und ohne den geringsten Schmerz zu empfinden. Solche Erfahrungen zeigen uns: Wir sind Geist, wir nehmen unseren Körper an und wir verlassen diesen ebenfalls!

Die Mehrzahl der Medien sieht auf subjektive Weise. Es wäre interessant, Sehbehinderte im Zustand erhöhter Sensitivität zu untersuchen, das heisst, die Hirnbilder einer Gruppe Sehbehinderter, die noch sehen konnten, bevor sie ihre Sicht verloren, zu vergleichen mit den Bildern einer zweiten Gruppe Sehbehinderter, die schon von Geburt an blind waren. Welche Bereiche des Gehirns werden aktiviert? Werden Gehirnzonen, die normalerweise für das Sehen zuständig sind, etwa für andere Funktionen oder andere Sinne genutzt und ermöglichen sie der betroffenen Person somit, dieselben Informationen zu erhalten, wie wenn sie sehen könnte? Können Blinde objektiv hellsehen? Solche Untersuchungen würden es ermöglichen, die Gehirnpfade und Korrelationen in den verschiedenen Bewusstseinszuständen besser zu verstehen. Es existieren Studien, die sich mit den Erlebnissen Nichtsehender während einer NTE (Nahtoderfahrung) befassen, insbesondere diejenige von Kenneth Ring, PhD in Psychologie und Sharon Cooper, M.A. der Universität von Connecticut («Near-Death and Out-of-Body Experiences in the Blind: A Study of Apparent Eyeless Vision»; Nahtod- und ausserkörperliche Erfahrungen: eine Studie über das Sehen ohne Sehorgan). Die NTE-Berichte von Blinden sind denjenigen von Nichtblinden sehr ähnlich und die Mehrzahl der Blinden geben an, «gesehen» zu haben, auch wenn es für sie schwierig ist, dieses für sie bis anhin unbekannte Phänomen zu beschreiben. Aus ihren zahlreichen Untersuchungen geben die Autoren in einem Artikel die Aussagen von Vicki Umipeg wieder. Vicki, von Geburt an blind, sah während einer NTE und AKE von der Zimmerdecke aus einen physischen Körper, bevor ihr klar wurde, dass es sich um ihren eigenen handelte. Anschliessend schwebte ihr Bewusstsein durch das Dach des Krankenhauses ins Freie und konnte so das wundervolle Panorama geniessen, das sich ihr bot... Dies könnte also bedeuten, dass der Geist neben den physischen Werkzeugen der klassischen Wahrnehmung auf seine ganz eigene Weise wahrnehmen kann, und dass diese subtile Art der Wahrnehmung durch einen veränderten Bewusstseinszustand erreicht werden kann. Ich würde sehr gerne mit solchen Menschen arbeiten, sei es auch nur, um ihnen zu einem zusätzlichen Sinn zu verhelfen.

Anhand des unten stehenden Diagramms können wir die zwei Hauptkategorien der Medialität unterscheiden. Die ASW sind hierbei nicht aufgeführt. Sie gehören zur Kategorie der mentalen Medialität. Letztere beschränkt sich nicht auf mediales Lesen. Geistheilen betrifft beide Kategorien: Bestimmte Phänomene werden durch alle fünf Sinne wahrgenommen, und zwar von jedermann, nicht nur vom Heiler, der eine Behandlung durchführt.

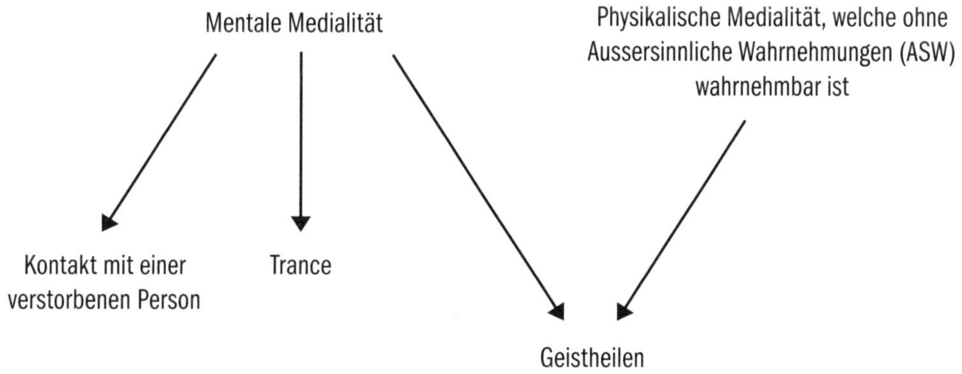

Bei subjektiven Wahrnehmungen besteht die grösste Herausforderung darin, die Antwort auf eine Frage zu finden und gleichzeitig den Verstand aus dem Spiel zu lassen. Dieser äussert sich nämlich nur allzu gerne - zu allem, und auch ganz ungefragt.

Um zu verhindern, dass der Verstand des Mediums sich einmischt und es beeinflusst, ist darauf zu achten, dass das Medium keine weitere Information erhält, die von dessen Verstand aufgegriffen werden könnte (z. B. welcher Verstorbene sich im Umfeld des Kunden befinden könnte, oder auch welche Frage(n) der Klient zu seinem Lebensweg stellen könnte). Für das Medium ist es von zentraler Bedeutung, stets unbeeinflusst und frei von den Erwartungen seines Klienten zu bleiben.

Aura

Wenn sich der Geist inkarniert hat und die betroffene Person am Leben ist, geht von ihr ein Energiefeld aus, eine Art Halo, welches aus verschiedenen sich überlagernden Farben besteht. Gewisse Menschen, die genügend sensibel sind, können dieses Energiefeld, welches auch «Aura» genannt wird, erkennen. Die vier Hauptschichten sind: die physische oder ätherische Aura, die mentale Aura, die emotionale Aura und die spirituelle Aura. Jede Schicht enthält Informationen, welche verschiedene Ebenen betreffen. In der physischen Schicht zum Beispiel kann man auf einer ersten Ebene den momentanen Zustand der Person erkennen. Diejenigen Informationen, welche frühere Krankheiten betreffen, erscheinen auf einer zweiten Ebene. So verhält es sich für jede Schicht hinsichtlich der sie betreffenden Informationskategorie.

Der Prozess der visuellen Wahrnehmung einer Aura läuft in mehreren Schritten ab. Zuerst nimmt man einen weissen oder hellgelben Lichtschein, der den Körper der beobachteten Person umgibt, wahr.

Sobald sich die objektive Wahrnehmung verfeinert, kann man verschiedene Farben erkennen, die dem momentanen Zustand der Person entsprechen. Diese farbliche Emanation verändert sich laufend. Das objektive Sehen erlaubt in Bezug auf die Farben kein exaktes Lesen der Aura, denn es kann nicht festgestellt werden, aus welcher Schicht die jeweilige Farbe stammt. Angesichts dieser Ungewissheit ist es sinnlos, eine Aura auf objektive Weise lesen zu wollen.

Die Idee, dass die verschiedenen Chakren jeweils eine der Regenbogenfarben haben, ist gänzlich verfehlt. Ein solches Konzept mag zwar visuell ästhetisch sein und im Bereich des subjektiven Lesens von einem gewissen Nutzen sein. Aber seien Sie versichert, die Farbe aller Chakren ist ein helles Goldgelb, genau wie die Farbe jeglicher reiner Energie. Es sind vor allem die indischen Yogis, die dies bestätigen. Diesen wurde für die verschiedenen Chakren – noch lange vor der Einführung des westlichen Farbkonzeptes – vielmehr Symbole überliefert. Diese Symbole stellen, oft in Form von Blütenblättern der Lotusblume, die verschiedenen Entwicklungsstadien dar. Das Basis-Chakra «Mooladhara» zählt zwei

Blätter und die Anzahl der Blütenblätter verdoppelt sich für jedes weitere Chakra in aufsteigender Richtung. Die Lotusblume des Kronenchakras «Sahasrara» trägt dementsprechend 128 Blütenblätter.

Die einzige Person, die mir bis heute beweisen konnte, dass sie die Energie, die von einer Person ausgeht, sehen kann, und zwar über das gewöhnliche Erkennen eines Farbfeldes hinaus, ist Olivia Boa[2], Therapeutin und Künstlerin in Freiburg. Noch nie ist mir jemand mit einer derart ausgeprägten Begabung für objektives Hellsehen begegnet. Sie gab mir die Gelegenheit, die Skizzen, welche sie von verschiedenen Auren und Energiefeldern gemacht hat, anzusehen. Mittels neurologischer Messgeräte konnte ich deren Exaktheit bestätigen. Wie Sie den wissenschaftlichen Analysen entnehmen können, sind Olivias Diagnosen von beeindruckender Präzision. Sie bestätigen einmal mehr, dass die verschiedenen Chakren nicht die Farben haben, die manche Esoteriker ihnen zuweisen. Olivia Boa unterstreicht, dass sie diese Energie in ihren Visionen wie die Wärme, die von einer Kerze ausgeht, wahrnimmt, oder wie die warme Luft, die im Sommer über dem Horizont flackert und ständig in Bewegung ist. Reine Energie hat tatsächlich keine Farben!

Untenstehend finden Sie eine der vielen Zeichnungen von Olivia Boa. Für ein erleichtertes Verständnis ist die Zeichnung farblich illustriert; die Energiefelder an sich haben jedoch keine Farben. In dieser Illustration hat Olivia meinen Trancezustand visuell dargestellt.

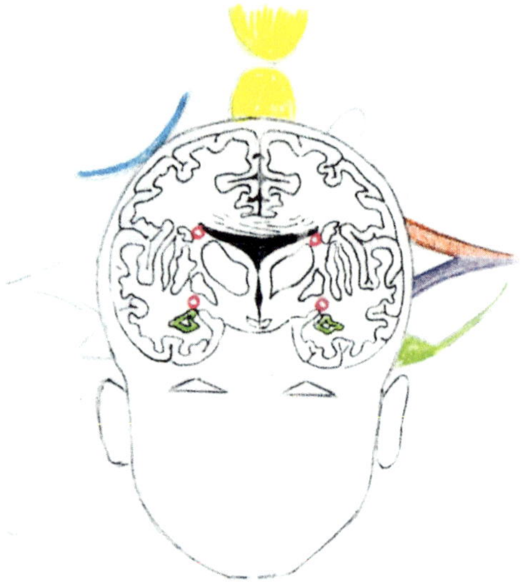

1 Der Bereich des Intellektes ist abgeschnitten und nur sehr wenig aktiv. Der Bereich der Sensitivität ist eingeschränkt, genau wie derjenige des Thalamus.
2 Die Verbindung zwischen den beiden Hemisphären ist verändert. Die Bereiche des Planens, des Denkens und der Persönlichkeit sind sehr wenig aktiv, oder sogar ganz inaktiv.
3 Der Bereich des Gyrus cinguli verbindet sich mit dem Bereich des Gehörs (möglicherweise geht der Hörsinn in den «automatischen» Funktionsmodus über) oder dem Bereich der Sprachflüssigkeit (Broca-Areal).
4 Die Amygdala tritt mit dem verkoppelten Bereich (3) in Verbindung.

2 Besuchen Sie hierzu auch ihre Website: www.projetboa.com.

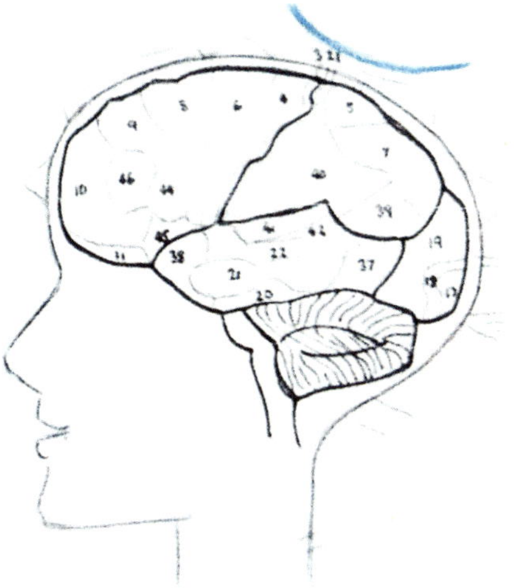

5 AMS (der Bereich, in dem sich Gedanken bilden) ist abgeschnitten.

Zusammenfassend lässt sich aussagen, dass gemäss Olivia Boas Analyse meines Gehirns im Zustand der tiefen Hirnfrequenzen die Denkfunktion vollständig deaktiviert ist.

Es ist verblüffend zu erfassen, wie präzise subjektives Sehen sein kann, auch wenn es nichts mit Farben zu tun hat.

Diese Ausführungen bedeuten allerdings nicht, dass eine Aura keine Farbe hat, denn es handelt sich dabei um eine andere Fragestellung. Die Farben einer Aura, welche uns Anhaltspunkte bezüglich des momentanen emotionalen oder physischen Zustands der betroffenen Person geben, sind das Ergebnis eines biochemischen Prozesses. Sie haben keineswegs etwas mit vermeintlichen Farben von Chakren zu tun. Die Farben einer Aura sind ständig im Fluss. Sie hängen vom jeweiligen Zustand der Person ab. Die angeblichen Regenbogenfarben der verschiedenen Chakren sind eine reine Erfindung westlicher Esoteriker, was im Grunde genommen aber kein Problem darstellt. Wenn man sich überlegt, welche Funktionen die verschiedenen Chakren haben, dann scheint es durchaus akzeptabel, diesen unterschiedliche Farben zuzuordnen. Nehmen wir das Beispiel des Basis-Chakras, dem die Farbe Rot zugeordnet wurde: Seine Funktion hat mit Körperkraft und mit den ursprünglichsten Kräften und Instinkten wie zum Beispiel der Wut oder der Angst zu tun, welche natürlich von starken motorischen und energetischen Kräften gesteuert werden. Und gleichzeitig sind es genau diese Instinkte und Kräfte, die am weitesten von den Energien des höheren Bewusstseins entfernt sind.

Für eine genaue und detaillierte Auralesung ist es also unumgänglich, eine persönliche und subjektive Palette aller Farben und aller Auraschichten zu erstellen. Das kann zunächst etwas mühselig sein. Diese Aufgabe muss mit Sorgfalt durchgeführt werden und kann nicht in einem Zug erledigt werden. Diese Palette entsteht auch durch Übung: Man nähert sich dem Ziel durch das Notieren der verschiedenen Farben, welche man entdeckt, und die man den verschiedenen Zuständen der Person, deren Aura man gerade liest, zuordnen kann.

Die mentale Schicht bietet uns Informationen über die Denkweise, den Intellekt und die Interessengebiete der Person. Diese Schicht ermöglicht es, Aussagen vor allem über die Funktionsweise der Person zu machen. Die emotionale Schicht gibt uns Aufschlüsse bezüglich der Vergangenheit des Gefühlslebens der Person, also über ihre Freuden und Schmerz, die sie zu verschiedenen Zeitpunkten ihres Lebens verspürt hat. Die spirituelle Schicht schliesslich betrifft das Interesse, welches die Person an Spiritualität hat, den Stellenwert, welchen Spiritualität in deren Leben hat, und enthält manchmal auch Informationen bezüglich der Religionen, Dogmen und des Entwicklungsstandes der betroffenen Person.

Es ist ratsam, beim Erstellen seiner persönlichen Farbpalette, die entsprechend den Schichten der Aura zu strukturieren ist, pragmatisch vorzugehen. Um den Leser beim Aufbau seiner eigenen Palette nicht zu beeinflussen, beschränke ich mich im Folgenden auf ein kurzes Beispiel aus meiner eigenen Palette, mit Bezug auf die körperliche Schicht:

Ein schmutziges Gelb erinnert mich an Eiter, Rot an Blut, Grün an Übelkeit oder Magenschmerzen, Grau an die grauen Zellen im Gehirn, und so weiter.

Wenn ich eine Person evaluiere, gehe ich organisiert vor, das heisst ich entscheide zuerst, welche Schicht ich lese. Wenn ich die oben genannten Farben in einer Person lese, dann weiss ich, dass diese an einer Infektion leidet, ihr Blut ein Ungleichgewicht aufweist, sie ein Verdauungsproblem, ein neurologisches oder zerebrales Problem hat. Das Adjektiv «subjektiv» bedeutet in diesem Zusammenhang also nicht etwa, dass die erhaltene Information falsch ist. Es beschreibt lediglich die Art der Wahrnehmung. Wir werden das Konzept der Subjektivität noch besser verstehen, sobald wir das Thema der medialen Lesungen besprechen werden. Das Übungskapitel enthält weitere Anweisungen zum Vorgehen beim Erstellen seiner persönlichen subjektiven Farbpalette.

Wahrsagen

Wahrsagen, also das Vorhersagen von zukünftigen Ereignissen, wird oft mit Medialität assoziiert, allerdings zu Unrecht! Einer der Irrtümer, welchem die meisten Esoteriker unterliegen, ist die fehlerhafte Interpretation des Begriffes «Medium» und damit auch die Übertragung dieses Irrtums auf diejenigen, die Medialität praktizieren. Es besteht weiterhin noch eine grosse Verwechslungsgefahr zwischen den Begriffen des Mediums und des Wahrsagers, welcher vorgibt, die Zukunft vorherzusagen. Ich möchte an dieser Stelle Folgendes vorwegnehmen: Keine der von mir in diesem Buch besprochenen Formen der Medialität ermöglichen es, die Zukunft vorherzusagen!

Menschen, die Wahrsager aufsuchen, wollen um jeden Preis Vorhersagen bezüglich Ihrer Zukunft erhalten. Natürlich erhoffen sie sich ermutigende Vorhersagen. Aussagen, die dem entsprechen, was sie sich für ihre Zukunft wünschen. An sich ist dies ein positiver Ansatz. Dennoch kommt es vor, dass solche Personen sich Vorhersagen erhoffen, die es ihnen ermöglichen, ihre eigene Verantwortung zu leugnen oder sich von ihr abzuwenden. Diese Menschen sind von grosser Leichtgläubigkeit oder auch schlicht verzweifelt. Sie werden leicht zu Manipulationsopfern.

Ein Wahrsager kann Informationen erhalten, die falsch sind, schlimmer noch, er kann sie falsch interpretieren. Die grössten Schäden werden von Wahrsagern angerichtet, die in ihren Aussagen der Wirklichkeit sehr nahe kommen oder die Vergangenheit richtig rekonstruieren. Wie könnte eine emotional oder mental geschwächte Person, deren Vergangenheit mehr oder weniger korrekt beschrieben wurde, nicht dazu verleitet sein, sich in der Folge auf die Vorhersagen zu verlassen? Ich meine hiermit nicht etwa die Betrüger, denn auch wenn es diesen leicht fällt, unzählige Geschichten zu erfinden, sind sie nicht in der Lage, eine einzige richtige Information zu liefern. Ich selbst habe mich schon einmal im Irrtum befunden; und zwar war damals die Information, die ich erhalten hatte, korrekt, allerdings war die Quelle nicht diejenige, die ich erwartet hatte. Zu diesem Ereignis werde ich mich weiter unten noch ausführlicher äussern.

Während einer Sitzung mit einem Wahrsager ist das Urteilsvermögen, die Objektivität oder schlichtweg das logische Denkvermögen des Klienten vollständig ausgeschaltet. Er riskiert, zu Unrecht durch falsche Informationen oder Elemente, die er vom Wahrsager erhält, und die seinen eigenen Interessen entgegenstehen, beeinflusst zu werden. Das gesamte Urteilsvermögen des Klienten ist dabei geschwächt, besonders dann, wenn die ersten Informationen, die der Wahrsager geliefert hat, der Wahrheit entsprechen.

Um derartige Irrwege zu meiden, sollte jeder, der über seinen Lebensweg mehr erfahren möchte, um durchdachte Entscheidungen bezüglich des eigenen Lebens treffen zu können, in jedem Fall einen erfahrenen «Sensitiven» konsultieren. Ein solcher verfügt über die Fähigkeiten, welche notwendig sind, um ein Energiefeld oder eine Aura zu lesen und wird somit in der Lage sein, das in seinem Klienten schlummernde Potenzial aufzuzeigen. Der Sensitive wird seinen Kunden bei der Entwicklung seines Selbstvertrauens unterstützen und auf positive Weise dessen Potenzial aufdecken, anstatt Lügen über die Zukunft zu erzählen.

Positive Worte sind wie die Saat von positiven Samen, welche positive Früchte hervorbringt!

Aber seien wir mal keine Spielverderber und gehen wir dennoch davon aus, dass ein guter Wahrsager effektiv einen Zugang zur Zukunft hat, obwohl «Zukunft» ein relativer Begriff ist, denn genau wie «Raum» existiert auch «Zeit» nicht wirklich. Den genauen Zeitpunkt, an dem ein Ereignis eintritt, vorherzusagen, ist noch ein ganz anderes Thema, eine ganz andere Herausforderung. Zeit ist nichts anderes als ein menschliches oder physikalisches Mittel, welches uns ermöglicht, Bewegung zu definieren. Schon der Grieche Plotin lehrte uns: «Alles ist im Einen und das Eine ist in allem.» Wie sollte diese Feststellung mit dem Konzept von Raum und Zeit vereinbar sein? Auch wenn Wahrsagen tatsächlich möglich sein sollte, müssen wir uns dennoch die in diesem Kapitel angesprochenen Probleme und Widersprüche eingestehen.

Wahrsagen oder das Vorhersagen der Zukunft zählt zu den Bereichen, in denen die meisten Fehler beim Lesen der Information gemacht werden! Wie ist es möglich, dass Vorhersagen der Zukunft an so vielen Ungenauigkeiten und Fehlern leiden, wenn man vom Prinzip ausgeht, dass die Zukunft bereits entschieden ist? Selbst wenn die Zukunft oder der Ablauf der Zeit bereits irgendwo geschrieben steht, heisst das nicht, dass wir Marionetten sind, die einem gänzlich vorgezeichneten

Weg folgen. Wir können zu jedem Zeitpunkt entscheiden, was geschrieben wird.

An dieser Stelle möchte ich klar darauf hinweisen, dass es praktisch unmöglich ist, die verschiedenen Quellen, aus welchen wir Informationen über die Zukunft erhalten können, zu unterscheiden. Ganz unabhängig davon, ob ein Wahrsager echte Wahrnehmungen, Visionen oder Empfindungen hat. Die Schwierigkeit besteht darin, mit Sicherheit festlegen zu können, aus welcher Quelle die empfangenen Informationen stammen. Dies ist eine grosse Kunst, die von sehr wenigen beherrscht wird!

Abgesehen davon sind viele Wahrsager, die ich als Schüler hatte oder durch meine Forschungsprojekte kennen gelernt habe, absolut unfähig, eine auf Fakten beruhende psychische Lesung durchzuführen. Ihnen fehlt ein solides Grundtraining.

Informationen können immer aus mehreren Quellen stammen und so entweder einen Rückschluss oder auch eine echte ASW ermöglichen, die aber nichts mit der Zukunft des Klienten zu tun hat:

- Gestik/Mimik/Erscheinung
- Psychologie/Rhetorik
- Das Feld einer Person:
  - Aura = Erinnerung: Begehren/Abneigungen
  - Die momentanen Gedanken der Person
- Von einem Verstorbenen, dessen Ebene nicht bekannt ist
- Von einem Ort
- Von einem Objekt/Schmuckstück
- Aus der Akasha-Chronik (siehe nächste Seite)
- Aus einem früheren Leben
- Aus der Genealogie
- Vielleicht aus der Zukunft
- Und leider aus dem Intellekt des Wahrsagers

Die allererste Quelle für Wahrnehmungen, die es zu berücksichtigen gilt, ist der Verstand des Mediums selbst. Danach kommen die Emanationen des Verstandes des Klienten, das heisst die Gedanken, die er in dem Moment hat und unbewusst auf telepathischem Weg sendet. Des Weiteren sind da auch die Informationen aller Gedanken aus der Vergangenheit, die in der Aura verankert sind, oder sogar sogenannte Abweichungen (siehe weiter unten) seitens des Mediums. Die Meinungen verstorbener Personen – ob sie in die spirituelle Welt übergegangen sind oder nicht – können auch eine Quelle für Wahrnehmung sein. Diese Meinungen können falsch sein oder je nach Persönlichkeit des Verstorbenen variieren. Dann gibt es auch noch die Informationen über Orte oder Gegenstände, die aber nichts mit dem Klienten oder seiner Zukunft zu tun haben, die aber trotzdem in seinem Energiefeld oder seiner Aura verankert sind, wie zum Beispiel ein Geschenk, das eine Person von jemanden bekommen hat. Erst nachdem all diese Informationsquellen identifiziert sind, hat das Medium möglicherweise Zugang zur Dimension der Zeit, zur Zukunft, zum universellen Bewusstsein, zum Speicher der sogenannten «Akasha-Chronik». Die Akasha-Chronik wird in den Upanishaden erwähnt, die wir gewissermassen als hinduistische Bibel bezeichnen könnten. Es handelt sich um eine Art kosmisches Gedächtnis, welches alle Ereignisse der Welt aufzeichnen soll. Da Zeit eine Illusion ist, muss es auch die Zukunft sein.

Angesichts der verschiedenen Informationsquellen wird selbst der wohlgesinnteste aller Wahrsager nicht imstande sein, die wirkliche Quelle, aus welcher die Informationen über die Zukunft seines Klienten stammen, zu bestimmen.

Die Desillusion ist sehr gross, wenn man feststellt, dass die Bilder, zu denen man Zugang hat, nicht die Zukunft darstellen. Ich habe selbst eine grosse Desillusion hinsichtlich der Dimension der Zukunft erlebt: Eines Morgens im Laufe des Jahres 2000 sass ich und meditierte in einem sehr tiefen Zustand. Noch vor meinen diversen anderen Übungen führte ich gerade meine täglichen Kriya-Yoga-Atmungen durch. Meine ganze Aufmerksamkeit war auf diese Meditationsübung fokussiert. Plötzlich wurde ich in eine Blase katapultiert, in der ich in drei Dimensionen folgende Szene sah: Da waren Wolkenkratzer unter Wasser, in metertiefem Wasser. Das Meer war ruhig. Es gab also weit und breit kein Anzeichen eines Tsunamis. Es war allerdings auch nicht auszuschliessen, dass diese Szene nach einem Tsunami stattfand. Vor dem Hintergrund der Wolkenkratzer erschien gross die Zahl 2014. Aufgrund der Beschaffenheit dieser Stadt dachte ich, dass es wohl New York oder eine andere am Wasser gelegene

Stadt mit Hochhäusern sein müsse, die untergehen würde. Als die ganze Welt wegen des 21. Dezembers 2012, dem von den Mayas vermeintlich angekündigten Ende der Welt, in Ekstase war, behielt ich noch meine Ruhe. Die Katastrophe sollte erst 2014 stattfinden. Das Ende der Welt, das viele erwarteten, trat aber auch im Jahr 2014 nicht ein. Tatsächlich schreiben wir jetzt das Jahr 2015 und keine Millionenstadt hat unter Wasser ihr Ende gefunden. Hatte ich vielleicht 2014 mit 2004 verwechselt, dem Jahr, in dem ein Tsunami einen Teil Asiens verwüstet hatte?

Wir sehen also, dass – selbst wenn wir uns in einem neutralen und tiefen Bewusstseinszustand befinden – wir uns wirklich kräftig täuschen können. Dieses Ereignis ist bis heute meine einzige Vorhersage der Zukunft geblieben. Angesichts des Schadenausmasses, welches ich gesehen habe, bin ich natürlich erleichtert, dass es sich bei dieser Vision um einen Irrtum handelte. Ich frage mich weiterhin, aus welchem Grund diese Vision falsch war und kann mir immer noch nicht erklären, warum ich das Gefühl nicht loswerde, dass diese Szene eines Tages eintreten wird. In Bezug auf das Feld der Bewusstseinserforschung bedauere ich allerdings, dass mir ein Fehler unterlaufen ist.

Weiter oben habe ich von der sogenannten Abweichung gesprochen. Es handelt sich dabei um ein weiteres Beispiel, welches belegt, dass man sich bezüglich der während einer psychischen Lesung empfangenen Informationen täuschen kann. Das folgende Ereignis hat sich während einer Sitzung mit einer Klientin abgespielt.

Im Rahmen einer psychischen Lesung übermittelte ich meiner Klientin sachliche Informationen bezüglich ihrer jüngsten Vergangenheit. Diese Art von Informationen haben den Vorteil, dass sie sich in der Regel leicht und gut auf ihre Korrektheit überprüfen lassen, beispielsweise Ereignisse wie der Einkauf von Stollenfussballschuhen für ihren Sohn. Während meiner Lesung sah ich sie deutlich, wie sie einen Drachen steigen liess oder jemanden beobachtete, der damit spielte. Meine gesamte Lesung war völlig fehlerlos, die Information bezüglich der Drachenszene lehnte sie jedoch ab.

Da ich wusste, dass meine Lesung vollständig korrekt war, beharrte ich auf dieser Szene; meine Klientin lehnte sie jedoch ebenso beharrlich ab, da war nichts zu machen. Lächelnd scherzte ich, sie müsse an Alzheimer leiden und schlug ihr eine Wette vor; ich kenne den Unterschied zwischen einer Projektion meines eigenen Verstandes und einer echten ASW! Sie nahm die Wette an, da sie wusste, dass sie diejenige war, die Recht hatte. Die Geschichte liess mich auch in den folgenden Stunden und Tagen nicht los. Bis ich einige Tage nach jener Sitzung einen Anruf von meiner Klientin erhielt. Ich nutzte die Gelegenheit gleich, um sie nach dem Drachen zu fragen, aber sie wollte die beschriebene Szene weiterhin nicht bestätigen. Während wir uns also am Telefon unterhielten, fiel mir plötzlich ihr Sohn ein, dessen eingekaufte Stollenfussballschuhe die letzte korrekt wahrgenommene Information gewesen war. Ich bat sie also, ihren Sohn nach dem Drachen zu fragen. Am darauffolgenden Abend erhielt ich von ihr auf meinem Mobiltelefon ein Foto von einer Theateraufführung, in der ihr Sohn einen riesigen Drachen steigen liess. Da es sich bei dieser Aufführung um eine Überraschung für die Eltern handelte, konnte sie über den Drachen gar nicht informiert gewesen sein. Die Information über die Drachenszene konnte sich dementsprechend zum Zeitpunkt unserer Sitzung gar nicht im Energiefeld meiner Klientin befunden haben. Mein Geist hatte von sich aus Kontakt mit dem Energiefeld ihres Sohnes aufgenommen, als ich von den Fussballschuhen sprach. Mein Geist hatte also das Energiefeld, die Aura meiner Klientin verlassen und war abgewichen!

Vor einiger Zeit wurde ich von jemandem angesprochen, der Fernvorhersagen erstellt und mich einstellen wollte. Obwohl ich ihm antwortete, dass ich nicht an solche Fernvorhersagen glaube, und dass mich sein Angebot nicht interessiere, drängte er – der sich zu allem Übel auch noch als Medium ausgab – weiter. Ich gab schliesslich nach und bot ihm ein Termin zu dritt mit meiner Assistentin Melanie an. Als wir dem Mann gegenübersassen, mussten wir feststellen, dass er keine Ahnung davon hatte, was eine ASW ist und wie sie funktioniert. Seine Vorgehensweise war rein intellektuell! Als ich ihm zeigte, wie das Vorgehen einer echten Lesung aussieht, war er überrascht. Und als ich dann für ihn Kontakt mit einem Verstorbenen aus seinem eigenen Umfeld aufnahm, packte ihn derartige Angst, dass Schweissperlen von seiner Stirn tropften. Er bat mich, sofort die Sitzung zu beenden, was mich ziemlich amüsierte, wo er selber sich doch als Medium ausgegeben hatte.

Als ich ihn dann fragte, ob er denn hinsichtlich seines Stellenangebotes an mich auch seine Tarotkarten um Rat gefragt hätte, brach er in Gelächter aus. Er gab zu, dass er niemals für sich selbst wahrsagen würde, da er keineswegs daran glaube. Trotzdem wollte der Direktor der Firma mich sehen, um mich zu testen. Die Begegnung verlief mehr oder weniger ähnlich derjenigen mit seinem Angestellten, dem angeblichen Medium. Ich zeigte ihm, wie man mit angemessener Übung eine psychische Lesung durchführt. Sein Erstaunen war so gross wie das seines Angestellten. Nach diesem Gespräch und dieser Vorführung war der Geschäftsführer so weit, zuzugeben, dass ich nicht in derselben Kategorie spielte wie die meisten seiner Angestellten. Unsere Wege trennten sich also noch bevor sie uns zusammengeführt hatten, und ich habe nie wieder von ihm oder seinem Unternehmen gehört.

Bezüglich der fernen Vergangenheit können keine psychischen Lesungen gemacht werden, es sei denn wirklich prägende Ereignisse hätten in dieser stattgefunden. Denn langfristig ist jeder Mensch mit Sicherheit beispielsweise einmal glücklich oder traurig gewesen, hat einen geliebten Menschen verloren, ist umgezogen oder hat Erfolg oder Misserfolg gehabt. Informationen aus der nahen Vergangenheit hingegen erlauben es dem Medium, weitaus präzisere Aussagen zu machen. Natürlich muss das Medium dabei davon absehen, Dinge aufzuzählen wie zum Beispiel «Sie haben sich die Zähne geputzt, Sie haben sich angezogen» oder Informationen über Dinge zu nennen, die mit Sicherheit zum Alltag eines jeden gehören, oder die zumindest jeder häufig erleben kann. Demgegenüber können die Informationen von Aussagen wie zum Beispiel «Sie haben gerade eine Tasse zerschlagen, eine Reifenpanne gehabt, eine Reise vorbereitet, etwas Bestimmtes gekauft» überprüft und deren resultierender Treffergrad mathematisch berechnet werden. Zusammenfassend lässt sich sagen, dass im Energiefeld des Klienten gelesene Informationen bezüglich Ereignissen aus der nahen Vergangenheit einen Treffergrad von fünfundachtzig bis hundert Prozent haben müssen. Im Falle von Spekulation liegt der Treffergrad, also die Akzeptanzrate des Klienten bezüglich der gemachten Aussagen, bei ungefähr dreissig Prozent. Wie soll man einem Wahrsager, der nicht in der Lage ist, diese Art von Informationen über die nahe Vergangenheit zu liefern, glauben können, dass er auf die Zukunft Zugriff hat?

Medialität: Für wen und warum?

Meiner Erfahrung nach fallen Personen, welche Medialität praktizieren möchten, einer von vier Kategorien zu.

Die erste Kategorie umspannt diejenigen Personen, welche unter ihren Wahrnehmungen leiden oder sich als Opfer derselben fühlen. Damit sind nicht etwa hysterische oder geistig kranke Personen gemeint; auf dieses Thema komme ich später zurück. Diese Personen haben schon seit ihrer Kindheit oder Pubertät Verstorbene gesehen, andere Menschen stärker gespürt oder Vorahnungen gehabt. Solche Wahrnehmungen führen sehr oft zu grossen Ängsten, wenn sie nicht korrekt gehandhabt oder vom Umfeld der betroffenen Person sogar zurückgewiesen werden. Wenn diese Wahrnehmungen in der Kindheit beginnen, verstehen die Eltern in vielen Fällen nicht, was mit ihren Kindern geschieht. Solche Kinder finden sich in der Folge oft bei einem Psychiater wieder (siehe die Kapitel *Hannes-Jacob-Syndrom* und *Wissenschaftliche Annäherung*) und werden wie Geisteskranke behandelt. Ganz gleichgültig ob Jugendliche oder Erwachsene, diese Menschen können sich oft ihrer Ängste nicht entledigen, was durchaus verständlich ist. Mit dem Entschluss, durch die Medialität zu erlernen, wie sie mit ihren Wahrnehmungen umgehen können, haben sie dennoch den Mut gefunden, diesen Ängsten entgegenzutreten.

Für diese erste Gruppe ist die Schlacht schon halb gewonnen. Wenn sich diese Personen in Kurse zu Medialität oder Sensitivität einschreiben, sind sie sich bewusst und akzeptieren, dass sie – im medizinischen Sinne – nicht verrückt sind.

In der zweiten Kategorie finden sich diejenigen Personen, welche Nahestehende verloren haben. Oft sind sie nicht dazu imstande, ihre Trauer zu verarbeiten und sich in ihrem Leben wieder zurechtzufinden. Anstatt sich einer Religion zuzuwenden oder ein Medium aufzusuchen, wollen diese Personen selber wahrnehmen. Sie möchten mit den Verstorbenen in Kontakt treten und erfahren, ob der Mensch wirklich ein unsterbliches Wesen hat, ob es wirklich ein Leben nach dem Tod gibt. Tatsächlich wird in der Welt der Lebendigen viel über das Jenseits und die Frage nach dessen Existenz debattiert. «Niemand ist jemals zurückgekehrt, um uns zu sagen, ob es ein Leben nach dem Tod gibt!» Diese Redeweise ist falsch: Millionen von Verstorbenen sind schon zurückgekehrt, um uns zu berichten, dass es ein Leben nach dem Tod gibt. Es gibt sogar unwiderlegbare Beweise dafür, vor allem dank der physikalischen Medialität und der instrumentalen Trancekommunikation. (Mehr hierzu in den entsprechenden Kapiteln.)

Die dritte Kategorie besteht aus Personen mit einer eher ignoranten oder sogar ungesunden Einstellung. Diese wollen Medialität mit ihrem Intellekt erlernen und ausüben. Deren Motivation dabei ist entweder Geld oder der Irrglaube, spirituelle Macht zu gewinnen. Diese Gruppe erlebt die grössten Frustrationen, weil die Personen entdecken, dass es einen echten persönlichen Einsatz braucht, um Medialität zu erlernen. Das Studium beinhaltet auch Momente von grosser Verzweiflung, wenn der Lernende es nicht schafft, die nötige Gehirnfrequenz aufrecht zu erhalten. Der Weg zur Kommunikation mit dem Jenseits kann sehr holprig und gespickt mit Hindernissen sein.

Gemäss meiner Erfahrung stelle ich grundsätzlich Folgendes fest: Diejenigen Personen mit dem grössten Ego stehen der Entwicklung ihrer «Begabung» am meisten im Weg. Sobald sie verstehen, dass Medialität ein echter Lernprozess ist, oder dass sich der Fortschritt nicht genau so einstellt, wie sie es sich vorgestellt haben, laufen sie davon.

Andere Studenten fangen sofort damit an, zu unterrichten, sobald sie zwei Studienjahre in der Schule Fréquences absolviert haben. Sie betreiben viel Werbung für ihre Aktivität und bilden sich nicht mehr weiter. Es besteht jedoch ein enorm grosser Unterschied zwischen dem Wissen, wie man mit einem Verstorbenen kommuniziert und dem Verständnis von dem, was sich im Energiefeld einer Drittperson in Ausbildung abspielt. Es benötigt sehr viel Zeit, um zu erlernen, wie man den Kontakt mit einer Drittperson herstellt und weiss, was sich dabei abspielt. Es zeugt von Verachtung, gutgläubige Schüler zu unterrichten, ohne sich selbst zuvor die nötigen Fähigkeiten angeeignet zu haben. Wer würde sich von einer Lehrperson mit nur zwei Jahren Erfahrung ausbilden lassen wollen?

Ich selber sah mich einmal mit einer stark depressiven Patientin konfrontiert. Die Dame war aufgrund ihrer labilen Verfassung in psychiatrischer Behandlung. Sie hatte einen «Professor» in Medialität für eine sogenannte Trance-Sitzung oder Channelling-Sitzung aufgesucht. Diese Lehrperson hatte ihr grünes Licht zu ihrem Selbstmord gegeben, indem er ihr bestätigte, dass ihre Geistführer sie begleiten würden und dass es dabei keinerlei Probleme geben würde. Ihre Geschichte hat mich erschüttert! Ihr Psychiater hatte mir die Angelegenheit erzählt, weil ich den «Professoren», der diese Botschaft erfunden hatte, kannte. Er riet mir, diese Person dem Kantonsarzt oder der Polizei zu melden. Ich habe davon abgesehen, weil dies nicht meine Rolle ist. Aber seitdem ich von diesem Vorfall erfahren habe, bin ich nicht mehr überrascht, dass Medialität einen solch kümmerlichen Ruf hat.

Die letzte und zweifellos reichhaltigste und prachtvollste Kategorie, besteht aus Menschen, die anderen dienen und helfen wollen. Dieser aufrichtige Wunsch zu dienen, sich für das Wohl anderer zur Verfügung zu stellen, ist eine Qualität, welche sich jedoch viel öfter in Kursen zum Heilen wiederfindet. Das Ego der Studenten in Medialität ist im Allgemeinen stärker ausgeprägt. Diese Tendenz kann in ganz Europa beobachtet werden. Und dennoch gibt es Studenten, welche sich dafür entscheiden, den Weg des Dienens noch stärker einzuschlagen als sie dies momentan tun.

Oftmals möchten diese Menschen im Berufsfeld, in dem sie schon arbeiten, besser dienen können. Dies betrifft nicht nur alle möglichen Bereiche der Behandlungen, Therapien, Erziehung, Ausbildung oder Meditation, sondern auch die Finanzbranche, die Landwirtschaft, die Medizin, das Rechtswesen oder das Personalwesen. In den letzten paar Jahren habe ich in den Kursen für Medialität denn auch eine positive Entwicklung festgestellt. Immer mehr Studenten entscheiden sich für diese Ausbildung mit dem Ziel, ihre Wahrnehmung zu schärfen – nicht nur, um mit Verstorbenen in Kontakt zu treten oder ihre eigene Praxis zu eröffnen. Diese Personen wollen weiterhin zum Beispiel als Lehrer oder Krankenschwester in ihrem Berufsfeld arbeiten, dabei aber die subtilen Ebenen ihrer Wahrnehmung meistern, um dadurch ihre Schüler, Patienten oder Kunden besser verstehen zu können. So übt sich der Therapeut also zum Beispiel darin, die Informationen, welche er von seinen Geistführern erhält, deutlicher zu hören.

Um noch etwas weiter zu verallgemeinern, sind es oft die schüchternsten und bescheidensten Menschen, welche für Medialität am besten ausgestattet sind. Menschen, welche die Kurse in Medialität vor allem mit dem Ziel der Persönlichkeitsentwicklung belegen; diejenigen, welche den Unterricht besuchen, weil sie sich aufrichtig dazu berufen fühlen, anderen Menschen zu helfen; diejenigen, welche über ein hohes Niveau an spiritueller Energie verfügen, ohne sich dessen bewusst zu sein – dies sind die Menschen, welche sich zu den prachtvollsten Werkzeugen im Dienste des Lichts entwickeln. Wie herrlich es ist, sie zu beobachten, wie sie nach und nach ihre Schüchternheit ablegen und sich öffnen wie eine Rosenknospe in der Sonne, sich selbst entdecken und dabei ihr Umfeld umso mehr bereichern. Wie schön es ist, ihre ungläubigen aber glücklichen Gesichter zu sehen, während sie es zum ersten Mal schaffen, eine lebendige Person, welche sie nicht sehen, weil sie hinter ihnen sitzt, fehlerlos zu beschreiben; oder wenn sie eine verstorbene Person beschreiben und damit ihrem Übungspartner unwiderlegbare Beweise jener Präsenz im Jenseits liefern. Dies sind die Dinge, welche mich mit Freude erfüllen. Aber die Freude ist nicht auf den Bereich des Kontaktes mit Verstorbenen begrenzt. Es verhält sich genau gleich, wenn der Anfänger unbestreitbare Belege dafür erhält, dass seine Behandlungen mit den Methoden des Geistheilens oder des Therapeutic Touch (TT) (siehe Kapitel *Heilen*) Resultate erzielen. Wenn diese Menschen auf plötzliche und unerklärbare Weise Heilung bringen, erleuchtet das Herz des Schülers.

Es macht mich so glücklich, zur Verbreitung dieser Freude beigetragen zu haben!

Die Verständigung mit der geistigen Welt will gelernt sein. Es ist nicht ausschliesslich eine Frage der Hirnfrequenzen. Wäre es nicht möglich, zu erlernen, wie man auf diese Weise kommunizieren kann, so wäre meine Schule nicht so erfolgreich. Medialität hängt weder von einem geografischen Aufenthaltsort ab noch von einem bestimmten Rang in der geistigen Welt. Es handelt sich nicht um ein Geschenk an eine Handvoll Auserwählte. Es ist auch nicht ein Werkzeug, welches es dem Anwender erlauben würde, eine bestimmte spirituelle Ebene zu erreichen. Ein Medium kann bedauerlicherweise absolut alle Fehler dieser Menschheit aufweisen, alle negativen Züge, die man sich vorstellen kann: vom Egoisten bis zum Pädophilen, vom Manipulanten bis zum krankhaften Lügner, vom Betrüger bis zum Dieb und all den möglichen Suchtverhalten. Als ich in Ausbildung war, habe ich Medien getroffen – darunter sogar einige sehr bekannte –, welche solche negativen Züge aufwiesen. Ich selbst kenne meine Schwachstellen und bekenne, dass ich kein Heiliger bin; nichtsdestoweniger bin ich dazu imstande, mit Verstorbenen zu kommunizieren.

Warum ist Medialität nicht spirituell? Wie ich weiter oben ausgeführt habe, geschieht die Kommunikation mit der spirituellen Welt auf einer gewissen Frequenz, welche gefunden und aufrechterhalten werden muss. Das Erlangen dieser Frequenz ist kein spiritueller Akt, sondern eine Fähigkeit, welche entwickelt und erhalten werden muss. Es verhält sich genau wie mit einem Hochseilakt: Man muss das Gleichgewicht finden. Ein Medium muss ein ähnliches Gleichgewicht finden, jedoch auf die Gehirnfrequenz bezogen. Sobald dieses Gleichgewicht gefunden ist, muss es für eine gewisse Zeit aufrechterhalten bleiben. Und da haben wir den Seiltänzer – das Medium. Lassen Sie mich dies gleich vorwegnehmen: Medialität, oder die Fähigkeit, mit Verstorbenen zu kommunizieren, ist nicht das Ziel an sich, sondern vielmehr ein Werkzeug auf dem spirituellen Weg. Sich mit einer verstorbenen Person zu unterhalten ist ein grossartiges Unterfangen, für die verstorbene wie für die lebendige Person gleichermassen, und liefert Beweise in Bezug auf die vermittelten Botschaften. Und zugleich ist es die Berufung eines jeden Mediums, seine Sensitivität und seine Wahrnehmung weiterzuentwickeln, um sich seiner eigenen Essenz laufend annähern zu können, also sich selbst, um somit sein volles Potenzial freizulegen. Medialität kann rasch erlernt werden. Sie auf natürliche Weise in sein eigenes Leben zu integrieren, dauert jedoch länger, manchmal sogar ein ganzes Leben!

Für eine lange Zeit gehörte ich zu jenen, die im Glauben geblieben sind, dass ein Medium zwangsläufig ein guter und spiritueller Mensch sein müsse. Ich wage es nicht, mich an den Schmerz zu erinnern, welchen ich verspürte, als sich mir die Wahrheit offenbarte! Ich erzähle Ihnen hiervon, damit Sie nicht dieselbe Enttäuschung erfahren müssen. Wenn grossartige Menschen sich dem wunderbaren Weg der Medialität oder des Heilens widmen, dann berührt es mich zutiefst. Mein Herz erwärmt sich wirklich, wenn ich Menschen treffe, welche dienen möchten, welche laufend an ihrer spirituellen Entwicklung arbeiten, welche bereit sind, Leid auf sich nehmen, um in ihrem Umfeld Gutes tun zu können. Die spirituelle Weiterentwicklung ist der Schlüssel. Und weil die Schulung der eigenen Sensitivität nichts mit spirituellem Fortschritt zu tun hat, ist es für das Medium umso mehr von Bedeutung, an seinem inneren Wesen zu arbeiten. Die Tätigkeit als Medium bringt vielerlei Verantwortungen mit sich. Der Klient oder Patient wird sich mit all seinen Hoffnungen und Erwartungen an sein Medium oder seinen Heiler wenden. Letzterer wird in den Himmel gehoben werden. Es liegt in der Verantwortung des Mediums, seine eigene spirituelle Weiterentwicklung voranzutreiben, um sich selbst innerlich zu reinigen und die Machtposition, welche es innehaben kann, nicht auszunutzen. Ausschliesslich durch Meditation kann es uns gelingen, uns unserer destruktiven Charakterzüge zu entledigen. Mit einem allmählich wachsenden Grad an Spiritualität wird sich die Anwendung der Medialität ändern. Die Ziele, welche sich an den Werten des Dienens orientieren, werden immer mehr an Klarheit gewinnen und sich verändern und die Resultate werden nur noch umso berührender ausfallen.

Der Student, welcher seinen Lehrer in den Himmel hebt, kann zur Belastung werden, nämlich dann, wenn er ihm alle möglichen Tugenden zuschreibt. Sobald er sich jedoch bewusst wird, dass dieser Lehrer nicht der Heilige ist, für den er ihn gehalten hat, tritt eine destruktive Verhaltensweise an den Tag. Natürlich kann ein Medium für die Präzision seiner Arbeit gelobt werden, oder für sein Einfühlvermögen oder die Behandlung, welche es seinen Klienten anbietet – aber dabei muss es bleiben! Das Einzige, worüber geurteilt werden kann, ist das Ergebnis der Arbeit des Lehrers. Was alles andere angeht, so sind wir alle menschlich, mit all unseren Fehlern, welche Teil des Menschseins sind. Der Schüler, welcher nach Unterricht oder Heilung durch einen «Heiligen» sucht, wird lange suchen müssen und wahrscheinlich sterben, noch bevor er fündig wird.

Medialität ist die Disziplin, die es am besten vermag, uns Beweise für unser Überleben, also für ein Leben nach dem Tod, zu liefern. Sie erlaubt es uns, unsere Nahestehenden, welche wir – manchmal unter schrecklichen Umständen – verloren haben, zu sehen. Diese Disziplin zeigt uns, dass die diversen Religionen mit ihren Ansätzen nicht vollständig falschliegen. Jede einzelne erzählt uns die Geschichte von einem Weiterleben des Geistes oder der Seele nach dem Tod, jede mit ihrem eigenen Dogma, welches uns schliesslich so menschlich erscheint, weil es eben in der Tat von Menschen geschrieben wurde. Wenn ich an ein ewiges Leben glaube, wovor könnte ich mich dann noch fürchten? Physisches Leid oder Hungersnot, gewiss, wenn ich in einem unterentwickelten Land leben würde, aber abgesehen davon? Mit dem unwiderlegbaren Beweis meines Weiterlebens nach dem Tod meines physischen Körpers, und mit der Gewissheit, dass mein Wesen unsterblich ist, weiss ich schlichtweg nicht mehr, wovor ich mich noch fürchten sollte. Ein Medium kann diesen Beweis für ein Leben nach dem Tod erbringen. Es kann Verstorbene beschreiben und deren Freude über ihr Verweilen in der geistigen Welt übersetzen. Es weiss auch, wie der Friede zu übersetzen ist, welcher in der geistigen Welt herrscht – gleich da drüben, nur ein Augenzwinkern entfernt.

Welch' Schönheit uns das Leben schenkt, ewige Schönheit... Welch' Frieden!

**Das Leben ist ein Kreis
Aber es erscheint Dir als Linie
Die beginnt mit der Geburt
Und endet mit dem Tode**

**Reinkarnationen sind ein Kreis
Sie scheinen mit einem Leben zu beginnen
Und mit einem anderen zu enden
Ineinander verhängt wie eine Halskette getragen vom Vater**

**Der Weg ist ein Kreis
In dem wir in Unwissenheit geboren werden
Und in der Wahrheit enden
Zügiger oder gemächlicher
Es liegt bei Dir**

**Die Existenz ist ein Kreis
In sich selbst geschlossen
Und Dir gleich
Unendlich wie Du selbst
Ob es Dir gefällt oder nicht**

**Ein Kreis warst Du schon je
Ein Kreis bist Du jetzt
Kreis Gottes
Ohne Anfang noch Ende**

**Wenn also der geliebte Verstorbene kommt, Dir zu berichten
Dass er lebt
Dass er ist in Frieden
Was würdest Du anderes sein
Als dieser Ring, den er verkörpert?**

Verständigung mit dem Geist

«Geist, bist Du da?»
Welch' Frage, mein Lieber
«Bist Du tatsächlich da?»
Ich bin an Deiner Seite
stets
ob ich Dir fehle oder nicht
niemals mehr
als nur ein Augenblick entfernt
nur ein Atemzug
ein Herzschlag
nahe bei dir
noch bevor Du deinen Blick heben kannst
schneller als ein Gedanke
noch bevor Du darum bitten kannst
ich bin Geist
Dein Engel, der über dich wacht

Medialität sollte nicht ausschliesslich als eine Betätigung betrachtet werden, die auf Termin in einer Praxis ausgeübt wird. Viele Interessenten bilden sich in ihr aus, um über ein zusätzliches Werkzeug für die Arbeit, welche sie bereits täglich ausüben, zu verfügen. Wie übt man seine subtile Wahrnehmung? Das Vorgehen muss rationalen Anforderungen genügen. Der Vater, die Mutter, und all die anderen verstorbenen Bekannten sind Verschiedene, welche der Klient persönlich kannte. Als Schüler der Medialität beschreiben wir diese also möglichst präzise, während der Student in der Klientenrolle mit «richtig» oder «falsch» auf die Informationen antwortet, welche wir durch unsere Wahrnehmung aufnehmen und weitergeben. Dabei hilft uns letztere zu erkennen, ob unsere Vorgehensweise korrekt ist. Wenn ich meiner Wahrnehmung vertrauen kann, weil sie während der Übungen mit den Tatsachen übereinstimmt, dann werde ich sie auch im Privat- und Berufsleben mit demselben Vertrauen zu Gunsten anderer einsetzen können.

Gemäss dem französischen Arzt Jean-Jacques Charbonnier ist es töricht, von Medien zu verlangen, kostenlos zu arbeiten, unter dem Vorwand, dass sie eine göttliche Gabe erhalten hätten. Versuchen Sie einmal, einem Profifussballer klarzumachen, dass er ab sofort umsonst spielen müsse, weil Gott ihn mit der Begabung, mit einem Ball umzugehen, ausgestattet hätte! Oder versuchen Sie einen Arzt davon zu überzeugen, dass er kein Honorar für seine Dienstleistungen annehmen sollte, weil er über die göttliche Gabe, erfolgreiche Untersuchungen durchzuführen, verfügen würde! Gut singen, schreiben oder schauspielern zu können – dies sind alles göttliche Gaben. Das Leben an sich ist eine göttliche Gabe. Jeder Dienst, welcher in unserer Gesellschaft erbracht wird, muss angemessen entlohnt werden; die Trauer eines Hinterbliebenen zu mildern, indem man ein stimmiges Zeichen der Anerkennung von einem verstorbenen Nahestehenden vermittelt, ist ein enormer Dienst. Zudem gilt für die grosse Mehrzahl, dass sie Medialität vollzeitlich ausüben und diese zu ihrer Arbeit machen müssen, um von dieser Begabung profitieren zu können. Richtig, Medien sind ganz gewöhnliche Männer und Frauen, welche essen und trinken müssen und Kleider und ein Dach über dem Kopf benötigen. Das Geld, welches sie durch das Verrichten ihrer Arbeit verdienen, ist nicht gestohlen. Es ist mehr als höchste Zeit, ihnen die Stellung in unserer Gesellschaft zuzugestehen, die sie verdienen! Diejenigen, welche ich persönlich kenne, setzen vernünftige Honorare fest und verrechnen diese mit Takt. Sie offerieren sogar kostenlose Konsultationen für die Ärmsten der Gesellschaft. Es gibt leider auch viele Scharlatane in dieser Berufsgattung, aber diese können erst dann ausgehebelt werden, wenn Medialität endlich von unserer spirituell unterentwickelten westlichen Gesellschaft anerkannt wird.

Welche Art von Ausbildung ist nötig, um mit Verstorbenen kommunizieren zu können? Dazu stellen wir uns am besten einen Drahtseiltänzer vor. Dieser muss zuerst einmal ein Drahtseil finden, welches begangen werden kann. Dann muss es ihm gelingen, für kurze Zeit auf dem Seil zu bleiben. Sobald er sich auf dem Seil befindet, muss der Drahtseiltänzer in Ausbildung versuchen, sein Gleichgewicht zu behalten und etwas länger darauf zu verweilen. Sobald sein Gleichgewicht stabilisiert ist, muss er sich auf diesem Seil fehlerlos vorwärts bewegen und dabei sein Gleichgewicht behalten. Mit der Medialität verhält es sich genau gleich: Es geht darum, die richtige Hirnfrequenz zu erlangen, sich daran zu gewöhnen und sie zu erhalten, um sich auf ihr vorwärts bewegen zu können und mit der geistigen Welt zu kommunizieren.

Hellseher können die Energie eines Geistes alleine mit ihren Augen wahrnehmen. Sie sehen, wie die Energiefelder sich in ihrem Umfeld umher bewegen, ganz unabhängig davon, ob das entsprechende Feld mit lebendigen Menschen kommuniziert. Wir sind dauernd vom Jenseits umgeben, genau wie wir von Rundfunk- und Fernsehwellen umgeben sind. Wir leben umgeben von Wellen, ohne uns dessen bewusst zu sein, bis an den Tag, an dem wir diese mittels eines Empfängers verstehen können. Wir können uns also den Geist des Mediums als Antenne und seinen Körper als Radio vorstellen.

Gehen wir nun also zur näheren Betrachtung dieser Berufsbezeichnung über, welche Ihre Freunde verscheuchen kann, ja sogar Ihre besten, und welche es vermag, Sie wie ein hoffnungslos verlorener Irrer erscheinen zu lassen oder Sie sogar zum schlimmsten Scharlatan werden zu lassen, geldgierig und immer davon besessen, andere übers Ohr zu hauen. Jene Bezeichnung, durch die sich andererseits auch Menschen zu Ihnen hingezogen fühlen, Leute, welche Sie für eine Persönlichkeit von aussergewöhnlicher Macht halten werden.

Der Begriff «Medium» trifft auf jede Person zu, welche mit einem nicht inkarnierten Wesen kommuniziert. Alle anderen ASW haben nichts mit Verstorbenen zu tun, sondern nur mit dem eigenen Geist. Im Falle solcher ASW trifft der Begriff «Medium» ganz und gar nicht zu. Ich möchte Ihnen noch einmal in Erinnerung rufen, dass Medialität nichts mit Wahrsagerei zu tun hat, weil Wahrsagerei durch seinen eigenen Geist geschieht. «Medium» bedeutet schlicht «zwischen zwei Welten».

Um die Verständigung zwischen diesen zwei Welten herzustellen, versetzt sich das Medium in einen veränderten Bewusstseinszustand, welcher als eine Art Erregtheit beschrieben werden kann. In diesem Zustand kann es am besten Information auf telepathische Weise empfangen. Diese Erregtheit, genau wie zum Beispiel Freude, Lampenfieber oder auch Entzückung, charakterisiert sich durch schnelle Schwingungen. Sobald sich das Medium in diesem veränderten Zustand befindet, weitet es sein Energiefeld aus und bittet den Geist des Verstorbenen, sich zu nähern, wodurch das Energiefeld des Mediums dasjenige des Geistes lesen kann. Dann übersetzt es die so erhaltene Information dem Klienten.

Die geistige Welt entwickelt sich in einer höheren Frequenz als unsere. Um mit dieser hohen Frequenz in Kontakt treten zu können, muss das Medium seine Schwingung erhöhen und die geistige Welt muss die ihrige senken. Die Kommunikation findet irgendwo zwischen den zwei Frequenzen statt. Jegliche Information, welche von der geistigen Welt übertragen wird, wird vom Medium auf telepathische Weise empfangen und übersetzt. Obwohl die Existenz dieser Fähigkeit unwiderlegbar bewiesen ist, wird mentale Medialität nie eine exakte Wissenschaft sein können. Dies sollte anhand folgender Erklärung deutlich werden:

Der Geist des Verstorbenen sendet seine Information via Telepathie. Diese Information wird über die Kanäle, welche im Kapitel zur Sensitivität beschrieben werden, empfangen. Die Kanäle, welche den Empfang der Information ermöglichen, sind Hellfühlen, Hellsichtigkeit, Hellhörigkeit, Hellriechen, Hellschmecken und Hellwissen (ASW). Die Übersetzung der Informationen, welche für unseren Intellekt verständlich werden, geschieht auf subjektive Weise, mit anderen Worten im Kopf des Mediums.

Die Hellsinne

HELLFÜHLEN

Hierbei handelt es sich um die häufigste Art der Hellsinne. Jedermann, ob Medium oder nicht, bedient sich dieser. Wir alle können Dinge spüren, welche den fünf gewöhnlichen Sinnen entgehen: die Präsenz der Person hinter uns in einer Schlange; beim Betreten eines Raums der Eindruck, dass in jenem ein Streit stattgefunden hat; oder unser Bauch, der uns sagt, dass ein gewisses Projekt oder eine gewisse Person Gutes bringt. Hellfühlen, wie es auch genannt wird, ist der unangenehmste Sinn. Die Information macht sich im Körper spürbar. Die betroffene Person kann dementsprechend Bauchweh haben, tiefe Trauer oder ganz im Gegenteil grosse Freude empfinden.

Es ist wichtig, dabei eine gewisse Disziplin zu entwickeln, eine unmittelbare Reaktion, welche es uns erlaubt, uns sofort bewusst zu werden, dass das entsprechende Gefühl nicht unser eigenes ist, und uns in der Folge desselben sofort zu entledigen. Ich kenne viele Personen, die sich an solchen Gefühlen während Stunden oder gar Tagen festklammern und darunter leiden. Personen, die energetische Therapien anbieten und in diesem Bereich noch unerfahren sind oder jene, die sich vom Inhalt einer Therapie persönlich vereinnahmen lassen, sind besonders gefährdet. Diejenigen, welche ihre Gefühle gut im Griff haben, können sehr präzise Informationen erhalten. Ein Medium, das ich sehr gut kenne, kann den Geist zwar nicht sehen: Sie fühlt ihn aber. Es ist, als würde sie selbst zur verstorbenen Person. Wenn sie die Gegenwart eines älteren Herren spürt, welcher sich auf einen Gehstock stützt und übergewichtig ist, dann nimmt dieses Medium maskuline und schwerfällige Züge an, verspürt Schmerz beim Gehen, scheint zu altern und fühlt einen Gehstock in ihrer Hand. Sobald sie die Kommunikation mit der verstorbenen Person abbricht, verschwinden all diese physischen Eigenschaften. Hellfühlen verläuft durch den energetischen Knotenpunkt «Manipura», der sich auf der Höhe des Solarplexus befindet.

HELLHÖRIGKEIT

Der Hellsinn macht sich, wie sein Name schon sagt, über das Hören bemerkbar. Es handelt sich um einen seltenen und sehr oft objektiven Hellsinn. Wenn der Hellsinn aktiv ist, wird nicht etwa ein eigentliches Geräusch vernommen. Es ist vielmehr als eine geräuschlose Stimme oder ein stilles Flüstern zu verstehen. Durch diesen Sinn können beispielsweise Namen, Vornamen oder Bruchteile von Äusserungen in einer Fremdsprache vernommen werden. Unter meinen Bekanntschaften befinden sich zwei oder drei Medien, welche sogar Namen oder Adressen des Verstorbenen oder von Personen in dessen Umfeld wiedergeben können. Erstaunlicherweise höre ich, wenn sich dieser Hellsinn in mir aktiviert, die Geister in meinem rechten Ohr, auf welchem ich halb taub bin! Hellhörigkeit hat demnach nichts mit dem physischen Ohr selbst oder mit dem Hörsinn zu tun. Um diesen Hellsinn zu entwickeln, muss das Medium sich auf das, was hinter oder unterhalb des Ohres geschieht, konzentrieren.

Manchmal scheint das Flüstern seinen Ursprung schon beinahe im Nacken zu haben. Es ist ziemlich wahrscheinlich, dass es sich beim dabei betroffenen Chakra um «Vishuddi», also um das Hals-Chakra, handelt.

HELLSICHTIGKEIT

Dies ist der bekannteste der Hellsinne. Viele Studenten möchten ihn erlernen und konzentrieren sich ausschliesslich auf diesen. Sie sind dermassen mit der Frage beschäftigt, was durch das «dritte Auge» alles möglich ist, dass sie ihre anderen Hellsinne vernachlässigen oder schlichtweg ignorieren. Der Vorteil der Hellsichtigkeit – auch wenn es sich dabei um das subjektivste Werkzeug unter den Hellsinnen handelt – ist die Möglichkeit, ausserordentlich präzise Einzelheiten, beispielsweise bezüglich des Erscheinungsbildes oder des Lebensraums des Verstorbenen, zu erhalten. Von manchen Medien wird dieser Hellsinn jedoch auf objektive Weise erlebt, wobei sie Auren oder Energieflüsse in einem Raum oder im Freien wahrnehmen können. Für die meisten Medien ist Hellsichtigkeit subjektiv. Dabei wird ein Bild, welches im Gedächtnis des Mediums gespeichert ist, aufgegriffen und dazu verwendet, eine Beschreibung einer Person oder eines Ortes zu erstellen. Das Gehirn lernt, jenes Bild zu verwenden, welches der Information, die auf dem vom Verstorbenen gesendeten Energiepartikel erscheint, am nächsten kommt. Unter anderem deswegen kann das Medium die verstorbene Person detailliert und treffend beschreiben. Wenn es ein Bild der verstorbenen Person, welche es beschrieben hat, sieht, wird das Medium die Unterschiede zwischen seiner mentalen Repräsentation, dem von seinem Gehirn erstellten Bild, und der verstorbenen Person, wie sie tatsächlich war, unterscheiden können. Manchmal können die Begriffe, welche in der Beschreibung verwendet wurden, zu Missverständnissen führen: Wo ein Medium beispielsweise das Wort «dick» verwenden würde, würde ein anderes Medium vielleicht «etwas mollig» verwenden. Hellsichtigkeit mobilisiert eine Menge Energie im Kopf. Und tatsächlich ist ihr Zentrum das Chakra «Ajna», welches sich im Mittelpunkt des Kopfes, auf dem oberen Ende der Wirbelsäule befindet. Die Aktivierung von Ajna kann Kopfschmerzen und andere physische Probleme verursachen. Wir werden diese etwas gründlicher im Kapitel zu den Nebeneffekten untersuchen. Und um es unmissverständlich gesagt zu haben: Das sechste Chakra, Ajna, entspricht nicht dem «dritten Auge»! Zwei der wichtigsten Chakren tragen die Namen «Trikuti» und «Bhrikuti» und stellen Emanationen von Ajna dar, welche sich auf der Stirne befinden. Im Westen bezeichnen wir diese als «das dritte Auge», während sie in Indien schlicht «Guru Chakren» genannt werden. Ajna, das sechste Chakra, befindet sich jedoch nicht auf der Stirne.

HELLWISSEN

Hierbei handelt es sich um einen wunderbaren Sinn und gewiss um denjenigen, welcher am schwierigsten zu identifizieren ist. Information dringt durch «Sahasrara», das Kronen-Chakra, an der höchsten Stelle des Kopfes ein. Sie ist einfach plötzlich da, ohne dass wir wissen, woher sie gekommen ist. Es ist äusserst schwierig und benötigt eine Menge Übung, um seine eigenen Gedanken von Hellwissen unterscheiden zu können: Ist die Information Teil von mir oder habe ich sie von woanders erhalten? Dieser Hellsinn bedient sich keinerlei Bilder, Gefühle, Geräusche, oder sonstiger Elemente, nur reiner Information. Es erfolgt ebenfalls mittels dieses Hellsinnes, wenn wir Inspiration erhalten.

HELLSCHMECKEN

Dieser Hellsinn bedient sich des Geschmackes. Das Medium hat plötzlich einen Geschmack in seinem Mund, also den Eindruck, beispielsweise etwas Süsses zu essen, eine Orange, bestimmte Medizin oder sonst irgendetwas. Dabei handelt es sich um die Botschaft, dass der Verstorbene eine Vorliebe für gewisse Dinge hatte oder bestimmte Esswaren zu essen pflegte.

HELLRIECHEN

Hier stehen die Gerüche im Mittelpunkt. Duft strömt durch die Nase des Mediums. Dieses mag zum Beispiel Motorenöl oder auch Stallgerüche riechen und damit erkennen, dass der Verstorbene ein Automechaniker oder ein Bauer war, oder vielleicht auch ein Bäcker oder Chemiker. Allgemeine Meditation, wenn sie im Hinblick darauf betrieben wird, die Hellsinne zu schärfen, kann auch das Hellriechen und Hellschmecken verstärken.

In meiner Gestalt erblicke ich die Welt
Klein und sanft
In meiner Gestalt wachse ich
Mich wandelnd und stark
In meiner Gestalt sterbe ich
Und zerfalle ich
In meiner Gestalt kehre ich zurück
Mit einem grossen Lächeln
Und der Sonne im Herzen

Im Falle der mentalen Medialität besteht eine fortlaufende Interaktion zwischen zwei Wesen, welche miteinander in Kontakt stehen. Während der Kommunikation mit einer verstorbenen Person weist das Medium eine hohe bis sehr hohe Hirnfrequenz auf. Wenn es sich hingegen in Trance oder im Zustand des Geistheilens befindet, ist seine Hirnfrequenz langsamer oder tiefer, was also einem passiven Zustand entspricht. Den Adjektiven «hoch» oder «tief» kommt keinerlei bewertende Bedeutung zu. Sie beschreiben lediglich den inneren Zustand des Mediums.

Ganz unabhängig davon, auf welchem Weg die Information empfangen wird und welcher Hellsinn benutzt wird, ist es von grundlegender Bedeutung, dass alle geöffneten Türen wieder geschlossen und alle Antennen, welche für den Empfang verwendet wurden, wieder eingefahren werden, sobald die Übung in Medialität abgeschlossen ist. Es ist unbedingt nötig, zu einem normalen Leben zurückzukehren, den Boden wieder unter den Füssen zu spüren und seine tägliche Routine wieder aufzunehmen. Sobald ich meine Praxis verlasse, sehe ich keine weiteren Geister oder Auren mehr. Und wenn ich meine Suppe esse, dann bin ich ganz bei der Sache; ich möchte dann nicht mehr wissen, welche verstorbene Grossmutter sich im selben Raum befindet. Sollte ich dennoch irgendwelche energetischen Bewegungen von Verstorbenen oder von anderen Energien aufnehmen, gehe ich diesen nicht mehr nach und interagiere auch nicht mehr mit ihnen. Meine Antennen und Türen bleiben dann ganz einfach bewusst verschlossen. Zu Beginn fällt es nicht leicht, sich diese durchaus angemessene Haltung anzugewöhnen. Man ist so froh und sosehr angetan darüber, soeben die ganze Schönheit des

Jenseits beschrieben zu haben, dass es einem schwerfällt, loszulassen. Es verhält sich genau gleich mit dem Heilen. Sobald ich meine Begabung für das Heilen entdeckt hatte, wollte ich alle Passanten, welche mir bei meinen Spaziergängen durch meine Stadt, Neuchâtel, über den Weg liefen, heilen. Ich wurde quasi zum «Retter der Stadt» und war jeweils völlig ausgelaugt, sobald ich nach Hause kam. Bald liess ich das jedoch sein. Es geht darum, die Kanäle zu öffnen, wenn die Arbeit beginnt, um sie wieder zu schliessen, sobald die Aufgabe erledigt ist. Gehen Sie dies an wie mit jedem anderen Job: Zuvor ist's zu früh und danach ist's zu spät.

Mögliche Ursprünge der Verwirrung

Sobald man einmal die richtige Frequenz erreicht hat, welche die Verständigung mit der geistigen Welt ermöglicht, ist die Übung damit noch nicht abgeschlossen. Wie schon weiter oben erwähnt, geht es nicht lediglich darum, Informationen zu erhalten, sondern auch darum, deren Quelle zu ermitteln.

Eine sensible Person wird leicht und eindeutig den energetischen Unterschied feststellen können zwischen den Studenten, welche Personen auf Distanz lesen und in Präsenz des Klienten mit Verstorbenen kommunizieren, das heisst in interaktiver Frequenz arbeiten, und denjenigen Studenten, welche auf der anderen Seite Heilarbeit verrichten oder sich im Trancezustand, das heisst in passiver Frequenz, befinden.

Zwischen Kommunikation, welche durch Medialität entsteht, und psychischer Lesung unterscheiden zu können, ist eine echte Herausforderung. Tatsächlich kann ein Medium, welches seine Energie und die Lesung nicht präzise auf das Energiefeld des Verstorbenen richtet, sich in der Aura des Klienten verlieren, in welcher Informationen betreffend dessen gesamten Lebens und allen Verstorbenen, die er in seinem Leben gekannt hat, abgespeichert und lesbar sind.

Eine weitere Verwirrung kann dann entstehen, wenn der Verstorbene eine noch lebende Person erwähnt, Bemerkungen bezüglich derselben macht und ihr seine Grüsse ausrichten lassen will. Dies kann den Klienten schockieren: Er ist in der Absicht gekommen, mit einer verstorbenen

Person zu kommunizieren, und vernimmt beispielsweise die Beschreibung seiner noch lebenden Mutter. Das kann ihn ohne Weiteres vermuten lassen, dass seine Mutter soeben verstorben ist. Ein solches Missverständnis kann natürlich rasch behoben werden, wenn das Medium sich erneut auf das Energiefeld des Verstorbenen konzentriert. Aber es ist dennoch besser, solche Missverständnisse gänzlich zu vermeiden.

Das Medium ist schlicht ein Übersetzer, ein Vertreter der geistigen Welt. Seine Haltung und sein innerer Zustand entscheiden darüber, ob es möglich ist, den Kontakt zu interpretieren. Wenn das Medium vor Beginn der Arbeit Zweifel hat, dann wird es automatisch Hürden errichten. Seine negative Haltung wird die Kommunikation sehr erschweren und mühselig machen. Ein Medium, welches sich mit voller Begeisterung als Kanal zur Verfügung stellt und sich darüber freut, als Brücke zwischen zwei Dimensionen zu fungieren, wird den Kontakt voller Freude herstellen. Damit wird es ganz von selbst die richtige Frequenz erreichen. Wenn meine Studenten Zweifel haben, dann bitte ich sie, sich so gut wie möglich zu entspannen und sich vorzustellen, dass sie gerade auf dem Weg sind, einen Lotteriegewinn abzuholen. Dies wirkt sich unmittelbar auf das Resultat der Kommunikation aus.

Im Falle der mentalen Medialität muss das Medium Beweise liefern, welche es dem Klienten erlauben, die verstorbene Person, welche zur Unterhaltung gekommen ist, zu erkennen. In diesem Aspekt liegt zweifellos die grösste Herausforderung. Das bedeutet, dass ein seriöses Medium noch vor dem Überbringen einer Botschaft von beispielsweise einer verstorbenen Mutter sich darauf konzentrieren muss, eine gewisse Anzahl von Beweisen zu erbringen, welche auf die Identität der verstorbenen Person schliessen lassen: das physische Aussehen der Mutter, ihr Leben im Allgemeinen, wie sie verstorben ist, wie ihre Wohnung ausgesehen hat, und andere sachdienliche Informationen. Das Medium darf die Botschaft und den Grund des Besuches des Verstorbenen erst dann übermitteln, wenn der Klient die verstorbene Person erkannt hat.

Wenn der Sprechende schon nicht eindeutig durch das Medium identifiziert werden kann, wie sollte dann die Person, an welche sich die Botschaft richtet, annehmen können, was der Verstorbene zu vermitteln versucht? Bei dieser Übung spielt auch die Haltung des Klienten eine wichtige Rolle. In Italien beispielsweise mag es genügen, zu sagen «Ich habe hier eine Dame vor mir…» und der Klient ruft womöglich sogleich aus «Maammmaaa!» und liefert dann auch noch gleich selbst alle Informationen, welche das Medium ihm hätte geben sollen. Und in Island wird der Klient vielleicht auch noch nach dem stärksten Beweis mit verschränkten Armen erwidern «Mmm, hmmm, okay…» Diese kleine Illustration soll aufzeigen, dass es Klienten gibt, die in guter Absicht kommen und solche, die in einer weniger guten oder gar schlechten Absicht kommen. Und dann ist es auch eine Frage der Einstellung. Manche Klienten beharren fest darauf, mit einer ganz bestimmten verstorbenen Person sprechen zu wollen. Wenn dann der Grossvater auftaucht und nicht die Mutter, mit der sie sprechen wollten, dann geben solche Klienten unter Umständen negative Antworten oder geben vor, den anwesenden Verstorbenen nicht zu erkennen. Interessanterweise erinnern sich diese dann ganz plötzlich an jedes einzelne Wort, welches über den Grossvater gesagt wurde, sobald sich die erhoffte Mutter zeigt. Solche Haltungen verlangen vom Medium, dass es seine Energie mit höchster Präzision kontrolliert, um nicht die nötige Frequenz zu verlieren und um die Wünsche der geistigen Welt zu erfüllen. Es ist nicht möglich, einen bestimmten Geist herbeizurufen. Wir können lediglich überprüfen, wer sich in unserem Energiefeld befindet, sobald wir es öffnen, um mit der Arbeit zu beginnen.

Manche Klienten mögen über die Einfachheit der erhaltenen Botschaft erstaunt sein. In vielen Fällen handelt es sich um eine Botschaft der Liebe oder des Trosts. Natürlich könnte jedes Medium solche Worte erfinden, auch wenn die Beschreibung des Verstorbenen, welche zuvor gegeben wurde, treffend war oder wenn der Sprechende sich über Ereignisse äussert, welche sich nach dessen Tod im Leben des Klienten ergeben haben oder über Dinge, welche ein paar Tage zuvor geschehen sind. Beweise, welche auf Tatsachen beruhen, können folgendermassen aussehen: «Deine neuen Ohrringe gefallen mir besonders gut.» oder «Es war langsam an der Zeit, dass du den Teppich in der Eingangshalle wieder einmal wäschst.» In meiner Praxis erschien während einer Sitzung einmal ein verstorbenes Paar, um mit ihrem Sohn zu kommunizieren. Der Vater sagte «Es ist Zeit, dass du den Rasen mähst.» Der Sohn hatte seinem Nachbarn versprochen, dass er dies für ihn erledigen würde, jedoch ohne es schliesslich zu tun. Die Mutter sagte «Du solltest langsam den Wasserschaden überprüfen», weil zwei Wochen zuvor der Schuppen, wo die Werkzeuge verstaut waren, überflutet worden war, und er sich seither noch nicht vor Ort begeben hatte. Mit solchen auf Fakten basierenden Beweisen, welche vom Klienten bestätigt werden können, fällt es leichter, die liebevollen und ermutigenden Botschaften, welche uns unsere verstorbenen Nahestehenden zukommen lassen möchten, auch anzunehmen.

Einige Informationsquellen können leider besonders stark dazu beitragen, dass Zweifel aufkommen, ob der Verstorbene tatsächlich anwesend ist. Grundsätzlich gibt sechs Informationsquellen:

1. Die Projektion durch das Medium: Information, welche das Medium erfindet oder falsch interpretiert.
2. Die Interpretation der Gestik und der Gesichtsausdrücke des Klienten durch das Medium.
3. Information, welche das Medium in der Aura des Klienten liest. Dies ist an sich durchaus Arbeit, welche Sensitivität voraussetzt, allerdings nicht bezüglich der gewünschten Informationsquelle.
4. Information, welche das Medium aus dem universellen Gedächtnis liest, welches oft Akasha-Chronik genannt wird.
5. Information, welche zwar von der geistigen Welt stammt, aber nicht vom gewünschten Geist, sondern von einem Geistführer oder einem anderen verstorbenen Familienmitglied.
6. Die verstorbene Person, welche für den Klienten erscheint.

Der letzte Punkt stellt die einzige erwünschte Informationsquelle dar. Der Klient möchte sich ausschliesslich mit dem Verstorbenen unterhalten!

Das Erste, was das Medium bei dieser Arbeit tun muss, ist, eindeutig und auf ehrliche Weise zu ermitteln, ob eine Veränderung in seinem Energiefeld spürbar ist, während sich der Verstorbene nähert. Diese Veränderung im Energiefeld zu spüren, fällt Medien, welche über ein gut entwickeltes Hellfühlen verfügen, deutlich leichter. Hellsehenden fällt es viel schwerer, diese Veränderung festzustellen.

Falls der Hellsehende auf objektive Weise sieht, verfügt er über einen unwiderlegbaren Beleg, weil dieser nicht aus seinem Gedächtnis entsteht. Wenn er aber auf subjektive Weise sieht, was bei den meisten Medien der Fall ist, dann wird er diese Verbindung ausbauen und weiterentwickeln müssen. Ein Medium sollte so wenig wie möglich über seinen Klienten und diejenige Person, welche eine Botschaft aus der geistigen Welt bringt, wissen. Auf diese Weise lässt sich sicherstellen, dass die Information, welche das Medium weitergibt, tatsächlich vom Verstorbenen stammt, und nicht etwa aus der Vorstellungswelt des Mediums oder der Aura des Klienten. Diese Umstände können für den Klienten unvorteilhaft sein: Er wird möglicherweise einige Nachforschungen anstellen oder andere Familienmitglieder befragen müssen, falls davon noch welche unter den Lebendigen weilen.

Einen unanfechtbaren Beleg zu liefern, ist äusserst schwierig. Nichtsdestoweniger sind solche Beweise die Grundlage für jegliche seriöse Arbeit. Ein Medium, welches auf gewissenhafte Weise arbeitet, wird nie nach einem Foto oder einer anderen Information bezüglich der verstorbenen Person fragen. Jegliche Versprechen, einen bestimmten Verstorbenen kontaktieren zu können, sind Lüge und Betrug! Ein Medium kann lediglich diejenige Person, welche in seinem Energiefeld erscheint, im Namen seines Klienten willkommen heissen. Ich habe schon so oft Klienten oder Studenten erlebt, welche darauf bestanden, eine bestimmte Person zu kontaktieren, die dann aus verschiedenen Gründen nicht erschien. Diese Entscheidung unterliegt dem freien Willen der geistigen Welt. Eine verstorbene Person kann sich frei dazu entscheiden, zu erscheinen oder auch nicht. Falls eine verstorbene Person nicht erscheint, kann das damit zu tun haben, dass die Person ihren Übergang ins Licht noch nicht abgeschlossen hat, oder nicht daran interessiert ist, zurückzukehren, oder weiss, dass ihr Erscheinen nicht wirklich im Interesse des Klienten wäre. Ein verstorbener Ehemann kann beispielsweise auf sein Erscheinen verzichten, wenn er weiss, dass er es seiner Ehefrau sonst zusätzlich erschweren würde, ihre Trauer zu überwinden. Bei öffentlichen Demonstrationen, welche für mehrere Personen gleichzeitig abgehalten werden, können auch mehrere Geister erscheinen, wovon dem Medium jedoch gewisse entgehen können, wenn dieses schon mit einem anderen

Geist beschäftigt ist. In den meisten Fällen zeigt sich jedoch der Verstorbene, nach welchem sich der Klient so sehr gesehnt hat. Schon mehrmals habe ich aber auch beobachtet und dieselbe Information auch von der geistigen Welt erhalten, dass, wenn wir Lebendige uns wie besessen mit einer verstorbenen Person oder deren Präsenz beschäftigen, sich diese Geister dann zurückziehen, weil die Situation für den Klienten zu ungesund wird. Und zwar ungesund insofern, als diese Besessenheit die betroffene Person im Hinblick auf ihr eigenes Leben weniger verantwortlich macht, weil sie zu viele Antworten oder Zeichen aus dem Jenseits erwartet. Ich kenne Mütter, welche glauben, mit ihren verstorbenen Kindern verbunden oder in dauerndem Kontakt zu sein. Andere denken dasselbe von einem ihrer Elternteile. Langfristig kann eine solche Besessenheit bezüglich einer bestimmten verstorbenen Person zu Psychosen führen. Es ist Tatsache, dass wir oft Besuch erhalten, aber nicht pausenlos, sieben Tage die Woche und 24 Stunden am Tag. Diese Besessenheit über eine dauernde Verbindung zur geistigen Welt bezieht sich nicht ausschliesslich auf Verstorbene, sondern auch auf Geistführer. Die Geistführer, diese Wesen, welche uns so oft begleiten, sind ein faszinierendes Thema, welches ich im nächsten Kapitel besprechen werde. Um ein Beispiel aus meinem Alltag anzuführen, bei dem es einer Klientin darum ging, einen ganz spezifischen Verstorbenen, an welchen sie oft dachte, zu kontaktieren, möchte ich gerne eine Sitzung schildern, welche ich für eine meiner Freundinnen abgehalten habe:

Diese Freundin hatte lange Zeit damit verbracht, an ihren verstorbenen Neffen zu denken, bevor sie mich um diese Medialitätssitzung bat. Sie hatte sich die Frage gestellt, ob sie diesen Neffen wohl durch mich kontaktieren könne. Sobald sie die Idee äusserte, begann das Licht in ihrer Lampe zu flackern. Meine Freundin interpretierte diesen Umstand als ein Zeichen von ihrem Neffen: nämlich, dass Sie ihn tatsächlich durch mich kontaktieren könne.

Ich traf sie noch am selben Abend, und auf einem Spaziergang durch einen Park setzten wir uns auf eine Bank unter ein paar Bäumen. Sie bat mich einfach darum, den Kontakt herzustellen, jedoch ohne zu präzisieren, betreffend wen oder aus welchem Grund. Ich war mir sicher, dass es um ihren Ehemann ging, welcher vor Kurzem verstorben war. Ich sprach also mein Eröffnungsgebet, weitete mein Energiefeld aus und bat den Verstorbenen, sich zu nähern und in meine Aura zu treten, damit ich für ihn vermitteln konnte.

Zu meinem grossen Erstaunen hatten die Informationen, welche ich erhielt, nichts mit dem, was ich erwartet hatte, zu tun. Es erschien mir nicht etwa ihr Ehemann, sondern ein junger Mann, ca. 30 Jahre alt, athletisch gebaut und elegant, mit kurzem braunem Haar. Er besass eine Yacht und einen teuren Sportwagen. Als ich meiner Freundin diese Informationen vermittelte, bat sie mich, fortzufahren, weil die Informationen Sinn ergaben. Ich setzte also die Sitzung fort und beschrieb ihr zwei Häuser: ein neueres, an dessen Bau der Verstorbene beteiligt gewesen war und ein anderes, mit dickem Mauerwerk. Die Häuser befanden sich irgendwo in der Höhe, oberhalb eines Waldes und einem Tal. Ich erhielt den Namen Luigi und sah, dass dieser Mann eine helle Augenfarbe hatte. Der junge Mann, welcher erschienen war, als ich die Sitzung eröffnet hatte, hatte jedoch braune Augen. Ich konnte das Bild einer Kerze oder eines Lichtes hinter einem Glas oder einer Vase ausmachen. Und als ich in der Folge über den Kontakt mit diesem verstorbenen Mann weitere Informationen erhielt, wurde mir klar, dass dieser sehr plötzlich verstorben war. Ich sah jedoch kein Blut, auch wenn ich das Wort «Motorrad» erhielt. Deshalb erwähnte ich lediglich, dass er rasch verstorben war. An diesem Punkt bat ich meine Freundin, mir zu erklären, was diese Informationen zu bedeuten hatten. Sie erwiderte, dass es sich um ihren Neffen handelte und dass alle erwähnten Fragmente den Tatsachen entsprachen. Sie bestätigte, dass der Mann mit 35 Jahren bei einem Motorradunfall in jenem Wald, welchen ich gesehen hatte, noch am Unfallort, jedoch ohne sichtbare Verletzungen, um sein Leben gekommen war. Sein Aussehen stimmte tatsächlich mit meinen Beschreibungen überein und er besass ein Boot und einen Maserati. Luigi, der Vorname, welcher mir mitgeteilt worden war, war jener seines Grossvaters, welcher eine helle Augenfarbe hatte!

Sobald diese Informationen bestätigt waren, nahm ich die Verständigung mit dem jungen Mann wieder auf. Er begann, seine Mutter, welche noch lebte, zu beschreiben. Er beschrieb ihren momentanen Gesundheitszustand und andere sachdienliche Einzelheiten über sie. Er teilte mir mit, dass seine Mutter nicht an ein Leben nach dem Tod glaubte, und bat seine Tante, diesbezüglich nicht aufzugeben und dafür meine Hilfestellung in Anspruch zu nehmen. Es war sein aufrichtiger Wunsch, ihr zu helfen. Er wies seine Tante an, alles, was ich ihr sagte, zu notieren. Es war nicht das erste Mal, dass ein Verstorbener genau darum bat: Zum einen lässt es Nichtglaubenden genügend Zeit, die von der geistigen Welt erhaltenen Informationen aufzunehmen, und zum anderen erlaubt es diesen, sich leichter an die Vorstellung an ein Leben nach dem Tod zu gewöhnen. Wenn man mit einer durchschnittlichen Intelligenz ausgestattet ist, wird es einem leicht fallen, zu erkennen, dass es praktisch ausgeschlossen ist, dass ein Fremder so viele korrekte Informationen erfinden könnte, und dies ohne dabei den leisesten Fehler zu machen!

Dieser Neffe teilte mir eine Menge Informationen bezüglich seiner Mutter und seines eigenen Lebens mit. Zum Schluss äusserte er sich sehr erfreut über das Leben dieser Freundin. Zum Abschluss der Sitzung fragte ich die Freundin, ob sie noch irgendwelche offenen Fragen hätte, was sie, ohne zu zögern, verneinte. Es ging ihr nur darum, zu verstehen, wie sie ihrer Schwester helfen könnte, und ihr Neffe hatte ihr alle Hinweise gegeben, welche ihr genau dies ermöglichten. Einmal mehr hatte uns die geistige Welt dargelegt, dass sie nicht nur einfach lebendig ist, sondern dass sie auch unsere Schicksale kennt und dass sie allem voran eine Welt der Information ist.

Nachdem ich dem jungen Mann für seinen Besuch und all die überlieferten Informationen gedankt hatte, schloss ich mein Energiefeld. Und weil mich dieses Bild des Lichtes hinter dem Glas nicht in Frieden liess, fragte ich meine Freundin danach. Mit einem Schmunzeln erklärte sie mir, dass sie bei sich zuhause eine gläserne Laterne im Gedenken an den Verstorbenen gebaut hatten. Jedes Mal, wenn jemand die Türe öffnet, entzündet sich die Kerze.

Die oben beschriebene Sitzung hilft uns nicht nur, die Funktionsweise einer solchen subjektiven Lesung zu verstehen, sondern auch deren Präzisionsgrad. Erinnern wir uns daran, dass die geistige Welt in einer subjektiven Lesung auf die Sammlung all unserer Erinnerungen zugreift. Etwas präziser ausgedrückt verhält es sich so, dass unser Gehirn diejenige unserer Erinnerungen aktiviert, welche derjenigen Information, die auf dem vom Verstorbenen gesendeten Energiepartikel gespeichert ist, am nächsten kommt. So hatte ich das Licht im Glasbehälter schon korrekt beschrieben. Es war nicht genau jenes selbst, weil es nicht in meiner Erinnerung existierte, aber es war eines, welches ihm ähnlich war. Gleichermassen hatte ich zwar ein Boot gesehen, aber nicht seine Yacht selbst. Und ich hatte zwar auch ein Auto gesehen, konnte in diesem Fall aber nicht dessen Marke ausmachen, auch wenn das manchmal möglich sein kann.

Mentale Medialität funktioniert also folgendermassen: Mein Geist empfängt Information. Mein Gehirn muss erlernen, diese so zu übersetzen, dass sie für meinen Intellekt verständlich wird, damit am Schluss Information übergeben werden kann, welche derjenigen so nahe wie möglich kommt, welche auf telepathischem Wege empfangen wurde. Und dies gilt ganz unabhängig davon, welcher der Hellsinne aktiv ist!

Geistführer

Ich grübelte, ohne Arbeit,
Ohne Mittel, nur noch zerschlagene Träume.
Da flüsterte mir mein Geistführer zu:
«Die reife, pralle Frucht
Wird verehrt und verzehrt.
Die Frucht auf der Erde
Wird zertrampelt.
Und dennoch ist sie es, welche zu Bäumen wird ...»

Ich habe versucht, dieses so weite Feld durch meine Reisen, durch meine Erfahrungen in den unterschiedlichsten Kulturen, durch meine Lehrer und Schüler aus verschiedenen Ländern und Glaubensrichtungen zu erfassen. Es ist mir – und gewiss auch meinen Lesern – völlig klar, dass nichts, was wir lesen oder erzählt bekommen können, jemals die eigene Erfahrung ersetzen kann.

Wenn es darum geht, das Thema der Geistführer zu untersuchen, dann lohnt es sich zu versuchen, die verschiedenen Ursprünge und Definitionen dieses Begriffes zu verstehen. Dabei gehen wir natürlich davon aus, dass die Idee der Existenz einer anderen Form von Intelligenz jenseits der materiellen Welt als akzeptiert gilt.

1. Für die meisten Menschen ist ein Geistführer ein Wesen, dessen Intelligenz, Wissen und Spiritualität weiterentwickelt sind als die eigenen. Der Grund seiner Existenz scheint in bedingungsloser Liebe und Unterstützung bei unserem Aufstieg zu einer höheren Bewusstseinsebene zu liegen.
2. Geistführer können verstorbene Nahestehende sein: Eltern oder Freunde, die wir im jetzigen Leben oder in der geistigen Welt noch vor unserer Inkarnation getroffen haben. Nichtsdestoweniger bezeichnen wir im Allgemeinen diejenigen Wesen als Geistführer, welche eine höhere Frequenz und ein höheres Bewusstsein haben als «gewöhnliche Verstorbene».

3. Einer unserer Geistführer ist unser höheres Bewusstsein, das «Self». Diese Kategorie beinhaltet Spuren von Personen, als welche wir in vergangenen Leben gelebt haben können und von welchen unser Energiefeld vergangenes Wissen gespeichert hat.
4. Die göttliche Energie oder der Heilige Geist als direkte Quelle, welche eine oft von unserer Kultur und von unserem Glauben geprägte Form annimmt.
5. Unsere Einbildung oder Psychose, welche der tatsächlichen Wahrnehmung so täuschend ähnlich sieht. Es handelt sich dennoch um ein Konstrukt unseres Geistes, unserer Dissoziation und unserer hysterischen Trancezustände (siehe hierzu das Kapitel *Hysterische Trance*), welches oft fälschlicherweise als Geistführer verstanden wird, also als ein blendend brillantes Wesen.

—

Kulturen und Glauben

—

Kulturen und Glauben können unser Bild, welches wir uns von unseren Geistführern machen, prägen. Wie können wir uns erklären, dass Buddhisten von Bodhisattva sprechen, Christen von Schutzengeln und der Jungfrau Maria, dass Hindus Shiva anrufen und Juden von Abraham berichten? Werden uns gewisse Geistführer in Abhängigkeit unseres Glaubens zugeteilt oder erschafft unser Geist Bilder, welche demjenigen Dogma gerecht werden, welches ihn lenkt?

Die isländische Kultur und Tradition veranschaulichen auf sehr fassbare Weise das Ausmass und die Art und Weise, auf welche die subtile Wahrnehmung beeinflusst werden kann. Das Bauamt der Regierung in Reykjavik beschäftigt einen Abgeordneten, welcher für Elfen verantwortlich ist. Dieser Beamte ist dafür zuständig, abzuklären, ob eine geplante Strasse oder der vorgesehene Bau eines Gebäudes die Siedlungen der Elfen stören würde. Es gibt in Island tatsächlich Strassen, welche die angeblichen Elfensiedlungen umfahren, anstatt geradlinig angelegt zu sein. Fünf Prozent der isländischen Bevölkerung geben an, Elfen oder andere Fantasiewesen gesehen zu haben. Beinahe siebzig Prozent der Bevölkerung glaubt an deren Existenz. Es gibt sogar eine Lobby, welche sich um den Schutz dieser kleinen Wesen kümmert. Ich selbst habe zwei Naturgeister in ihrer fassbaren Gestalt gesehen, aber solche nie in meine Arbeit eingebunden. Viele Isländer erzählen Geschichten über ihr Leben mit diesen Wesen. Müssen wir zuerst glauben, dass es Elfen tatsächlich gibt, um ihre Hilfe zu erhalten, oder verhält es sich in umgekehrter Reihenfolge? Wird es uns dadurch möglich, sie wahrzunehmen, dass die Kultur, welche uns umgibt, uns von ihnen berichtet?

Ich möchte im Folgenden zwischen Dogmen und Religionen auf der einen Seite und Glauben und ASW (aussersinnliche Wahrnehmungen) auf der anderen Seite unterscheiden.

Natürlich erhält man stereotypische Erzählungen, wenn man sich mit Personen unterhält, welche ihr Leben nach Dogmen ausrichten. Vor dem Hintergrund undogmatischer Glaubensformen nehmen himmlische Wesen jedoch viel unterschiedlichere Gestalten an. Ich glaube zu verstehen, dass beide Seiten tatsächlich Zugang zu einer höheren Intelligenz haben. Diese Wesen nehmen jeweils eine Gestalt an, welche so beschaffen ist, dass sie für uns akzeptabel ist und welche von unserem Geist verarbeitet werden kann. Maurice Barbanell selbst (siehe das Kapitel *Trance*) gibt an, sich nicht sicher zu sein, dass sein Geistführer Silver Birch tatsächlich ein Indianer nordamerikanischer Herkunft war. Wenn er ihm als solcher erscheint, dann geschehe dies, weil dieses Bild für Maurice akzeptabel sei.

Wir können uns berechtigterweise die Frage stellen, in welchem Ausmass diese Geistführer individuelle Bewusstseinsformen darstellen und wo das kollektive Bewusstsein, also der «Heilige Geist» beginnt. Dieses Bewusstsein ist jedem zugänglich, der sein Wesen auf eine höhere Entwicklungsstufe erheben möchte. Und es nimmt anscheinend genau die Gestalt an, welche unser mentales und geistiges Potenzial akzeptieren und verarbeiten kann.

—

Das Ego und der Intellekt

—

Ego und Intellekt können folglich eine wichtige Rolle spielen. Ich kann dieses Thema mit Gelassenheit angehen, weil ich die zwei folgenden menschlichen Persönlichkeitsaspekte selbst erfahren habe: jenen der eigenen Projektion gewisser Phänomene und jenen der unglaublich grossen und unbeschreiblichen Schönheit der Begegnungen mit Wesen, welche uns bedingungslose Liebe schenken.

In meiner Praxis habe ich mehrere Patienten behandelt, die an starker Psychose litten. Diese lebten beispielsweise im Glauben, dass es sich bei ihrem Geistführer um eine bekannte Persönlichkeit handle. Andere schrieben all ihre Handlungen und ihre Verantwortung ihren Geistführern zu. Allerdings wird kein Lichtwesen jemals über ihr Leben bestimmen oder es an ihrer Stelle leben. Und ebenso wird kein Lichtwesen jemals die Zukunft voraussagen.

Mir sind schon manche Personen über den Weg gelaufen, deren Ego sie mit der Behauptung prahlen liess, dass ihr Geistführer mächtiger sei als der Schutzengel ihres Nachbarn. Andere bestehen darauf, dass sie ausschliesslich mit aufgestiegenen Meistern zusammenarbeiten, weil Engel verhältnismässig wertlos seien. Es handelt sich dabei um dieselben Personen, die nicht einmal dazu imstande sind, eine verstorbene Person zu beschreiben, deren Energiefeld in Bezug auf ihre Entwicklungsstufe ja dichter[3] und damit leichter erfassbar sein dürfte als jenes eines Geistführers. Ein übergrosses Ego ist genauso gefährlich wie ein Mangel an Selbstvertrauen.

Ganz grundsätzlich können weder lebendige Gurus noch himmlische Geistführer uns zu ihren Anhängern machen. Wir sind es, die sie zu unseren Meistern machen. Nur so können wir an ihrem Ruhm teilhaben. Die Entscheidung, ob wir daraus Nutzen ziehen möchten oder nicht, liegt bei uns.

Wenn wir von Geistführern umgeben sind, dann müssen wir ihnen einfach vertrauen. Wenn sie präsent sind, dann deshalb, weil sie uns ausgewählt haben. Sie kennen uns sehr genau, mit unseren Stärken, aber vor allem mit unseren Schwächen. Unser Ego erschwert uns schon die Verständigung mit unseren Geistführern, aber diejenige mit der geistigen Welt noch mehr. Wie kann uns beispielsweise ein himmlischer Arzt beim Heilen helfen, wenn wir von der Idee besessen sind, einen muskulösen Shaolin-Mönchen als Geistführer zu haben?

Abgesehen von ein paar seltenen Ausnahmen habe ich mich immer geweigert, meinen Klienten deren Geistführer zu beschreiben, auch wenn ich diese sehr klar sehen kann.

3 Zum Konzept der Dichte: Obwohl das Konzept der Dichte weiter unten anhand der Eigenschaft der physikalischen Dichte veranschaulicht wird, darf ersteres nicht mit letzterem verwechselt werden! Wenn immer in diesem Werk der Begriff der Dichte verwendet wird, so ist damit die Schwingung und die durch die Hellsichtigkeit wahrnehmbare Farbe der betroffenen Partikel gemeint. So bedeutet eine höhere Dichte eine niedrigere Schwingung und einen Grauton, welcher bis ins Schwarz reichen kann; eine geringere Dichte hingegen bedeutet eine höhere Schwingung und eine zunehmend hell leuchtend goldene Farbe. Mit sinkender Dichte geht im Allgemeinen eine steigende spirituelle Entwicklungsstufe einher.

Es geht darum, sich nicht durch ein klar definiertes Erscheinungsbild konditionieren zu lassen. Wie ich es soeben anhand des Beispiels mit dem Mönch angesprochen habe, wird ein zu detailliertes Bild möglicherweise den Zugang zu anderen himmlischen Wesen verhindern. Ich bin fest davon überzeugt, dass wir einen Schutzengel haben, der uns von unserer Geburt an bis zu unserer Rückkehr begleitet. Ich habe ebenfalls einige Belege dafür, dass wir von ganzen Gruppen von Wesen umgeben sind. Innerhalb von diesen Gruppen wechseln die Individuen oder Erscheinungen in Abhängigkeit unserer Aktivitäten, unserer Entwicklungsstufe und natürlich unserer Resonanz. Unter «Resonanz» verstehe ich die Qualität unseres Energiefeldes oder unseres Geistes zu einem bestimmten Zeitpunkt.

Es ist die Entscheidung, wie wir diese Fähigkeiten, die ein natürlicher Bestandteil unseres Geistes sind, nützen wollen, die es uns erlaubt, unsere Spiritualität im Hinblick auf das Einbringen persönlicher Qualitäten und das Leben von bestimmten Werten zu entwickeln. So können wir uns guten Zwecken anschliessen oder jene unterstützen, welche bescheiden daran arbeiten, eine Gesellschaft von besserer Gesundheit und höherem Bewusstsein zu entwickeln.

Mir sind Engel und Geistführer erschienen; ich habe eine sanfte und warme menschliche Hand geschüttelt, die aus dem Nichts erschien. Mir wurde die Ehre zuteil, während meiner Behandlungen zahlreiche Materialisierungen von himmlischen Düften mit meinen Händen erfahren zu dürfen.

Allgegenwärtigkeit oder atemberaubende Präzision

In Bezug auf die Frage nach der Allgegenwärtigkeit oder Abwesenheit unserer Geistführer oder verstorbenen Nahestehenden dürfen wir in jedem Fall festes Vertrauen in die Intelligenz der geistigen Welt haben und darauf zählen, dass diese – egal ob es sich um einen Geistführer oder eine verstorbene Person handelt – weiss, wann es Zeit ist, uns zur Seite zu stehen.

Um das Kapitel zu den Geistführern abzuschliessen: Egal ob Geistführer oder Verstorbener – vorausgesetzt, letzterer hat seinen Übergang ins Licht vollendet –, sie kennen unsere Umstände. Sie hören unser Schluchzen und unser Lachen. Der Geist, welcher sich hinter solcher Schönheit verbirgt, muss wahrhaftig wunderbar sein! Unsere Welt kann so unendlich erbarmungslos und grausam sein. Das Wissen, dass die Parabel der Liebe keine Fabel, sondern Wahrheit ist, verleiht unserer Existenz soviel mehr Schönheit und Gelassenheit!

Ich werde nie den Tag vergessen, an dem ich weinend auf meinem Bett sass und mir in meinem Trübsal alles trostlos erschien. Um mich herum war alles dunkel und ich war vollkommen alleine. Plötzlich hörte ich etwas hinter meinem rechten Ohr, also jenem, das beinahe taub ist: Es war das Lied der Beatles «With a Little Help from My Friends». Es gab nicht einmal ein Radio in meinem Zimmer. Das Lied hätte nicht deutlicher hörbar sein können. Es war unglaublich, wie sehr es mich erfüllte. Meine Geistführer waren da, für mich, und ganz nahe. Ich sprang auf vor Freude über dieses Geschenk; ich war gar nicht alleine, sondern umgeben von Liebe. Bis heute kann ich ihnen nicht genug dankbar sein für diesen Beistand. Ich möchte Sie, liebe Leser, dazu ermutigen, sich ebenfalls an Ihre Geistführer zu wenden.

Habe das Vertrauen, dass Du geliebt bist, und behüte es für immer.
Was mir widerfahren ist, kann auch Dir zuteilwerden.
Auf dass Vertrauen Dich begleite, sowie auch die Vernunft.

Nutzen der Medialität

Eine Dame, welche ich damals nicht kannte, besuchte mich in meiner Praxis. Sie beschrieb mir, wie sie nachts von Verstorbenen träumte und diese zu ihr sprachen. Sie befürchtete, dem Wahnsinn zu verfallen. Ein paar Tage zuvor hätte ein Geist sie angewiesen, ein Treffen in meiner Praxis zu organisieren. Als sie meine Praxis betrat, sah ich sie tatsächlich in Begleitung von einem jungen Mann mit schwarzem Haar. Und da es nicht in meiner Macht liegt, zu entscheiden, welches Wesen aus dem Jenseits für die Verständigung mit meinem Klienten erscheinen wird, begrüsste ich jenes, welches für sie aus der geistigen Welt gekommen war. Bitte seien Sie vergewissert, ich nehme nicht etwa Beschwörungen vor; ich versetze mich lediglich von Anfang an in eine einladende Stimmung und beobachte dann, wer sich gerne durch mein Energiefeld mit meinem Klienten verständigen möchte. Und da ich ausnahmslos im Sinne des Lichtes arbeite, kommen die Boten ebenfalls immer aus dem Licht und sind damit immer guter Absicht.

Als ich der geistigen Welt nun mein Energiefeld öffnete, wurde mir klar, dass es sich beim jungen Mann um ihren verstorbenen Sohn handelte. Die verstorbene Mutter meiner Klientin erschien ebenfalls für einen kurzen Moment. Sie war verstorben, als die Tochter erst drei Jahre alt war. Die Klientin kannte sie nicht sehr gut, aber dennoch genügend, um sie identifizieren zu können. Für die meiste Zeit der Sitzung war es jedoch die Präsenz eines Mannes, welche am stärksten spürbar war. Ich beschrieb ihn, indem ich mich über sein äusseres Erscheinungsbild äusserte, über sein Haar, etwas über seinen Charakter und über zwei oder drei Dinge, die er mochte. Es stellte sich heraus, dass es sich um ihren Vater handelte, was sie mir jedoch erst nach der Sitzung mitteilte. Er war es gewesen, der sie um ein Treffen in meiner Praxis gebeten hatte. Dank dieser Sitzung war ihr nun klar geworden, dass sie nicht dem Wahnsinn verfallen war. In ihrem Schlaf war sie in ihrem veränderten Bewusstseinszustand mit der geistigen Welt in Kontakt getreten.

Dieses Beispiel mag dem Leser nicht sehr spektakulär erscheinen. Es sind oft eben die einfachsten Beweise, die Verunsicherung beseitigen und Frieden bringen können. Es ist also sehr wichtig, dass das Medium den Mut aufbringt, die Information so präzise wie möglich wiederzugeben. Das mag zwar völlig offensichtlich erscheinen, kann aber eine echte Herausforderung darstellen, wenn die erhaltene Information ausserhalb jeglichen Kontextes absurd oder völlig unlogisch erscheint.

Was den nötigen Mut anbelangt, Informationen, die verrückt erscheinen mögen, dem Klienten unverfälscht wiederzugeben, so möchte ich ein Beispiel anfügen, das diesen Punkt sehr schön veranschaulicht: Ein Paar suchte mich in meiner Praxis auf, mit dem Wunsch, mit ihrem verstorbenen Sohn in Kontakt zu treten. Nachdem ich also den Verstorbenen beschrieben und auch noch einige andere sachliche Aussagen über diesen gemacht hatte – Informationen, deren Korrektheit von dem Paar vollständig bestätigt wurde –, bat mich die Dame, ihrem Sohn eine Frage zu stellen. Ohne ihr etwas zu versprechen, willigte ich ein. Ihre Frage betraf ein Buch, welches sie geschrieben hatte. Sie wollte wissen, ob sie dieses am «Salon du Livre» in Paris vorstellen würde. Meine allererste Antwort war, dass ich den Eiffelturm gesehen hatte, sobald der Name der Stadt Paris gefallen war, und dass es mir in dem Moment schwer viel, festzustellen, ob die Information meinem Verstand entsprungen war oder von ihrem Sohn kam. Sie bat mich, fortzufahren. Ihrer Bitte folgend nahm ich also den Kontakt zu ihrem Sohn wieder auf und stellte ihm die Frage seiner Mutter, worauf er nicht antwortete. Plötzlich sah ich mich eingedeckt mit Seifenblasen. Ich antwortete ihr also, dass ich keine Antwort auf ihre Frage erhalten hatte; die Zeichen, welche ich erhalten hatte, würden sie wohl höchstens beleidigen. Dennoch beharrte sie darauf, dass ich ihr mitteilte, was ich wahrgenommen hätte. Also erklärte ich ihr, dass ich mit Seifenblasen eingedeckt gewesen sei. Darauf liess sie ihren Kugelschreiber fallen – ein Augenblick, den ich nie vergessen werde. Die beiden sahen sich mit grossen Augen an und gleich darauf rief sie aus: «Mein Buch trägt den Titel ‹Seifenblasen›!»

Was dem einen völlig absurd erscheinen mag, kann für den anderen den besten Beweis oder das fehlende Puzzleteil darstellen. Es ist unbedingt nötig, dass das Medium immer zum Ausdruck bringt, was es wahrzunehmen glaubt, und dass es in Kauf nimmt, als lächerlich, dumm oder einfach irrelevant zu erscheinen.

Ungeachtet des Anscheins, welchen sie haben mag, ist die Arbeit der Beweiserbringung und der Information eine sehr konkrete. Sie ist reell. Und vor allem erlaubt sie es, die Existenz der geistigen Welt und des Lebens nach dem Tod zu beweisen!

Die nachstehende Erzählung wird den Nutzen, welchen wir aus dem Kontakt und der Kommunikation mit einem Verstorbenen ziehen, weiter verdeutlichen; sie zeigt auf, wie die Last des Schmerzes sich verflüchtigen und wie sehr Frieden heilen kann.

Meine Eltern sprachen nach ihrem Tod zu mir

→ Bericht aus dem Magazin «Femina» November 2008

Nachdem sie das Spital zu spät erreicht hatte, um sich von ihrer im Sterben liegenden Mutter zu verabschieden, stellte Clara den Kontakt zu ihr im Jenseits mithilfe des Mediums Hannes Jacob her. Die Erzählung einer bewegenden Erfahrung.

Im Juni letzten Jahres musste meine Mutter nach einer schweren Erkrankung ins Spital eingeliefert werden. Ein Monat später schien ihr Zustand mehr oder weniger stabil zu sein. Mein Ehemann und ich hatten in Erwägung gezogen, auf unsere geplanten Ferien in der Bretagne zu verzichten. Dem Arzt, der sich um meine Mutter kümmerte, teilte ich am Telefon mit, dass wir nicht reinen Gewissens zehn Tage wegfahren könnten. Darauf versicherte er uns: «Fahren Sie ruhig, Ihre Mutter wird Weihnachten mit Ihnen verbringen.» Also fuhren wir los, nachdem wir meine Schwester gebeten hatten, an der Seite unserer Mutter zu weilen.

Acht Tage später, um sieben Uhr morgens, ein Anruf von meiner Schwester. Sie riet uns, so schnell wie möglich nach Hause zu fahren, da sich der Zustand unserer Mutter verschlechtert hatte. Wir räumten das Haus, gaben die Schlüssel ab, packten unsere Koffer so schnell wie nur möglich und fuhren in Richtung Le Locle los. Die Reise dauerte lange. Als wir am Fusse des Jura ankamen, war es neun Uhr abends. Wir stiegen kurz in unserem Haus ab, um uns zu duschen und einen Kaffee zu trinken, bevor wir zum Spital rasten. Dort angekommen, traf uns der Schlag.

Unsere Mutter war eine Minute zuvor verstorben. Ich machte mir riesige Vorwürfe, mich nicht mehr von ihr verabschiedet zu haben. Wieso hatte ich in einer solchen Situation unbedingt noch eine Dusche nehmen und einen Kaffee trinken müssen? Ich verspürte Schuld und fühlte mich wirklich schlecht. Wir hatten uns um so wenig verpasst! Monate vergingen. Ich sprach zu meiner Mutter, aber sie antwortete mir nicht.

Und dann, eines Abends im Februar, stiess ich per Zufall auf eine Fernsehsendung, in der ein Medium sich über das Leben nach dem Tod und die Möglichkeit, mit Verstorbenen in Kontakt zu treten, äusserte. Dieser Herr gab kluge Dinge von sich und blieb konkret, er hatte nichts Seltsames. Da dachte ich mir, dass es vielleicht gut wäre, ihn einmal aufzusuchen, weil ich das Gefühl hatte, dass meine Mutter mir vielleicht auch noch Dinge sagen wollte. Aber ich wollte hierzu auch die Meinung meiner Mutter haben. Also bat ich sie innerlich, mir ein klares Zeichen zu geben, wenn sie damit einverstanden wäre, dass ich das Medium in Neuchâtel aufsuche. Und das Zeichen kam. Als ich eines Tages im Mai nach Hause kam, sah ich, dass das Licht im Badezimmer an war, obwohl ich mir völlig sicher war, dass ich es ausgeschaltet hatte, als ich das Haus verliess. Das Licht! Das war das eindeutige Zeichen von meiner Mutter, ohne jeden Zweifel.

Also suchte ich das Medium auf. Dieses erklärte mir, dass meine Mutter nur mit mir in Kontakt treten würde, wenn sie es wollte, und dass sie sich in diesem Fall durch ihn verständigen würde.

Und genau so kam es. Ich erhielt Besuch von meiner Mutter. Sie erschien dem Medium, welches sie bat, Merkmale zu nennen, die es erlaubten, sie zu identifizieren. Sie zeigte ihm eine Perlenhalskette und Handtaschen. Meine Mutter liebte Perlenhalsketten und Handtaschen. Und ganz nebenbei, als wir ihren Haushalt räumten, stiessen wir auf unzählige Handtaschen! Kurz darauf liess mich das Medium wissen: «Sie hat eine Narbe im Gesicht.» Es beschrieb mir ebenfalls ihren Haarschnitt. Und ein Kleid, an dem sie sehr gehangen hat. Es stimmte alles. Das Medium beschrieb sie äusserst gut, obwohl es nie zuvor ein Foto von ihr gesehen hatte.

Meine Mutter liess mich wissen, dass es ihr gut ging, dass sie in Frieden und wieder bei ihrem Vater war, den sie sehr liebte. Das Medium sah, dass sie glücklich war. Meine Mutter sagte uns auch, dass sie sich freuen würde, wenn ich oder meine Schwester ab und zu ihr Lieblingskleid, welches aus dunkler Seide gefertigt und mit Blumen verziert war, tragen würden. Sie trug dieses Kleid, als sie jung und schlank war und hatte sich nie von ihm trennen wollen. Meine Mutter fügte auch hinzu, dass sie zur Geburt des Kindes meiner Nichte da sein würde. Und das, obwohl sie nicht hat wissen können, dass meine Nichte ein Kind erwartete, weil sie erst nach dem Tod meiner Mutter schwanger geworden war! Eine weitere Bemerkung von ihr, die mich stutzig machte: «Ich war da, als du die Fenster geputzt hast.» Und tatsächlich hatte ich einige Tage zuvor die Fensterscheiben in meinem kleinen Töpfereiladen geputzt, als mich plötzlich ein Gefühl der Trauer überkam. Ich hatte zu weinen angefangen, weil ich die Präsenz meiner Mutter spürte. Ich erhielt also die Bestätigung, dass sie in jenem Moment ganz nahe bei mir war. Das Medium verriet mir, dass sie eine sehr heitere Persönlichkeit hatte. Ich wollte sie fragen, ob sie mir nicht böse sei, dass ich nicht das Mädchen gewesen bin, welches sie gerne gehabt hätte, aber das Medium erwiderte mir, dass die Frage gar nicht nötig war, denn «da oben zählt nur die Liebe, Sie haben ihr diese gezeigt und das ist es, was ihr in Erinnerung bleibt».

Zu meiner grossen Überraschung erschien auch mein Vater, was ich überhaupt nicht erwartet hatte. Er gab sich uns zu erkennen, indem er den roten Lehnstuhl beschrieb, in dem er oft sass, als sich sein Lebensende näherte, um fernzusehen, wenn er krank war. Plötzlich rief das Medium aus: «Dieser Herr sieht sehr streng aus!» Und es war tatsächlich so – ich verstand mich nicht gut mit ihm. Wir hatten keine einfache Beziehung gehabt und sein Alkoholismus beeinträchtigte das Familienleben. Mein Vater wies das Medium an: «Erkläre ihr, dass ich viele Dinge erst zu spät verstanden habe. Es tut mir leid. Richte meinen Töchtern aus, dass ich sie liebe. Ich freue mich, dass Clara gekommen ist. Ich habe lange auf sie gewartet. Ich bin ihr dankbar.» Ich war so berührt, dass ich in Tränen ausbrach. Ich war noch mehr bewegt als damals, als mein Vater im Jahre 1983 mit 51 Jahren verstorben war. Und siehe da, in drei Sätzen sagte er all die Dinge, die er in seinem ganzen Leben nie gesagt hatte. Was für ein Geschenk! Es ist verrückt, wie viel man im Nachhinein versteht.

Er liebte uns, wusste aber nicht, wie er es zum Ausdruck bringen sollte. Wir waren es nicht gewohnt, über unsere Gefühle zu sprechen. Was mich ebenso überraschte, war die Tatsache, dass mein Vater und meine Mutter laut der Beschreibung des Mediums im selben Zustand erschienen, in dem sie waren, bevor sie erkrankt waren. Das Medium meinte hierzu: «Das kommt häufig vor, wissen Sie; diese Personen zeigen sich gerne von ihrer besten Seite.» Schliesslich besuchte ich noch das Grab meiner Eltern. Ich dankte ihnen, dass sie gekommen waren und es fühlte sich für mich an, als wäre die Familie wiedervereint. Als ich all dies meiner Schwester und meiner Nichte erzählte, fingen sie ebenfalls zu weinen an, und wir fielen uns gegenseitig in die Arme. Früher stritt ich mich oft mit meiner Schwester. Aber noch bevor sie starb, sagte uns unsere Mutter: «Wenn ich gehe, müsst ihr Freunde bleiben.» Und genau das sind wir heute.

Heilen

Ich gebe mich Dir hin
Damit das Beste geschehe
Ich gebe mich Dir hin
Zu ihrem allerhöchsten Wohl
Ich gebe mich Dir hin
Damit Dein Werk sich entfalte
Ich gebe mich Dir hin
Damit Dein Licht all jene erfülle, die es suchen
Ich lasse los
Weil es an ihnen ist, es zu bewahren

Heilen – welch ein Begriff!

Wenn das Thema Heilen diskutiert wird, verliert man sich leicht in philosophischen Überlegungen. Solche Diskussionen beginnen oft mit der Idee, dass die Beseitigung eines Symptoms noch keine Heilung an sich bedeutet.

Mit einem Augenzwinkern zitiere ich gerne Detlefson und Dahlke, die uns eine ironische Karikatur der Schulmedizin bescheren:

Ein Herr bringt sein Auto in die Werkstatt.

— «Guten Tag, meine Öldruckwarnleuchte blinkt!»

— «Lassen Sie mich das gleich reparieren», antwortet der Automechaniker.

Er entfernt die Glühbirne und sagt zu seinem Kunden:

— «Alles bestens – Ihre Warnleuchte blinkt nicht mehr…»

Die Diskussion um das Heilen dreht sich oft um dieselbe Idee. Das Beseitigen von Beschwerden stellt nicht unbedingt eine «Heilung» dar.

Zuallererst müssen wir akzeptieren, dass die meisten physischen Beschwerden psychosomatischer Natur sind, das heisst, sie sind der Ausdruck eines geistigen Ungleichgewichts, welches sich im Körper niederschlägt. So ist zum Beispiel Stress ein Auslöser für Magengeschwüre. Solche Geschwüre können mittels einer einfachen Operation entfernt werden. Aber der Patient entledigt sich dadurch noch nicht seines Stresses. Das zeigt, wieso der Begriff «Heilung» oft nicht angebracht und bei seiner Verwendung Vorsicht geboten ist. Physische oder geistige Krankheiten können niemals mit einem gesunden Energiefeld koexistieren, diese zwei Umstände sind vollständig unvereinbar. Das Energiefeld ist notwendigerweise betroffen.

Gemäss einem der Kritikpunkte, die oft genannt werden, soll eine erfolgreiche Heilung dem Placeboeffekt zuzuschreiben sein. Dieses Argument wird ebenfalls von gewissen philippinischen Heilern genannt, welche jedoch nicht wirklich heilen, sondern vielmehr Täuschung betreiben und dies folgendermassen rechtfertigen: «Ich täusche etwas vor, weil das genügt, um den Patienten zu veranlassen, durch seinen Glauben erfolgreich seine Selbstheilungskräfte zu aktivieren.» Ein Philippiner hat mir verraten, dass Kurse angeboten werden, wo sich erlernen lässt, wie man geistige Operationen vortäuschen kann. Sogar Hühnerkadaver können erworben und dazu verwendet werden, beim Patienten die Illusion zu erzeugen, dass menschliches Gewebe entfernt worden sei. Solche Machenschaften fügen den ehrlichen Heilern in diesem Land erheblichen Schaden zu.

Dass der Glaube an seine eigene Heilung von Vorteil ist, dürfte offensichtlich sein. Er kann den Patienten in seiner positiven Denkweise unterstützen. Umgekehrt ist es deutlich problematischer, gar nicht an seine Heilung glauben zu können. So klammern sich viele Menschen sprichwörtlich an ihre Krankheiten. Bei chronischen Krankheiten bleiben sie diesen oft so treu wie einem Reisegefährten. Wer wird jemanden, der an Migräne litt, von diesen aber geheilt wurde, noch bemitleiden und worüber wird sich die Person denn noch beklagen können? Und wenn eine schwerere chronische Krankheit geheilt wird, dann wird der Patient seine Arbeit wieder aufnehmen müssen, weil die Invalidenversicherung keinen Grund mehr zur Entschädigung hat.

Gewisse Heiler behaupten, dass Krankheiten karmischer Natur seien und dass diese deshalb nicht geheilt werden könnten. Manche Patienten bedienen sich dieser Behauptung, um sich noch stärker an ihre Krankheiten klammern zu können. Auch wenn Karma der Auslöser einer Krankheit ist, so kann dieses Karma mit der geeigneten Behandlung jeden Augenblick und ohne Verzug beseitigt werden! Jonathan erwähnt diesen Umstand in seinen Ausführungen am Ende dieses Buches.

Ich hatte einmal eine Dame in Behandlung, die jahrelang an Fibromyalgie und damit an unsäglichen Schmerzen am ganzen Körper gelitten hatte. Nach der vierten Behandlung wurde sie auf einmal sehr zornig und bewarf mich mit einer Fülle an hasserfüllten Worten, die sie mit dem Schmerz, den sie im Gaumenbereich verspürte, zu rechtfertigen schien. Dann wurde mir klar, dass mit Ausnahme dieses Schmerzes alle anderen Schmerzen schon seit einer ganzen Woche verschwunden waren. Verstehen Sie nun, dass eine solche Haltung, bei der sich der Patient auf die Probleme fokussiert und auf all das, was noch nicht in Ordnung ist, anstatt sich daran zu erfreuen, nach so langer Zeit endlich eine höhere Lebensqualität erlangt zu haben, nie ein gesundes Wesen hervorbringen kann? Es ist ein echtes und tief greifendes Verständnis solcher mentaler Funktionsweisen in Verbindung mit Arbeit an der eigenen Persönlichkeit, nötigenfalls mit qualifizierter psychologischer Begleitung, die solchen Personen zu mehr Lebensglück verhelfen kann. Lassen wir Schönheit auf uns wirken, so wird sie zu unserer Realität!

—

Experiment in Energieübertragung

—

↑ Zwei Blumentöpfe: Einen davon habe ich energetisch behandelt, den anderen nicht. Gras unterliegt nicht dem Placeboeffekt, da es natürlich nicht an mich glauben kann.

In diesem Experiment wurde in beiden Töpfen dieselbe Anzahl Samen gepflanzt. Die Töpfe wurden jeweils zur selben Zeit und mit derselben Menge Wasser gegossen.

Den weissen und völlig unporösen Topf aus Email rechts habe ich energetisch behandelt, den porösen Terrakotta-Topf links, in welchem das Gras schon ohne äusseren Einfluss hätte besser wachsen sollen, jedoch nicht.

Der Unterschied nach ein paar Wochen war deutlich: Das Gras im Email-Topf, welches energetisch behandelt worden war, war kräftig gewachsen. Und dennoch: Wieso sollte es uns überraschen, dass der energetisch behandelte Topf stärkere Triebe aufweist, wenn wir heute wissen, dass manche Menschen – und zwar nicht nur indische Yogis – sich ausschliesslich von Prana, das heisst von Energie alleine, ernähren?

Pranismus

Menschen, die sich ausschliesslich von Energie ernähren, werden als «Pranisten» bezeichnet (englisch: «Breatharians»). Diese Bezeichnung stammt vom Begriff «Prana», der auch als «Universelle Energie» zu übersetzen ist. Ich selbst bin einigen dieser Pranisten begegnet. Das deutsche Magazin «Der Spiegel» veröffentlichte einen Artikel über den Yogi Prahlad Jani, über welchen auch in dem vom österreichischen Filmregisseur Peter Arthur Straubinger produzierten Film «Am Anfang war das Licht» berichtet wird. Jani ist ein hinduistischer Yogi, der behauptet, während der letzten sechzig Jahre nichts mehr gegessen, sondern nur noch gelegentlich getrunken zu haben. Er erklärte sich bereit, während zehn Tagen unter ärztlicher Kontrolle in einem Spital in Quarantäne gelegt zu werden und sich dabei zahlreichen ärztlichen Untersuchungen und Bluttests zu unterziehen. Während des gesamten Experimentes nahm er keinerlei Nahrungsmittel oder Flüssigkeiten zu sich. Er liess während dieser Zeit auch nie Wasser. In seiner Blase sammelte sich zwar Urin an, dieser wurde aber umgehend vom Körper wieder absorbiert. Natürlich ist es ohne Weiteres möglich, während zehn Tagen nichts zu essen. Solange ohne Flüssigkeit auszukommen, ist jedoch ein ganz anderes Kapitel.

Auch in Europa lassen sich Pranisten finden. Ein solches Beispiel zu Beginn des letzten Jahrhunderts war die deutsche von Stigmata gezeichnete Heilerin Therese Neumann, genannt Resl von Konnersreuth, welche jede Woche nur eine einzige Hostie zu sich nahm. Im 15. Jahrhundert ernährte sich der Einsiedler Nikolaus von der Flühe gemäss der Legende während neunzehn Jahren ausschliesslich von Hostien.

Zu den zeitgenössischen Pranisten zählen wir den gut bekannten Dr. Michael Werner, der 1949 in Deutschland geboren wurde und heute in der Nähe von Basel lebt. Er war während zwanzig Jahren Direktor eines pharmazeutischen Forschungsinstituts und hält Vorträge über die sogenannte Lichtnahrung. Er ist ebenfalls der Autor eines Buches zu diesem Thema und hat seit Januar 2001 keine feste Nahrung mehr zu sich genommen.

In der Westschweiz hat ein Universitätsprofessor den Initiationsprozess, den jede Person, die sich ausschliesslich von Prana ernähren will, respektieren sollte, durchlaufen. Dieser Professor hat während fünf Jahren nichts Festes mehr zu sich genommen und trinkt nur sehr wenig. Bald stellte sich für ihn die Frage nach dem gesellschaftlichen Leben, weil sich seine Bekannten, Freunde und seine Familie daran störten, dass er nichts ass. Zahlreiche Menschen, welche denselben Prozess durchlaufen haben und nicht mehr essen, sprechen nicht darüber, um Kritik zu vermeiden und ihr Sozialleben aufrecht zu erhalten, genau wie dieser Professor, der an dieser Stelle verständlicherweise nicht namentlich genannt werden will.

Der Israeli Ray Maor, ein weiteres sehr bekanntes Beispiel, ernährt sich ebenfalls von Prana. Er wurde von einem nationalen Fernsehsender dazu herausgefordert, während acht Tagen unter permanenter Kameraüberwachung weder zu essen noch zu trinken. Im Dokumentarfilm, der im Internet zur Verfügung steht, gibt der Journalist seine starke Skepsis gegenüber der Idee der Lichtnahrung zu. Es handle sich hierbei um den ungewöhnlichsten Fall, über den er jemals berichtet hat. Die Idee, dass es möglich sei, sich von einer «Energie in der Luft» zu ernähren, sei für ihn lediglich eine neue Form von Betrug. Während des gesamten Experiments wurde Ray Maor eng vom bekannten Dr. Ilan Kitsis, welcher am Sourasky Medical Centre in Tel Aviv arbeitet, begleitet. Die erste Zusammenkunft zwischen einer Person mit einer spirituellen Ausrichtung wie Ray und einem Arzt von westlicher Prägung war nicht ganz frei von Skepsis und Spannung. Dieses Experiment in Pranismus war jedoch auf diese medizinische Rahmenbedingung angewiesen, um sicherzustellen, dass die Gesundheit von Ray Maor dabei nicht aufs Spiel gesetzt würde.

Wie es wohl jeder gewissenhafte Arzt tun würde, kündigte Dr. Kitsis an, dass ein Experiment, in welchem während acht Tagen kein Wasser getrunken wird, vorhersehbare Konsequenzen für den Körper haben würde: eingesunkene Augäpfel, ausgetrockneter Mund und Rachen, Einsetzen von stark erschwerter Atmung und gesenkter Blutdruck aufgrund des verlangsamten Pulses. Rays Bewusstseinszustand würde verändert und sein Denkvermögen getrübt sein, da der Blutdruck im Gehirn fallen würde. Das war noch nicht alles: Seine Nieren würden aussetzen und Ray könnte einen Herzinfarkt erleiden. Und tatsächlich würde das Resultat einer Woche ohne Einnahme von Flüssigkeit mit Sicherheit zum Tod führen. Dr. Kitsis erklärte die Symptome der Zelldehydration: Da Zellen für ihre einwandfreie Funktionsweise Wasser benötigen, ziehen sie dieses von ihrer äusseren Umgebung ab, also aus dem Blut, um damit ihre internen Sodium- und Potassiumbestände regenerieren und aufrechterhalten zu können. Das überflüssige Wasser geben sie danach wieder in den Blutkreislauf ab. Wenn eine Zelle diesen Wasseraustausch mit dem Organismus nicht aufrechterhalten kann – wie dies im Falle eines Mangels wie zum Beispiel der Dehydration geschieht –, dann zerfällt sie und stirbt ab, um es vereinfacht auszudrücken. Und falls eine grosse Anzahl von Zellen abstirbt, so stirbt der gesamte Organismus. Die Kreatinkonzentration (also das Produkt vom Muskelzellenabbau) im Blutkreislauf sowie im Urin steigt an. Und sobald diese Konzentration die zulässigen Werte übersteigt, steigen die Nieren aus und können damit ihre Filterfunktion nur noch begrenzt ausführen.

Dementsprechend erwartete Dr. Kitsis, in Rays Blut- und Urinproben Anzeichen der Dehydration und des teilweisen oder vollständigen Funktionsausfalles der Nieren und der Leber vorzufinden. Und all dies nur, um zu beweisen, dass Prana, die Universelle Energie, schlichtweg Betrug ist, so dachte er. Zudem befürchtete er, dass Ray, sobald er wieder Wasser zu sich nehmen würde, ein Gehirnödem erleiden und daran sterben würde. In der Tat reagieren Gehirnzellen am sensibelsten auf Dehydration: Diese Zellen verlieren als erste Wasser und eine plötzliche und übermässige Einnahme von Wasser, welche die Aufnahmekapazität der Gehirnzellen übersteigt, führt zu einer Gehirnschwellung und damit zum Tod. Trotz dieser zugegebenermassen sehr pessimistischen medizinischen Prognose wurde das Experiment, das zeigen sollte, ob diese Form von Energie tatsächlich den Nährwert besass, den die Visionäre versprachen, gestartet.

Mit jeder erneuten Blutprobe und während des gesamten Experiments wiederholte sich dieselbe Szene: Dr. Kitsis traute seinen Augen kaum, wenn er die jeweiligen Analyseresultate für Ray erhielt. Die Kreatinkonzentration war während des Experiments nur um ein Zehntel eines Prozentpunktes angestiegen und war vollkommen normal für einen Mann mit seinem Körperbau und seinem Alter. Die Ergebnisse seiner Blutproben waren ausgezeichnet! Am Ende der Woche sah Ray geschwächt und bleich aus und er fühlte sich kalt. Aber er hatte das Experiment bestanden! Eine ganze Woche ohne zu trinken, unter ständiger Kameraüberwachung und der Kontrolle von Dr. Kitsis.

Der Arzt gratulierte ihm vor laufender Kamera. Er gab zu, dass die positiven Ergebnisse jenseits des medizinischen Verständnisses lagen, und dass er sogar ein bisschen eifersüchtig auf Ray Maors unfassbaren Erfolg war. Er bezeugte Ray nicht nur seinen Respekt, er verbeugte sich sogar vor ihm.

Dr. Kitsis verdient grosses Lob dafür, dass er diesen wissenschaftlichen Beweis nicht leugnete, sondern Ray Maor in der Öffentlichkeit unterstützte. Wenn es nur mehr Wissenschaftler ihm gleichtun und solche Experimente analysieren und kommentieren würden, anstatt ihr eigenes Ego zu streicheln und sich hinter einem Pult zu verstecken, nur um zu vermeiden, sich einer Herausforderung stellen und womöglich ihr Paradigma wechseln zu müssen! Die Welt würde sich so viel schneller weiterentwickeln!

Es existieren Artikel im Internet, in welchen behauptet wird, dass Ray Maors Experiment aufgrund seines geistigen Zustandes abgebrochen wurde. Dies ist jedoch falsch. Ray Maor hat die im Fernsehen übertragene Herausforderung erfolgreich bestanden; um sich davon selbst zu überzeugen, genügt es, sich den Dokumentarfilm vollständig und bis zum

Ende anzusehen. Heute führt Ray Maor ganze Gruppen von Interessierten in die Praxis des Pranismus ein und organisiert hierfür in verschiedenen Ländern Einführungskurse, die ungefähr acht Tage dauern.

Ich habe selbst an einer solchen Woche teilgenommen – lange nach meiner eigenen Initiierung in den Pranismus, welche ich weiter unten besprechen werde. In meinem Fall hatte diese Einführungswoche einen etwas minimalistischen Charakter (vor allem, wenn man den recht hohen Preis von USD 2400.– für acht Tage, natürlich ohne Essen, bedenkt sowie die Tatsache, dass wir uns in unserem engen Kursraum ohne Tageslicht wie Sardinen in einer Konservendose vorkamen) und alle Teilnehmer hätten der Aufsicht ausnahmslos und die ganze Zeit über unterstellt sein sollen. Dennoch freue ich mich, dass es solche Kurse gibt und es denjenigen, die bereit dazu sind, erlauben, ihr Bewusstsein auf eine sehr tief gehende Weise zu erweitern. Von meinem Standpunkt aus enthielt der während der Woche vorgestellte Inhalt kein neues Wissen, keine neuen Konzepte oder Werkzeuge; die Art und Weise, auf welche die verschiedenen Elemente zusammengeführt wurden und dadurch neue Zusammenhänge erkennen liessen, schien mir jedoch absolut wertvoll. Ich finde, dass solche Einführungen in den Pranismus, wo auch immer sie stattfinden, die ideale Gelegenheit darstellen, an seinen eigenen Werten zu arbeiten und jegliche alten Verhaltensmuster, die uns nicht mehr dienen, aufzulösen – eine gute Weise, einen Neustart in sein eigenes Leben einzufügen. Eine kleine, aber passende Anekdote: Zur Überraschung vieler befand sich ein fünfzehnjähriger Jüngling unter den Teilnehmern. Dieser Teenager nahm zusammen mit uns Erwachsenen am gesamten Kurs teil und fühlte sich die ganze Zeit über grossartig. Aufgrund einer physischen Beschwerde im Bereich seines Brustbeins hatte er mehr Mühe beim Atmen als andere, weil dadurch seine Lungenkapazität effektiv verringert war und ihm deshalb weniger Energie zur Verfügung stand. Den späteren Bemerkungen seiner Eltern zufolge hatte er sich merklich verändert, als er nach Hause kam: ein neu entdeckter Wille und Antrieb, an sich zu arbeiten, regelmässig körperlich zu trainieren – nicht nur **trotz** seiner körperlichen Einschränkung, sondern auch um diese bewusst zu **überwinden** – und allgemein eine deutlich konstruktivere Haltung dem Leben gegenüber.

Nehmen wir jetzt einmal einen streng kartesianischen, rein rationalen und sogar ökonomischen Standpunkt ein: Welcher Nutzen lässt sich aus der Praxis des Pranismus ziehen? Im Folgenden besprechen wir einige der Vorzüge des Pranismus.

Die erste und offensichtlichste Konsequenz aus der Anwendung des Pranismus ist die Tatsache, dass die betroffene Person nicht mehr essen muss. Wie sieht Ihr monatliches Budget aus, das Sie für Essen vorsehen? Nehmen Sie einen Taschenrechner zur Hand und machen Sie kurz Ihre eigene Schätzung. Vergessen Sie dabei nicht, jegliches Essen zu berücksichtigen, egal ob Sie es zu Hause, bei der Arbeit, unterwegs oder in Restaurants verzehren. Auf welche Summe kommen Sie? Jetzt steht Ihnen dieser Betrag jeden Monat zusätzlich auf Ihrem Bankkonto zur Verfügung. Dazurechnen können Sie ebenfalls jegliche Zahnarztrechnungen, die jährlich anfallen – denn, wer nicht isst, hat in der Regel auch keine Löcher.

Der wohl zweitwichtigste Aspekt dürfte die enorme Zeitersparnis sein, welche Ihnen jetzt als zusätzliche Freizeit zur Verfügung steht. Es muss nicht mehr eingekauft werden, nicht mehr gekocht werden und auch nicht mehr Geschirr gespült werden; allem voran aber benötigen Pranisten in der Regel nur vier bis fünf Stunden Schlaf pro Nacht! Manche verwenden die zusätzliche Zeit, um mit einem Nebenjob mehr Einkünfte zu generieren, oder um mehr Sport zu treiben; andere frönen ihrem Hobby oder starten ein Projekt, von dem sie schon immer träumten. Das führt zu einem offensichtlichen Dominoeffekt, der sich positiv auf Ihre Zufriedenheit auswirkt, denn Sie führen ein aktiveres Leben und bewegen sich mehr. Pranisten benötigen nicht nur dermassen wenig Schlaf, sie wachen zudem auch ganz von selbst auf und es fällt ihnen extrem leicht, morgens aufzustehen, denn für sie ist es, als würde ihr innerer Schalter innerhalb von Sekunden auf «an» gestellt, sobald sie ihre Augen geöffnet haben. Dazu kommt, dass sie über Energie verfügen, welche den ganzen Tag hindurch vollkommen stabil bleibt.

Wenn Sie sich als gesundheitsbewusst bezeichnen würden, dann dürften Sie die folgenden Punkte interessieren. Nicht zu essen bedeutet auch, dass man automatisch keine krebserregenden Stoffe oder Nahrungsmittel mehr zu sich nimmt, beispielsweise gebratene Kartoffelerzeugnisse, rotes Fleisch oder Zucker und natürlich alle Giftstoffe, welche allen möglichen verarbeiteten Lebensmittelerzeugnissen, die uns in unseren Supermärkten in enormen Mengen verkauft werden, beigefügt werden. Hinzu kommen die Giftstoffe, welche wir durch die Verschmutzung unserer Nahrungskette, welche aus der allgemeinen Verschmutzung unseres Planeten resultiert, unweigerlich zu uns nehmen. Als Pranist vermeiden Sie automatisch jegliche nahrungsmittelbedingte Verschmutzung, egal welchen Ursprung sie hat. Wenn Sie Nahrung vermeiden, dann vermeiden Sie ebenfalls oft unbewusste problematische Essverhaltensmuster, wie das Verzehren von ungesunden Nahrungsmitteln oder ungesunde Mengen von Substanzen wie zum Beispiel Zucker, Salz oder Fett. Damit verringern Sie erheblich Ihr Risiko, herz- oder kreislaufbedingte Krankheiten zu erleiden. Der menschliche Körper verfügt über natürliche Reinigungsmechanismen. Im Falle der Leber, welche pro Minute ungefähr 1.4 Liter Blut reinigen muss, können herausgefilterte Abfall- und Giftstoffe, die sich längerfristig in der Leber ansammeln können, teilweise durch die regelmässige Anwendung eines sogenannten Leberreinigungsprotokolls ausgespült werden. Die Leber eines Pranisten wird jedoch gar nie erst Reste von Abfall- oder Giftstoffen aufweisen, denn sein Blut wird nie durch Giftstoffe aus der Nahrung verschmutzt. Pranismus führt zu einer glücklichen Leber, welche niemals an die Grenzen ihrer Reinigungskapazität stösst und damit den Reinheitsgrad Ihres Bluts maximiert. Es versteht sich von selbst, dass reines Blut eine optimale Gesundheit für alle Organe, welche von diesem versorgt werden, ermöglicht, weil die Ablagerungen von Giftstoffen im ganzen Körper vermieden werden. Ihr Gehirn wird sich sehr bald freuen und Ihnen im Gegenzug eine erhöhte geistige Kapazität schenken. In der Mitte des Gehirns sitzt die Zirbeldrüse, welche eine fundamentale Rolle für Ihren Zugang zu den subtilen Dimensionen und zur geistigen Welt spielt. Dadurch, dass Sie Ihr Blut durch Pranismus vollständig sauber halten, beschleunigen und maximieren Sie die Entkalkung Ihrer Zirbeldrüse und steigern so deren Leistungsstärke. Sie erreichen eine höhere Schwingungsrate, einen stärkeren Lichtkörper, geschärfte Sinne und Hellsinne, einen besseren Zugang zu Ihrem höheren Bewusstsein und zu Ihren Geistführern, was in der Folge Ihre Fähigkeit vergrössert, Ihre wahre Essenz zu leben. Ich bin davon überzeugt, dass Pranismus Ihnen Ihre natürlichen Heilkräfte und andere versteckte Fähigkeiten und Talente offenbaren, oder diese verstärken kann, falls Sie schon als Heiler tätig sind. Und obwohl wir zur Zeit noch nicht über eine vollständige Liste von Krankheiten und gesundheitlichen Problemen verfügen, welche Pranismus mit Sicherheit in denen heilen kann, die ihn praktizieren, sind wir davon überzeugt, dass durch dessen Anwendung die allgemeine Gesundheit der Menschheit auf erhebliche Weise verbessert werden wird. Eine kleine Anekdote: Jonathan, das Kollektiv, welches im Trancezustand durch mich kommuniziert, riet einer meiner Schülerinnen, welche an starker Fibromyalgie litt, Pranismus anzuwenden, um sich von der Krankheit zu befreien. Sie folgte dem Rat und blieb seither fast vollständig geheilt.

Pranismus darf nicht mit Fasten verwechselt werden. Zudem sollte die zugrunde liegende Motivation auch nicht aus der Reduktion des Körpergewichts bestehen. Während Fasten einen zeitlich begrenzten Prozess darstellt und tödlich endet, falls diese Bedingung missachtet wird, besteht einer der entscheidenden Vorteile des Pranismus darin, dass er ohne jegliche zeitliche Begrenzung ein ganzes Leben lang angewendet werden kann und nicht zum Tod führt, solange ein paar recht einfache Bedingungen oder Regeln berücksichtigt werden. Ein zentraler Punkt, den ich betonen muss, ist, dass Pranismus nicht bedeutet, sich nicht zu ernähren; wer Pranismus anwendet, ernährt sich dauernd – aber auf eine andere Weise; man ernährt sich von «Licht» oder Energie.

In der Tat verlieren Pranisten jedes Hungergefühl und gehen durch ihren Tag, ohne jegliche Schwankungen hinsichtlich der geistigen und körperlichen Energie, die ihnen zur Verfügung steht, zu verspüren: Aufgrund der Tatsache, dass ihr Verdauungssystem passiv bleibt (wodurch sie grosse Mengen an Energie sparen), unterliegen sie nicht mehr den Zucker-Insulin-Zyklen, welche durch die Nahrungsmitteleinnahme entstehen und sich nach Mahlzeiten letztlich in Tiefs beziehungsweise reduzierter Verfügbarkeit von Energie und – in der Folge – potenziell in erhöhtem Verlangen nach zusätzlichem Zucker oder anderen Anregungsmitteln ausdrücken. Für Pranisten bedeutet das auch, dass sie durch ihren Tag hindurch keine ernährungsbedingten Stimmungsschwankungen mehr verspüren und keine Anregungsmittel mehr benötigen, welche für die Gesundheit (bestenfalls) von fraglichem Nutzen sind, wie zum Beispiel Kaffee, Nikotin oder sogenannte Energydrinks. Es werden jedoch nicht nur derartige Tiefs und schläfrige Phasen vermieden, sondern auch Hirnleistungsstörungen aufgelöst und damit die geistige Präsenz erhöht. Je nach Ihrer persönlichen Verfassung kann sich Ihr Wohlbefinden sogar noch auf andere Weisen steigern: Stellen Sie sich ein Leben ohne Blähungen vor, ohne Verstopfungen, ohne Durchfall, ohne Bauchschmerzen, ohne Sodbrennen und ohne jemals aufstossen zu müssen. Und nicht zuletzt – Sie haben es erraten – müssen Sie nicht mehr auf die Toilette. Wenn Sie Pranismus praktizieren, dann erreichen und behalten Sie automatisch Ihr ideales Körpergewicht; jegliche überflüssigen Fettpolster, die Sie bisher physisch oder psychisch – dank kulturell verankerten Schönheitsidealen – belastet haben, werden sich auf natürliche Weise auflösen und nicht wiederkehren. Ein natürlich schlanker Körper unterstützt in der Regel das Selbstvertrauen, aber Sie werden sich auf jeden Fall sehr konkret leichter und besser in Ihrem Körper fühlen.

Hunger ist der einschränkende Irrglauben der Menschheit, von Essen abhängig zu sein. Es ist ein Gefängnis, das allen modernen Kulturen eingepflanzt wurde und heute noch vollständig von der Wissenschaft gutgeheissen und deshalb vom Grossteil der Bevölkerung vollständig akzeptiert wird. Solange wir das Hungergefühl spüren und im Glauben bleiben, dass wir essen müssen, um überleben zu können, können wir derart manipuliert werden, dass wir zu Dingen fähig werden, die wir normalerweise nicht tun würden. Sobald wir die Tatsache, dass Essen nichts weiter als eine Option ist, in unserem Glauben verankern, sind wir frei.

Die Befreiung vom möglicherweise bedeutendsten einschränkenden Irrglauben, welchem sich die Menschheit weiterhin unterzieht – der Glaube an die Abhängigkeit von Essen –, lehrt Sie eine ausserordentlich durchschlagende Lektion. Sie erhalten an ihrem eigenen Körper den Beweis, dass Sie zu soviel mehr imstande sind, als Sie gelehrt wurden. Sie werden sich auf eine äusserst tiefgehende Weise der Tatsache bewusst, dass Sie Ihren Glauben, welcher die Regeln vorgibt, die Ihre Realität bestimmen, verändern können – sei es auf der materiellen oder auf der immateriellen Ebene. Dieser Umstand wird Ihr Leben vollständig verändern. Sie haben etwas vollbracht, was die meisten Menschen unserer Gesellschaft weiterhin ein Wunder nennen wollen.

Pranismus wird auf bedeutende Weise dazu beitragen, dass die Menschheit ein höheres Bewusstsein erlangt – eine notwendige Bedingung für deren Überleben und Weiterentwicklung. Als Pranist tragen Sie direkt zur profunden Transformation unserer eigenen Spezies bei.

Auf der menschlichen Ebene ist es jedoch ein schwieriges und riskantes Unterfangen, das Gewohnte durch Ungewohntes infrage zu stellen. Es beschwört viele Ängste herauf: Angst, ein ganzes Leben, welches von falschen Vorstellungen geprägt ist, überdenken zu müssen; Angst, von Kollegen lächerlich gemacht zu werden; Angst, gesellschaftlich und beruflich ausgegrenzt zu werden, genau wie dies der eher engstirnige Sigmund Freud dem talentierten Carl Jung angetan hat, weil letzterer es gewagt hatte, sich für das Gebiet der Metaphysik zu interessieren.

Der Dokumentarfilm über Ray Maors Experiment ermutigte mich persönlich sehr. Treffenderweise befand ich mich zum Zeitpunkt, als ich auf den Film gestossen war, gerade in Südindien, ganz alleine und ziemlich isoliert inmitten meines eigenen Initiationsprozesses zum Pranismus.

Was mich selbst anbelangt, so verspürte ich dabei nie Hunger. Tatsächlich war ich nicht einmal durstig und der Geschmack gewisser Gerichte ging mir nur gelegentlich ab. Die erste Woche ohne Wasser fiel mir sehr schwer. Am vierten Tag sah ich mich selbst sterben. Ich war alleine, lag auf meinem Bett und konnte nicht einmal mehr aufstehen. Und da geschah es, dass ich mir bewusst wurde, dass mein Geist im Begriff war, den Körper zu verlassen. Und so konnte ich meinen Körper von oben betrachten, wie er auf einem Waldboden lag, obwohl ich mich physisch auf dem Bett eines Mietstudios befand. Ich verstand nicht, was mit mir geschah, aber ich erinnere mich daran, dass ich losliess. Ich bin mir auch nicht sicher, ob ich einschlief oder das Bewusstsein verlor. Mehrere Stunden vergingen – ich habe jedoch keine Ahnung, wie viele es waren; vielleicht eine Stunde oder auch drei. Als ich wieder zu mir kam, fühlte ich mich ausgeglichen und fröhlich wie nie zuvor. Dann spürte ich den ersten sehr kalten Tropfen auf meinem Gaumen, an jener Stelle, welche «Lalana» genannt wird und dem Hals-Chakra entspricht, das sich zwischen Vishuddi und Bindu befindet. Und dennoch war mir heiss, denn zu jener Jahreszeit kann die örtliche Temperatur bis auf 37° C ansteigen, auch wenn es nachts in der Regel kühler wird. Woher hatte dieser Tropfen, so kalt, reichhaltig und erfrischend nur kommen können? Ich erhielt noch weitere solche Tropfen; und wie ich später erfuhr, werden diese «Amrita» genannt, was soviel bedeutet wie «Göttlicher Nektar». Ohne meinen Glauben und meine extreme Überzeugung, ohne meine ausdauernden Konzentrations- und Meditationsübungen, aber vor allem ohne den Beistand der geistigen Welt hätte ich niemals einen derartigen Mangel an Wasser überlebt! Mein Experiment war tatsächlich riskant und ich möchte Ihnen davon abraten, dieses nachzuahmen. Gemäss der World Health Organisation (WHO), die angibt, dass der Mensch nur drei Tage ohne Wasser überleben kann, hätte ich schon zweimal sterben müssen, nach einer ganzen Woche ohne Wasser! Wie hatte ich das überlebt? Ich ass nichts während eines ganzen Monats. Und dennoch stabilisierte sich ab dem dreiundzwanzigsten Tag mein Körpergewicht, welches nun dasselbe war wie jenes, das ich hatte, als ich etwas über zwanzig Jahre alt war, mit anderen Worten zehn Kilo weniger als bei meiner Abreise nach Indien. Wie war es möglich, dass mein Gewicht stabil blieb, ohne dass ich etwas gegessen hätte?

Wenn ich die drei Experimente, die vom Yogi, von Ray Maor und von mir selbst durchgeführt wurden, vergleiche, so scheint mir die Feststellung, dass der Yogi im Gegensatz zu Ray Maor und mir selbst kein einziges Mal Wasser liess, äusserst verblüffend.

Anscheinend sind während des 21-tägigen Initiationsprozesses zum Pranismus schon Menschen gestorben. Soweit uns bekannt ist, sind diese Todesfälle auf die unsachgemässe Einnahme von Wasser zurückzuführen, wenn diese auf eine vollständige Abstinenz folgt. Wie weiter oben erwähnt, kann Wasser, welches zu schnell und in zu grosser Menge vom Körper aufgenommen wird, ein Anschwellen des Gehirns verursachen. Und dennoch haben schon mindestens zehntausend Menschen diesen Prozess mit der geeigneten Begleitung durchlaufen – also nicht wie ich, im Alleingang und irgendwo im tiefsten Indien – und diesen ohne jegliche Probleme überlebt. Und diese Menschen berichten, im Anschluss an den Prozess ein gesünderes Leben mit einer stärkeren spirituellen Dimension erreicht zu haben. Was mich anbelangt, so ist es mir beispielsweise nicht mehr möglich, Fleisch zu mir zu nehmen. Meine morgendliche Meditation, welche fünfundsiebzig bis neunzig Minuten dauert, verläuft tiefer und konzentrierter. Mein Alltag ist viel ausgeglichener, aber vor allem sehr viel produktiver. Da ich mich heute aus gesellschaftlichen Gründen dazu entschieden habe, wieder zu essen, verspüre ich erneut die wiederkehrende Lust auf gewisse Esswaren, welche während des ganzen Monats, den ich als Pranist gelebt habe, völlig abwesend war. Ich habe auch festgestellt, dass meine Toleranz bezüglich menschlicher Ignoranz abgenommen hat und dass meine Reaktion auf Provokationen aus meiner Umgebung weniger lange auf sich warten lässt; meines Erachtens sind diese Veränderungen jedoch vorübergehender Natur. Das beste und schönste Geschenk ist der Friede, der mir geblieben ist. Die Verbundenheit und die Dankbarkeit, welche ich der geistigen Welt gegenüber verspüre, sind so viel stärker. Seitdem ich Amrita entdeckt habe, habe ich ein tieferes Verständnis für die Stelle in der Bibel, wo Samson Gott darum bittet, ihn nicht verdursten zu lassen. Diese Stelle kann in einer der weniger überarbeiteten Versionen der Bibel im Buch der Richter (15:19) nachgelesen werden:

«But God clave an hollow place that was in the jaw, and there came water thereout, and when he had drunk, his spirit came again, and he revived!»

«Gott aber erschuf eine Höhlung im Rachen, und Wasser entsprang dieser, und als er davon getrunken hatte, kehrte sein Geist zurück, und er lebte wieder auf.»

Eine neue Freiheit erfüllt mich. Diese Freiheit hängt stark mit dem Frieden zusammen, der mich bewohnt. Ich besitze nun diese Gewissheit, dass ich unabhängig von jeglichen materiellen Gütern leben kann und dass ich mich ohne Weiteres ausschliesslich von dieser göttlichen Essenz ernähren kann. Ich benötige nichts anderes als Licht. Und da dieses allgegenwärtig ist, kann ich nicht nur glücklich leben, sondern auch meine Arbeit in vollem Einklang mit ihm verrichten.

Wenn wir bedenken, dass Pflanzen durch den Prozess der Fotosynthese Licht in Nahrung umwandeln können, scheint die Frage, wieso andere Organismen sich nicht auch eines ähnlichen Prozesses bedienen könnten, nicht allzu abwegig. Ich habe die obigen Abschnitte in dieses Buch eingebunden, um anhand der Erfahrungen der verschiedenen Protagonisten und auch meiner eigenen zu beweisen, dass der Mensch Energie ist; der Mensch ist Information. Es ist unsere Intention, die unser Wesen bestimmt und festlegt, was wir in Zukunft sein werden. Materie ist lediglich eine Schöpfung des Geistes. In analoger Weise wird die Intention, den Körper des Patienten durch die Behandlung zu reinigen und ihm dabei heilende Energie zu übertragen, zum Ausdruck gebracht, damit sich diese zum höchsten Wohle des Patienten materialisiert!

Liebe Leser, ich möchte Sie eindringlichst bitten: Öffnen Sie sich neuen Horizonten, neuen Paradigmen. Gönnen Sie Ihrem Körper das Geschenk der spirituellen Heilung. Es ist so wunderbar, an sich selbst zu erleben, wozu unser Geist imstande ist! Wir alle sind göttliche Wesen; es ist nur der mehr oder weniger weit fortgeschrittene Entwicklungsgrad unseres eigenen Bewusstseins, welcher uns unterscheidet.

Verschiedene Methoden, ein und dieselbe Energie

Im Bereich der energetischen Behandlungen existieren verschiedene Ansatzpunkte, Techniken und Behandlungsmethoden. Die Technik, welche wir an dieser Stelle genauer untersuchen möchten, ist die des Geistheilens. Bei dieser fungiert das Medium als Kanal, um die Energie der geistigen Welt zu übertragen und dadurch den Patienten zu heilen. Das Geistheilen ist einer der Bereiche der Medialität.

Welche Technik auch immer angewandt wird – sei es Therapeutic Touch, Reiki, oder eine sonstige Methode –, der Therapeut schöpft die Energie aus der Quelle. Je nach Glauben und Interpretation des Therapeuten kann dies die Erde sein, die Universelle Energie, Gott oder etwas anderes. Da der Therapeut Energie aus der Quelle erhält, kann er sie kanalisieren und weitergeben, ohne dabei seine eigene Energie zu vermindern. Es ist nicht sehr sinnvoll, über die Wahl der Technik zu debattieren: Alle Teigwaren werden in Wasser gekocht, der Unterschied liegt nur in der Sauce.

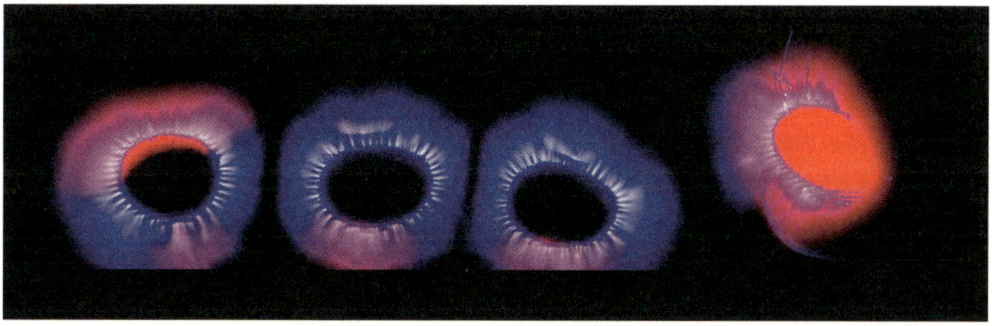

↑ Ich bin fast bei normalem Bewusstsein, bereite mich aber schon auf eine Behandlung vor. Meine physische Energie, welche in den ersten zwei Fotografien in roter Farbe erscheint, ist immer noch sehr präsent. (Interpretation durch Sébastien, Künstler und Fotograf dieser Bilder)

↑ Ich vertiefe meinen Bewusstseinszustand weiter. Nur noch wenig physische Energie verbleibt. (Interpretation durch Sébastien)

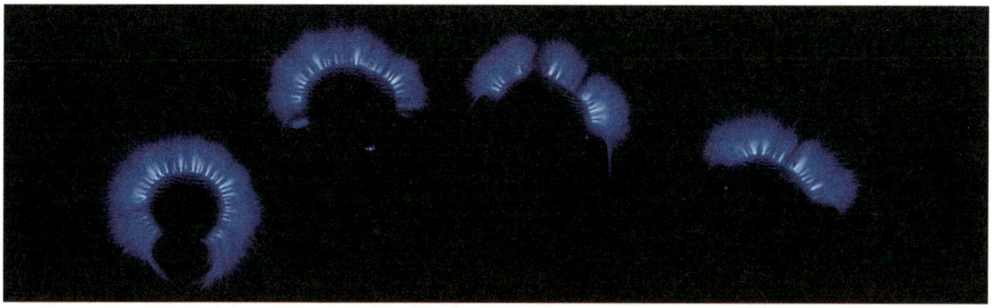

↑ Nur noch geistige Energie, in blauer Farbe abgebildet, ist präsent. (Interpretation durch Sébastien)

Die oben abgebildeten Kirlian-Fotografien entsprechen drei verschiedenen Bewusstseinszuständen. Sie zeigen meine Fingerspitzen, welche auf dem Aufnahmegerät aufliegen.

Der Mensch ist ein Energiefeld. Das Energiefeld ist jedoch nur teilweise ein Abbild unseres physischen Körpers. Es kann beschleunigt und verlangsamt werden. Es kann verschoben, aufgebaut, als Strom gelenkt oder dazu verwendet werden, bestehende Ströme zu verstärken. Wenn wir es unterlassen, dieses Feld als Priorität zu behandeln, es zu verstehen und zu erfassen, werden wir nie unser volles Potenzial erreichen, nicht auf der physischen und noch weniger auf der geistigen Ebene.

Ein wichtiger Punkt, der allzu oft vernachlässigt wird, ist das Bewusstsein für die verschiedenen Elemente, welche unser Wesen ausmachen, und die effektive Berücksichtigung derselben (siehe hierzu das Kapitel zu den Nebeneffekten). Sehr viele Erkrankungen werden durch einen Mangel an einem dieser Elemente oder durch deren Ungleichgewicht ausgelöst. Was psychische Erkrankungen betrifft, so bin ich noch nie einem Fall begegnet, also tatsächlich keinem einzigen Fall, bei dem nicht das Element Luft im Überfluss und damit das Element Erde zu schwach vorhanden gewesen wäre.

Ein jeder Mensch besteht aus den folgenden vier Elementen:

- Das Element Erde: Dieses Element steht für die physische Gestaltungskraft. Es ist verantwortlich für die Bereiche der Organisation, der Gesundheit, der Lebenskraft, der Sicherheit, der Ausdauer, der Stabilität und der Erdung unseres Wesens.

  Ein Mangel an Erde führt zu Depression, Schwäche, Inkohärenz, Mangel an Ausdauer, und allem voran zu chronischer Müdigkeit.

  Ein Überschuss an Erde führt zu einer sturen, oft grübelnden und geizigen Persönlichkeit.
- Das Element Wasser: Dieses Element steht für unsere Gefühle.

  Ein Mangel an Wasser führt zu Insensibilität und zu einer unterkühlten Haltung.

  Ein Überfluss an Wasser verursacht übermässige emotionale Sensibilität und führt zu einer übersensiblen und paranoiden Persönlichkeit, welche den Patienten dazu veranlassen kann, sich in eine imaginäre Welt zurückzuziehen.

- Das Element Feuer: Dieses Element steht für unsere Ängste und für Mut.

  Ein Mangel an Feuer verursacht Willensschwäche, den Verlust von Vitalität und eine träge, schlaffe und ängstliche Persönlichkeit.

  Ein Überfluss an Feuer führt zu einer hyperaktiven, destruktiven, unkontrollierten, zornigen und gewalttätigen Persönlichkeit.
- Das Element Luft: Dieses Element steht für einen lebendigen Geist, logisches Denkvermögen, mentale Stärke, Humor und Intellekt.

  Ein Mangel an Luft führt zu Irrationalität, geschwächter Intelligenz, geistiger Abwesenheit oder Mangel an Kreativität.

  Ein Überfluss an Luft verursacht Hyperaktivität, Arroganz, Vergesslichkeit, Zerstreuung und kann bei einem gleichzeitigen chronischen Mangel an Erde bis zur Psychose führen.

Geistheilen läuft auf zwei Ebenen ab. Die erste Ebene ist leicht verständlich: «Wenn einem die Energie fehlt, verhält es sich wie mit einem Auto, das keinen Treibstoff mehr im Tank hat. Es genügt, den Tank wieder aufzufüllen, damit man weiterfahren kann.» Der Heiler wirkt lediglich auf das zu behandelnde Energiefeld ein und führt diesem neue Energie zu.

Die zweite Ebene ist etwas schwieriger verständlich. Hier sind es die Geistwesen, welche aktiv werden. Der Heiler muss also dazu imstande sein, sich in einen Zustand zu versetzen, der es ihm erlaubt, die Verbindung zur geistigen Welt herzustellen und genügend Energie aufzubauen, damit die geistigen Wesen Zugang erhalten und aktiv werden können. Ein solches Feld aufbauen und handhaben zu können, ist eine Fähigkeit, welche sich erlernen lässt. Das benötigt Zeit, Übung und Meditation. Dabei sollte man jedoch nicht vergessen, dass es auch Geübten nicht immer möglich ist, Heilung zu bewirken. Es ist wichtig, sich darin zu üben, während einer Behandlung nicht den Intellekt zu verwenden, sondern diesen auszuschalten. Sobald der Intellekt inaktiv ist, zeigen die Elektroenzephalografie-Bilder, dass die Hirnfrequenzen im Theta- oder Delta-Bereich liegen, was einem sehr passiven Zustand wie beispielsweise dem Schlaf oder gewissen Krankheitszuständen entspricht.

Der Heiler darf sich unter keinen Umständen als Arzt verstehen. Er hat weder das nötige Studium absolviert noch sich das entsprechende

Wissen angeeignet. Es ist deshalb strikt verboten, Diagnosen zu stellen oder dem Patienten irgendetwas zu verschreiben. Der Heiler muss jedem Patienten, der an einer schweren oder einer unbekannten Krankheit leidet, dringendst nahelegen, einen konventionellen Arzt aufzusuchen. Die einzige korrekte Vorgehensweise diesbezüglich ist, die enge und lückenlose Zusammenarbeit mit den Vertretern der Schulmedizin zu suchen. Im Übrigen sind es meistens nicht die Praktiker der Komplementärmedizin, die sich dieser Idee entgegenstellen.

Manche Ärzte schicken mir Patienten, verbieten mir jedoch im gleichen Zug, ihre eigene Identität in diesem Zusammenhang gegenüber Dritten zu enthüllen. Viele dieser Patienten haben durch eine Behandlung in meiner Praxis eine Besserung ihrer gesundheitlichen Probleme erzielt oder wurden geheilt. Und umgekehrt wagen es trotz der positiven Resultate viele Patienten nicht, ihrem Arzt zu berichten, dass sie sich von einem Geistheiler behandeln lassen. Das ist nicht nur eine äusserst bedauerliche Haltung, sondern zeigt auch den hohen Grad an gesellschaftlicher Konditionierung, welcher wir uns unterwerfen, auf.

Für den Heiler besteht die Gefahr in der Intensität, mit welcher er seine eigene Anteilnahme zulässt. Diese kann zwei verschiedene Ausprägungen annehmen:

- Das Mitleid: Der Heiler wünscht sich dermassen, dass sein Patient geheilt wird, und mag von dessen Situation so sehr berührt sein, dass er sich auf der Gefühlsebene beeinträchtigen lässt. Der Heiler verspürt in diesem Fall nicht mehr nur Mitgefühl – welches einer neutralen Emotion entspricht – sondern hat Mitleid.
- Das Ego: Der Heiler behandelt eine prominente Person oder jemanden, durch dessen Heilung sein Ego gestärkt würde.

In beiden Fällen vermischt sich die Energie des Heilers mit derjenigen des Patienten. Das ist weder im Sinne des Patienten noch im Sinne der geistigen Welt. Letztere kann die erwünschte Arbeit nicht mehr verrichten, weil die Energie dadurch verfälscht wird. Um die Problematik der Intensität der Einbringung des Heilers noch deutlicher zu machen, pflege ich das Beispiel der Schinkenomelette anzuführen: Das Huhn hat seinen

Beitrag zur Schinkenomelette, also zum Resultat, geleistet, indem es sein Ei beigesteuert hat; das Schwein hingegen hat sich wirklich persönlich eingebracht! Das Huhn führt danach ein gesünderes Leben – das Schwein hingegen …

Der geeignete Ansatz, der es dem Heiler erlaubt, nicht seine eigene Person einzubringen, ist, innerlich die Intention zu festigen, dass die Behandlung zum höchsten Wohle des Patienten verlaufen mag, und nicht nach dem Willen des Heilers. Wie schon weiter oben erwähnt, kann es durchaus im Interesse des Patienten liegen, die Gründe zu verstehen, welche zu seinem Magengeschwür geführt haben, anstatt dieses lediglich zu beseitigen. Oder auch die Gründe, welche einem Patienten ein chronisches Leiden beschert haben, anstatt dieses einfach mit Schmerzmitteln zu lindern. Es liessen sich hier noch zahlreiche weitere Beispiele anführen. Es ist das höhere Bewusstsein des Patienten, welches ihm erlaubt, eine Krankheit loszulassen oder umgekehrt sich an diese zu klammern. Und natürlich kann das Ego des Patienten den Erfolg einer Heilung untergraben. Nämlich dann, wenn es dazu tendiert, die problematische Situation aufrechterhalten zu wollen. Das verhält sich so, wie wenn man beispielsweise auf einem unbequemen Stuhl sitzt, sich dessen bewusst wird, aber dennoch sitzen bleibt. Die Situation ist uns zwar unangenehm, aber sie ist uns vertraut, und wer weiss, ob wir uns nachher wieder irgendwo hinsetzen können, wenn wir einmal aufgestanden sind. Es ist sehr häufig die Angst vor Veränderung, welche den Patienten dazu verleitet, sich an seiner Krankheit festzuklammern. In Indien wir das Konzept des Egos nicht mit den negativen Assoziationen gelehrt, wie dies in Europa der Fall ist – ein Thema, zu welchem sich auch Jonathan geäussert hat. In Indien bedeutet das Wort «Ego» schlichtweg «Identität». Wir hingegen haben die Angst vor der Veränderung in unserer Kultur verankert, genauso wie den falschen Glauben, dass Veränderung zum Verlust der eigenen Identität führt. Daraus schliessen wir dann, dass wir uns besser nicht von einer chronischen Krankheit trennen sollten, weil sie uns eben vertraut ist, weil sie uns definiert.

Das Kanalisieren und Lenken von Energie lässt sich ohne Weiteres erlernen. Um sich auf eine Geistheilungsbehandlung vorzubereiten, empfiehlt es sich, in einem ersten Schritt durch einige Atmungszyklen gleichzeitig auf Körper und Geist einzuwirken und diese damit zur Ruhe zu bringen: zuerst mittels der Anapana-Atemtechnik, und anschliessend mit einigen Atemzyklen, welche entlang der Wirbelsäule ablaufen, wodurch ein hoher Konzentrationsgrad erwirkt wird. Die genauen Anweisungen zu diesen beiden Techniken finden sich im Kapitel zur Meditation sowie im entsprechenden Übungskapitel.

Weil wir mit Energie arbeiten, erschaffe ich sitzend eine Lichtsäule, deren Licht auf mich niederfällt und mich vollständig umgibt. Diese Lichtsäule wirkt ebenfalls als mein einfachster und schnellster Schutzmechanismus:

Wo Licht ist, kann kein Schatten weilen!

Sobald ich zur Ruhe gefunden habe, visualisiere ich, wie ich durch die Fontanelle einatme, also durch die Stelle in der Mitte der obersten Fläche des Schädels, wo dessen Abdeckplatten zusammenkommen und bei Neugeborenen noch eine Knochenlücke besteht. Mit jedem Atemzug ziehe ich die Energie aus der Lichtsäule in meinen Rumpf hinein. Bei den meisten Menschen befindet sich das betroffene Energiezentrum im Herzchakra oder auf dem Sternum. Mein Energiezentrum baut sich während dieses Prozesses von selbst auf. Wie eine kleine Sonne, die zu wachsen beginnt und sich dann wie eine grosse Sonne durch mich hindurch erstreckt. Diese Ausdehnung erlaubt es dem Energiefluss nicht nur, den Weg durch meine Arme zu finden und aus meinen Händen zu strömen, sondern sie verhindert ebenfalls, dass ich dabei meine eigene Energie aufbrauche. Nicht zuletzt erhalte ich für mich selbst auch Energie. Ist das nicht wunderbar? Ich helfe meinen Patienten und mir selbst zugleich!

Beim Geistheilen wählen wir die Position der Hände, indem wir uns von unserer Intuition und unseren Geistführern lenken lassen. Es existieren jedoch einige gut beschriebene Abläufe, wie beispielsweise die Technik des sogenannten Therapeutic Touch. Diese Technik gibt ein spezifisches Protokoll vor, wonach die verschiedenen Etappen durchlaufen und die Hände an bestimmten Positionen aufgelegt werden müssen. Die Technik des Therapeutic Touch wurde von der amerikanischen Ärztin Dr. Dolores Krieger und ihrer Therapiepartnerin Dora Kuntz entwickelt und verbreitet. Die Methode wird in zahlreichen Ländern gelehrt und angewandt, vor allem in Spitälern. Das vollständige Protokoll wird im entsprechenden Übungskapitel dieses Buches vorgestellt. Es existiert bereits eine Menge wissenschaftlicher Forschungsarbeit bezüglich dieser Methode, und die Resultate sind vielversprechend und sehr ermutigend. Im Ausbildungsgang, welchen ich anbiete, sowie im Rahmen meiner Praxisarbeit verbinde ich die Technik des Therapeutic Touch mit derjenigen des Geistheilens, wodurch sich die Effizienz multipliziert.

Loslassen

Die Fähigkeit des Loslassens zu erlernen, ist nicht ganz so leicht, wie es scheinen mag. Wenn man Sympathie für jemanden verspürt, will man natürlicherweise, dass es dem betroffenen Menschen besser geht. Dieser Wille ist jedoch ein Fehler, weil er – wie ich es bereits erwähnt habe – dazu führt, dass der Therapeut sich persönlich in die Behandlung einbringt. Und falls dann eine Heilung ausbleibt, ist es sehr wahrscheinlich, dass der Therapeut in der Folge mit der Belastung einer grossen Enttäuschung oder einem Gefühl der Inkompetenz zu kämpfen haben wird. Ob ein Patient geheilt werden kann oder nicht, können wir nicht selbst entscheiden. Wir können lediglich unser Bestes geben. Die grösste Schwierigkeit liegt wohl darin, Abstand nehmen zu können, nachdem man ein «Wunder» vollbracht hat.

Ich habe diese Umstände selbst erlebt und dabei eine sehr eindrückliche Lektion erhalten:

Auf einer Indienreise befand ich mich einmal auf den Terrassen über dem Tirumala-Tempel. Links befand sich eine breite Treppe, die zum Tempel führte. Ich sass fast ganz zuoberst und überblickte diesen von Spiritualität geprägten Ort, während ich meine Pranayama-Übungen machte. Mein Blick fiel auf ein junges Paar, welches zu meiner Linken einer etwas über sechzigjährigen Dame die Treppe hinunter half. Es handelte sich um eine der Gläubigen, welche diesen Ort besuchen, um zu beten. Sie trug ein weisses Gewand, wie es für manche Nonnen gewöhnlich ist, und ihr Kopf war kahl rasiert. Man konnte schon von Weitem sehen, dass sie unter starken Schmerzen litt. Ihr Rücken war dermassen gekrümmt, dass man eine Tasse Tee darauf hätte abstellen können. Sie bewegte sich seitwärts, da es ihr unmöglich war, die Treppe geradeaus hinabzusteigen. Ich weiss nicht, was mich in dem Moment überkam, ob es mein Geistführer war, der mich antrieb, oder ob mich mein Glaube überwältigte, aber ich stand auf und ging auf die kleine Gruppe zu. Ich gab der Dame ein Zeichen, ja schon fast einen Befehl, dass sie sich setzen solle und ich sagte zu ihr: «I can help you», «Ich kann Ihnen helfen». Die Spontaneität, mit welcher ich diesen Satz aussprach, überraschte mich selbst: Ich verspreche niemals ein Resultat, wenn ich meine Hilfe anbiete. Vielleicht war es der Umstand, dass ich auch ein weisses Gewand trug, der die Jugendlichen dazu veranlasste, die Dame ohne jegliches Zögern hinzusetzten, worauf ich mich neben sie setzte und sagte: «I'm Mahān, it will take a little while», «Ich bin Mahān, es wird eine kleine Weile dauern». Als ich meine Hand auf ihre Lendenwirbel legte, fühlte es sich an wie alle anderen Behandlungen, welche ich bis anhin durchgeführt hatte. Der einzige Unterschied, den ich feststellen konnte, war, dass nach ungefähr zehn Minuten mein Arm und meine Hand stark zu zittern anfingen, was ich einfach hinnahm. Die Behandlung endete mit einer Art Klaps auf dieselbe Stelle. Ich vernahm, wie sie untereinander rätselten, ob ich wohl ein Amerikaner sei. Ich sagte kein weiteres Wort mehr und machte mich mit einem Lächeln auf, um die Treppe hinabzusteigen. Ich ging auf der Terrasse in Richtung Tempel und als ich mich umdrehte, traute ich meinen Augen kaum! Die Dame, welche ich soeben behandelt hatte, stieg die Treppe herab, aufrecht, mit einer Hand am Geländer, gewiss, aber völlig gerade und geschmeidig, als hätte sie nie irgendein Leiden gehabt. Als ich auf sie zugehen wollte, vernahm ich eine sehr laute Stimme, welche mich innehalten liess und sagte: «Nein, jetzt musst du loslassen!» Ich machte sofort eine Kehrtwende und rannte beinahe davon, damit man mich ja nicht einholte. Ich habe sie nie wieder gesehen. Ich war damals aufgewühlt und fühlte mich verletzt, weil ich nach diesem unglaublichen Wunder nicht mehr mit ihnen hatte reden können. Aber die Freude, dieses Ereignis erlebt zu haben und das Vertrauen und die Ehre der geistigen Welt verdient zu haben, war so gewaltig. Den Schock, den ich verspürte, weil ich loslassen musste, war eine der wichtigsten Lektionen meiner Laufbahn als Heiler. Vielleicht ist dies der Grund, weshalb ich bei guter Gesundheit bin – ich bringe mich selber nicht ein. Ich verbrauche während Behandlungen nicht meine eigene Energie und verschwende diese auch nicht danach. Sobald ich mein Abschlussgebet für all meine Patienten abgeschlossen habe, fühle ich mich nicht mehr betroffen.

↑ Tirumala-Tempel in Indien.

Distanzheilen

Distanzheilen folgt im Prinzip demselben Ablauf wie Geistheilen. Auch hier wird zuerst Energie aufgebaut, und zwar mittels derselben Atemtechnik. Heilung auf Distanz zu erwirken, verlangt ein grösseres Mass an Konzentration, da der Patient nicht anwesend ist. Der Heiler läuft leichter Gefahr, die Konzentration zu verlieren, genau wie dies während der Meditation passieren kann. Die Energie kann im Anschluss entweder durch die Hände, das Herzchakra oder das Dritte Auge gesendet werden. Ähnlich dem Geistheilen wird auch hier dem Patienten die Energie gesendet und gleichzeitig dem höheren Bewusstsein die Aufgabe anvertraut, die Energie der richtigen Stelle zukommen zu lassen, also derjenigen, welche sie am meisten benötigt. Der Schlüsselsatz für jede Distanzheilbehandlung ist folgender: «Möge diese Energie zu seinem (oder ihrem) höchsten Wohl verwendet werden!» Durch diese Intention erreicht die Energie die bedürftige Stelle und wird dort aktiv.

Auch das Protokoll der Technik des Therapeutic Touch kann auf Distanz ausgeführt werden. Hierzu muss gemäss den Anweisungen des Protokolls visualisiert werden, wie die Hände auf dem Körper des Patienten positioniert werden. Gerne stelle ich jedem interessierten wissenschaftlichen Forscher die zahlreichen Berichte zur Verfügung, welche verschiedene Ärzte über ihre Patienten, die ich auf Distanz behandelt habe, verfasst haben. Die Resultate sind klar: Distanzheilen funktioniert! Ich möchte alle Leser dazu ermutigen, ihren bedürftigen Nahestehenden in schwierigen Lebensphasen zu helfen und sie zu unterstützen. Es besteht dabei keinerlei Risiko. Es reicht aus, während der Sitzung innerlich die folgende Intention zu formen: «Möge dies zu seinem (oder ihrem) höchsten Wohl sein.» Damit ist sowohl der Therapeut als auch der Patient geschützt, genau wie bei einer gewöhnlichen Behandlung.

Distanzheilexperiment

Für dieses Experiment schlossen wir das Testsubjekt in einem separaten Raum des Spitals an die Elektroenzephalografie-Messgeräte an und synchronisierten es. Die Person hatte lediglich die Auflage, während zweieinhalb Stunden auf einem Stuhl sitzen zu bleiben. Sie durfte sich dabei entspannen, jedoch nicht einschlafen. Meine Aufgabe war es nun, von einem getrennten Raum aus das Testsubjekt mithilfe der Technik des Distanzheilens zu behandeln. Die Person wusste nicht, zu welchem Zeitpunkt die Behandlung beginnen oder wie lange sie dauern würde. Es war die Aufgabe des Arztes, mich ein erstes Mal durch ein Mikrofon anzuweisen, sobald die Behandlung beginnen sollte und ein zweites Mal, sobald sie enden sollte. Das Ergebnis war erstaunlich: Die Hirnfrequenzen des Testsubjekts verlangsamten sich während meiner Distanzbehandlung; was aber noch viel verblüffender war, war die Tatsache, dass das Gehirn des Testsubjekts innerhalb einer Sekunde, nachdem ich das Zeichen erhalten hatte, die Behandlung zu beenden, reagierte und zu seinem ursprünglichen Rhythmus zurückkehrte. Eine Reaktion innerhalb derselben Sekunde über eine Zeitspanne von zweieinhalb Stunden ist keine zufällige Übereinstimmung. Einer der Ärzte äusserte dennoch die amüsante Idee, dass diese Reaktion durch ein Kampfflugzeug, welches wahrscheinlich zum selben Zeitpunkt über das Spital geflogen war, ausgelöst sein musste. Diese Anekdote dürfte recht gut aufzeigen, wie weit die verzweifelten Versuche der Schulmedizin, gewisse Tatsachen zu leugnen, gehen können.

Untenstehend lege ich die Ergebnisse dar, welche wir während des Distanzheilexperiments erhalten haben:

ANALYSE DER HIRNFREQUENZEN DES TESTSUBJEKTS WÄHREND DER BEHANDLUNG DURCH DISTANZHEILEN

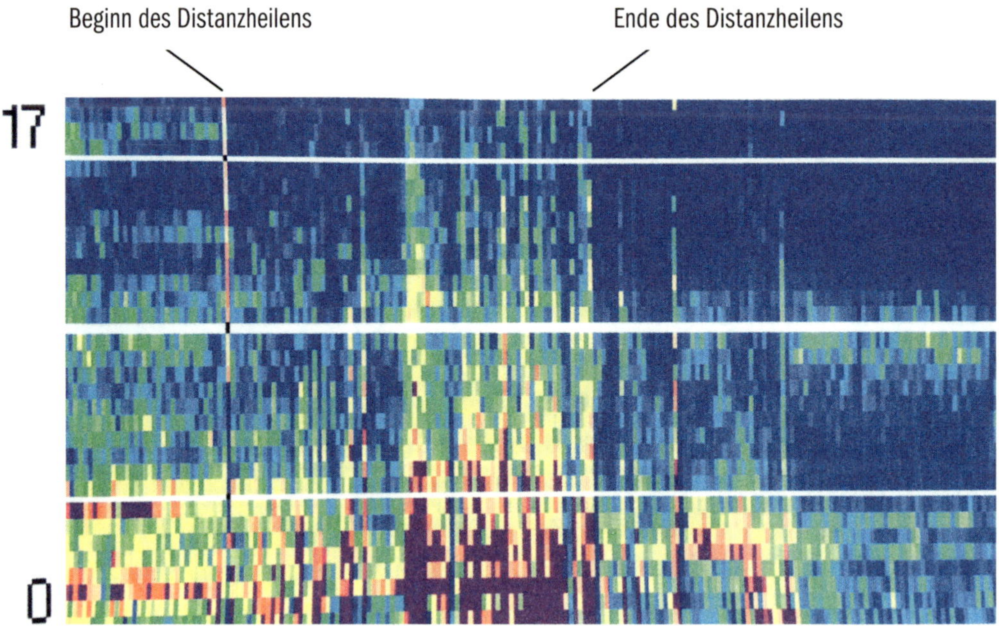

↑ Zu Beginn der Behandlung sind die Variationen sehr leicht. Im weiteren Verlauf der Behandlung erscheinen zwei weitere Frequenzen (in der Grafik in violetter Farbe sichtbar). Sobald die Behandlung beendet ist, kehrt das Gehirn des Testsubjekts zu einem Zustand zurück, welcher jenem Zustand, in welchem es sich vor Beginn des Experimentes befand, sehr ähnlich ist.

→ Synchronisierte EEG-Aufzeichnungen während der Behandlung durch Distanzheilen: Das Diagramm des Patienten ist zuerst aufgeführt, jenes des Therapeuten Hannes Jacob darunter. Der Moment, in welchem sich die zwei Gehirne synchronisieren, ist rot gekennzeichnet. Eine halbe Sekunde, nachdem der Arzt die Anweisung, die Distanzbehandlung zu beenden, gegeben hat, reagiert das Gehirn des Patienten. **Die Reaktion des Patienten erfolgt in derselben Sekunde wie der Abbruch der Behandlung.**

EEG-AUFZEICHNUNGEN (ELEKTROENZEPHALOGRAMM) WÄHREND DER BEHANDLUNG DURCH DISTANZHEILEN

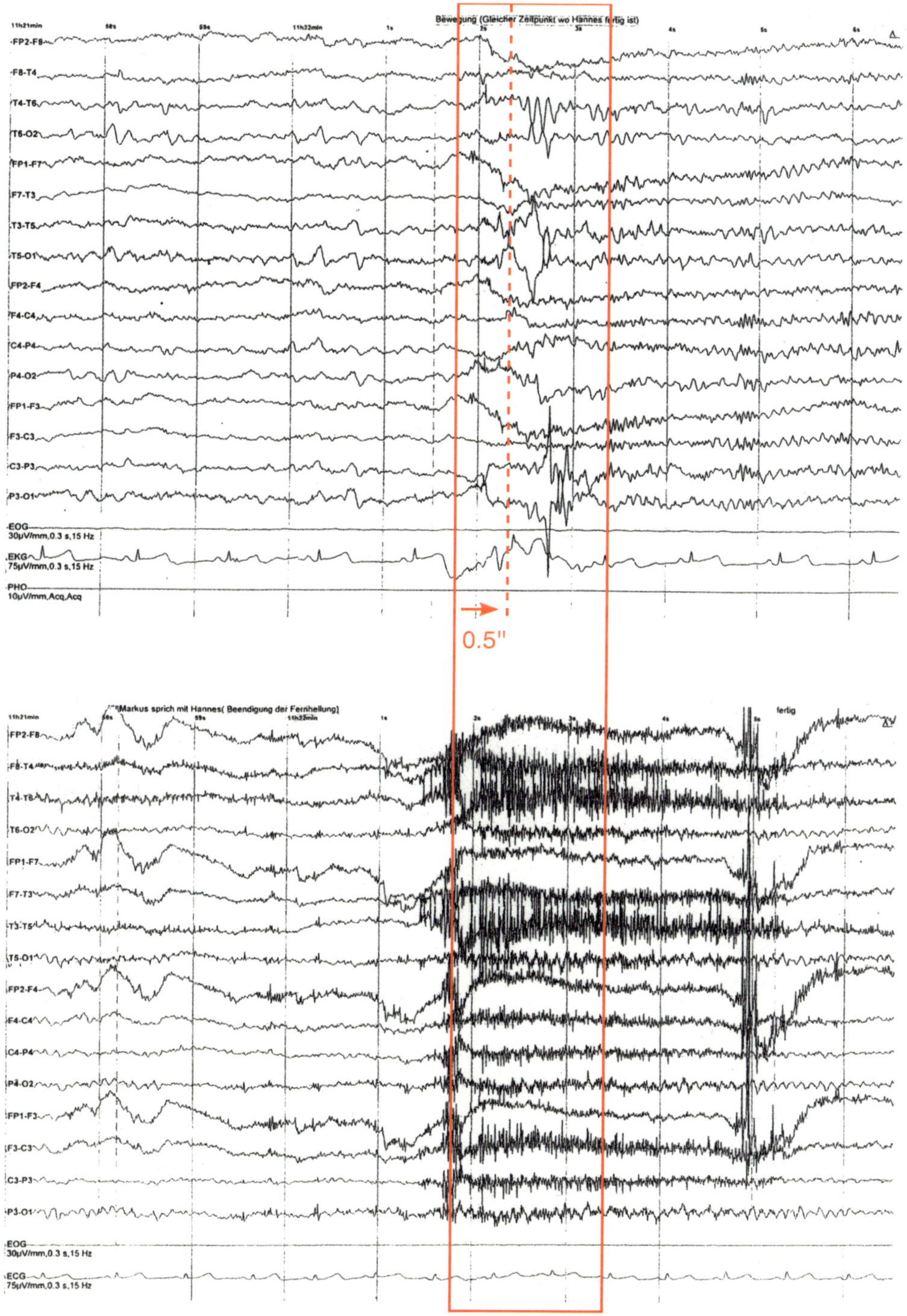

Im Rahmen meiner Experimente am Institut für Kommunikation und Gehirnforschung in Stuttgart habe ich mit einer Patientin gearbeitet, welche bei Dr. A. Amsel, Psychiaterin in Bern und Leiterin der Forensischen Psychiatrie, in Behandlung war. Dr. Amsel führt ebenso ihre eigene Psychiatriepraxis.

Ihre Patientin litt an chronischer Depression mit Suizidtendenz. Sie wusste nicht, zu welchem Zeitpunkt ihrer vier Behandlungsmonate ich mit ihr arbeiten würde. Dr. Amsel hatte zuvor ihr grundsätzliches Einverständnis eingeholt. Ich behandelte die Patientin zweimal, einmal kurz vor einer Meditationsklausur und einmal nach meiner Rückkehr. Es bestand kein Unterschied zwischen den EEG-Aufzeichnungen, welche vor meiner Klausur und nach meiner Rückkehr erstellt wurden. Beide Experimente zeigten, dass meine Hirnfrequenzen während den Behandlungen jeweils im Delta-Bereich lagen, wie dies bei allen aufgezeichneten Behandlungen der Fall ist.

Der Arztbericht, in welchem auch die Aussagen der Patientin aufgeführt werden, ist sehr überraschend:

Nach der ersten Behandlung: «Zu jener Zeit nahm ich gerade an einem Gruppenkunsttherapiekurs teil. Ich freute mich weder über den Ort noch über die Gruppe. Aber als ich an diesem Morgen am Kurs teilnahm, fühlte ich mich glücklich!»

Nach der zweiten Behandlung: «Ich ass gerade Frühstück bei einer befreundeten Familie. Ich war verblüfft, als ich an jenem Morgen feststellte, dass ich nicht nur in guter Stimmung war, sondern dass ich es war, welche die anderen mit meinen Fragen und Geschichten zum Plaudern animierte, was ich normalerweise nicht gerne tue und umso weniger morgens.»

Gemäss der Ärztin war nach zwei Behandlungen anhand der Technik des Distanzheilens ein abrupter und medizinisch unerklärlicher Wandel in der Grundhaltung der Patientin feststellbar. Die erste Behandlung erzielte bei der Patientin ein Glücksgefühl. Die zweite führte zu einer Stimmungserhellung und einer Reduktion ihres depressiven Verhaltens.

Wissenschaftliche Annäherung

Dieses Thema, so faszinierend es auch ist, ist nichtsdestotrotz ein kräftezehrendes. Es bereitet grosse Freude zu beobachten, wie immer mehr Ärzte sich bemühen, die Dimension der Sensitivität zu begreifen. Die Vorurteile, die so manche gegenüber dem Begriff des Mediums hegen, und vor allem die Angst, die dieser Begriff bei vielen Vertretern der Schulmedizin auslöst, haben in der Vergangenheit nur eine kleine Anzahl an wissenschaftlichen Experimenten zugelassen. Allmählich beginnen sich die Umstände jedoch zu wandeln. Wie ich selbst erfahren habe, ist es nicht möglich, die nötige Ausrüstung wie beispielsweise ein Magnetresonanztomographie-Gerät zu mieten, um damit MRT-Bilder zu erstellen: Es ist unumgänglich, das Forschungsprojekt einer Ethikkommission vorzustellen, welche dieses analysiert und beurteilt. Dieser Ablauf kann sehr lange dauern und mit einer negativen Antwort enden, falls man denn überhaupt eine erhält.

Eine der grössten Ängste, welche Ärzte plagt, ist die Bewusstwerdung, in ihrem ganzen Berufsleben niemals der Wahrheit begegnet zu sein. Diese Angst sitzt sehr tief. Und dann ist da noch die Angst, von seinen Berufskollegen ausgegrenzt zu werden. Einige Ärzte haben zugegeben, ihr Interesse an meinen Methoden oder ihre Teilnahme an meiner Forschungsarbeit nicht preiszugeben. Andere scheinen sich nach erfolgreichen Experimenten in Luft aufgelöst zu haben, weil sie sich vor den Konsequenzen fürchten. Zum einen fürchten sie sich vor den Reaktionen ihrer Berufskollegen und zum anderen davor, dass der Beweis für ein Leben nach dem Tod ihren Ansatz vollständig verändern würde. So wird beispielsweise ein Psychiater nicht nur anerkennen müssen, dass wir geistige Wesen sind, die sich in Körper inkarnieren, sondern auch und vor allem, dass dieser Geist den physischen Tod überlebt und zudem von Patienten wahrgenommen werden kann. Wenn der Geist zu einer wissenschaftlich anerkannten Tatsache würde, so müsste die Psychiatrie als solche ihre Vorgehensweise bezüglich der Diagnosestellung und der Verschreibung von Behandlungen überdenken.

Es ist eine Schande und eine Beleidigung für jede Form von Intelligenz, die Existenz des Geistes zu leugnen. Glücklicherweise gibt es auch entschlossene Ärzte, die sich dafür einsetzen, dass diese Realität anerkannt wird: Dr. Elisabeth Kübler-Ross, Dr. Raymond Moody oder Dr. Jean-Jacques Charbonier, um nur eine kleine Auswahl zu nennen. Diese Pioniere haben den Beweis für das Leben nach dem Tod erbracht. Wir müssen allen Wissenschaftlern dankbar sein, die den Mut aufgebracht haben, sich für diese unbestreitbare Wahrheit einzusetzen. Es gibt Millionen von Menschen, welche ausserkörperliche Erfahrungen oder Nahtoderfahrungen gemacht haben. Diese Menschen haben detailliert über die Dinge berichtet, welche sich im Raum oder im Spital abspielten, in welchem sie sich befanden, als sie ihren Körper verliessen oder klinisch tot waren.

Es gibt weitere Bereiche, die uns unwiderlegbare Beweise für das Leben nach dem Tod bieten, oder zumindest für die Existenz des Geistes, der wir sind. Bei Kontakten, welche durch mentale Medialität erstellt werden, sind diese Beweise sehr offensichtlich; so auch im Fall der psychischen Lesungen. Auch die Materialisierungen, die sich durch die physikalische Medialität ergeben, stellen einen unanfechtbaren Beweis für das Leben nach dem Tod dar.

Es existiert kein politischer Wille, die Wahrheit bezüglich des Weiterlebens nach dem Tod ans Tageslicht zu bringen. Diese Realität sollte schon im Kindergartenalter vermittelt werden. Sie sollte als Naturwissenschaft gelehrt werden, nicht nur als Religionsunterricht und von einem religiösen Standpunkt aus. Stellen Sie sich vor, wie viel Frieden der Bevölkerung zusätzlich zugutekommen würde. Welche Erleichterung, sich an diesem Frieden und an dieser Liebe erfreuen zu können, die uns erwarten, zumindest im Jenseits!

Eine weitere sichere und verlässliche Quelle, welche uns die Existenz des Lebens nach dem Tod bestätigt, sind Kinder: Wie viele Kinder können Geistwesen wahrnehmen? Wie viele erzählen uns von diesen? Wie viele beschreiben sie? Unglücklicherweise werden diese Kinder viel zu oft einfach nicht ernst genommen.

Werfen wir jetzt einen etwas genaueren Blick auf die Funktionsweise unseres Gehirns, um das Verhältnis zwischen unseren aussersinnlichen Fähigkeiten und unserem Gehirn besser zu verstehen.

Unsere verschiedenen Hirnfrequenzen

- Gamma: 30–100 Hz. Zu diesem Frequenzband existieren noch relativ wenige Experimente und Analysen, weil die verfügbare Technologie diese Frequenzen aufgrund der kurzen Wellenlänge noch nicht gut erfasst. Ein Gammazustand lässt intensive Gehirnaktivität erkennen, wie dies beispielsweise während kreativer Prozesse oder Problemlösungsprozessen mit höchster Konzentration oder Fokussierung der Fall ist. Ein starkes Vorkommen von Gammafrequenzen kann Sinneswahrnehmungen bereichern oder sie verstärken, was zum Beispiel die Fähigkeit von Olivia Boa zur objektiven ASW erklären könnte, denn ihre EEG-Aufzeichnung zeigt deutlich die Präsenz von Gammafrequenzen in ihrem Hinterkopf, also in der Gehirnregion, welche für das Sehen verantwortlich ist. Es ist eine bewiesene Tatsache, dass in gewissen Meditationszuständen Gammafrequenzen im rechten Temporallappen sichtbar werden und dass diese mit dem Empfinden von Glückseligkeit in Verbindung stehen.
- Beta: 13–30 Hz. Das normale alltägliche Bewusstsein im Wachzustand.
- Alpha: 8–12 Hz. Ein Zustand der Schläfrigkeit, Hypnose oder leichten Meditation und Visualisierung. Diese Frequenzen ermöglichen das Herstellen eines subtilen Kontakts, wie beispielsweise im Zusammenhang mit einer ASW oder einem Verstorbenen.
- Theta: 4–7 Hz. Ein verlangsamter und passiver Gehirnzustand, welcher in der Traumphase oder während der Meditation vorkommt. Im Bereich der Medialität entspricht dies der leichten Trance, der Trancekommunikation oder dem Geistheilen. Diese Frequenzen können ebenfalls im Zusammenhang mit gewissen neurologischen Krankheiten beobachtet werden.
- Delta: 1–4 Hz. Diese Frequenzen sind ein Anzeichen für schwere Krankheiten, wie zum Beispiel für die Grand-mal-Epilepsie, den Schlaganfall, oder gewissen Arten des Komas. Sie können auch bei gesunden Menschen im Tiefschlaf auftreten und wurden ebenfalls

bei sehr geübten Mönchen im Meditationszustand beobachtet (gemäss den Ausführungen von Matthieu Ricard). Im Bereich der Medialität treten sie in der tiefen Trance oder beim Tranceheilen auf.

Nahinfrarotspektroskopie-Experimente (NIRS)

Diese Experimente wurden mit dem Ziel durchgeführt, ein besseres Verständnis für die Zusammenhänge in unserem Gehirn, die sich aus den verschiedenen veränderten Bewusstseinszuständen ergeben, zu schaffen. Sie erlauben es uns, die aktiven Hochfrequenzzustände, wie sie bei den ASW und im Bereich der Medialität zu beobachten sind, zu vergleichen mit den passiven Tieffrequenzzuständen, welche während des Heilens oder im Trancezustand auftreten.

Die Sicherstellung des mentalen Normalzustandes und der psychischen Gesundheit des Testsubjekts ist entscheidend vor der Durchführung jeglicher Experimente. Zu diesem Zweck musste ich mich dem folgenden Protokoll unterziehen:

- → Während zwei Minuten Telekinese demonstrieren, anhand einer Aluminiumbüchse, die ohne Berührung bewegt wird.
- → Während zwei Minuten eine Zeitung laut vorlesen.
- → Während fünf Minuten eine psychische Lesung einer unbekannten Person durchführen.
- → Während drei Minuten sachliche Fragen beantworten, beispielsweise die Aufzählung von Wochentagen oder das Durchführen einfacher mathematischer Rechnungen.
- → Während sieben Minuten eine mediale Lesung durchführen.
- → Während fünf Minuten eine gewöhnliche Pause machen.
- → Während zehn Minuten eine Geistheilung vornehmen.
- → Während zehn Minuten Trancekommunikation demonstrieren.

Dieser Ablauf wurde zweimal durchgeführt.

Eine wissenschaftliche Validierung kann nur dann erbracht werden, wenn das Experiment gemäss einem sehr strikten Protokoll strukturiert

ist, welches sicherstellt, dass das Experiment reproduzierbar ist. Die Experimente, die ich hier vorstelle, erfüllen diese Kriterien, unabhängig davon, ob es um Kontakte mit Verstorbenen, um psychische Lesungen, Geistheilen oder Trance geht.

Während des Ablaufs des wissenschaftlichen Protokolls waren die Elektroden gemäss dem folgenden Schema auf meinem Kopf platziert:

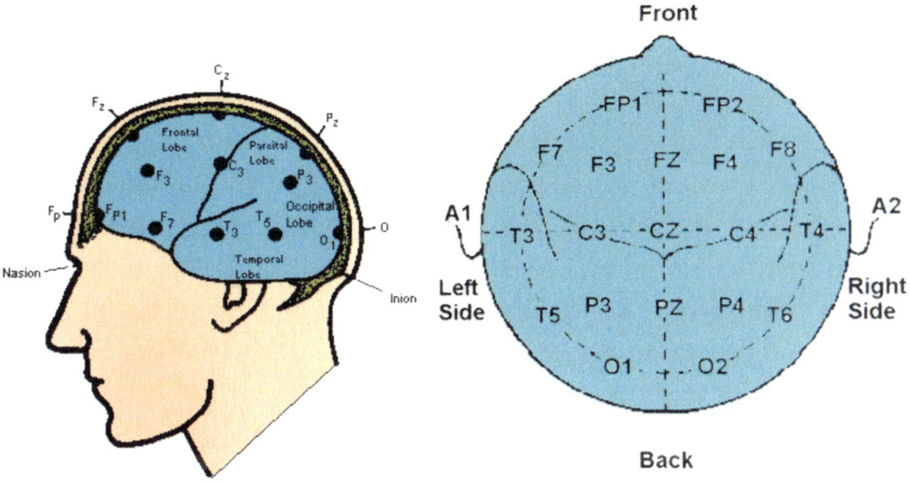

↑ Platzierung der 10–20 Elektroden an Hannes Jacob: Seitenansicht (links) und Obenansicht (rechts), während des NIRS-Experiments (Nahinfrarotspektroskopie).

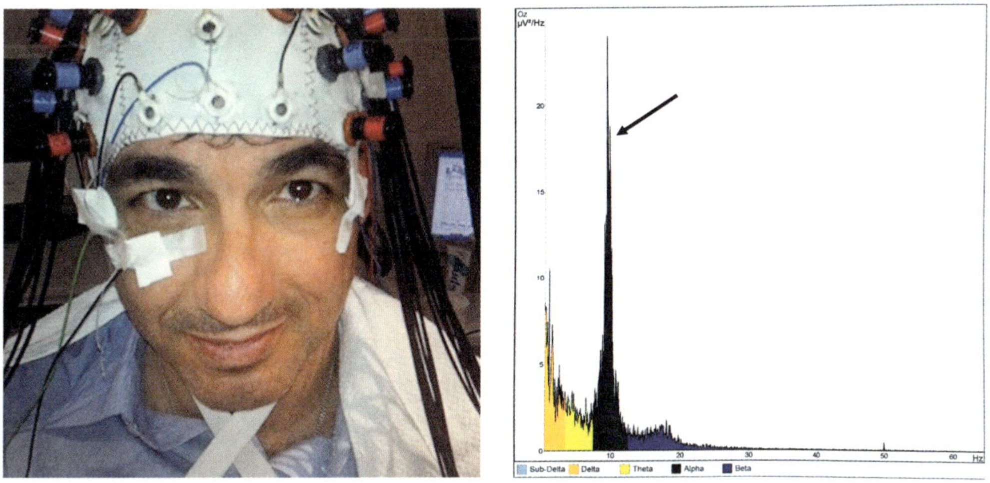

↑ Frequenzanalyse von Hannes Jacob im Normalzustand.

Die obenstehende EEG-Aufzeichnung (Elektroenzephalogramm) wurde erstellt, während sich mein Gehirn im Ruhezustand befand und meine Augen geschlossen waren. Die schwarze Fläche stellt die vorherrschende Alpha-Hirnfrequenz dar. Theta- und Deltafrequenzen, in orange und gelb, sind schwach vertreten. Im Grossen und Ganzen ist dieses EEG repräsentativ für Personen, die sich mit geschlossenen Augen in einem normalen Entspannungszustand befinden.

Nach dieser Entspannungsübung nahm ich zwei psychische Lesungen von je fünf Minuten vor, gefolgt von zwei medialen Lesungen von je sieben Minuten. Für diese Lesungen wurden mir zwei mir unbekannte Psychologen aus dem medizinischen Personal zur Verfügung gestellt.

Während der psychischen Lesungen zeigte das NIRS-Aktivierungsdiagramm eine rechte Lateralisation. Eine stabile hämodynamische Reaktion wurde sichtbar, vor allem im Bereich des rechten Temporallappens.

Diese hämodynamische Reaktion war besonders gut sichtbar während der Lesung, die eine Erfolgsrate von beinahe hundert Prozent aufwies. Mit anderen Worten, praktisch alle Informationen, welche ich durch die Lesung der unbekannten Person ermitteln und wiedergeben konnte, waren hierbei korrekt.

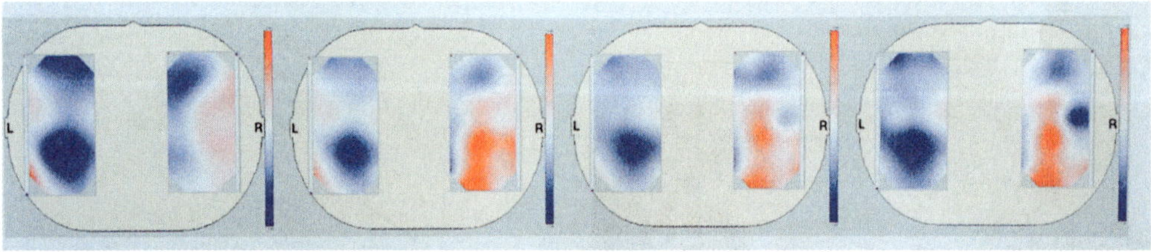

↑ Sehr gut erkennbare Durchblutung (in roter Farbe) des Temporallappens von Hannes Jacob.

Während ich mit den Verstorbenen der erwähnten Psychologen in Kontakt stand, war ich an die EEG- und NIRS-Messgeräte (Elektroenzephalografie und Nahinfrarotspektroskopie) angeschlossen. Wir haben dabei den überraschenden Beweis dafür erhalten, dass der rechte Teil des präfrontalen Cortex – vor allem der rechte Temporallappen – gleich ab Beginn der medialen Lesung mit Hämoglobin durchflutet wurde. Man weiss heute, dass der rechte Temporallappen bei kreativen und räumlichen Prozessen aktiviert wird, während der linke Temporallappen bei Prozessen im Zusammenhang mit Sprechen und Sprachen aktiv ist. Während des gesamten Experiments wurde im linken Temporallappen wenig oder keine Durchblutung festgestellt. Diese Ungleichheit in Bezug auf die Durchblutung wurde ebenfalls während aller psychischer Lesungen deutlich, wie beispielsweise bei den Lesungen der nahen Vergangenheit oder der Aura. Damit ist der rechte Temporallappen unser wichtigstes Werkzeug in Bezug auf Wahrnehmung und physische Übersetzung; dieses Werkzeug wird aktiv, sobald die Antennen unseres Energiefeldes Informationen empfangen haben. Es sei auch erwähnt, dass diese Gehirnzone bei einem Ratespiel nicht durchblutet wird.

Die unten stehende Abbildung zeigt mein Gehirn während einer Lesung im Zustand der mentalen Medialität. Der rote Bereich stellt die mit Sauerstoff versorgten Zonen des Gehirns dar, das heisst diejenigen, welche aktiv sind.

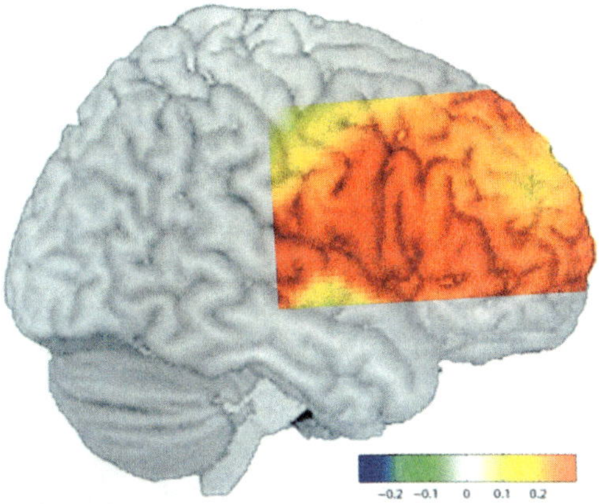

← Durchblutung des Gehirns von Hannes Jacob während einer medialen Lesung.

Gemäss den Aktivierungsdiagrammen habe ich im Laufe der verschiedenen medialen Lesungen und im Laufe der diversen psychischen Lesungen mehrerer Freiwilliger zutreffende Aussagen gemacht, welche eine Erfolgsquote von beinahe hundert Prozent erreicht haben. Die Genauigkeit dieser Informationen wurde von zwei Doktoren der Universität Tübingen, dem Psychiater Dr. François Moll sowie den zwei anwesenden Psychologen, für welche ich die Lesungen ausgeführt hatte, bestätigt. Dr. François

Moll hat nicht nur die NIRS-Experimente vorgeschlagen, sondern er ist zudem auch ein Arzt, welcher seine Patienten als Wesen, die einen Geist haben, behandelt und sie damit nicht auf ihre neurologischen und endokrinen Systeme reduziert. Es ist dieser sehr humane Ansatz, der ihm unter anderem zu seinem Erfolg verholfen hat, und welcher ihn ebenfalls in die Lage versetzte, für die eine Psychologin, die sich für eine meiner Lesungen als Testsubjekt zur Verfügung gestellt hatte und durch die Präzision meiner Ergebnisse äusserst erschüttert war, als Therapeut einzuspringen, um ihren Zustand zu stabilisieren. Die Konfrontation mit Tatsachen, deren Akzeptanz ihr Glaube ihr bis anhin verweigert hatte, war sicherlich ein Schock für sie und glücklicherweise gelang es Dr. Moll, die richtigen Worte zu finden, um sie zu beruhigen. Bevor er in die Zusammenarbeit mit mir eingewilligt hatte, war er zu einem Termin in meiner Praxis erschienen, um meine Arbeit als Medium auf die Probe zu stellen. Er war hocherfreut über die Sitzung; die gesamte Beschreibung seines verstorbenen Vaters war korrekt, und letzterer hatte seinen Enkel mit Namen genannt und eine Nachricht für diesen übergeben. Da Dr. Moll sich dessen bewusst ist, dass sein Sohn einen sehr ungewöhnlichen Namen trägt, verflüchtigten sich damit für ihn alle Zweifel bezüglich der Präzision und der Echtheit meiner Arbeit.

Wir haben hier also einen Arzt, ja sogar einen Psychiater, der dazu bereit ist, seinen Wissensstand zu hinterfragen und zu erweitern. Es ist sehr zu bedauern, dass es vielen seiner Berufskollegen so schwerfällt, derartige Tatsachen zu akzeptieren. Ich begegnete anlässlich einer Konferenz einmal einem Professor für Psychiatrie. Es handelte sich um eine sehr bekannte und medienpräsente Persönlichkeit, trotzdem wollte er anonym bleiben. Er war äusserst interessiert an Medialität und schlug mir vor, beim Abendessen über dieses Thema zu diskutieren. Inmitten unseres Gesprächs äusserte er sein Bedürfnis zu verstehen, wie «das denn konkret funktioniert». In diesem Moment verspürte ich die Präsenz eines Verstorbenen in meinem Energiefeld, und es fühlte sich an, als ob dieser schon lange auf den Moment gewartet hätte. Ich war mir sofort bewusst, dass es sich um einen verstorbenen Berufskollegen des Professors handelte und gab letzterem eine Beschreibung des Verstorbenen: physisches Erscheinungsbild, Charakter, sein Alter zum Zeitpunkt seines Ablebens und die Tatsache, dass er an einem Herzinfarkt gestorben war. Alles war absolut korrekt. Der Professor war sichtlich erstaunt und versicherte mir mehrmals, dass dieses Feld genauer untersucht und Studien in die Wege geleitet würden. Er wollte jedoch nicht, dass ich sein Interesse gegenüber einem seiner Berufskollegen, welcher einige Tage zuvor ebenfalls an der Konferenz anwesend gewesen war, erwähnte. Nach unserem letzten Händeschütteln reagierte dieser Professor jedoch nie wieder auf meine Anrufe oder auf die Nachrichten, welche ich ihm hinterlassenen hatte. Einmal mehr wird deutlich, dass diese Konfrontation für gewisse Menschen zu intensiv ist. Versetzen Sie sich in die Lage eines äusserst bedeutenden Professors, der über viele Jahre hinweg Vorlesungen gegeben und publiziert hat. Plötzlich wird Ihre Weltsicht auf einschneidende Weise infrage gestellt und Sie werden sich bewusst, dass der Inhalt, den Sie über die Funktionsweisen des Menschen vermittelt haben, unvollständig oder gar falsch ist. Schlimmer noch, als Psychiater sind Sie es sich gewohnt, zahlreiche Patienten aufgrund von Schizophrenie in eine psychiatrische Klinik einzuweisen. Diese Menschen werden eingesperrt, ihre Sinne durch starke Beruhigungsmittel betäubt, sie werden für immer abgestempelt und sind ohne grosse Hoffnung, von dieser Diagnose jemals frei zu werden.

Es dürfte offensichtlich sein, dass ein Arzt in einer derartigen Situation enormen Mut aufbringen muss, um seine Diagnosen und Paradigmen überdenken zu können, sobald er die Phase der Bestürzung überwunden hat, die durch die Konfrontation mit dieser neuen Information ausgelöst wurde. Die Bewusstwerdung, dass seine gesamte berufliche Laufbahn auf irrtümlichen Konzepten aufgebaut hat, kann eine grosse innerliche Krise auslösen. Es ist dieser Mut, welcher den wahrhaftigen Wissenschaftler auszeichnet, den Forscher, der dazu bereit ist, all seine alten Theorien aufzugeben, sobald sich diese als überholt erweisen. Diese Persönlichkeiten sind selten, deshalb möchte ich nochmals deutlich unterstreichen: Den Pionieren und den Mutigen gebührt höchstes Lob.

Prozesse, welche Kreativität, Konzentration, aber vor allem auch das Abrufen von Erinnerungen betreffen, laufen in der rechten Hemisphäre des Gehirns ab. Das ist völlig logisch, weil subjektive Wahrnehmungen von Erinnerungen abhängen. Diese Resultate spielen eine zentrale Rolle in der Beschreibung des Hannes-Jacob-Syndroms, welches in einem eigenen Kapitel erklärt wird.

Die rechte Hemisphäre wird jedoch nicht ausschliesslich während psychischer und medialer Lesungen stärker durchblutet. Auch bei Telekinese, also beispielsweise beim Verbiegen eines Metalllöffels oder beim Bewegen einer Aluminiumdose, welche ohne Berührung und nur durch einen Energiefluss ausgelöst wird, ist eine verstärkte Durchblutung des rechten Temporallappens klar sichtbar. Der linke Temporallappen bleibt unbetroffen.

Um eine Aluminiumdose zu bewegen, reicht es aus, seine eigene Energie mit der energetischen Emanation der Dose zusammenfliessen zu lassen, und danach sanft die Hände in eine Richtung zu bewegen. Die Dose wird dann dieser Bewegung folgen. Es ist nicht etwa ein Luftzug, der durch eine Handbewegung entstehen könnte, welcher die Dose bewegt. Wenn dem so wäre, dann wäre jedermann dazu imstande, die Dose zu bewegen, was absolut nicht der Fall ist. Im Anschluss an die obigen Resultate wollen wir diese nun mit einer Analyse des Zustands des Gehirns während des Geistheilens und der Trance vergleichen.

Geistheilungsexperiment und tiefe Frequenzen

Dieses Experiment wurde mittels eines EEG-Messgerätes durchgeführt und in verschiedenen Spitälern und neurologischen Kliniken wiederholt. Diese Forschungsarbeit konzentriert sich auf die Untersuchung der Zustände des Gehirns im Tieffrequenzband, wie sie beim Geistheilen, in Trance und beim Tranceheilen auftreten. Das Ziel dieses Experiments war es, das Ausmass, in dem meine Hirnfrequenz während meiner Arbeit sinkt, zu messen. Die Resultate waren denjenigen, welche Experimente mit Mönchen im tiefen Meditationszustand ergeben haben, sehr ähnlich: Meine Hirnfrequenz fällt innerhalb von ein paar Sekunden von einer Alpha- oder Beta-Frequenz zur Theta- und schliesslich zur Delta-Frequenz, also zur tiefsten aller Hirnfrequenzen. Alle Versuche führten zum gleichen Ergebnis, unabhängig von den verschiedenen Kliniken. Wir haben damit ein besseres Verständnis geschaffen für den Zusammenhang zwischen diesem passiven Zustand, der durch dezidiertes Üben erreicht wurde und in Behandlungen seine Verwendung findet, und seiner Versachlichung durch die vorliegende Hirnfrequenzanlayse.

Ich habe das unten stehende Diagramm einem Neurologen vorgelegt, ohne diesen jedoch zuvor darüber zu informieren, dass es sich dabei um eine Messung meines eigenen Gehirns handelte, und ohne ihm von diesem Experiment zu berichten. Als er die Resultate in Augenschein nahm, kam er zum Schluss, dass diese zweifellos einen Epilepsieanfall vom Typus «Grand mal» darstellen mussten. Als ich ihn über die Umstände aufklärte, war sein Erstaunen riesig. Theta- und vor allem Delta-Frequenzen treten insbesondere während einer Tiefschlafphase oder bei schweren Krankheiten wie Schlaganfällen, Epilepsieanfällen oder gewissen Komaarten auf. Der klassische Neurologe versteht nicht, wie ein kerngesunder Mensch so tiefe Zustände in so kurzer Zeit erreichen kann, und zu allem hinzu noch auf Kommando.

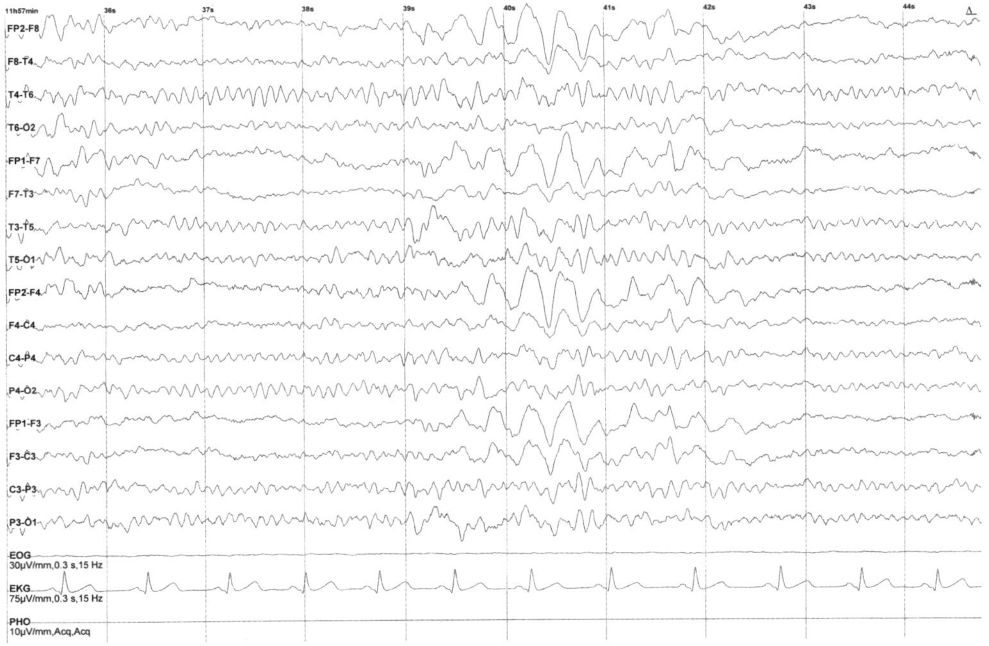

↑ Die vertikalen Linien stellen Sekundenintervalle dar und die gezahnten Kurven stehen für die anhand mehrerer Sensoren in Hertz (Hz) gemessenen Hirnfrequenzen. Die drei mittigen Sekundenintervalle zeigen jeweils drei Ausschläge, anders ausgedrückt: Sie entsprechen einer Frequenz von 3 Hz und damit dem Delta-Zustand.

← Hannes Jacob während eines Geistheilungsexperiments, verkabelt mit dem EEG-Messgerät.

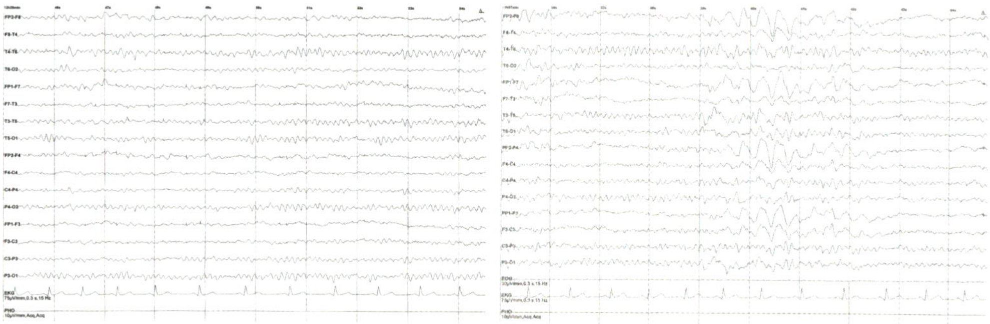

↑ Die linke Abbildung zeigt die Alpha-Frequenzen, die rechte Abbildung die Delta-Frequenzen, welche durch das EEG-Messgerät aufgezeichnet wurden. Die Unterschiede zwischen den beiden Abbildungen sind klar ersichtlich: Die Alpha-Frequenzen (links; zwischen 8 und 12 Hz, das heisst acht bis zwölf Ausschläge pro Sekunde) treten generell kurz vor dem Einschlafen oder während meditativen Visualisierens auf. Die Delta-Frequenzen (rechts; zwischen 2.5 und 3 Hz, das heisst zweieinhalb bis drei Ausschläge pro Sekunde), treten im Tiefschlaf oder bei gewissen schweren Krankheiten auf. Ich befinde mich hierbei jedoch weder im Tiefschlaf noch leide ich an einer schweren Krankheit: Ich befinde mich im Zustand des Geistheilens.

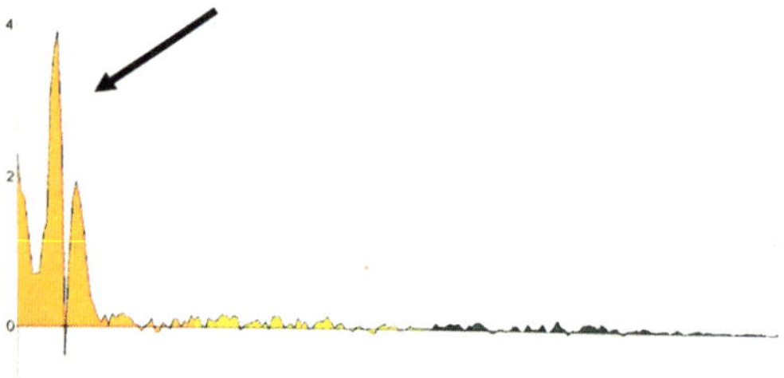

← Messung während des Geistheilens. Ausschliesslich die Delta-Frequenz, also die tiefstmögliche Frequenz scheint auf (in orange).

Während der zwei Geistheilungssitzungen, welche ich für zwei verschieden Personen durchführte, wurde eine kombinierte Messung mittels eines EEG- und eines NIRS-Messgerätes vorgenommen. Dem 7-minütigen Geistheilen folgte eine 10-minütige Trancekommunikation.

Die Resultate der EEG-Aufzeichnungen der zwei Geistheilungssitzungen zeigen im Vergleich zu den entsprechenden Messwerten im Ruhezustand einen klaren Anstieg der Delta-Frequenzen im vorderen Gehirnbereich.

Die Trancezustände scheinen in den EEG-Aufzeichnungen deutlich ausgeprägt auf. Der Bereich der Delta-Frequenzen ist orange gekennzeichnet. Diese Messung entspricht der Elektrode, welche in der Mitte des Vorderkopfes angebracht wird. Wir stellen fest, dass im Vordergehirn keine Aktivität stattfindet.

Geistheilen hängt also ganz klar von den passiven Hirnfrequenzen ab. Es handelt sich damit genau um die gegenteilige Situation der mentalen Medialität, während welcher die Interaktionen auf aktive Weise stattfinden. Ein jeder Heiler muss also lernen, seinen Intellekt und seine eigenen Wünsche loszulassen, um dem so wohltuenden Energiefluss den Weg freizumachen. Es sind diese passiven Hirnfrequenzen, durch welche die geistige Welt auf den Patienten einwirken kann. Und dank diesen wird die Energie nicht durch die Gedanken des Heilers verfälscht. Kein Patient ist an der Prägung der Energie durch seinen Heiler interessiert. Es geht ihm darum, die reinstmögliche Form von Energie zu empfangen.

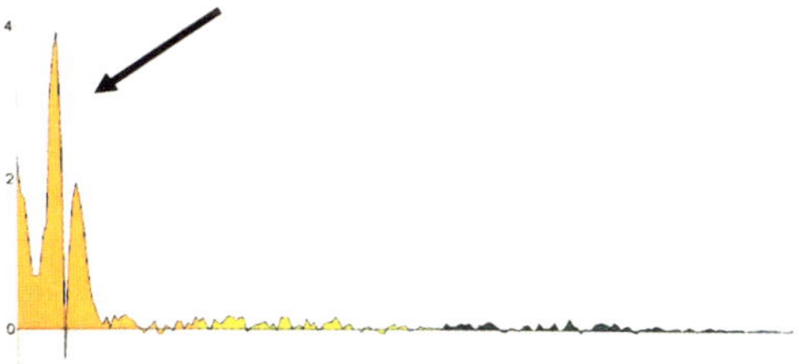

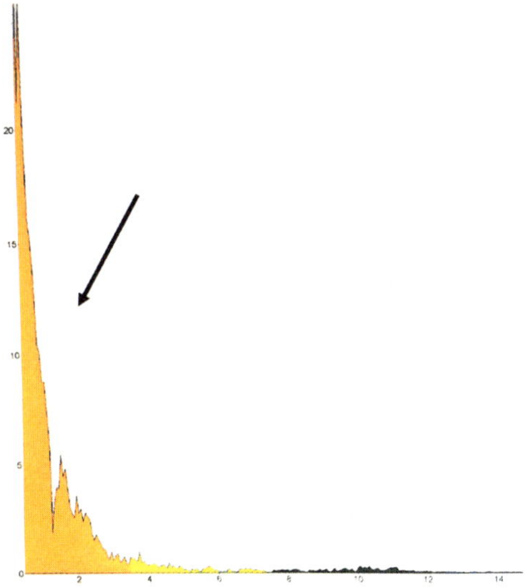

↑ Während des Geistheilens: Delta-Frequenzen (oranger Bereich).

→ Während eines Trancezustands: Die Delta-Frequenzen (oranger Bereich) sind noch deutlicher ausgeprägt.

Als die Ärzte die Messresultate der Trancekommunikation analysierten, kamen sie aus ihrem Staunen nicht mehr heraus. Die Frage, zu welcher ihnen die Antwort fehlte, lag rasch auf der Hand: Wie konnte es sein, dass ich während mehreren Minuten sinnvolle Sätze von mir gab, wo doch die vordere Gehirnhälfte – in Delta-Frequenzen – nicht durchblutet wurde, also quasi leer war? Wie kann jemand während mehrerer Minuten einen kohärenten Diskurs halten, während der gesamte Bereich des Gehirns, welcher für Organisation und Überlegung zuständig ist, sich in einem Zustand befindet, der als komatös gilt?

Rufen wir uns die Beobachtungen von Olivia Boa in Erinnerung. Diese bestätigen, dass der Gehirnbereich, der für den Intellekt zuständig ist, beim Geistheilen oder im Trancezustand beinahe inaktiv, also wie abgeschnitten, ist. Die Bereiche, welche die Prozesse der Planung und des persönlichkeitsgeprägten Überlegens koordinieren, sind selten oder nie aktiv. Die supplementär-motorische Rinde (SMA) – also der Bereich, in dem Gedanken geformt und komplexe Bewegungsabläufe koordiniert werden – ist inaktiv.

Das Rätsel bleibt weiterhin ungelöst, und die Frage ohne Antwort…

Kriya-Massage

Bei der Kriya-Massage handelt es sich um eine Technik, die grundsätzlich in Trance, oder zumindest in einem leichten Trancezustand angewandt wird, je nach Erfahrungsgrad des Mediums, das die Massage durchführt.

Die Kriya-Massage ist eine physische Anwendung des Pranayama-Prinzips, auf welches im Kapitel über Meditationsübungen am Ende des Buches näher eingegangen wird. Diese Technik hat einen zweifachen Vorteil: Sie bearbeitet und löst natürlich Muskelverspannungen, ist aber allem voran ein ausgezeichnetes Werkzeug, um die Energie des Patienten zu stimulieren und zum Fliessen zu bringen. Da die dichten Partikel (Angst, Ärger usw.) sich im unteren Bereich der Wirbelsäule befinden, ermöglicht es die Kriya-Massage, diese Partikel freizusetzen und sie zu verschieben, um sie dann aufzulösen. Der Patient kommt also nicht nur in

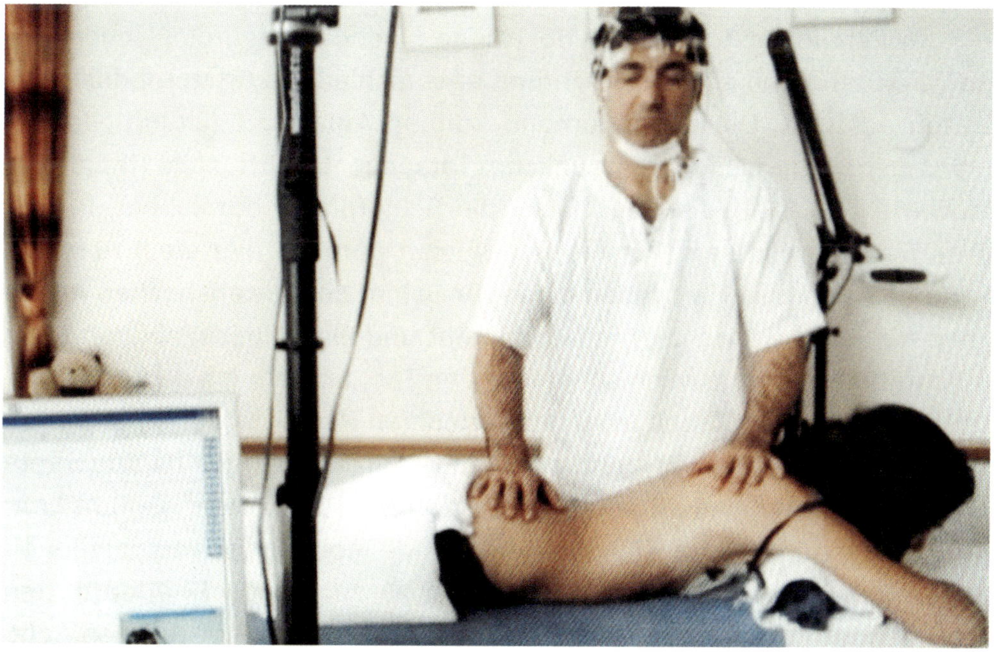

↑ Datenaufzeichnung während einer Kriya-Massage, unter der Aufsicht von Dr. med. Ralph-Ingo Hassink, Chefarzt der Neuropädiatrie in Biel.

den Genuss einer tiefen körperlichen Entspannung, sondern profitiert vor allem auch von einer Erhöhung seiner energetischen Schwingungsrate. Mit der Auflösung von dichten Partikeln wird der Grad der Dualität, den die massierte Person aufweist, gesenkt und negatives Karma kann abgebaut werden, was zu einem tiefgehenden Gefühl des Friedens führt.

Als Dr. med. Ralph-Ingo Hassink, Chefarzt der Neuropädiatrie in Biel, die Resultate der EEG-Aufzeichnungen zu sehen bekam, äusserte er sich sehr erstaunt über diese. Der Grund für sein Interesse an Parapsychologie und Phänomenen, für welche die Wissenschaft noch keine Erklärungen hat, ist leicht verständlich. Als Arzt seiner Spezialisierung komme er schlichtweg nicht darum herum, sich für die Funktionsweise des Gehirns zu interessieren, wie er uns erklärte. «Ja», sagte er, «wir wissen schon vieles, aber es gibt eben auch noch viele Dinge, über die wir nichts wissen. In Hinsicht auf Behandlungsmethoden für Kinder können neue Entdeckungen eine entscheidende Rolle spielen. Und deswegen ist es ganz klar, dass ich mich hierfür interessiere, und dass ich versuche, zu diesen Forschungsarbeiten beizutragen.»

«Wir stellen fest, dass sich bei Hannes Jacob auf neurologischer Ebene Veränderungen ergeben, während er verschiedene Arten medialer Arbeiten ausführt. Diese Phänomene können Anlass zu zukünftigen Abklärungen geben. Eine erstaunliche Tatsache betrifft sein Rapid Eye Movement (R.E.M.), ein Begriff, der die Schlafphase bezeichnet, in welcher Träume ablaufen. Die Frage, die sich nämlich hier stellt, ist: Wie kann es sein, dass Herr Jacob diese für Schlaf charakteristischen Anzeichen aufweist, während er aufrecht steht und eine Massagebehandlung durchführt? Ich freue mich schon auf den Tag, an dem ich den administrativen Teil meiner Arbeit im Schlaf erledigen kann!», scherzte er mit einem Augenzwinkern. Während er die EEG-Aufzeichnungen begutachtete und wir für einen Dokumentarfilm zu diesem Phänomen [4] gefilmt wurden, erklärte uns Dr. Hassink das vorliegende Modell. «Die verschiedenen Sequenzen», wie er sie nannte, «sind klar zu erkennen.» Er erklärte den Anwesenden, wo auf dem Bildschirm diese Vier- beziehungsweise Acht-Sekunden-Rhythmen zu erkennen waren, in denen «das Gehirn von Hannes Jacob im sehr langsamen Theta- und Delta-Frequenzbereich gearbei-

4 Ein Auszug des Dokumentarfilms steht zur Verfügung unter: http://www.miraclescome.com/en/scientific-approach.

tet hat. Er selbst schien dabei abwesend. Diese Frequenzen werden höher, verlangsamen sich dann wieder und so weiter.» Er erklärte weiter, dass solche Frequenzen bei gesunden Menschen während des Schlafs auftreten, oder zumindest ausserhalb des Wachzustandes. «Herr Jacob weist diese Frequenzen vor allem im rechten Temporallappen und zeitweise in den mittleren und frontalen Bereichen auf. Es ist erstaunlich, wie ruhig gewisse Bereiche seines Hirns werden. Muskelaktivität ist praktisch nicht mehr erkennbar und sogar der Herzschlag ist mit dem EEG in Einklang. Sobald die Frequenzen im EEG sinken, verlangsamt sich der Herzschlag, wonach er sich wieder beschleunigt, parallel zum EEG. Alles scheint in solchen EEGs auf, sogar das leiseste Räuspern, es ist wirklich sehr präzise. Wir sind erstaunt darüber, dass alles wieder zum Normalzustand zurückkehrt, sobald Herr Jacob die Übung beendet, das heisst, die Frequenzen bewegen sich in Richtung Alpha und gehen dann in den Beta-Bereich über, wenn das Experiment zu Ende ist.»

Dr. Hassink fügte weiter hinzu, dass es wichtig sei, Ärzte und Therapeuten aus der Schulmedizin sowie jene aus der Komplementärmedizin sorgfältig auszuwählen, sobald ein Behandlungskonzept für einen komplexen Fall entwickelt werden soll, das heisst für einen Patienten mit vielen Krankheiten und Bedürfnissen. «Bei dieser Auswahl muss bedacht werden, dass Patienten oft eifrige Konsumenten sind, was Schulmedizin, Medikamente und komplementäre Behandlungen anbelangt. Wir dürfen nicht vergessen, dass auch ein Medium – natürlich aufgrund seiner Fähigkeiten – ‹konsumiert› wird, sobald der Patient das entsprechende Bedürfnis hat. So sieht heute einfach die Realität aus. Es ist unumgänglich, sich die Ärzte und Therapeuten sorgfältig auszuwählen. Das betrifft die zahlreichen medikamentösen Verschreibungen, die ohne wirkliche Rechtfertigung ausgestellt werden, wie auch die notwendige Unterscheidung zwischen echten Heilern oder Medien und den Scharlatanen. Wenn sich mehr Ärzte für diese Themen interessieren würden, wäre das Potenzial für eine Zusammenarbeit mit dem Ziel, Leute zu finden, die seriös arbeiten, grösser. Ich selbst arbeite nur mit seriösen Personen, welche sich dazu einverstanden erklären, ihr Wissen zu teilen und – was zwei weitere wichtige Bedingungen sind – sich einerseits bezüglich gewisser Ereignisse die nötigen Fragen stellen und sich andererseits ihrer eigenen Grenzen bewusst sind. Das gilt für beide Seiten! Ärzte oder Therapeuten im Bereich der Alternativmedizin, welche Interesse zeigen, die Wirksamkeit ihrer Arbeit aufzuzeigen und die Forschung zu unterstützen, also Personen wie Hannes Jacob, die sich nicht davor fürchten, sich Kritik auszusetzen, und die auf seriöse Art und Weise diese Forschungsprojekte unterstützen, müssen honoriert werden. Nichtsdestotrotz bleibt der Beweis der entscheidende Faktor. Ich möchte damit zum Ausdruck bringen, dass es falsch wäre zu glauben, dass Herr Jacob einfach bei uns hereinspaziert ist. Ich kenne ihn aus früheren Studien.

Ich denke da vor allem an den Fall von einem 14-jährigen Jugendlichen, der an zahlreichen Behinderungen litt, darunter auch die schwersten, die wir kennen, und einer Epilepsie, welche nicht auf Behandlungen ansprach. Wir versuchten mehrere Male, die Dosierung seines Epilepsiemedikaments Valproate zu erhöhen, von 70 auf 90 mg/kg. Diese erhöhten Dosierungen brachten jedoch nie auch nur den geringsten Erfolg. Sobald wir aber seine Behandlung mit der Distanzheilbehandlung von Hannes Jacob kombinierten, verringerten sich die nächtlichen Epilepsieanfälle, sodass der Patient einen regelmässigeren Schlaf finden konnte. Er konnte sogar einige Nächte durchschlafen, was in der Folge natürlich auch seinen Zustand den Tag über verbessert hat. Sein Zustand hat sich nicht nur kurzfristig deutlich verbessert, er ist es auch geblieben.

Da war noch ein weiterer junger Mann, 23 Jahre alt und ebenfalls stark behindert, unter anderem durch Epilepsie. Zudem litt er an chronischer Verstopfung. Trotz der regelmässigen Einnahme hoher Dosen von Paraffinöl, Practo-Clyss und Duphalac blieb der Gesamtzustand des Patienten aufgrund seiner Verstopfung beträchtlich geschwächt. Dies beeinträchtigte sogar seine Epilepsie. Auch hier half die energetische Behandlung von Herrn Jacob, die Verstopfung bedeutsam zu reduzieren. Wir hielten uns an Herrn Jacobs Ratschlag, den Patienten noch besser zu hydratisieren. Wir konnten nicht nur die Paraffinölbehandlung vollständig beenden, sondern auch die Practo-Clyss-Dosis halbieren. Der Patient erhielt dadurch natürlich eine verbesserte Lebensqualität.

Es ist durchaus angebracht, sich Fragen bezüglich dieser Behandlungen zu stellen, vor allem darüber, wie sie funktionieren und wirken. Die beiden Patienten wussten bezüglich der Distanzheilbehandlung nicht Bescheid, weil ihre Behinderungen es ihnen nicht ermöglichte, diese Art von Behandlung zu verstehen, das bedeutet, dass ein Placeboeffekt ausgeschlossen werden muss. Zudem hat Hannes Jacob diese Patienten nie getroffen. Er kam nicht einmal in ihre Nähe. Das Einzige, was er über sie wusste, war ihr Name und ihre Zimmernummer. Das ist alles. Ich weiss nicht genau, was Herr Jacob tut oder woher er Informationen erhält, und ich würde nicht versuchen wollen, hierfür eine Interpretation abzugeben. Ich kann jedoch lesen und feststellen, dass in der Tat etwas geschieht, was bewiesen werden kann.

Diese Fälle sind die beste Demonstration für die Tatsache, dass Schulmedizin nicht ausschliesslich angewendet werden sollte, genauso wenig wie alternative Therapien. Sie stellen ein Ganzes dar, wobei beide Disziplinen Hand in Hand funktionieren und jede die andere ergänzt.

Um auf die Kriya-Massage-Versuche zurückzukommen, so muss ich zugeben, dass ich mich sehr darüber freue, dass wir ein echtes Resultat erhalten haben. Diese tiefen Hirnfrequenzen sind der Wissenschaft gut bekannt. Wir wissen, dass buddhistische Mönche im Meditationszustand ähnliche EEG-Modelle erhalten. Der Fall von Hannes Jacob ist hiermit sehr gut vergleichbar. Was ich nie werde einschätzen können, ist, ob zwischen den zwei Techniken ein Unterschied in der Art und Weise besteht, wie man sein Ziel erreicht.

In jedem Fall können wir heute deutlich sehen, dass diese veränderten Bewusstseinszustände im EEG aufscheinen. Sie stimmen auch mit dem überein, was Herr Jacob erklärt, während seiner Behandlungen zu tun, beziehungsweise mit seiner Interpretation dessen. Wir können uns nur wünschen, dass andere Wissenschaftler diese Ansätze unterstützen, damit einige dieser Rätsel aufgeklärt werden.

Und ganz nebenbei, Herr Jacob hat meine Apfelallergie in nur wenigen Minuten beseitigt. Ich kann nun wieder Äpfel essen, ohne dass mein Hals kratzt, sich verschliesst oder mir gar Atembeschwerden beschert. Ich kann Äpfel wieder geniessen.»

Anatomie und ihr Verhältnis zur Energie

Um ein Verständnis für die gesundheitlichen Zusammenhänge im Bereich der Sensitivität und der Medialität erhalten zu können, ist es notwendig, dass wir kurz einige Erklärungen bezüglich der Übertragung von Energie, der Anatomie und der Pathologie anfügen.

Beginnen wir mit einer Reise in unser Gehirn, damit wir verstehen, welche Zusammenhänge mit der Sensitivität bestehen:

Die Grosshirnrinde befindet sich in der oberen Hälfte des Schädels. Sie ist in der Mitte in zwei Hemisphären geteilt. Diese sind miteinander über ein Netzwerk von Nervenfasern, welche «Axone» genannt werden, verbunden. Dieses Nervenfasernetzwerk selbst heisst «Corpus callosus». Mit dieser Konfiguration reguliert jede Gehirnhälfte eine Körperseite. Die linke Hälfte der Grossrinde steuert die rechte Seite des Körpers und die rechte Hälfte der Grossrinde lenkt die linke Körperseite.

Die rechte Hemisphäre ist im Allgemeinen verantwortlich für räumliche Wahrnehmung, die Synthese von Ideen und die Verarbeitung von Kunst und Musik. Die linke Seite steht in Verbindung mit Sprache, Hören und analytischen Prozessen wie beispielsweise dem Auflösen mathematischer Probleme und auch der Integration und Synthese von Intuition und Rationalität. Bei den meisten Menschen dominieren die Funktionen der linken Gehirnhälfte.

Was Medialität und psychisches Lesen betrifft, so ist es in der Tat der rechte Temporallappen, welcher die Information empfängt.

Der Hypothalamus, der sich am oberen Ende des Hirnstammes befindet, ist direkt mit dem Thalamus verbunden. Er ist Teil des limbischen Systems und steuert unsere Gefühlszustände und Reaktionen. Hier wird die emotionale Reaktion auf Freude, Trauer und Zorn erzeugt. Er wird oft durch die Zentren des oberen Gehirns (Kortex) gehemmt. Die Gehirnbereiche, welche Belohnung und Bestrafung (Freude und Schmerz) betreffen, befinden sich ebenfalls im Hypothalamus. Es ist interessant festzustellen, dass das Zentrum der Freude grösser ist als das Schmerzzentrum.

Der Hypothalamus ist zudem das Zentrum des autonomen (vegetativen) Nervensystems sowie des sympathischen Nervensystems (Sympathikus) und des parasympathischen Nervensystems (Parasympathikus). Diese zwei Systeme unterstützen die Steuerung und Regulierung aller Organe im Körper, vom Herz bis zu den Augen, von den Lungen bis zu den Muskeln, über den Magen, Verdauungstrakt, Därme, Leber, Nebennieren und Haut, bis zum Mastdarm und den Sexualorganen.

Die Hypophyse ist der Dirigent des endokrinen Systems (Hormonsystem). Sie arbeitet eng mit dem Hypothalamus zusammen, der seinerseits das autonome Nervensystem regelt. Der Hypothalamus fungiert auch als Brücke zwischen dem autonomen Nervensystem und dem endokrinen System, stellt das Empfangs- und Feedbackzentrum der Hormondrüsen des Körpers dar und ist zudem das Zentrum der Thermoregulation. Die Hormondrüsen schliessen das Nervensystem ab. Sie steuern insbesondere die sympathischen und die parasympathischen Nerven. Zusammen ergeben diese Nerven ein vereintes neuroendokrines System, welches die Stoffwechselvorgänge im Körper integriert und koordiniert. Dieses System steuert die körpereigene Fähigkeit, sich Änderungen interner oder externer Bedingungen anzupassen. Die beiden Systeme arbeiten Hand in Hand. Die Drüsen funktionieren nicht unabhängig voneinander; jede Drüse interagiert mit den anderen Drüsen und verändert deren Einfluss. Daher kann jede Störung des endokrinen Systems oder einer spezifischen Drüse, insbesondere der Hypophyse, negative Auswirkungen auf den allgemeinen Gesundheitszustand des Körpers haben.

Die meisten Leser besitzen wohl schon eine gewisse Kenntnis der Zirbeldrüse (Epiphyse). Es handelt sich um eine kleine Drüse, ungefähr so gross wie eine Erbse, welche sich am oberen Ende der Wirbelsäule, in der Mitte des Kopfes auf Augenhöhe befindet. Genau genommen befindet sie sich zwischen den zwei Hemisphären des Gehirns und oberhalb des Kleinhirns. Yoga und verschiedene andere spirituelle Lehren haben die gesamte Geschichte der Menschheit hindurch, im Orient wie im Westen, diese Drüse als den Empfänger von höheren Schwingungen interpretiert. Sobald sie stimuliert oder erweckt wird, soll eine Entwicklung beginnen, welche die menschliche Existenz an subtileren Modellen ausrichtet.

An dieser Stelle ist zu erwähnen, dass die Augen direkt mit der Zirbeldrüse in Verbindung stehen, nämlich über das sympathische Nervensystem. Im Yoga und anderen mystischen Lehren überall auf der ganzen Welt wird diese Drüse als das physische Äquivalent des dritten Auges interpretiert, das intuitive Auge des erwachten Bewusstseins. Es ist bekannt, dass ein Übermass an Fluorid die Zirbeldrüse verkalkt. Es existieren natürliche Substanzen, welche dem entgegenwirken und dadurch unsere übersinnliche Wahrnehmung stärken; dies kann allem voran erwirkt werden durch den Verzehr von reinem Kakaopulver, Apfelessig, grünem Blattgemüse, dem Spurenelement Boron, welches vor allem in roten Rüben (vorzugsweise aus Biolandwirtschaft) enthalten ist und nicht nur die Drüse entgiftet und reinigt, sondern auch Fluor abbaut.

Das autonome Nervensystem

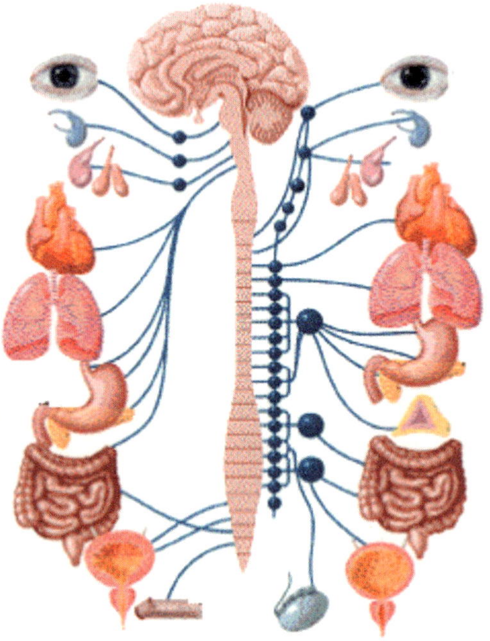

Hormonsystem

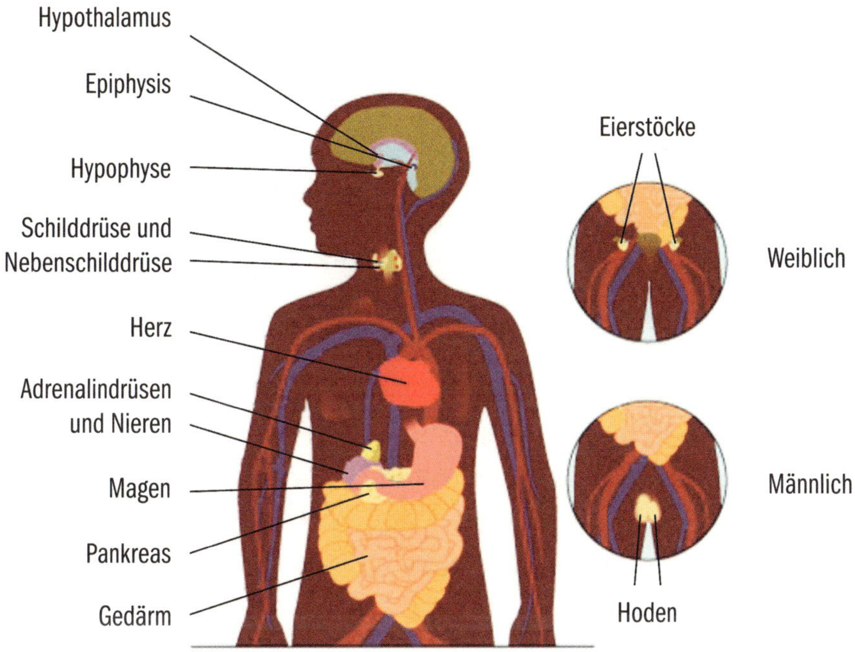

← Ida und Pingala, dargestellt als zwei Schlangen, die sich der Wirbelsäule (Sushumna) entlang hoch schlängeln.

Die Symbolik von Sushumna, Ida und Pingala

Ida und Pingala stellen nicht lediglich symbolische Werte dar. Es handelt sich vielmehr um zwei konkrete und vitale Kanäle.

Ida und Pingala werden «Nadis» genannt, ein Begriff, welcher aus dem Sanskrit stammt und so viel wie «Fluss» bedeutet. In diesem Kontext kann der Fluss physischer, nervlicher, psychischer oder mentaler Natur sein, oder jener des Bewusstseins. Normalerweise beschränkt sich das Verständnis von Ida und Pingala auf die physischen, nervlichen und energetischen Aspekte des menschlichen Wesens. Ida steht für das parasympathische Nervensystem, und Pingala für das sympathische Nervensystem.

Ida und Pingala haben denselben Ursprung: das Chakra Mooladhara im Perineum. Ida wird mit dem linken Nasenloch verbunden und Pingala mit dem rechten. Wie eine Doppelhelix schlängeln sie sich entlang der Wirbelsäule hoch, um schliesslich im Chakra Ajna am oberen Ende der Wirbelsäule oberhalb des Gaumens aufeinanderzutreffen. Jede ist das Spiegelbild der anderen. Wenn beide Pfade ein Gleichgewicht bilden, dann kann die Kundalini aufsteigen.

Die Mittelachse von Ida und Pingala ist der Kanal Sushumna, welcher die Wirbelsäule darstellt. Sushumna beginnt im Chakra Mooladhara, verläuft durch das Rückenmark und durch alle Chakren auf der Wirbelsäule hindurch, und endet schliesslich in Sahasrara, dem Kronenchakra. Dies ist der Hauptkanal.

Diese drei Kanäle werden auch «Ganges» (Ida), «Yamuna» (Pingala) und «Saraswati» (Sushumna) genannt, entsprechend den Namen der drei grossen indischen Flüsse.

Es gibt sie wirklich
Denn ich habe sie gesehen
Die Schlange in ihrem Nest
Eingerollt in meinen Lenden
Zum Fürchten stark
Sanft wie die Flöte des Musikers
Meine Atmung wiegt sie
Wird sie gemächlich aufsteigen lassen
Wie der Efeu sich zum Dach erstreckt
Damit wir zusammen
Das himmlische Licht erreichen

—

Auswirkungen auf den Körper

—

Ida entspricht dem Atemfluss des linken Nasenlochs und Pingala dem Atemfluss des rechten. Diese zwei Atemflüsse stehen bei der abwechselnden Atmung in direktem Zusammenhang mit den Funktionen des sympathischen und parasympathischen Systems, welche das Gleichgewicht der verschiedenen Körperfunktionen regulieren und erhalten.

Die beiden Systeme sind antagonistisch: Wenn das eine überwiegt, spielt das andere eine untergeordnete Rolle. Das eine System tendiert dazu, Energie zu bewahren, während das andere dazu tendiert, sie zu verwenden. Das eine tendiert dazu, den Körper auf eine externe Betätigung vorzubereiten, wohingegen das andere dazu tendiert, ihn auszuruhen und die Energie nach innen zu richten. Das sympathische Nervensystem beschleunigt im Allgemeinen die vitalen Prozesse wie beispielsweise den Herzschlag und den Atemrhythmus und es erhöht die Körpertemperatur. Im Gegensatz dazu verlangsamt das parasympathische Nervensystem diese Funktionen und bewahrt dadurch die körpereigenen Energiereserven. Diese Systeme arbeiten Tag und Nacht und regulieren dabei die Herzkapazität, den Blutdruck und die Geschwindigkeit, mit der alle Körperorgane arbeiten oder sich erneuern.

Wieso schreiben die verschiedenen Meditationstechniken dem Gleichgewicht zwischen Ida und Pingala eine so grosse Bedeutung zu?

Die Antwort ist einfach: Diese Funktionen liegen auf dem Pfad von Sushumna. Ida und Pingala gehören beide der zeitlichen Dimension an. Sie stellen die innere psychische Welt respektive die äussere Welt dar, welche beide der Zeit unterstehen. Meditation hat ihren Ursprung in der Zeitlosigkeit, weshalb Ida und Pingala sich im Gleichgewicht befinden sollten. Die Kundalini, die Basisenergie, kann in der Tat entlang der Sushumna aufsteigen. In diesem Moment betreten wir das Reich der Ewigkeit. Die Kundalini wird oft durch eine Schlange symbolisiert. Sie wird ebenfalls oft mit der Wendung «dwells in the pit», also «verweilt in der Grube», beschrieben. In den in Sanskrit verfassten Heiligen Schriften steht geschrieben, dass die Kundalini die Zeit verschlingt:

«Die eine sollte die Sonne (Pingala) beherrschen und die andere den Mond (Ida), denn diese sind der Tag und die Nacht der Zeit; das Geheimnis ist, dass Sushumna (der Pfad der Kundalini) die Zeit verschlingt.»

Ich bin so alt,
wie meine Augen es Dir verraten,
mein Körper
ist so alt wie die Erde,
meine Seele
so alt wie die Ewigkeit.

Die Anwendung der verschiedenen Meditationstechniken kann zur Auflösung innerer Dualität beitragen. Das Gleichgewicht von Ida und Pingala spielt bei dieser Auflösung eine wichtige Rolle. Dies wird auf schöne Weise in der folgenden Geschichte von Satyananda Saraswati veranschaulicht:

«Zwei Vögel, ein schwarzer und ein weisser, fanden sich an einem Pfahl angebunden, jeder mit einem Strick. Sie versuchten immer wieder, loszufliegen, um die Freiheit zu erlangen. Eine Flucht war jedoch unmöglich, weil der Strick sie zurückhielt. Nach einiger Zeit hatten sie sich völlig verausgabt. Dann schliefen sie friedlich ein, am Fusse des Pfahls.» Diese zwei Vögel stellen Ida und Pingala dar. Sie entsprechen dem Atemfluss im linken beziehungsweise im rechten Nasenloch.

Diese Veranschaulichung führt uns die Bedeutung und die wohltuende Wirkung, die von der Meditation ausgeht, vor Augen.

Unabhängig davon, ob wir von der Technik der abwechselnden Atmung durch die Nasenlöcher oder von der Atmung entlang der Wirbelsäule sprechen, geht es nicht lediglich um die Frage des spirituellen Erwachens; diese Techniken sind genauso ein äusserst wichtiges Instrument für die Aufrechterhaltung unserer körperlichen Gesundheit!

Wenden wir uns jetzt den verschiedenen Atemtechniken zu, um diese genauer zu untersuchen:

UJJAYI

Das Erlernen der Ujjayi-Technik, welche auch «die Atmung des Ozeans» genannt wird, wird empfohlen, um zu einer grösseren Ruhe zu finden und inneren Stress abzubauen. Die Technik besteht darin, den Rachen leicht zu verschliessen, um die Atmung zu verlangsamen. Hierdurch entsteht ein Geräusch, welches einer Welle oder eben dem Ozean ähnelt. Es ist durch beide Nasenlöcher gleichzeitig zu atmen. Ujjayi kann parallel zu verschiedenen Pranayama-Techniken, während Asanas oder im Zusammenhang mit der Bauchatmung angewandt werden. Die Ujjayi-Technik verstärkt die Wirkung dieser Übungen. Ein- und Ausatmung sind identisch und laufen harmonisch und ohne jegliche Anstrengung ab. Die Atemzüge werden ganz von selbst länger. Entspannen Sie sich beim Ausatmen einfach und die Luft wird rückwärts ausfliessen, das heisst von oben nach unten.

Ujjayi und Kechari sind mit der Anwendung von Kriya-Techniken kompatibel und können daher gleichzeitig angewandt werden.

KRIYA

Kriya bedeutet «Aktion». Diese Atemtechniken werden im Kriya-Yoga angewandt. Man bleibt dabei nicht statisch auf einen Punkt konzentriert, wie dies zum Beispiel bei der Anapana-Übung der Fall ist, sondern man erhält einen inneren Bewegungsablauf aufrecht. Man aktiviert die Energie und bringt sie zum Fliessen. Diese Betätigung fördert die Gesundheit verschiedener interner Systeme, wie beispielsweise des Nervensystems und des endokrinen Systems, welche zusammenarbeiten.

Um Kriya-Yoga zu praktizieren, ist es notwendig, zuerst seine Atmung zu perfektionieren und die Chakren sowie deren Emanationen und Energiekanäle zu entdecken.

Sobald diese Stellen verstanden und in unser Bewusstsein integriert sind, beginnt die Bewegung der Energie in verschiedene Richtungen und in verschiedenen Kanälen, vor allem aber um den Körper herum und durch das Innere der Wirbelsäule. Dies wirkt sich auf die sympathische Pingala, die parasympathische Ida und auf die Sushumna aus, und hat damit einen positiven Einfluss auf die Gesundheit unseres physischen wie auch energetischen Körpers.

KECHARI MUDRA

Kechari bedeutet «durch leeren Raum fliegen». Dieses Mudra leitet den Fluss von Ida, Pingala und Sushumna in die Chakren Ajna und Bindu. Man nennt dieses Mudra auch «den König der Mudras», oder «die Yogi-Abkürzung», weil es den Weg zur Erleuchtung verkürzen kann. Das Medium, welches nicht an Erleuchtung interessiert ist, zieht dennoch Nutzen aus dessen Anwendung im Zusammenhang mit den Pranayama-Übungen, weil die Energieversorgung von Bindu nicht nur der Erleuchtung dienlich ist, sondern auch der Stärkung des Hellsehens und den obengenannten positiven Effekten auf die Gesundheit. Um dieses Mudra anzuwenden, rollt man seine Zunge soweit wie möglich rückwärts in Richtung Hals, aber trotzdem entspannt, und berührt den Gaumen mit der Zungenspitze.

BINDU

Auf der physischen Ebene unterstützt die Aktivierung von Bindu die Bekämpfung von Depression, Burn-out-Syndrom, Ängstlichkeit und Nervosität. Das Chakra Bindu hat einen sehr hohen Stellenwert im Pranismus. Abgesehen von der Tatsache, dass es Hunger und Durst steuert, hilft es auch bei der Abgewöhnung von ungesunden Ernährungsgewohnheiten. Bindu erzeugt Amrita, den heiligen Nektar der Unsterblichkeit.

Oft wird das folgende Gebet ausgesprochen, um die wohltuende Wirkung dieses Chakras zu erhalten:

Führe uns aus der Unwissenheit in die Wirklichkeit
Führe uns aus dem Dunkeln ins Licht
Führe uns vom Tod zur Unsterblichkeit

Manipura, das dritte Chakra, welches sich auf der Höhe des Solarplexus befindet, verkörpert die Sonne, Bindu verkörpert den Mond. Im Allgemeinen fliesst der wertvolle Amrita-Nektar direkt von Bindu in die Sonne und verbrennt. Mit gewissen spezifischen Pranayama-Übungen kann dieser Fluss jedoch umgekehrt werden, und damit einerseits Langlebigkeit gefördert und andererseits das spirituelle Erwachen zu einem grenzenlosen Bewusstsein angeregt werden. Die Verwandlung an sich geschieht in Vishuddi, dem fünften Chakra, durch welches die Energie zwischen Manipura und Bindu fliesst.

Das Chakra Bindu und die Zirbeldrüse stehen in einem engen Verhältnis zueinander. Die Zirbeldrüse metabolisiert in der Tat Melatonin und Serotonin, welche beide durch Lichtzufuhr, also durch Prana, aktiviert werden. Licht verstärkt also die Produktion dieser Hormone. Wenn wir bedenken, dass reine Energie Licht ist, liegt die Idee auf der Hand: Atmen wir Energie ein – für ein gesünderes und glücklicheres Leben!

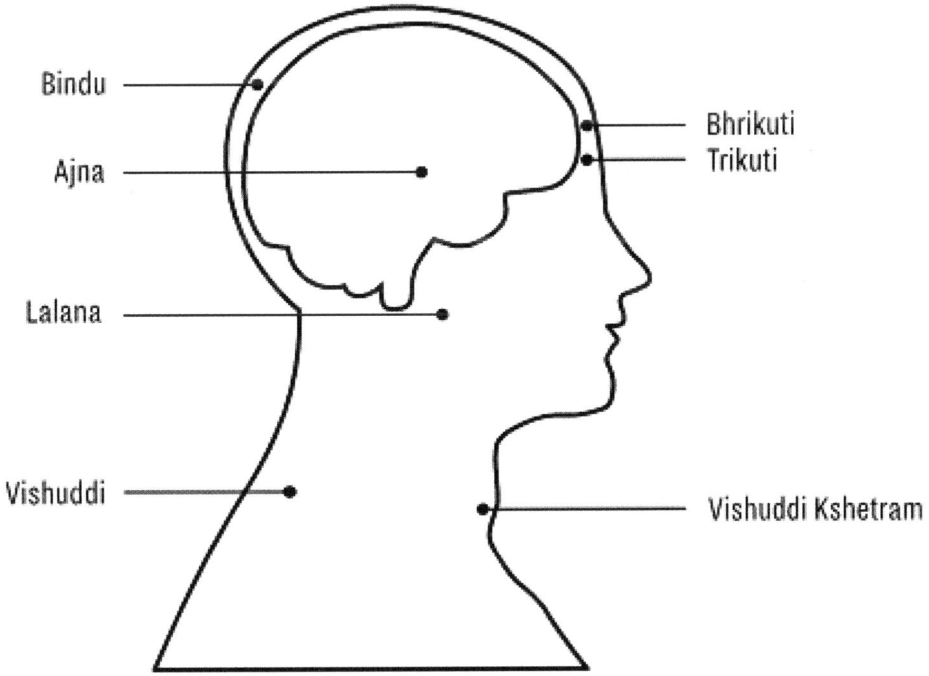

Die medizinischen und energetischen Nebeneffekte

**Das Schlimmste ist nicht,
dass wir an unserem Leben vorbei leben.
Das Schlimmste ist,
dass wir es wissen.**

Menschen, die Esoterik sehr stark in ihr Leben einbinden, sträuben sich dagegen, ein Leben zu führen, welches sich in erster Linie an Materiellem ausrichtet, obwohl Materie die Grundlage für die physische und geistige Gesundheit ist. Eine übertriebene Konzentration auf die spirituellen Aspekte führt zu einem Ungleichgewicht der Elemente (Erde, Wasser, Feuer und Luft). Genau wie der Intellekt ist auch die Sensitivität Teil des Elements Luft. Ein Übermass dieses Elements über einen längeren Zeitraum hinweg wird unweigerlich zu einem Mangel am Element Erde führen, und damit zu einer zu schwachen Erdung. Mit einem Übermass an Luft wird das Leben in der Gegenwart so unmöglich wie die Stärkung des physischen Körpers, welche normalerweise durch die Technik der bewussten Erdung erreicht wird. Das erste Anzeichen für einen Mangel an Erdung ist chronische Müdigkeit. Langfristig treten zudem Leiden, welche bei den meisten psychischen Störungen beobachtet werden, auf.

In Bezug auf unser Energiefeld, welches unseren gesamten physischen Körper umgibt, verformt sich dessen ausgewogene ovale Form, und nimmt die Form einer Glühbirne an. Diese unverhältnismässige Ausweitung der oberen Chakras birgt die Gefahr, dass die niedrigeren Energien – die archaische Energie der Kundalini – in «explosiven» Ausbrüchen zum Ausdruck kommt. Diese Explosionen, die sich wie Vulkanausbrüche verhalten, äussern sich in Wutausbrüchen oder Psychosen. Als physische Merkmale können Schlaflosigkeit, Haarausfall, Übelkeit oder auch Kopfschmerzen auftreten. Dieses Übermass an Energie im Bereich des Kopfes wirft nicht nur die Zirbeldrüse aus ihrem Gleichgewicht, sondern auch die Hypophyse und schliesslich den Hypothalamus.

Dies sind die Mechanismen, durch welche bei der Arbeit mit Medialität, psychischen Lesungen, Geistheilen, Trance und Tranceheilen ernsthafte Probleme für das endokrine System und das Nervensystem entstehen können.

Auch wenn es die Absicht und das Ziel von einigen Meditationstechniken ist, das energetische System im unteren Bereich der Wirbelsäule zu säubern und dichte Partikel, welche sich dort angehäuft haben, aufzulösen, muss dies auf sanfte und gleichmässige Weise geschehen. Rufen wir uns in Erinnerung, dass diese Partikel unser Ego, unsere Hassgefühle und unsere Ängste, unsere Begierden, all unsere Habsucht und Abneigungen beinhalten. Es ist gefährlich, das Risiko einzugehen, dass diese Partikel auf abrupte und heftige Weise befreit werden, anstatt durch eine Folge von regelmässigen und angepassten Bewegungen.

Die obengenannten Störungen können einen Dominoeffekt im Stoffwechselsystem, im Nervensystem und im endokrinen System auslösen. Die Gewichtszunahme, welche bei einer grossen Anzahl hauptberuflicher Medien offensichtlich ist, ist eines der Anzeichen dieses Ungleichgewichts. Physische Schlaffheit und Fettleibigkeit sind die Folge des konstanten Stresszustandes, in welchem sich diese Personen befinden. Im Rahmen meiner langjährigen Untersuchungen und Befragungen von Medien, die ihre Tätigkeit hauptberuflich ausüben, habe ich festgestellt, dass mindestens siebzig Prozent an Diabetes leiden.

Eine Schilddrüsenstörung führt entweder zu einer Schilddrüsenüberfunktion mit einem Ungleichgewicht, das in gewissen Fällen bis zur Magersucht gehen kann, oder zu einer Schilddrüsenunterfunktion, welche sich in starker Gewichtszunahme, verlangsamter Bewegung, chronischer Müdigkeit oder sogar in depressiven Zuständen ausdrückt.

Die Nebennieren produzieren Cortisol, Adrenalin und Noradrenalin. Das sind Hormone und Neurotransmitter, welche mit dem autonomen Nervensystem in Zusammenhang stehen. Bei einer Überproduktion von Cortisol erhöht sich der Blutzuckerspiegel, was zu einer erhöhten Produktion von Insulin führt. Insulin ermöglicht es den Zellen, Zucker zu absorbieren. Um den Blutzuckerspiegel zu senken, transportiert Insulin den Zucker in die Zellen. Sobald die Zellen ihre Sättigung erreicht haben, produzieren diese Fettgewebe, was sich in einer Gewichtszunahme widerspiegelt.

Was das männliche Fortpflanzungssystem angeht, so können sich als Sexualstörungen der vorzeitige Samenerguss oder Erektionsstörungen einstellen. Da das endokrine System mit dem Nervensystem zusammenarbeitet und weil das sympathische und parasympathische Nervensystem diesem Prozess zugrunde liegen, können bei einem Ungleichgewicht derartige Störungen auftreten.

Bei der Frau wird oftmals eine geschwächte Libido beobachtet. Im weiblichen Fortpflanzungssystem kann ein Ungleichgewicht der Eierstöcke nicht nur eine unregelmässige Hormonproduktion verursachen, sondern auch zu Unfruchtbarkeit führen oder das Wachstum von Zysten begünstigen. Der unzureichende Energiefluss schwächt das Immunsystem, was der Entstehung solcher Störungen den Weg ebnet. Unregelmässige Menstruationsblutungen mit einer möglichen Endometriose (Knoten in der Schleimhaut des Uterus, welche zu Blutungen führen) im Bereich der Eierstöcke oder der Blase können die Folge sein.

Personen, die regelmässig mit hohen Energiefrequenzen arbeiten, aber auch mit starken Energien, wie jene des Geistheilens und insbesondere des Tranceheilens, müssen unbedingt auf eine gute und konstante Hydratation achten. In diesem Kontext ist das noch viel wichtiger als für Personen, welche nicht mit diesen Frequenzen arbeiten. Ein gut hydrierter Körper ist eine unabdingbare Voraussetzung für einen guten Energiefluss! Gemäss Dr. Faridun Batmanghelidj kann Dehydratation zu Kopfschmerzen, Migräne, Rückenschmerzen, überhöhtem Blutdruck, Diabetes, Alzheimer oder sogar Demenz führen.[5]

Ein Überschuss an körpereigenem Cortisol kann einen Dauerstresszustand herbeiführen, ein Thema, welches besondere Aufmerksamkeit verdient. Die allgemeinen Stressfaktoren, welche bewältigt werden müssen, wie beispielsweise Veränderungen im Berufs- oder Privatleben, Krankheit, die Umwelt, die Familie oder Ängste sind für alle schon in genügend grosser Anzahl vorhanden. Es ist jedoch eine Tatsache, dass sensitive Personen noch viel stärker auf diese verschiedenen Faktoren reagieren. Tatsächlich wird eine sensitive Person bei Aktivitäten, bei denen es um die Wahrnehmung von subtiler Information geht, stärker den zahlreichen Stressfaktoren ausgesetzt. Deshalb birgt der Faktor «Stress», wenn er mit Dehydratation und den oben beschriebenen physischen Un-

5 Dr. Faridun Batmanghelidj, *Wasser – die gesunde Lösung.*

gleichgewichten einhergeht, ein erhebliches Gefahrenpotenzial. Stress führt zu erhöhten Cholesterin-Werten, Verdauungsproblemen, erhöhter Produktion von Magensäure, Allergien, Immunsystemstörungen, erhöhten Blutzuckerwerten (um mehr Energie bereitstellen zu können), beschleunigtem Stoffwechsel (und damit zu höherem Puls und beschleunigter Atmung). Stress kann lokale Entzündungsherde (Rötungen, Schwellungen, erhöhte Körpertemperatur, Schmerzen) verursachen und den Blutgerinnungsprozess beschleunigen, was ein erhöhtes Thrombose-Risiko bedeutet. Wenn alle oder auch nur einige dieser Elemente zusammenspielen, kann die betroffene Person hypersensitiv und damit in den Augen der Familie oder der Freunde zum Grund für ein deutlich erschwertes Zusammenleben werden: zu heftige Reaktionen auf die geringsten Reibungen, stark überhöhte Empfindlichkeit. Kurz, ein Verhaltensmuster, das rasch zu Isolation führen kann.

Im Umgang mit starker Energie, besonders in den hohen Frequenzen bei psychischen Lesungen oder während des Kontakts mit Verstorbenen verspürt das Medium eine Art Belebung oder einen Energieschub, beinahe wie ein Rausch. Sobald das Medium dieses Frequenzband, diese Emulsion verlässt, stellt sich ein Gefühl der Leere und der Erschöpfung ein. Dieser Umstand wird oft durch den Verzehr von zuckerhaltigen Imbissen anstatt von Früchten und Gemüse kompensiert. Zucker wird somit einer Belohnung gleichgesetzt und die süssen Zwischenmahlzeiten werden zum «comfort food». Dies ist das Verhaltensmuster, durch welches das Medium versucht, eine leicht depressive oder zumindest melancholische Verfassung zu überwinden. Der Verzehr von grossen Mengen an Süsswaren führt natürlich zur Gewichtszunahme mit der Möglichkeit einer Depression, einem äusserst unbeliebten Begleiter.

Es ist wichtig, dass die medizinischen und energetischen Nebeneffekte in der Welt der Medialität bekannt sind und besprochen werden. Es gibt kaum Medien, welche sich über diese äussern. Solange die energetischen Regeln befolgt werden, hat diese Art von Arbeit keinerlei Nebeneffekte zur Folge.

Bitte nehmen Sie sich diesen Ratschlag zu Herzen: Schauen Sie gut zu Ihrem Körper, er ist Ihr Fortbewegungsmittel. Er bringt Sie dorthin, wo Sie dienen möchten, wo Sie ein Entsandter der geistigen Welt sein werden, wo Sie leidenden Menschen Trost bringen. Schon dieser Grund allein ist es wert, sich um seine Gesundheit zu kümmern. Und zudem werden Ihre Nahestehenden damit viel länger in der Gunst Ihres gesunden Daseins verweilen können!

Hannes-Jacob-Syndrom – Eine Sensitivitätsstörung

**Wer bin ich?
Was widerfährt mir?
Ich bin mir gewiss, dass ich nicht träume
Warum sieht niemand, was ich sehe?
Wer bin ich?
Was widerfährt mir?
Hört Ihr denn gar nichts?
Ich kann Euch nichts vorwerfen
Meine Sinne haben sich vervielfacht
Meine Augen sehen alles
Und noch viel mehr
Wer bin ich?
Was widerfährt mir?
Der leiseste Luftzug lässt mich erzittern
Mein Körper fühlt sich an wie Fiberglas
Meine Sinne überfluten mich
Alle zugleich
Mein Hirn fühlt sich an wie Brei
Oder ist es das Eure?
Gott, wo bist Du?
Die Luftspiegelung führt mich in die Irre
Die Stadt, die ich sehe
Ist gar nicht da
Und dennoch ist es ihr Spiegelbild
Es gibt sie wirklich
Gesunde Mutter Erde
Ich vermisse Deine Wurzeln
Nimm mich auf
Als meine Asche, wenn es denn sein soll**

Im Zusammenhang mit sensitiven Personen, die ich als seelisch oder psychisch gestört einstufen würde, habe ich eine Störung mit ganz eigenen Charakteristiken entdeckt. Auf meinen Feststellungen aufbauend habe ich einen Artikel mit dem Titel «Hannes Jacob Syndrome/Sensitive disorder» verfasst. Dr. Laura Martignon vom Max-Planck-Institut, welche diesem Syndrom seinen Namen gegeben hat, und die verstorbene Dr. Ulla Mitzdorfer, beide Professorinnen an der Pädagogischen Hochschule Ludwigsburg, haben meine Arbeit unterstützt, wodurch ich sie als Open-Access-Publikation veröffentlichen konnte. Dies erlaubt es interessierten Ärzten, Professoren und Wissenschaftlern nicht nur, auf mein ursprüngliches Postulat frei zugreifen zu können, sondern auch ein Protokoll dahingehend entwickeln zu können, dass meine Hypothese getestet werden kann.

Personen, die zulange ihre eigene Erdung vernachlässigt haben, werden früher oder später zwangsläufig an den medizinischen und energetischen Nebeneffekten leiden, welche im entsprechenden Kapitel beschrieben wurden. Mangelnde Erdung kann auch Psychosen – sogar chronischer Natur – hervorrufen. Der Umstand, dass die Psychiatrie Personen, welche Dinge sehen oder Stimmen hören, die sonst nicht wahrnehmbar sind, als schizophren einstuft, scheint banal. Dennoch ist ein Patient, der Dinge hört, die keinen Sinn zu ergeben scheinen oder die in keinem Zusammenhang mit der Gegenwart oder den momentanen Ereignissen stehen, nicht unbedingt schizophren. Denn er oder sie kann auch lediglich an einer sogenannten Sensitivitätsstörung leiden! Meine Erfahrung mit der geistigen Welt hat mir schon oft bestätigt, dass ein sogenannter Schizophrener in Wirklichkeit eine sensitive Person sein kann, die nicht geerdet ist und einen langfristigen Überschuss am Element Luft aufweist.

Langfristig kann Sensitivität, wenn sie nicht korrekt gehandhabt wird, zu Psychosen führen. Es ist absolut notwendig, dass die Diagnosestellung in solchen Fällen korrigiert oder zumindest erweitert wird, damit zwischen der klinischen Schizophrenie und einer Sensitivitätsstörung unterschieden werden kann. Ohne zu sehr ins Detail gehen zu wollen, führe ich im Folgenden einige Vorschläge an, welche zum Überdenken von gewissen Kriterien dienen können, die für die Diagnose von Schizophrenie verwendet werden. Interessierte können zudem das Referenzhandbuch «DSM-5 (Diagnostic and Statistical Manual of Mental Disorders, American Psychiatric Association, 2013)» konsultieren. Es sei ebenfalls erwähnt, dass die Schizophrenie-Unterkategorien in der aktualisierten Version des «DSM-5» nicht länger aufgeführt sind; diese werden hier jedoch für ein besseres Verständnis erwähnt.

Schizophrenie wird in mehreren klinischen Tabellen aufgeführt, entweder mit vorrangig negativen Symptomen oder mit vorrangig positiven Symptomen. Diese zwei Symptomkategorien lassen sich ebenfalls im Zusammenhang mit Sensitivitätsstörungen anwenden. Im Bereich der Medialität werden Hirnfrequenzen im höheren Bereich verwendet, um den Kontakt mit Verstorbenen herzustellen und diesen aufrechtzuerhalten. Nach dem Ende einer Sitzung kann sich das Medium geistig oder physisch erschöpft fühlen, als ob es einen Grossteil seiner Energie verloren hätte. Das regelmässige Praktizieren von Medialität bereitet dem Medium jedoch grosse Freude und Begeisterung. Es macht ihm Spass, sich innerhalb dieser hohen Frequenzen zu bewegen und es erlebt dabei ein gewisses Mass an Euphorie. Das Verlassen dieses Zustandes kann zu einer Stimmung führen, welche an eine Depression erinnert. Damit läuft ein Medium, welches sich dieses Risikos nicht bewusst ist, Gefahr, eine Abhängigkeit zu entwickeln und sich damit in einem sich wiederholenden Wechselzyklus zwischen Euphorie und Depression wiederzufinden. Ich habe weiter oben bereits erwähnt, dass Lebensmittel, welche sehr zuckerhaltig sind, die Rolle von Linderungsmitteln einnehmen können, die dem Konsumenten die Illusion vermitteln, zu einem hohen Mass an Energie zurückzufinden. Auch Alkohol und Cannabis werden als Ersatzmittel verwendet. Während depressiver Phasen läuft das Medium Gefahr, sich selbst, seine Körperhygiene und seinen Haushalt zu vernachlässigen. Es kann in solchen Phasen ebenfalls unter einem Gemütszustand leiden, welcher die Anzeichen einer allgemeinen Teilnahmslosigkeit oder Mutlosigkeit trägt. Gewisse hypersensitive Menschen isolieren sich in der Folge vollständig von ihrer Umgebung, vereinsamen und unternehmen grosse Anstrengungen, um jegliche Interaktion mit anderen Menschen zu vermeiden. Da die betroffene Person nicht ihre sensitiven Antennen einfahren kann, nimmt sie ununterbrochen die Stimuli ihrer Umwelt wahr.

Die Situation wird untragbar, was die Person dazu bewegt, sich zu isolieren. In extremen Fällen wird diese Art der Isolation zu ihrer Funktionsweise, welche es ihr erlaubt, ausserhalb ihrer Aktivität als Medium in der Gesellschaft zu funktionieren. Die betroffene Person versucht dabei dermassen, sich zu schützen, dass sie jegliches Gefühl dafür verliert, wie sehr ihre Worte und Verhaltensweisen sich auf ihre Mitmenschen auswirken. Sie nimmt die Konsequenzen für die Menschen in ihrer Umwelt nicht mehr wahr. Für Aussenstehende erscheint das Medium kühl, gefühllos, ohne jegliche Empathie, hart oder sogar unbarmherzig. Solche groben Charakterzüge können natürlich die Mitmenschen verletzen. Diese negativen Symptome wurden der Unterkategorie der sogenannten einfachen Schizophrenie zugewiesen (gefühlsunterkühltes Verhalten, Desinteresse, Teilnahmslosigkeit, Depression, chronische Müdigkeit, usw.), ein Umstand, welcher der allgemeinen Öffentlichkeit nicht bewusst ist. Die folgenden sogenannten positiven Symptome, welche vor allem zwei Arten von Schizophrenie zugeschrieben werden, finden sich sehr oft bei der Sensitivitätsstörung wieder. Halluzinationen (auditive, visuelle, koenästhetische usw.) und Ideen, welche von Irrsinn geprägt sind (Verfolgungswahn, Paranoia, Besessenheit bezüglich der Überzeugung einer speziellen Mission oder einer speziellen Rangstufe usw.) sind die Charakteristiken der sogenannt paranoiden Schizophrenie, während Drogenmissbrauch häufig im Fall der heboidophrenischen Schizophrenie auftaucht und die Folge eines intensiven Wunsches, Gott näherzukommen, sein kann oder die Folge einer nicht identifizierbaren inneren Berufung, welcher die sensitive Person nicht folgen kann.

Im Hinblick auf Halluzinationen ist es auch angezeigt, die Komplexität der Definition dieses Begriffes zu bedenken. Jemand, der sich nur seiner fünf Sinne bedient, wird alles, was er nicht durch diese wahrnimmt, als Halluzination betrachten. Somit muss eine Luftspiegelung als Halluzination eingestuft werden, obwohl es sich lediglich um die Spiegelung eines reellen Objektes handelt, welches unsere Sicht dem falschen Ort zuschreibt: Ein entfernter Gegenstand wird aufgrund des optischen Effekts der Lichtbrechung in der Atmosphäre als nahe wahrgenommen. Muss dies als Halluzination eingestuft werden, wo wir eigentlich von einer visuellen Verzerrung der Realität sprechen? Wenn ich in einer Luftspiegelung eine Stadt sehe, kann ich grob einige Eigenschaften beschreiben, wie zum Beispiel deren Umrisse, ob sie einen hohen Turm oder eine Mauer hat, usw. Wenn ich einen Verstorbenen wahrnehme und ich die nötige Frequenz nicht wirklich erreicht habe, kann ich unter Umständen eine grosse Nase erkennen oder vielleicht kann ich während eines kurzen Moments eine besondere Frisur ausmachen. Der Rest der Beschreibung mag Fehler enthalten, aber deswegen handelt es sich noch nicht um eine Halluzination. Damit ich die Stadt genau beschreiben kann, ohne den Verzerrungseffekt, muss ich mich ganz in ihrer Nähe befinden. Auf ganz ähnliche Weise muss ich, wenn ich eine verstorbene Person beschreibe und sicher sein will, dass ich nicht einer Halluzination unterliege, die nötige Frequenz erreichen und diese aufrechterhalten. Nehmen wir an, dass die verstorbene Mutter meines Psychiaters während einer Sitzung anwesend ist. Solange meine Verbindung zu ihr nicht sachgemäss aufgebaut wurde und meine subjektive Wahrnehmung es mir nicht ermöglicht, eine fehlerlose Beschreibung abzugeben, wird mein Psychiater die Situation weiterhin als Halluzination einstufen. Es wird mir schwerfallen, ihm ihre Anwesenheit zu beweisen. Das Energiefeld einer Person, die an einer Sensitivitätsstörung leidet, ist weitläufig und zerstreut. Aus diesem Grund ist es logisch, dass seine Wahrnehmung von Geistwesen oder jeglichen anderen Schwingungen, welche den Patienten erreichen, Bilder und Worte beinhalten werden, welche für ihn zusammenhanglose Fragmente darstellen. Jeder Gedanke, jeder Ton und jedes Geräusch pflanzt sich fort und kann per Zufall aufgegriffen werden.

Untenstehend führe ich einige Hypothesen und Ideen auf, welche für die Beurteilung oder für die Befragung einer Person mit Symptomen, die auf Schizophrenie hindeuten, verwendet werden können. Sie können dazu benützt werden, die echte Schizophrenie von der Sensitivitätsstörung zu unterscheiden.

Erstens ist es äusserst selten für Sensitivitätsstörungen, dass auditive Halluzinationen Befehle, Aufforderungen oder Forderungen enthalten, welche von einer Stimme kommen, die der betroffenen Person unbekannt ist. Hingegen wird die sensitive Person regelmässig Bruchstücke von Botschaften erhalten, welche ungeordnet und zerstreut, aber harmlos sind. Da sie deren Herkunft nicht ausmachen kann, wird ihre Familie und schliesslich auch sie selbst glauben, dass sie dem Wahnsinn verfallen sei. In einigen wenigen Fällen können Personen, die bereits mit dem Jenseits vertraut sind, erkennen, dass diese Botschaften von einem Geistführer oder einem Verstorbenen stammen. In Fällen der Schizophrenie verhält es sich oft so, dass die Stimmen, die vernommen werden, der betroffenen Person befehlen, etwas zu tun. Sie befehlen ihr, bestimmte Taten zu vollbringen oder sich auf eine bestimmte Weise zu verhalten. Die zeitliche Variable spielt ebenfalls eine Rolle; bei einer sensitiven Person sind die Phänomene konstant und machen sich regelmässig bemerkbar, während Schizophrenieanfälle eher einen stossweisen Charakter haben. Hinsichtlich der visuellen Phänomene ist es schwierig, zwischen einer Person, welche an einer Sensitivitätsstörung leidet, und jemandem, der an Schizophrenie leidet, zu unterscheiden, weil beide manchmal zur objektiven Wahrnehmung fähig sind.

Zweitens kann eine Person mit einer Sensitivitätsstörung sich an Szenen aus vergangenen Leben erinnern und diese sprichwörtlich erneut durchleben, weil die Information über jeden Gedanken der Abneigung oder Habgier in unserem System abgespeichert wird. Diese Szenen kommen wiederholt auf zusammenhanglose Weise an die Oberfläche. Wenn das betroffene Leben mit einem traumatischen Erlebnis in Zusammenhang steht, kann die Erinnerung an diese Bilder zwanghaften und repetitiven Charakter haben.

Drittens erlaubt die Situation der Sensitivitätsstörung einen Dialog über die erlebten Phänomene. Oftmals ist sich die betroffene Person zu Beginn nicht bewusst, dass das, was ihr widerfährt, von den Personen in ihrem Umfeld nicht objektiv verstanden werden kann. Von dem Moment an, in dem eine tolerante und offene Diskussion angestrebt wird, kann jedoch ein Austausch stattfinden. Dies erlaubt es der betroffenen Person, ein besseres Verständnis für die Situation zu erlangen. Im Fall der Schizophrenie ist es erheblich schwieriger oder sogar unmöglich, eine solche Diskussion zu erreichen, vor allem während einer Dekompensationsphase.

In der Folge einer Diagnose wird gewöhnlich eine medikamentöse Behandlung verschrieben, welche auf die Rezeptoren der Dopamin-Neurotransmitter abzielt. Im Fall der Schizophrenie wie auch im Fall der Sensitivitätsstörung wird der Patient medikamentös ruhiggestellt, wodurch sich die Symptome verflüchtigen, insbesondere die positiven.

Eine ASW kann im Gehirn, insbesondere im rechten Temporallappen festgestellt werden, wie dies weiter oben beschrieben und durch NIRS-Messgeräte belegt wurde; dieselben Beobachtungen wiederholen sich ausnahmslos. Die Psychiatrie wird künftig also die durchbluteten Gehirnregionen beziehungsweise Gehirnpfade von mit Schizophrenie diagnostizierten Patienten mit denjenigen von sensitiven Personen vergleichen müssen. Auf diese Weise würden tausende von Menschen von einer äusserst belastenden und verfehlten Diagnose befreit. Für sie kann die Behandlung einfach in der regelmässigen Erdung und der Kanalisierung ihrer Energie bestehen. Dies erlaubt es, in gewissen Fällen die Dosierung der Medikamente zu verringern oder diese sogar langfristig abzusetzen. Falls Sie Psychiater unter Ihre Bekannten zählen, möchte ich Sie dazu ermutigen, sie auf diesen Sachverhalt aufmerksam zu machen!

Falls Ihr Arzt Sie als schizophren diagnostiziert hat und Sie Zweifel an der Diagnose haben, möchten wir Sie bitten, uns zu kontaktieren und sich für ein Pilotprojekt einzuschreiben, welches sich zur Zeit in Vorbereitung befindet, und welches, wie wir hoffen, bezüglich Ihrer Situation und Ihrer Symptome Klarheit verschaffen wird. Einige Psychiater schicken mir ab und zu ihre Patienten in meine Praxis, mit der Bitte zu evaluieren, ob diese tatsächliche Phänomene wahrnehmen oder nicht. Letzteres spricht für echte Psychosen. Gedanken, wie auch jede andere Art von Information, pflanzen sich als Energiepartikel oder als Energiefeld fort, welche ich oft zu lesen vermag. Entweder entspringt das Partikel dem Geist des Klienten oder es kommt zu ihm und dringt in sein Energiefeld ein. Dadurch ist es möglich festzustellen, ob die Person echte Wahrnehmungen hat (Information dringt von aussen in sein Energiefeld ein) oder diese selber produziert (Information verlässt sein Energiefeld und dringt nach aussen). Auf dieselbe Weise kann ein Hellseher den Kontakt mit einem Verstorbenen sehen und den Kontakt damit entweder bestätigen oder negieren.

Kurz zusammengefasst: Sensitivität kann Ihrer Gesundheit ernsthaften Schaden zuführen! Wenn Ihre Energien nicht im Gleichgewicht sind, werden Ihr endokrines und autonomes Nervensystem nicht mehr harmonisch zusammenarbeiten. Die schwerste Konsequenz eines solchen Ungleichgewichts ist der Beginn von Psychosen, die der Schizophrenie gleichen! Esoterik hat ihr Gutes, ... aber nicht ohne ihre Spielregeln zu beachten.

Die passende Meditationstechnik

Es gibt keinen Pfad, der dorthin führt
Weil es kein Ort ist
Das Paradies
Ist in Dir
Und deshalb
Ist es so fern

Jede Meditationstechnik ermöglicht ihre eigenen Zugänge und hat ihren spezifischen Nutzen. Ich unterscheide zwischen den Techniken, welche unsere körperliche und geistige Gesundheit unterstützen, jenen, anhand welcher wir unsere diversen sensitiven Praktiken üben können und schliesslich jenen, welche uns in unserer spirituellen Entwicklung unterstützen. Natürlich erlauben uns gewisse Meditationstechniken, mehrere Ziele gleichzeitig zu erreichen.

Alle unten vorgestellten Meditationsarten werden im letzten Kapitel noch genauer beschrieben. Sie können sie laut lesen und sich selbst dabei aufnehmen, um anschliessend damit üben zu können.

Nachdem Sie die diversen Aspekte der verschiedenen Arten von Sensitivität verstanden haben, ist es jetzt Zeit, diese auf angemessene Weise anzugehen und zu lernen, wie Sie mit ihnen in Harmonie leben können. Denn es steht viel auf dem Spiel. Wenn wir in Betracht ziehen, was bereits gesagt wurde, dürfte es ziemlich klar sein, dass mentale Medialität, Geistheilen, Trance und Tranceheilen nicht gemieden, sondern gewissenhaft und mit Vertrauen praktiziert werden sollten.

Meditation erlaubt es uns, mit unseren aussersinnlichen Fähigkeiten im Einklang zu leben. Sie ist das beste Werkzeug zum Erhalt unserer körperlichen und geistigen Gesundheit. Für jene, die sich dafür interessieren: Meditation kann sogar zur Erleuchtung führen!

Die geläufigste Entschuldigung für das Unterlassen von Meditation – und es ist gleichzeitig auch jene, die dem Ego am meisten entgegenkommt – ist: «Ich kann nicht meditieren, weil ich mich nicht konzentrieren kann.» Mit Ausnahme von Mönchen und Einsiedlern haben wir alle Mühe, uns zu konzentrieren. Unsere Aufmerksamkeit wandert von einem Objekt zum nächsten. Zerstreuung, Müdigkeit und Zweifel sind die stärksten Waffen des Egos. Niemandem gelingt es, ununterbrochen konzentriert zu bleiben. Je länger eine Meditationsklausur dauert, desto stärker verteidigt sich das Ego, um sich nicht auflösen zu müssen. Je ruhiger die Umgebung, desto lauter der Lärm im Innern. Wir alle sind gewissermassen wie Mülleimer, die mit energetisch gespeicherten Informationen jeglicher Art gefüllt sind. Es ist unbedingt nötig, diesen Eimer von Zeit zu Zeit zu leeren! Ich selbst habe während meiner Meditationsklausuren grosse innerliche Kämpfe geführt, ja sogar Selbstmordgedanken waren darunter. Und dies obwohl ich an rund vierzig Meditationsklausuren teilgenommen habe! Trotz all dieser Klausuren, die jeweils zwischen sieben und zweiunddreissig Tagen gedauert haben, bleiben mir noch eine Menge Unzulänglichkeiten, jedoch bedeutend weniger als zuvor. Alles in allem ist dies das einzige Kriterium, das wirklich zählt: Die einzige vernünftige Vergleichsreferenz ist die eigene Entwicklung.

Je mehr dichte Partikel aufgelöst werden, desto stärker sind die Gefühle und der Schmerz, die an die Oberfläche kommen. Natürlicherweise! Wie soll mit diesen also am besten umgegangen werden? Trivialisieren Sie sie. Beobachten Sie Ihre Depression, Ihren Zorn, Ihre Hunger- oder Lustgefühle – was auch immer sich bemerkbar macht. Beobachten Sie, aber reagieren Sie nicht! Es ist lediglich Ihre Vergangenheit, die hier an die Oberfläche kommt. Es ist nur Ihr Ego, das versucht, Sie abzulenken. Reagieren Sie nicht; es wird vergehen! Alles ist vergänglich, aber Ihre Essenz ist es nicht. Lassen Sie sich von diesem kleinen und ignoranten Teil Ihres Wesens nicht zum Narren halten. Wir haben alle Licht und Schatten in uns; es ist jedoch das Licht, das siegen wird – das verspreche ich Ihnen. Sie werden sich verändern; Sie werden mehr Frieden und weniger Angst verspüren und das Zusammenleben mit Ihren Nahestehenden wird leichter werden, was bedeutet, dass auch sie vom Ergebnis Ihrer Meditation profitieren werden. Sie werden sich besser konzentrieren können, besser dienen und besser leben können. Sie werden diese dichten Partikel auflösen. Sie werden sich von der Resonanz mit unangenehmen Aspekten trennen. Sie werden die Resonanz mit dem Frieden, der Freude und der Liebe kennenlernen. Das ist es, was wir hinter unserem Schleier in Wahrheit sind!

Erdung

Mit Ausnahme der weiter unten beschriebenen Pranayama-Techniken (Atmung entlang der Wirbelsäule) stellt die Erdung die allerwichtigste Übung für sensitive Menschen dar! Die Erdung verstärkt die Präsenz des Elements Erde und hilft uns, verstärkt in der Gegenwart zu leben. Menschen, welche sich in emotional belastenden oder mental überlasteten Lebensphasen befinden, sollten ihren Tag mit einer zwei- bis dreiminütigen Erdung beginnen. Danach können sie tagsüber die für die Erdung vorgesehenen Atemübungen zwei bis drei Mal pro Stunde für ein bis zwei Atmungen anwenden, je nach ihrem geistigen oder emotionalen Befinden. Die Erdung kann sitzend, stehend oder liegend durchgeführt werden. Beim Liegen sollten die Fusssohlen auf dem Boden aufliegen.

Um die Erdung vorzunehmen, visualisieren Sie Wurzeln unter Ihren Fusssohlen. Visualisieren Sie, wie Sie mit jedem Atemzug die Energie der Erde durch Ihre Wurzeln hindurch in sich hineinziehen. Ziehen Sie diese Energie in Ihr energetisches Zentrum, welches sich – je nach Ihrem Empfinden – entweder im Solarplexus oder im Herzchakra befindet. Von dort aus weitet sich die Energie durch den ganzen Oberkörper aus. Visualisieren Sie, wie Ihr energetisches Zentrum mit jedem Atemzug aufleuchtet und sich über Ihre ganze Brust hinweg ausweitet und danach über Ihren ganzen Körper. Ziehen Sie diese Energie niemals bis in den Kopf hoch, denn das würde das Element Luft verstärken. Atmen Sie lediglich bis in Ihr energetisches Zentrum ein und denken Sie dabei «Ich erde mich, ich bin im Hier und Jetzt». Beim Ausatmen gilt es lediglich, sich zu entspannen.

Den folgenden Erfahrungsbericht möchte ich meinen Lesern und Schülern ans Herz legen, denn seine Aussage ist meiner Erfahrung nach ernst zu nehmen und von grosser Bedeutung für alle sensitiven Menschen. Es liegt auf der Hand, dass bei Sensitiven die Gefahr eines unkontrollierten Ausbruchs der sogenannten Kundalini-Energie viel höher ist als bei nicht sensitiven Menschen, da bei ersteren die energetischen Bewegungen in der Wirbelsäule bereits natürlich in Bewegung sind und deshalb leichter zu einem Ausbruch führen können.

So schildert U. aus T., eine meiner Patientinnen, ihr Erlebnis, welches sie noch heute emotional aufwühlt, wenn sie über dieses Thema spricht:

«Durch eine energetische Massage wurde bei mir die Kundalini dermassen angeregt, dass sie mir tatsächlich wie ein Vulkanausbruch in den Kopf schoss und bei mir einen grossen Schock auslöste. Durch diese Kraft wurde eine extrem starke Hitzewelle durch meinen Körper gejagt, die mir buchstäblich den Verstand raubte. Dies dauerte mehrere Tage an! Ich konnte weder essen noch schlafen und verlor massiv an Gewicht. Ich hatte sehr starke Visionen und verspürte zugleich im ganzen Körper furchtbare Schmerzen, die sich wie Verbrennungen anfühlten. Auch hatte ich das Gefühl, konstant einen Meter über dem Boden zu schweben – dies alleine dauerte eine gute Woche an. Mein physischer Zustand wurde immer schwächer und psychisch fühlte ich mich wie in einem Wahnzustand (ich möchte anführen, dass ich in meinem ganzen Leben nie irgendwelche psychologischen oder ähnliche Probleme hatte). Ich versuchte dann mit eiskalten Bädern, Gartenarbeit und Erdungsübungen, die Hitze zu mindern. Doch das half nur bedingt. Letztlich riet mir eine mit dem Thema vertraute Ärztin, Valium einzunehmen, welches sie mir hierzu verschrieb. Innert weniger Tage und unter Beibehaltung der Erdungstechniken konnte ich wieder essen, schlafen und meine Tätigkeiten wieder aufnehmen. Das Ganze hat doch einen knappen Monat gedauert, was man in einem solchen Zustand wie eine Unendlichkeit erlebt.

Meine unumgängliche Schlussfolgerung ist – auch hinsichtlich der Tatsache, dass ich drei weitere Personen kenne, denen dies auf sehr ähnliche Weise passiert ist –, dass mit energetischen Techniken grosse Vorsicht geboten ist. Deshalb ist es ratsam, sich nur auf gut ausgebildete Therapeuten zu verlassen. Ich denke, dass mir diese scheussliche Erfahrung möglicherweise erspart geblieben wäre, wenn ich von Anfang an regelmässig die Übungen für die Erdungen gemacht hätte.»

Pranayama-Techniken

Die Konzentration auf die Atmung und den Ausgleich der Energien ist ein «must» für jedes Medium. Diese Meditationstechnik stellt sicher, dass das endokrine System durch die starken Energien nicht gestört wird, und dass das autonome Nervensystem im Gleichgewicht bleibt. Die Pranayama-Techniken sind das effizienteste Werkzeug, um eine ausgewogene energetische Dichte und eine harmonische Erhöhung seiner energetischen Schwingungsrate zu erzielen.

ABWECHSELNDE ATMUNG DURCH DIE NASENLÖCHER (NADI SHODANA)

Diese Atemtechnik wird dazu verwendet, die beiden Gehirnhälften sowie das autonome Nervensystem ins Gleichgewicht zu bringen. Es fördert die Fokussierung und Konzentration. Für Medien ist sie auch insofern sehr hilfreich, als sie die Fähigkeiten des dritten Auges fördert, also das Hellsehen verbessert.

Um die abwechselnde Atmung durch die Nasenlöcher vorzunehmen, setzen Sie sich auf einen bequemen Sessel oder nehmen Sie den Lotussitz ein. Konzentrieren Sie sich zuerst auf den Bereich zwischen der Oberlippe und den Öffnungen der Nasenlöcher (diese buddhistische Meditationstechnik wird «Anapana» genannt). Halten Sie die Konzentration auf diesen Punkt während ein paar Minuten aufrecht, damit Ihr Geist zur Ruhe kommt. Gehen Sie dann zur Technik Nadi Shodana über, entweder durch schlichte Willenskraft und Intention oder aber indem Sie mit einem Finger das jeweils inaktive Nasenloch zudrücken. Atmen Sie einige Male ausschliesslich durch das linke Nasenloch ein und aus, und wechseln Sie danach zur Atmung ausschliesslich durch das rechte Nasenloch. Gehen Sie dann genauso sorgfältig und entschlossen zur nächsten Phase über: Atmen Sie durch das linke Nasenloch ein und durch das rechte aus, atmen Sie dann durch das rechte Nasenloch ein und durch das linke aus, usw. Die vollständige Übung kann zwischen fünf und zehn Minuten dauern, je nach Ihren Bedürfnissen oder wie viel Zeit Ihnen zur Verfügung steht. Abgesehen von der Erdung kenne ich keine andere Übung, die in so kurzer Zeit so viel Nutzen stiftet. Es ist eine Übung, welche sich hervorragend dazu eignet, eine darauffolgende Meditation vorzubereiten, ganz unabhängig davon, welche Meditationstechnik sie wählen.

Beginnen und beenden Sie die Übung stets mit dem linken Nasenloch, denn die linke Seite steht mit Ida in Verbindung, die eine der zwei Schlangen von Sushumna. Ida steht für Frische.

Vipassana

Vipassana ist die Meditationstechnik, dank welcher Buddha Siddhartha Gautama zur Erleuchtung gelangte (obwohl ich selbst nicht Zeuge war). Heute wird diese Technik an unzähligen Bildungsstätten unter dem Namen «Mindfulness Meditation» beziehungsweise «Achtsamkeitsmeditation» gelehrt. Diese zielt darauf ab, Stress abzubauen und das allgemeine Wohlbefinden zu verbessern. Diese ursprünglich buddhistische Technik erlaubt es uns, uns von unseren Fesseln zu befreien. Sie bringt wirklichen inneren Frieden.

Es liegt mir am Herzen, Ihnen wiederzugeben, was mir während einer Diskussion mit Jonathan überliefert wurde:

«Ihr seid wie Vögel in Euren Käfigen! Wenn Ihr Eure wunderbaren Flügel weit spreizt, schlagt Ihr Euch an jeder Käfigstange an, Ihr rammt sie und verletzt Euch. Unter dem einen Flügel steht das Wort ‹Begehren› geschrieben, unter dem anderen das Wort ‹Abneigung› ... Ihr schlagt Euch fortwährend an den Käfigstangen an ... bis an jenem Tag, an dem Ihr so erschöpft seid, dass Ihr nicht einmal mehr eine einzige Feder bewegen könnt. Dann sitzt Ihr regungslos da. Es wird in diesem Moment der Ruhe geschehen, frei von Gefühlen der Abneigung und des Begehrens, dass Ihr feststellen werdet, dass der Abstand zwischen den Käfigstangen gross genug ist, um einfach zwischen diesen hindurchzufliegen und so dem Käfig zu entkommen ... Faltet Eure Flügel; verlasst den Käfig in Ruhe und im vollsten Bewusstsein. Ihr werdet in Freiheit fliegen, mit den Flügeln von Anapana und Vipassana ... Höher denn je.»

Dr. Britta Hölzel von der University of Massachusetts hat sehr interessante Forschungsresultate veröffentlicht, die den Nutzen der Mindfulness-Meditationstechnik, also von Vipassana, belegen. Die Forscherin deutscher Abstammung konnte nicht nur beweisen, dass diese Meditationstechnik stressbedingte Sekretionen stark reduziert, sondern sie hat auch gezeigt, dass das Gehirn dazu fähig ist, Zellen zu regenerieren und zu ihrer gesunden Form zurückzuführen.

Matthieu Ricard, Doktor der Zellgenetik, buddhistischer Mönch und Übersetzer für den Dalai Lama, hat eine grosse Anzahl von Büchern über den Nutzen von Vipassana oder Mindfulness geschrieben. Seine Zeit als Mönch und die Forschung, welche er an anderen Mönchen betrieben hat, hat gezeigt, dass deren Meditationstechniken passive Hirnfrequenzen – also Delta-Frequenzen – generieren, genau wie es der Heiler tut, der während des Geistheiles seinen Intellekt ausschalten kann.

Es existieren zahlreiche Klöster oder klosterähnliche Zentren, wo Vipassana erlernt werden kann:

Thailand und Indien

- → Das Zentrum Dhipabhavan auf Koh Samui empfiehlt sich sehr für Einsteiger. Der Rhythmus ist nicht allzu anstrengend für Novizen, die sich für nur siebentägige Seminare einschreiben können. Geschlafen wird auf einem Holzbrett mit einer hölzernen Kopfablage. Obwohl das Zentrum nur dreissig Minuten von der Stadt entfernt ist, liegt es tief im Dschungel und die Umgebung ist von atemberaubender Schönheit. Ein Entgelt ist in Form einer Spende vorgesehen. (Ausführlichere Information finden Sie auf der Website: www.dipabhavan.weebly.com)
- → Das Suan Mokkh-Kloster in Chaiya/Surat Tani, unter der Leitung des ehrwürdigen Ajaan Po, eignet sich für Interessenten mit mehr Erfahrung in Meditation. Die Klausuren dauern zehn Tage und finden einmal im Monat statt. Die Teilnehmer schlafen auf dem Boden und mit einer hölzernen Kopfablage. Ein Entgelt ist in Form einer Spende vorgesehen. Die örtlichen Quellen versorgen kleine zauberhafte Teiche mit ihrem warmen Wasser. (Ausführlichere Information finden Sie auf der Website: www.suanmokkh-idh.org)

- Das Doi Suthep-Kloster ist absolut wunderbar! Die Seminare dauern zwischen vier und einundzwanzig Tagen. Diese Klausur wird vor allem jenen empfohlen, die schon fortgeschritten sind, da sehr wenig Anleitung für Einsteiger gegeben wird. Die Englischkenntnisse der Mönche sind sehr begrenzt und die Kommunikation ist damit erschwert. Das Anwesen ist für ein thailändisches Kloster ziemlich luxuriös und die Teilnehmer schlafen in Einzelkammern, die mit echten Betten ausgestattet sind. Ein Entgelt ist in Form einer Spende vorgesehen. (Ausführlichere Information finden Sie auf der Website: www.fivethousandyears.org)

Schweiz

- Meditationszentrum Beatenberg: Die Seminare dauern zwischen drei und zwanzig Tagen. Klassisches Vipassana wird von westlichen Instruktoren gelehrt. Das Zentrum geniesst dank seiner Professionalität einen sehr guten Ruf und es gehört keiner Sekte an. Die angebotenen Preise sind vernünftig. (Ausführlichere Information finden Sie auf der Website: www.karuna.ch)
- In Kandersteg werden die verschiedenen Seminare abwechselnd von Mönchen aus mehreren Klöstern aus der ganzen Welt abgehalten. Die Klausuren dauern zwischen drei und fünf Tagen. Ein Entgelt ist in Form einer Spende vorgesehen. (Ausführlichere Information finden Sie auf der Website: www.dhammapala.ch)
- Vipassana Goenka, auf dem Mont Soleil im Jura: Dieses Zentrum vertritt bedauerlicherweise einen eingeengten und dogmatischen Standpunkt. Echte buddhistische Mönche haben sich enttäuscht über diese Verzerrung geäussert. In der Tat akzeptiert diese Einrichtung ausschliesslich die Meditationstechnik, welche dort gelehrt wird. Heilpraktiken oder energetische Behandlungen sind verboten. Ich erwähne diese Institution an dieser Stelle, weil sie nicht nur in der französischsprachigen Schweiz aktiv ist, sondern auch in Frankreich am Dhamma Mahi-Zentrum und an anderen Orten in der restlichen Welt. Instruktoren wie Philippe Fromont lehren an verschiedenen Goenka-Zentren, weshalb man dort auf dieselbe

dogmatische und diskriminierende Haltung stossen mag. Die Einrichtung an sich ist prächtig, gut organisiert und sauber. Aus diesem Grund handelt es sich dennoch um einen idealen Ort, um sich auf Meditation zu konzentrieren: Alle materiellen Aspekte wie die Mahlzeiten, das Putzen und der Zeitplan sind präzise organisiert. Es wird aufgrund der strengen Ausrichtung des Klosters empfohlen, nichts über sein eigenes Leben – egal ob auf privater oder beruflicher Ebene – kundzugeben und den Ort ausschliesslich zum Meditieren aufzusuchen. Auf diese Weise werden die zehn Tage auf angenehme Weise verlaufen und von grossem Nutzen sein. Ein Entgelt ist in Form einer Spende vorgesehen. (Ausführlichere Information finden Sie auf der Website: www.sumeru.dhamma.org)

Die unten vorgestellten Meditationstechniken werden am Ende des Übungskapitels eingehender beschrieben. Bitte erden Sie sich nach jeder Meditation, auch wenn dies nicht immer explizit erwähnt wird. Die Praxis der Erdung sollte als völlig selbstverständlich betrachtet werden. Alle unten stehenden Techniken werden die Antennen Ihrer Wahrnehmung aktivieren und verstärken. Deshalb ist es unabdinglich, dass diese wieder eingefahren werden, sobald die Meditation beendet ist.

Meditation in der Kraft

Das Üben der Hellsinne steht ganz am Anfang der Medialität. Diese Meditationstechnik muss mit einer Erdung abgeschlossen werden.

Es handelt sich um eine Technik, welche die Entwicklung der verschiedenen Hellsinne fördert. Diese Methode deckt das kombinierte Üben der Hellsinne am vollständigsten ab. Um den grösstmöglichen Nutzen aus dieser Meditationstechnik zu ziehen, sollten Sie sich die verschiedenen Schichten oder Stufen nicht vorstellen oder sie visualisieren, sondern einfach nur die Intention halten, diese zu erreichen.

Meditation in der Kraft ist eine Meditationsform, die in den Neunzigerjahren von einem sehr bekannten Geistführer namens James übertragen wurde. Dessen Medium war der Brite Marc Webb.

—

Die Gärten des Grossen Geistes

—

Diese Meditationstechnik arbeitet vor allem mit belebenden und harmonisierenden Farben. Sie erlaubt uns, die Fähigkeiten der Hauptschichten unserer Aura zu stärken. Und schliesslich erlaubt sie uns am besten, so tief wie möglich in die Energie des Grossen Geistes einzutauchen, entsprechend dem Bild des Schwammes, der im Ozean schwimmt und gleichzeitig den Ozean in sich trägt.

—

Meditation mit den Geistführern

—

Diese Meditationsform beschert uns jene prächtige Zusammenkunft mit den Lichtwesen, die uns umgeben und die von der unsichtbaren Welt aus mit uns zusammenarbeiten.

Diese Technik verschafft uns Klarheit bezüglich der Frage, ob unsere Wahrnehmungen echt sind oder lediglich Projektionen und Fantasien darstellen. Aus diesem Grund ist sie essenziell für jedes Medium.

Genau wie die Techniken *Meditation in der Kraft* und *Die Gärten des Grossen Geistes* kann auch *Meditation mit den Geistführern* mit den Pranayama-Techniken begonnen werden.

—

Trance

—

Diese Art der Meditation führt uns durch die passiven Frequenzen, bei denen jegliche intellektuelle Aktivität gänzlich unerwünscht ist. Ohne die Fähigkeit des Loslassens erlernt zu haben, ist es unmöglich, als Kanal einen vollständigen Reinheitsgrad zu erreichen! Diese Technik stellt das Gegenteil zur Arbeit mit den Geistführern, welche auf interaktive Weise abläuft, dar.

Religionen, Dogmen und Ängste

An dem Tag, an welchem ich das Jenseits erreiche
Werde ich mit Allah die Shisha rauchen
An der Seite Buddhas, mich auf sein Kissen stützend
Der Papst wird Harfe spielen, Jesus wird Fische abschuppen
Der Dalai Lama wird den Tee zubereiten
Wir werden auf die Menschen hinabblicken
Und welch' ein Verhalten sie an den Tag legen
Es stimmt uns etwas traurig
Aber gut
Wir wissen
Wie sehr diese Kulturen
Schliesslich alle vergänglich sind

Ich wünsche mir so sehr, dass die Religionen es schaffen, einen Dialog aufzubauen, sodass die Menschheit stärker zusammenwachsen kann, anstatt sich gegenseitig zu bekämpfen. Diese Kämpfe und Kriege sind dem, was in den heiligen Büchern gelehrt wird, diametral entgegengesetzt.

Weil es mir vergönnt war, Heiligen aus verschiedenen Religionen zu begegnen, und weil sie mich alle auf derselben Ebene berührt haben, ist es mir schlicht unmöglich, eine spezifische Religion zu praktizieren. Und ist es mir unmöglich, zu sagen «Ich bin ein Christ, weil ich so erzogen wurde und weil ich Jesus begegnet bin», oder «Ich bin Hindu, weil ich Sri Yukteswar, den Meister von Paramahansa Yogananda getroffen habe». Was Praktiken anbelangt, welche sich den spirituellen Aufstieg zum Ziel gesetzt haben, so glaube ich vor allem an den Theravada-Buddhismus, kombiniert mit den Pranayama-Techniken aus dem Kriya-Yoga. Dieser Ansatz kennt keine Verehrung. Das Einzige, was hierbei zählt, ist, dass man den unterrichtenden Mönch respektiert, weil er Buddha repräsentiert, der sein Leiden überwunden hat. Es wird von jeglicher Verehrung abgesehen, weil diese Mönche nicht glauben, dass Gott mit jenen, die beten, milder sein wird als mit jenen, die dies nicht tun. Es kann sein, dass jemand nicht betet, weil seine Kultur oder seine Erziehung ihn Beten nicht gelehrt hat. Aber wie dem auch sei, Buddhisten glauben vor allem an Karma, das heisst an die in unseren energetischen Partikeln gespeicherten Informationen, und an die Resonanzen, in welche diese mit den Ereignissen, die sie dadurch anziehen, treten können. Alberne katholische Ideen wie beispielsweise «ein Kind, das nicht getauft wurde, wird in der Vorhölle enden» sind absolut haarsträubend. Bei allem Respekt, erstens wurde die Hälfte aller Menschen nicht getauft und zweitens wurde die Vorhölle am 20. April 2007 durch ihren Besitzer geschlossen. Ich weiss nicht, wohin all diese Seelen umgezogen wurden, aber der Ort dürfte ziemlich überfüllt sein.

Gemäss der Lehre des Vipassana ist das Einzige, was zählt, die Arbeit am eigenen Wesen, und ich weiss mit Sicherheit, dass dieses Vorgehen effizient ist. Für mich selbst ist es in der Tat höchst effizient. An sich selbst zu arbeiten bedeutet nicht, dass man dabei auf die Zusammenarbeit mit den Heiligen oder den aufgestiegenen Meistern verzichten müsste. Es ist notwendig, die Heiligen anzurufen oder zu ihnen zu beten, wenn wir ihre Zusammenarbeit wünschen. Der Glaube, dass dies einfach dadurch geschieht, dass man sein Schicksal in die Hände eines Heiligen legt, ist eine Utopie. Das Gebet wird oft zu einer heuchlerischen Angelegenheit, nämlich dann wenn die Bitten der Betroffenen viel mehr sie selbst betreffen. Relativ wenig Gläubige beten für andere Menschen oder drücken Ihre Dankbarkeit für all das Gute, was sie erhalten haben, aus. Derjenige, der nur dann betet, wenn er etwas benötigt, mag es sehr wohl erhalten. Aber wer weiss, ob dies zu seinem Wohl geschieht? Wir beten oft gemäss unserem Begehren, nicht im Sinne der Weisheit!

Meine Geistführer haben mir klar kommuniziert, dass sie nicht in die Abläufe unserer Leben eingreifen, es sei denn, wir bitten sie darum. Dies würde einen Verstoss gegen unseren freien Willen und gegen die himmlischen Gesetze darstellen. Der Wille eines Menschen, mit den Heiligen zusammenzuarbeiten, ist ein Zeichen des Glaubens, genau wie der Glaube an Gott oder an das Licht.

Die Wohltat, welche das Gebet für Kranke haben kann, wurde schon belegt. Hierbei handelt es sich jedoch um einen anderen Ansatz, weil wir nicht für uns selbst beten, sondern für das Wohl von jemand anderem, oftmals dasjenige eines Fremden. Abgesehen von der Hilfe, um die wir einen Heiligen bitten, hat das Gebet auch eine positive Auswirkung gemäss dem Prinzip des positiven Denkens, wie dies durch Techniken wie NLP (Neuro-Linguistisches Programmieren) und Hypnose illustriert oder auch im Buch «The Secret – Das Geheimnis» von Rhonda Byrne erläutert wird.

Das Risiko oder die Gefahr des NLP oder anderer Werkzeuge des positiven Denkens liegt darin, dass eine Abneigung durch ein Begehren ersetzt wird, oder ein Begehren durch ein anderes, oder dass man sich etwas wünscht, das nicht unbedingt in unserem besten Interesse liegt. Durch ein derartiges Ersetzen wird nichts aufgelöst und nichts geheilt.

Es ist offensichtlich und wir wissen dies dank psychischen Lesungen: Jeder Gedanke, der uns durch den Kopf geht, wird abgespeichert und wir sind der Speicherplatz – ja manchmal sogar richtige Mülleimer – für alle gehegten Gedanken. Unsere energetische Schwingungsrate gibt den Durchschnitt all unserer Gedanken wieder. Wenn wir diesen Durchschnitt unserer Gedanken darstellen, wandeln wir sie durch das Gebet, insbesondere jenes für Mitmenschen, in positive um oder bedanken uns für all das Schöne in unserem Leben. Das beste Werkzeug, das ich empfehlen kann, um unseren Mülleimer zu leeren und unsere negativen und mit Begehren oder Abneigung belasteten Gedanken aufzulösen, ist die Meditation. Vipassana oder die Pranayama-Techniken, neben anderen Ansätzen, lösen die dichten energetisch abgespeicherten Informationen auf. Ich möchte Sie ermutigen, die Atemtechniken des Kriya-Yoga sowie Za-Zen zu praktizieren, um die Resonanz mit unheilbringenden Ereignissen zu reduzieren. Durch das Praktizieren dieser Meditationen und Techniken wird es immer weniger Grund geben, für sein eigenes Wohl zu beten, und das Leben wird sich fortlaufend positiver gestalten.

Gewisse Aspekte des Ansatzes des positiven Denkens lassen mich schmunzeln. Ich höre tatsächlich von vielen Leuten, die ihren Parkplatz vorreservieren; sie sind stolz darauf und freuen sich darüber, weil es funktioniert und sie so zu ihrem Parkplatz kommen. Ja, gewiss. Aber wenn es darum geht, eine neue Wohnung zu finden, oder eine neue Stelle, einen neuen Lebenspartner oder ein neues Leben, dann bringen dieselben Personen nicht die gleiche Ausdauer auf. Der Grund dafür liegt auf der Hand:

Zum einen wendet ihr Intellekt diese Art von Perspektive nicht auf diese Bereiche an und zum anderen fehlt ihnen das Grundverständnis des Vorgehens. Der Schlüssel ist das Loslassen, das Geschehenlassen, und zwar in der Gewissheit, dass das, was begehrt wird, geschehen wird!

Religion ist nichtsdestotrotz ein von Menschen erschaffenes Dogma. Oder wie es Dan Brown in seinem Buch «Angels and Demons» ausdrückt: «Religion is imperfect because man is imperfect.» Dieses Dogma wird dazu verwendet, um das Volk zu kontrollieren und den Klerus zu bereichern. Das ist einer der Gründe, die zur Exkommunikation von Martin Luther geführt haben. Im Übrigen wird in der Bibel nicht die vollständige katholische Hierarchie erwähnt, und ein Teil derselben rebellierte gegen den Vatikan und klagte diesen des Betrugs an: Dies geschah aufgrund der Geldbeträge, die der Vatikan vom Volk verlangte, im Austausch gegen die Ablässe, welche dem Volk den Zugang zum Paradies verschaffen sollten. Es waren unter anderem diese Umstände, die Luther zur Gründung des Protestantismus bewegten. In Indien gibt es eine Variante des Ablasses, welche sogar heute noch praktiziert wird. Im Geburtshaus von Krishna, zwischen Deli und Agra, wo der Taj Mahal errichtet wurde, wurde mir eine Liste von Wünschen gezeigt, welche in Erfüllung gehen könnten, wenn ich dafür bezahlte. Gegen einen bestimmten Betrag an Rupien – obwohl Krishna Dollars bevorzugt – erhalte ich zum Beispiel einen Platz im Paradies, oder meine verstorbenen Eltern können im Himmel ihren Frieden finden, oder meine Kinder werden in der Schule erfolgreich sein und glückliche Leben führen usw. Auf dieselbe Weise verhält es sich mit den Buddhisten – je grösser die Gabe für den Tempel oder das Kloster, desto besser für mein Karma. Dieser Sachverhalt wirkt sich stark auf die Bevölkerung aus, von der die Mehrheit ohnehin schon arm ist. Diese Menschen verköstigen die Mönche, sobald sie vor ihrem Haus auftauchen, auch wenn der eigenen Familie beinahe nichts mehr für sich selbst bleibt. Dazu kommt die Regel: Je höher der Rang des betroffenen Mönchs, desto besser verhält es sich für das Karma des Spenders.

Alle Religionen basieren auf Dogmen und Politik, was sich auf interne Machtkämpfe zurückführen lässt. Um diesen Punkt zu illustrieren, möchte ich Sie bitten, an eine Religion zu denken, an deren Spitze eine

Frau ist oder war. Gibt es Frauen, die in Religionen wichtige Positionen besetzen? Bei den Buddhisten finde ich keine. In Indien gibt es nur private Sekten wie zum Beispiel Amma. Im Katholizismus gibt es keine Spur von Frauen in Hauptrollen, es sei denn für Haushaltsarbeiten. Bei den Orthodoxen verhält es sich gleich, wie auch bei den Juden. Zu guter Letzt finden wir unter den Protestanten und englischen Spiritualisten – Gott sei Dank – Frauen in den Rollen von Pastorinnen und Ministerinnen, welch' eine Freude! Ob Gott wohl ein protestantischer Spiritualist ist?

Die Angriffe gegen meine Schule oder mich persönlich kommen immer von Sekten, oftmals mit christlichem Hintergrund, wie beispielsweise die Zeugen Jehovas. Ich möchte hier in Klammern anfügen, dass es sinnlos ist, die Bibel sprichwörtlich zu zitieren. Es existieren verschiedene Sekten und Religionen und damit tausende von unterschiedlichen Bibelversionen, welche über die Jahrtausende unzählige Male überarbeitet und verändert wurden. Dennoch ist es interessant festzustellen, dass trotz der Überarbeitungen zahlreiche Stellen Ähnlichkeiten beibehalten haben oder auch ohne Veränderung übernommen wurden. Den ersten Vorwurf, den ich oft zu hören bekomme, ist: «Es steht geschrieben, dass man nicht mit den Toten kommunizieren darf!»

Wenn in der Bibel «vom Toten» gesprochen wird, dann wird damit jener angesprochen, der sich Gott nicht anvertraut, der nicht an Jesus, den irdischen Stellvertreter Gottes, glaubt! «Der Tote» ist also jemand, der keinen Glauben hat, was nichts zu tun hat mit dem Tod des physischen Körpers. Zu diesem Thema gibt es in der Bibel über vierzig Abschnitte, welche den Unterschied zwischen diesen zwei Sachverhalten verdeutlichen, vom Alten Testament bis zum Neuen Testament (von Daniel 11.22 bis Johannes). Vers 16 aus dem 3. Kapitel des Johannesevangeliums spricht diesen Unterschied zwischen dem Menschen, der ohne Glauben lebt, und dem physischen Tod an: «Denn Gott hat die Menschen so sehr geliebt, dass er seinen einzigen Sohn für sie hergab. Jeder, der an ihn glaubt, wird nicht zugrunde gehen, sondern das ewige Leben haben.» Oder auch Vers 26 aus dem 11. Kapitel des Johannesevangeliums: «Und wer lebt und an mich glaubt, wird niemals sterben.»

In all diesen Abschnitten hat der Tote, also der Verstorbene, nichts mit dem physischen Tod zu tun! Wir sind lebendig, im Hier und Jetzt dieses Lebens und auch nach unserem physischen Tod, vorausgesetzt wir leben im Glauben. Wenn wir in diesem Leben gesund und munter sind, das Leben aber auf atheistische Weise führen, dann sind wir in den Augen der Bibel tot. Es ist also alles ausschliesslich eine Frage der Haltung, des Vertrauens in Gott und des Glaubens an Gott...

Einer der Kirchenurväter und der wohl weiseste Mann seiner Zeit war Origenes von Alexandria (185–254). Als sein wichtigstes Werk gilt De Principiis. Er war ein leidenschaftlicher Aktivist und glaubte an die Reinkarnation. Als Leiter der hoch angesehenen Katechismusschule in Alexandria genoss er einen privilegierten Zugang zur Bibliothek von Alexandria (welche gemäss den Erzählungen auf Anweisung von Theophilos, dem christlichen Fanatiker und damaligen Patriarchen von Alexandria, abgebrannt wurde) und kannte daher alle originalen Dokumente des Christentums wie zum Beispiel die Evangelien und die Apostolischen Briefe. Es bestehen zahlreiche Parallelen zwischen den Werken von Origenes von Alexandria und der hinduistischen spirituellen Lehre Bhagavad-Gîtâ. Letztere beschreibt den Weg der Seele, von der Illusion und dem Bösen bis zur Rückkehr zu Gott, eine Entwicklung, die über mehrere Leben hinweg geschieht. Anlässlich der verschiedenen katholischen Konzile im Laufe der Jahre 381 bis 553 wurden die Schriften und Erwähnungen bezüglich der Reinkarnation laufend aus der Bibel entfernt. Die Lehre Origenes' wurde unter Kaiser Justinian I. und Papst Vigilius anlässlich der Synode von Konstantinopel im Jahre 543 unwiderruflich verbannt.

Glücklicherweise wurden dabei einige wichtige Abschnitte, welche die Reinkarnation erwähnen, übersehen, wie beispielsweise derjenige, der die Reinkarnation des Propheten Elija neunhundert Jahre später als Johannes der Täufer beschreibt. Am Ende des Alten Testaments sagt Maleachi: «Seht, da sende ich zu euch den Propheten Elija ...» Jesus sagt im Matthäusevangelium: «Und, so ihr's wollt annehmen, Johannes ist Elija, der da soll zukünftig sein. Wer Ohren hat, zu hören, der höre!»

Ich erwähne diese Bibelabschnitte nicht lediglich, um die Diskussion über die Reinkarnation an sich zu vertiefen, sondern auch um damit die Wichtigkeit der Akzeptanz des Wesens des Geistes zu unterstreichen. Dieser vermag Distanzen uneingeschränkt zu überwinden und kann uns damit erscheinen und mit uns kommunizieren, nachdem er seinen fleischlichen Körper verlassen hat, unabhängig davon, ob der Geist sich reinkarniert oder nicht.

Katholiken, Orthodoxe und Protestanten, welche die Bibel gut studiert haben und ihr Buch gut kennen, zeigen eine deutlich grössere geistige Öffnung gegenüber der Medialität. Diese Akzeptanz und dieses Verständnis findet sich im 1. Brief des Paulus an die Korinther wieder, im zwölften Kapitel, Vers 5 und folgende:

«Durch einen jeden offenbart sich der Geist zum Nutzen aller. Dem einen wird durch den Geist ein Wort der Weisheit gegeben; dem andern ein Wort der Erkenntnis durch denselben Geist; einem andern Glaube, in demselben Geist; einem andern die Gabe, gesund zu machen, in dem einen Geist; einem andern die Kraft, Wunder zu tun; einem andern prophetische Rede; einem andern die Gabe, die Geister zu unterscheiden; einem andern mancherlei Zungenrede ...»

In diesem einen Abschnitt finden wird absolut alles, was im Bereich der Medialität praktiziert wird: Vom Heilen über die verschiedenen Arten, den Kontakt mit Geistwesen herzustellen, und sogar die Trance! Danke, Jesus und Paulus, dafür, dass Ihr dies erkannt habt, und danke all jenen, die es verstehen, ihre Lehre zu lesen und sie aufzunehmen.

Wieso nehmen wir uns diese zahlreichen und grossartigen Metaphern, die wir in religiösen Büchern finden, nicht als Beispiel und als eine Ermutigung, ein gesundes und mit Liebe erfülltes Leben zu führen? Jenseits der Dogmen eröffnen uns die Religionen den Weg zu einem wahrhaft spirituellen Leben und können uns zu einem dauerhaften inneren Frieden verhelfen. Sie verkünden die Liebe. Geben wir unser Bestes, sie wirklich zu leben. Wenn wir den Mut aufbringen, einen solchen Weg einzuschlagen, werden sich uns die Ereignisse und die Beweise der Existenz des natürlichen Phänomens offenbaren. Ganz egal ob Jesus' Gott, Abrahams Gott oder Shivas Gott in Indien – Gott liebt die gesamte Natur. Unzulänglichkeiten lassen sich überall finden, aber wieso sollten wir uns auf diese konzentrieren, anstatt Gemeinsamkeiten zu finden und auf diesen aufzubauen? Wir könnten alle so viel glücklicher und vollständig sein, wenn wir uns die Hände reichen würden!

Herumirrende Seelen

Viele sagen von sich, dass sie sich vor Geistern, vor Trance oder einfach vor der geistigen Welt fürchten. Ich selbst habe keinerlei Grund, das Jenseits zu fürchten. Während meiner gesamten Laufbahn habe ich mich kein einziges Mal gefürchtet.

Wieso sollte ich mich vor einem verstorbenen Verwandten fürchten, wenn er mir im Leben nahegestanden hat? Wieso sollte mich eine verstorbene Person beängstigen, wenn ich mich vor niemandem, dem ich in der Stadt über den Weg laufe, fürchte?

Das natürliche Phänomen des Weiterlebens nach dem Tod ist ausserordentlich deutlich, prächtig und bewiesen. Wenn der physische Körper stirbt, verlässt die Seele ihre Hülle. Das ist eine Tatsache und hat nichts mit Religion oder Glauben zu tun, es ist unsere Natur. Es ist schon vorgekommen, dass ich den Geist von Menschen gesehen habe, die nur ein paar Tage oder sogar Stunden zuvor verstorben waren und sich dann neben mir oder in meiner Praxis aufhielten, und zwar auf sehr konkrete Weise, das heisst, ich konnte als Beweis beispielsweise korrekte Beschreibungen der Kleider abgeben, welche die Personen zum Zeitpunkt ihres Ablebens trugen. In dem Moment, in dem ein Mensch stirbt, erstellt sein Geist eine präzise Kopie des physischen Körpers inklusive der Kleider. Es ist mir schon einmal passiert, dass ich das Nachthemd einer Dame beschreiben konnte, die mich in meiner Praxis noch lange vor dem Termin ihrer Tochter aufgesucht hatte. Die ältere Dame war zwei Tage zuvor verstorben. Wenn der physische Körper stirbt, verlässt der Geist sein fleischliches Vehikel, das ist eine Tatsache.

Der einzige Faktor, der nicht immer konstant sein mag, ist die Zeit, welche die verstorbene Person benötigt, um zum Licht zurückzukehren.

Es ist offensichtlich, dass fast alle Sterbenden sofort zu jenem Licht zurückkehren. Wenn das nicht der Fall ist, bleiben manche Geister gewissermassen kleben. Wir nennen sie «herumirrende Seelen». Diese herumirrenden Seelen stellen jedoch nur einen kleinen Bruchteil aller Verstorbenen dar. Es kann passieren, dass ein Geist nach einem plötzlichen, gewaltsamen und unerwarteten Tod, oder nach einem Selbstmord noch eine Weile in unserer materiellen Dimension verweilt. Das ist allerdings absolut kein Verhängnis.

Der beste Beweis, der es mir erlaubt, meine Ausführungen zu veranschaulichen, ist die tragische Geschichte von Georges.

Georges, mein symbolischer Blutbruder, mit dem ich als Kind in einem brüderlichen Pakt mein Blut vermischt habe, nahm sich zur grössten Trauer seiner Familie und seiner Freunde gegen Ende seiner Jugend das Leben. Dieser junge Mann ist schon mehrmals aus dem Jenseits zurückgekehrt, um mich zu besuchen, umgeben von einem Licht, das mich zutiefst berührt hat. Diese Treffen sind jedes Mal wieder umwerfend! Angesichts seines Lichts könnte er ein Geistführer sein, dermassen hell strahlt er. Er war aber auch in seinem irdischen Leben von strahlender Natur. Georges war Pazifist, begabter Musiker, fein und zart, und damit mit dem Militärdienst, den er hätte absolvieren sollen, gar nicht einverstanden. Dies war der Umstand, der ihn dazu veranlasste, sich das Leben zu nehmen. Und dennoch erscheint er jedes Mal umgeben von Licht, wenn er zurückkehrt, um mir einen Besuch abzustatten. Für mich ist es damit klar, dass er für seine Tat nicht bestraft wurde, wie es gewisse Religionen oder Glaubensrichtungen behaupten. Georges schenkte uns sein Licht in seinem irdischen Leben und deswegen wird er sich in demselben Licht reinkarnieren, und nicht in der inneren Bedrängnis, unter welcher er sich das Leben genommen hat.

Aus meiner Sicht begeben wir uns ins Licht, sobald wir den Übergang ins Jenseits antreten. Seelen bleiben nur in seltenen Fällen hier stecken. Die wenigen Seelen, die zurückgeblieben sind und die ich selbst gesehen habe, sind Wesen, die eine ausserordentliche Last mit sich tragen, entweder in der Form einer extremen Zuneigung oder einer sehr starken Abneigung. Für diese Seelen nimmt die Zu- oder Abneigung eine derart übermässige Form an, dass es ihnen unmöglich wird, die sosehr strahlenden Wesen des Jenseits zu erkennen. Die Kraft dieser Zuneigung ist so gross, dass ausschliesslich die materielle Dimension wahrgenommen wird, diejenige der subtilen Dimension jedoch fehlt. Solche Seelen sind nicht imstande, die Liebe und das Licht wahrzunehmen, weshalb sie hier in den irdischen Dimensionen zurückbleiben. Dies ist in der Tat eines der wenigen Dinge, die mir im Film «The Sixth Sense» mit Bruce Willis gefallen: Letzterer ist sich nicht bewusst, dass er verstorben ist. Ich kann diesen Teil des Films akzeptieren, weil ich das bereits erlebt beziehungsweise in meiner Praxis gesehen habe.

Von allen sogenannten verspukten Häusern, die ich besucht habe, um sie von herumirrenden Seelen zu säubern, bleibt nur ein halbes Dutzend Fälle, bei dem es sich tatsächlich um eine zurückgebliebene Seele handelte. In allen anderen Häusern hielt sich keine herumirrende Seele auf. Bevor Sie also damit beginnen, ein angeblich verspuktes Haus zu reinigen oder zu behaupten, Ihr Haus sei verspukt, empfehle ich Ihnen, die Prüfliste, die für solche Fälle vorgesehen ist, durchzugehen.

Wenn Kinder oder Jugendliche in einem vermeintlich verspukten Haus leben, kann es sich in Wirklichkeit um Hyperaktivität, Zorn, Stress oder ähnliches handeln, also um Umstände oder Emotionen, die zur Abgabe von kinetischer Energie und damit von elektromagnetischer Energie führen, die vom physischen Körper produziert wird. Diese Energie vermag Gegenstände zu bewegen, Glühbirnen auszubrennen oder Computer lahmzulegen. Menschen, denen es an Erdung fehlt, gehören zu den Personen, die am ehesten Uhren oder Haushaltsgeräte zum Stehenbleiben oder Computer zum Stocken oder gar Explodieren bringen. Meiner Einschätzung nach handelt es sich in der Mehrheit aller Fälle um von Menschen generierte Energie, welche zu den genannten Phänomenen führt, für die üblicherweise aber Poltergeister verantwortlich gemacht werden.

Säuberung und Segnung eines Raumes oder Ortes

So wie ein Schamane weissen Salbei zur Säuberung eines Ortes verwendet, so mache ich das Kreuzzeichen, wenn ich einen Raum segne, bevor ich diesen von seinen alten Energien befreie. Das Kreuzzeichen ist nicht ausschliesslich ein Symbol der Katholiken. Ich selbst glaube an einen Grossen Geist und bin davon überzeugt, dass wir Menschen das Licht in uns tragen, genau wie es Jesus, Krishna und Buddha in sich getragen haben. Auch Engel und Geistführer zeigen uns dies. Und all diese strahlenden Wesen haben mich zur Überzeugung gebracht, dass das Kreuzzeichen von universeller Bedeutung ist.

Eine Säuberung kann auf verschiedene Weisen vorgenommen werden. Das Erste, was wir uns in Erinnerung rufen müssen, ist die Tatsache, dass Licht immer den Schatten verdrängt. Danach kann man einen Raum nach dem anderen durchschreiten und diesen dabei mit Salbei oder Räucherstäbchen einräuchern und das Kreuzzeichen machen. Das Wichtigste hierbei ist Ihre Überzeugung und Ihr Glaube an die Zeremonie. Falls Sie dabei auf eine herumirrende Seele stossen, die in den irdischen Dimensionen zurückgeblieben ist, müssen Sie mit ihr in Dialog treten und sie dazu auffordern, sich zu ihren Nahestehenden im Licht zu begeben.

PRÜFLISTE: FRAGEN VOR EINER HAUSSÄUBERUNG

Die unten stehende Liste wurde erstellt von Margaret De-Petro, Heilerin und Ausbilderin für Heilmethoden und Medialität (www.margaretdepetro.com). Die darin enthaltenen Fragen dienen lediglich der Evaluierung der Wohnung oder des Hauses eines Klienten. Anhand dieser Liste kann das Medium, falls es sich für eine Säuberung entscheidet, im Voraus abklären, in welche Situation es sich begibt.

- Rufen Sie die betroffene Person an, aber stellen Sie sicher, dass Ihre Rufnummer dabei nicht angezeigt wird. Geben Sie auch keine anderweitigen persönlichen Informationen preis.
- Bitten Sie die Person um folgende Informationen:
  - Namen und Adresse
  - Nimmt die Person an Aktivitäten spiritueller Art im Rahmen einer medialen Gruppe teil? Falls ja, inwiefern genau?
- Hat die betroffene Person Fernsehsendungen bezüglich dieses Themas (Geister, Spukhäuser oder sonstige übernatürliche Phänomene) gesehen?
- Angaben bezüglich der Art und Weise, auf welche die vermeintlichen Geister sich bemerkbar machen:
  - Wann wurde das merkwürdige Phänomen zum ersten Mal beobachtet?
  - Wie oft treten die Phänomene auf?
  - Was geschieht dabei? Was können Sie sehen? Was spüren Sie? Bewegen sich Gegenstände?
  - Wie viele Personen sind Zeuge dieser Phänomene und um wen handelt es sich?
  - Wie lange hat der Klient schon in diesem Haus gewohnt?

  - → Wie viele Personen leben in diesem Haus?
  - → Wie viele junge Personen leben in diesem Haus oder sind regelmässig zu Besuch?

Die letzten zwei Fragen sind von besonderer Bedeutung, weil Kinder und Jugendliche (im Alter zwischen 13 und 19 Jahren) Denkformen erschaffen können, die als Poltergeister interpretiert werden, in Wirklichkeit aber nur durch hormonelle Veränderungen bedingte Energien darstellen. Hyperaktive Kinder können ebenfalls derartige Phänomene auslösen.

  - → Leben Tiere in diesem Haus? Falls ja, welche Reaktionen auf diese Geschehnisse zeigen sie?
- → Besteht die Möglichkeit, dass technische Probleme bezüglich der Rohrleitungen oder der elektrischen Installationen vorliegen?
- → Wurden die Rohrleitungen und/oder die elektrischen Installationen vor Kurzem geprüft? Besteht die Möglichkeit der Existenz einer Quelle unter dem Haus?
- → Sind in der Vergangenheit erdbebenbedingte Probleme wie beispielsweise Risse im Mauerwerk aufgetreten?
- → Leidet der Klient selbst oder ein anderer Mitbewohner des Hauses an gesundheitlichen Problemen?
  - → Falls psychische Störungen vorliegen: Ist der Klient in spezialärztlicher Behandlung? Falls nicht, so läuft das Medium Gefahr, sich in eine Situation zu begeben, für die es nicht qualifiziert ist.
  - → Ist der Klient in medikamentöser Behandlung (z. B. Einnahme von Betablockern, Benzodiazepinen, Antihistaminika, Antidepressiva oder Medikamenten gegen Schizophrenie), die zu Nebeneffekten führen kann wie beispielsweise Halluzinationen, Sehstörungen, Albträume, Schwindelanfälle, Verwirrung, Depression, Ängstlichkeit usw.?
- → Konsumiert der Klient Marihuana? Falls ja, kann Paranoia vorliegen.
- → Liegt ein Verdacht auf Alkoholismus vor? Wie sehen die Trinkgewohnheiten des Klienten aus?
- → Benützt der Klient regelmässig ein Ouijabrett?

- → Welche Stressfaktoren liegen vor?
  - → Prüfungen, eine Trennung, eine Scheidung oder Trauer?
  - → Persönliche Belange wie zum Beispiel bedeutende Veränderungen im Arbeitsleben, bezüglich der finanziellen Situation, dem Privatleben oder dem familiären Leben.

Abgesehen vom seltenen Fall der herumirrenden Seele können einem Haus auch Informationen aus der Vergangenheit anhaften, was eindeutig einen anderen Sachverhalt darstellt. Die zwei Begriffe des «Gespenstes», das heisst Informationen aus der Vergangenheit, zum einen und der «herumirrenden Seele» zum anderen sind also nicht zu verwechseln. Im Falle eines solchen Gespenstes kann keine Interaktion und kein Dialog stattfinden, denn es handelt sich um eine leere Zelle. Mit einer Seele hingegen ist es möglich, in Kontakt zu treten, wie wir ja bereits wissen.

Wir können ein solches Gespenst – mit anderen Worten, eine leere Zelle, die sich weiterhin bewegt – unter Umständen an Orten, wo repetitive Bewegungsabläufe stattgefunden haben, vorfinden. Es handelt sich hierbei um ortsgebundene Informationen. Im Falle eines Gespenstes kann es sein, dass an diesem Ort ein sehr kraftvolles und intensives Ereignis stattgefunden hat. Einer Gefängniszelle, in welcher der Gefangene unzählige Runden gedreht hat, könnte beispielsweise ein solches Gespenst anhaften. Derartige Informationen könnten ebenfalls in einem Haus vorkommen, in welchem der Bewohner oft präsent war und die Räumlichkeiten über lange Zeit hinweg immer wieder nach demselben Muster benutzt hat, sich zum Beispiel immer im selben Lehnstuhl aufhielt. Derartige Ereignisse oder Umstände können von einer sensitiven Person wahrgenommen werden. Meine eigene Erfahrung hat mich gelehrt, dass es weit mehr ortsgebundene Informationen aus der Vergangenheit gibt als Geistwesen. Und dennoch bin ich immer wieder erstaunt, wie wenigen herumirrenden Seelen ich in meiner ganzen Laufbahn begegnet bin. Und das obwohl ich sehr viele Orte besucht und viele alte Gegenstände in der Hand gehalten habe. Für die sogenannten herumirrenden Seelen, die sich sehr rar machen und noch nicht den Weg ins Licht zurückgefunden haben, gibt es eine Technik, die ihnen dabei hilft, diese Etappe zu durchlaufen: der Rettungszirkel (auf Englisch «rescue circle» oder auf Französisch «cercle de passage» genannt). Diese Technik wird im Allgemeinen von einer Anzahl von Medien angewandt, die sich zusammenfinden, um Energie von hoher Intensität zu generieren. Diese Gruppe hilft der herumirrenden Seele dabei, sich in jenen Lichtstrahl zu begeben, der sie von ihrer Dichte befreit und an den richtigen Ort führt, nämlich ins Licht, zu seinen Nahestehenden und seinen Geistführern. Die Sensationspresse pflegt Geschichten von verspukten Häusern breit auszuschlachten, genau wie dies auch in der Folklore geschieht. Gemäss meinem Wissen und meinen Beobachtungen liegt die Erklärung meist viel näher: Oft sind es die betroffenen Personen selbst, die diese Phänomene auslösen und sie irrtümlicherweise Verstorbenen oder Gespenstern – also Informationen der Vergangenheit, die einem Ort anhaften können – zuschreiben.

Es existieren allerdings auch ortsgebundene Informationen, die eine wohltuende Wirkung ausüben. Das können Orte sein, die in tellurischer Hinsicht eine starke Ausstrahlung haben und die wir aufsuchen können, um uns zu erholen. Viele Kirchen, Tempel und andere Orte der Meditation aber auch private Therapiekabinette weisen eine solche positive Ladung auf. La Pierre de la Paix, ein erratischer Block, der sich ungefähr hundert Meter vom Hôtel du Chasseron entfernt, unterhalb von Les Rasses in Sainte-Croix in der Westschweiz, befindet, ist ein gutes Beispiel für einen solchen Ort. Bei diesem Steinblock werden regelmässig 32 000 bis 36 000 Bovis (eine Masseinheit für die Schwingungsrate eines Körpers, Orts oder Objekts) gemessen, was einen ausserordentlich hohen Wert darstellt. Eine zehn- bis fünfzehnminütige Meditation an diesem Ort reicht aus, um sich gut zu erholen. Um sich an derartig geladenen Orten auf bewusste Weise aufzuladen, genügt es, für die Erdung die Energie beim Einatmen durch die Füsse und Beine in seinen Körper hinaufzuziehen, oder sie durch die Fontanelle in seinen Körper hinabzuziehen, um die Energiezentren im oberen Bereich des Körpers zu stärken und zu entwickeln. Es wird davon abgeraten, diese Übung zu lange durchzuführen, weil das zu Schwindelanfällen und anderen Störungen des Nervensystems führen kann! Meines Wissens besteht keine Gefahr für Leute, die solche Orte unwissend und nur zum Picknicken aufsuchen, also ohne die Verbindung zur Energie herzustellen. Die besonderen energetischen Eigenschaften des Chasseron wurden erst in den Neunzigerjahren entdeckt. Aus diesem Grund ist er im Buch «Hauts-lieux Cosmo-telluriques» von Blanche Merz nicht erwähnt. Ich möchte Ihnen dieses Werk aufgrund der Beschreibung der zahlreichen Orte und Kirchen trotzdem empfehlen. Vor nicht allzu langer Zeit habe ich diesen Ort zusammen mit einer Freundin und ihrem Hund, der an einer schmerzlichen Dysplasie litt, aufgesucht. Noch im Laufe desselben Abends verschwanden sichtlich jegliche Anzeichen von Schmerz und der Bouvier des Flandres konnte wieder in den Kofferraum springen wie ein Welpe.

Der böse Blick

Je weiter südlich man sich auf diesem Planeten befindet, desto mehr trifft man auf den Glauben an den sogenannten bösen Blick. Wenn in Afrika jemand zu einer anderen Person einen Satz sagt wie zum Beispiel «Ich werde Dich mit Voodoo verhexen», dann stehen die Chancen gut, dass letztere in Panik gerät. Wenn man dasselbe zu einem deutschschweizerischen Buchhalter sagt, dann wird dies lediglich ein mildes Lächeln auslösen. Der Mechanismus des psychischen Angriffs bedient sich zweier Hebel: des Glaubens und der Autosuggestion. Menschen, die davon überzeugt sind, dass ihnen ein psychischer Angriff Schaden zufügen kann, werden in der Tat früher oder später Symptome aufweisen. Diese autosuggestive Funktionsweise ist nicht nur die Basis von psychischen Angriffen oder allgemein negativen Gedanken, sondern findet ebenso Anwendung beim Gebet, also bei positiven Gedanken. Wenn Sie sich wiederholt vorsagen «Ich bin bei guter Gesundheit», wird dies im Körper Mechanismen in Gang setzen, die das Immunsystem stärken.

Nehmen wir einmal an, dass jemand ein Blatt Papier nimmt, darauf notiert «Ich werde Person X dazu bringen, ihre grosse Zehe zu verletzen», dafür einen zeitlichen Rahmen vorgibt und das Blatt in einen versiegelten Umschlag steckt. Wenn die Person X nach Ablauf der vorgegebenen Zeit tatsächlich ihre grosse Zehe verletzt hat, könnten wir möglicherweise davon ableiten, dass der ursprüngliche Gedanke effektiv den Geist des Opfers auf Distanz beeinflussen konnte. Aber sogar in diesem Szenario kann die Wirksamkeit eines solchen Voodoo-Rituals nicht als bewiesen gelten, denn es kann nicht ausgeschlossen werden, dass der verantwortliche Magier unter Umständen Zugang zum potenziellen Ablauf der Zukunft hatte und dadurch darüber im Bilde war, dass die Person X ihre Zehe ohnehin (mit einer gewissen Wahrscheinlichkeit) verletzen würde. Damit kann der Magier diese Information dazu nutzen, um sich selbst als besonders wichtig erscheinen zu lassen und seinem Umfeld die Idee zu suggerieren, dass er über übernatürliche Kräfte verfüge.

Während jeder Fussballweltmeisterschaft führen afrikanische Magier und Zauberer vor den Spielen Voodoo-Rituale durch, die das Spiel und die gegnerischen Mannschaften beeinflussen sollen, sodass ihre eigene Mannschaft gewinnt. Keine afrikanische Mannschaft hat es bisher jedoch weitergebracht als bis zu den Viertelfinalen. Das einzige Mal, als dies gelang, lag diesem Ergebnis das Genie des kamerunischen Spielers Roger Milla zugrunde.

Vor allen anderen Dingen ist es von grosser Bedeutung, dass wir verstehen, was das Konzept der Resonanz bedeutet. Ereignisse können uns nur dann widerfahren, wenn diese in uns auf Resonanz stossen. Es verhält sich dabei wie mit Magneten: Es ist unmöglich, zwei Magnete zusammenzufügen, wenn sich die Pole gegenseitig abstossen. Ich bin davon überzeugt, dass dies unserer Funktionsweise entspricht. Auch das Prinzip des Karmas funktioniert auf ähnliche Weise; wie sonst könnte es auch sein? Es geht hierbei um Information, und Information hat Resonanz und wirkt eine Anziehungskraft aus. Wenn es nicht Teil des Karmas einer Person ist, verprügelt zu werden, dann wird sich diese Person nie auf derselben Strassenseite wiederfinden, wie die Person, die zu einer solchen Tat in der Lage wäre; in dieser Situation liegt keinerlei Information vor, welche die andere Person anziehen würde. Karma gestaltet unsere Realität, weil Information vorliegt und diese auf eine Antwort stösst, das heisst auf Resonanz. Das ist der Grund, weshalb Voodoo nur durch den Mechanismus der Autosuggestion funktioniert. Ein Ereignis findet nur dann statt, wenn Information vorhanden ist, die an das Ereignis appelliert. Gleichzeitig ist es die Funktion jeglicher in einer Person energetisch gespeicherter Information, letztere in ihrer Entwicklung weiterzubringen. Letztlich existiert nichts Negatives, selbst wenn uns Umstände unangenehm sind.

Jedes Mal wenn ich meine Praxis betrete und mich auf eine Heilbehandlung oder eine Konsultation in Medialität vorbereite, spreche ich ein eigenes Gebet aus. Und bevor ich den Patienten empfange, drücke ich in Gedanken ebenfalls ein Gebet aus, mit der Bitte, dass sich alles zum höchsten Wohle der Person ergibt.

Ich bleibe von den Geschichten meiner Patienten oder von dichten Geistwesen unberührt, weil der Schatten dem Licht immer fernbleibt – das ist ein universelles Gesetz. Ich denke, dass es universelle physikalische und metaphysische Gesetze gibt, ansonsten würde alles auf dieser Erde zusammenbrechen und nichts mehr stehen bleiben. Wenn die Intention, mit dem Licht zu arbeiten, eine aufrichtige ist, dann kann nichts Bösartiges geschehen. Dieser Schutz gilt auch für Situationen, in denen das Gegenüber nicht Herr seiner Gedanken ist und in permanenter Angst vor einem böswilligen und dunklen Jenseits lebt. Es verhält sich wie mit zwei aneinanderliegenden Zimmern, wovon das eine hell ausgeleuchtet und das andere dunkel ist: Wenn die Türe, welche die zwei Zimmer verbindet, geöffnet wird, ist es das dunkle Zimmer, das erleuchtet wird und nicht etwa umgekehrt.

Dichte Geistwesen gibt es. Ich habe schon einige gesehen. Als ich einmal bei einem Bekannten zu Besuch war, sass ich am Tisch in einer kleinen Küche und beobachtete die Türe am anderen Ende des Raums, denn ich konnte Geistwesen ausmachen, die von eindeutiger Dichte waren, wie schwarzer Rauch, der aus dem Raum und durch die Türe hindurchdrang. Ich fragte meinen Gastgeber, was sich denn hinter der Türe befinde. Er antwortete mir, dass es sich um das Studio seines Sohnes handle, der satanische Rituale abhalte. Am darauffolgenden Tag stiegen wir in diesen Kellerraum hinab, als sein Sohn zur Arbeit gegangen war. All die satanischen Symbole, die vielen Menschen Angst machen, waren präsent. Da ich nie an solchen Ritualen teilgenommen habe und ganz und gar nicht an derartigen Praktiken interessiert bin, kann ich mich nicht präzise darüber äussern, was dabei abläuft. Trotzdem sind wir selbst geistige Wesen und können daher mit anderen Geistwesen kommunizieren. Ich bin davon überzeugt, dass jemand, der sich für Satanismus interessiert, mit einem schwach entwickelten Geistwesen kommunizieren kann. Letzteres kann beispielsweise die Person dazu verleiten,

Drogen zu konsumieren. Ein solches Geistwesen wird an der Energie, die von diesem mit Drogen gesättigten Körper ausgeht, teilhaben wollen oder es wird die Person dazu bringen wollen, Verbrechen zu begehen, die es durch Naturgesetze oder andere verfehlte Ideen zu rechtfertigen suchen wird. Es gibt böswillige Geistwesen, die mit den passenden Menschen in Kontakt treten.

Wenn dunkle Kräfte angerufen werden, ist es nicht etwa der Teufel, der erscheint. Es handelt sich schlicht um Geistwesen, welche die Menschen belästigen wollen. Solche Geistwesen sind nicht sehr weit entwickelt und weisen eine viel stärkere Dichte auf als jemand, der an seinem Wesen gearbeitet hat und Licht ausstrahlt. Diese Art der Dichte, deren Intensitätsgrad direkt vom Entwicklungsstand der jeweiligen Person abhängt, kann durch das physikalische Konzept der Dichte illustriert werden. Mein Geistführer Jonathan hat uns diesbezüglich die folgenden Ausführungen beschert: Verschiedene Materialien können aufgrund der physikalischen Eigenschaft der Dichte unterschieden werden. Blei versinkt in Wasser und Holz schwimmt an der Oberfläche. Wasser besitzt eine höhere Dichte als Holz und Blei hat eine höhere Dichte als Wasser, weshalb sich das Blei zuunterst, das Wasser in der Mitte und das Holz zuoberst befindet. Der Geist unterliegt einem ähnlichen Gesetz. Abhängig von unserem Verhalten oder unserer Dichte können wir uns in verschiedenen Ebenen aufhalten. Womit wir wieder bei der Resonanz wären. Alles lässt sich darauf zurückführen.

Da ich nicht über den Zugang zur gesamten Information verfüge, die in einem böswilligen Geist enthalten ist, kann ich mich nicht über die Mission, die eine solche Person auf dieser Erde hatte, äussern. Es wäre mir unmöglich, darüber zu urteilen. Es ist schon vorgekommen, dass sich Geistwesen neben mir aufhielten, die gekommen waren, um meine Klienten zu besuchen, und mit denen die Zusammenarbeit sehr angenehm war, da ich eine starke Verbindung zur Energie dieser Wesen spürte, wie in einer Symbiose. Und dennoch mag der betroffene Klient beteuern, dass der Verstorbene ihm grosses Unrecht angetan hat. Worüber ich mir völlig sicher bin, ist, dass der Übergang ins Licht in vielen Fällen zu einer Veränderung der Einstellung der Betroffenen führt, weil sie feststellen, dass sie immer noch am Leben sind, obwohl sie doch niemals an irgendeine Form eines Jenseits geglaubt hatten. Die Verstorbenen haben ebenfalls ein sehr viel weitläufigeres Verständnis der Lebenden und verstehen damit viel besser, aus welchen Gründen gewisse Personen ihnen gegenüber ein bestimmtes Verhalten an den Tag gelegt haben. Sie verstehen auch ihr eigenes Verhalten zu Lebzeiten besser; kurz, ihr Horizont und ihre Sichtweise haben sich erweitert. Dieser Übergang kann grosse Veränderungen mit sich bringen. Unsere Taten werden energetisch abgespeichert, sie behalten ihre Resonanz. Es ist an uns selbst, das Notwendige zu unternehmen, um sich dieser Resonanzen zu entledigen, zum Beispiel durch die Meditation. Nichts währt ewig, ein Körper nicht und ein Geist nicht; der Geist, der vom einen Körper zum nächsten reist und der sich durch jeden Gedanken verändert, ist beinahe so vergänglich wie der Körper. Das Einzige, was ewig währt, ist unsere Essenz.

—

Das Ouijabrett

—

← Ouijabrett mit den Buchstaben des Alphabets, einem «Ja» (oui) und einem «Nein» (non).

Das Ouijabrett (oder Ouija, ausgesprochen «Uii-Dscha» bzw. /'wiːdʒ/), anhand dessen meines Erachtens die Intelligenz der geistigen Welt bewiesen werden kann, ist in erster Linie ein Hilfsmittel zum energetischen Krafttraining. Die Benutzung zum Zweck der Kommunikation mit dem Jenseits wird nicht empfohlen.

Das Brett funktioniert folgendermassen: Die Teilnehmer legen je einen Finger auf die kleine Scheibe, die frei beweglich auf der runden Holztafel aufliegt, auf deren Rand alle Buchstaben des Alphabets eingraviert sind. Anhand der Energie der Teilnehmer führt die geistige Welt die Scheibe so zu den Buchstaben, dass dadurch Botschaften, philosophische Betrachtungen oder Bitten übertragen werden können.

Vor einiger Zeit wurde ich dazu eingeladen, zu einem Dokumentarfilm beizutragen, der zum Ziel hatte, den Beweis für das Leben nach dem Tod zu erbringen. Wir waren zu dritt, mein Kollege Roland, welcher die Notizen machte und sich um die Tafel kümmerte, Béa, ein Medium, und ich selbst. Wir übten uns mit der Tafel und Augenbinden, gemäss der dreifach blinden Methode, die folgendermassen funktioniert: Den Medien werden die Augen verbunden. Das Ouijabrett wird gedreht, sodass die Medien die Positionen der Buchstaben nicht kennen. Dann schreibt oder zeichnet die dritte Person etwas auf ein Blatt Papier, was die geistige Welt anhand der Buchstaben des Ouijabretts und durch die Medien, deren Augen verbunden sind, reproduzieren soll.

Wir hatten während achtzehn Monaten mit verbundenen Augen geübt, bevor wir durch die Tafel eine sinnvolle Botschaft erhielten. Dann jedoch überlieferten wir Texte, die aus der geistigen Welt selbst kamen und beschrieben sogar Bilder, von denen wir keine Kenntnis hatten, in Worten. Für dieses Experiment hielt eine vierte Person eine Zeichnung oder ein Foto über unseren Köpfen in die Energie, sodass wir die Abbildungen nicht sehen konnten. Die geistige Welt beschrieb dann mithilfe der Tafel, was auf dem Foto abgebildet war. Während der Dreharbeiten des Dokumentarfilms gab die geistige Welt drei korrekte Antworten bezüglich der gezeigten Zeichnungen.

← Sobald die Augen der Medien verbunden sind, wird die Tafel gedreht, womit sichergestellt wird, dass sie nicht wissen können, welche Buchstaben sich wo befinden.

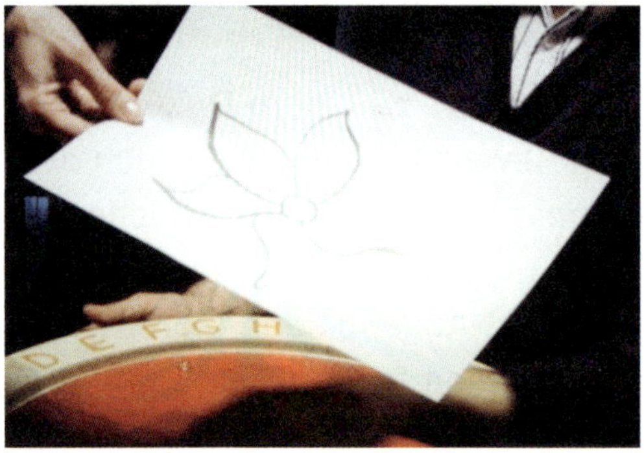

← Eine vierte Person, in diesem Fall ein Journalist, hält die Zeichnung in die Energie, damit die geistige Welt schreiben kann, was auf dem Blatt abgebildet ist.

← Die dritte Person notiert die Buchstaben, die durch die von den Medien geführte Scheibe angezeigt werden.

Zwei Wochen nach Ende dieses Experiments erhielten wir keine Botschaften mehr, die Sinn ergaben. Meine Interpretation hierfür ist, dass die geistige Welt uns auf ihrer Seite ein Team zur Verfügung gestellt hat, damit wir anhand dieses Hilfsmittels und nur im Rahmen dieses Experiments einen Beweis für das Leben nach dem Tod erbringen konnten. Dieses Team stand nicht mehr zur Verfügung, als es darum ging, zu unserer Unterhaltung zu kommunizieren, auf Fragen zu antworten oder Bitten zu formulieren.

Ich habe zusammen mit einer unserer damaligen Ausbildnerinnen nochmals einen Versuch mit dem Ouijabrett unternommen, um den Schülern dessen Funktionsweise aufzuzeigen. Während des Unterrichts gelangen die Demonstrationen bestens. Sobald der Unterricht zu Ende war und die Kommunikation nur noch persönliche Belange betraf, ergab sie keinen Sinn mehr. Diese zwei Fälle untermauern meine Erklärung, nämlich dass die geistige Welt dazu bereit ist, ein Team zur Verfügung zu stellen, um zu beweisen, dass das Leben nach dem Tod existiert, aber gewiss nicht zum Spass, oder um persönlichen Interessen zu dienen.

Ich verstehe das Ouijabrett – wie auch die Übung des Tischrückens – als Werkzeuge, die vor allem zur Übung der Handhabung der Energie an sich von Nutzen sind. Damit Tische sich bewegen und drehen, oder damit die Scheibe auf dem Ouijabrett sich bewegen und manchmal schreiben kann, muss das Medium viel Energie generieren können. Zudem verlangt das Aufrechterhalten dieser Energie einen enormen Einsatz, viel Arbeit, Übung und Seriosität. Die Tafel ist ein ausgezeichnetes Übungsinstrument, um sich mit den stärkeren Energien vertraut zu machen, um zu erlernen, wie man diese aufrechterhält und auch, um sie im Rahmen der Heilbehandlungen einzusetzen. Wie schon weiter oben erwähnt, liegt der Nutzen der Tafel hierin und nicht in der Möglichkeit zur Kommunikation an sich. Wir können das Ouijabrett und das Tischrücken gewissermassen als energetische Hantelgewichte betrachten.

Das Ouijabrett leidet aus verschiedenen Gründen unter einem schlechten Ruf.

Einer dieser Gründe liegt dem Ego oder Unterbewusstsein des Teilnehmers zugrunde, welche die Scheibe steuern und sie von einem Buchstaben zum nächsten führen kann, sodass sich daraus diejenigen Worte ergeben, welche es geschrieben sehen möchte. Die Antworten auf seine Fragen sind also durch sein eigenes Ego herbeigeführt. Der Geist beziehungsweise das Team aus der geistigen Welt hat damit keinen Zugang; er kann nichts ausrichten, weil die Teilnehmer ihren eigenen Willen durchsetzen. Der Geist, der zu Besuch ist, ist dadurch machtlos. Man kann sich also nicht über verfälschte Botschaften wundern.

Ein weiterer Grund ist beim Ziel, welches mit der Ouijabrett-Sitzung verfolgt wird, zu suchen. Wenn es darum geht, sich zu amüsieren, den

Anwender persönlich zu bereichern oder Unterhaltung zu bieten, oftmals in Verbindung mit Alkohol, dann kann es passieren, dass sich Foppgeister einschalten und fälschliche oder gar angsteinflössende Informationen zuspielen.

Ich erinnere mich an die Geschichte einer Gruppe von Studenten, die während eines Skiurlaubs ein Ouijabrett improvisiert hatte. Der «Geist» warnte die Gruppe, dass die Seilbahnkabine abstürzen würde. Am nächsten Tag bestieg die Hälfte der Gruppe den ganzen Tag über den Berg zu Fuss, aus Angst, sich im Moment des Absturzes in der Kabine zu befinden. Natürlich gab es keinerlei Luftseilbahnunfall. Wie eine andere Anekdote zeigt, kann dies auch erfahrenen Medien passieren, auch wenn die ursprüngliche Absicht eine gute ist: Die Botschaft kündigte an, dass einem gewissen Knaben etwas Schlimmes zustossen würde; die betroffenen Medien benachrichtigten hierauf die Polizei, aber – glücklicherweise – ist auch in diesem Fall nichts passiert. Es wird für immer ein Rätsel bleiben, ob es ein Foppgeist gewesen war, der sich in den Ablauf der Sitzung eingeschaltet hatte, oder ob das Unterbewusstsein eines der Anwesenden verantwortlich war.

Im Allgemeinen bin ich der Meinung, dass die hysterische Neigung gewisser Praktizierender sowie die Foppgeister viel zum schlechten Ruf des Ouijabretts beitragen. Umgekehrt möchte ich dem entgegenhalten, dass ich im Zusammenhang mit Situationen, in denen alle Teilnehmer ausschliesslich im Dienst des Himmels standen, noch nie von Geistwesen dieser Art gehört habe.

Electronic Voice Phenomena (EVP)

Für den Bereich der «Electronic Voice Phenomena» (EVP) wird auch die Bezeichnung «Instrumental Transcommunication» (ITC) verwendet. In Italien wird er «metafonia» genannt, aber wie es in China aussieht, das weiss ich nicht. Etwas genauer betrachtet lässt sich anfügen, dass ITC auch Phänomene einschliesst, welche beispielsweise auf einem Computer ablaufen, wogegen EVP ausschliesslich Stimmen betrifft, die akustisch hörbar sind. Meines Erachtens erscheint es sinnvoll, diese verschiedenen Techniken unter der Bezeichnung EVP zusammenzuschliessen.

Es geht hierbei also um eine Form der Kommunikation mit der geistigen Welt, welche sich Mitteln wie zum Beispiel Radiogeräten, Aufnahmegeräten, Computern oder Fernsehgeräten bedient. Auch Geistwesen gehen mit der Zeit!

Anabela Cardoso , eine ehemalige portugiesische Konsulin, lebt heute in Vigo (Spanien) und praktiziert dort beruflich EVP. Meine Assistentin Mélanie und ich kamen in den Genuss einer Einladung von Anabela Cardoso, die es uns erlaubte, sie bei ihren EVP-Experimenten zu beobachten und diese Art der Kommunikation mit dem Jenseits auch selber zu praktizieren. Anabela warnte uns vor dem Umstand, dass es keine Garantie für das Gelingen von EVP-Experimenten gibt, und dass wir die lange Reise unter Umständen umsonst antreten würden. Ich hatte ein sehr gutes Vorgefühl bezüglich dieser Reise und im Mai 2014 entschlossen Mélanie und ich uns dazu, das Risiko einzugehen und das Abenteuer anzutreten. Wir wurden bestens empfangen und nahmen die Arbeit sofort auf. Der Ablauf, den wir für unsere ersten Aufnahmen befolgten, sah folgendermassen aus: Zuerst sprachen wir in ein Mikrofon und hielten dann inne, um das Gerät noch während ein paar weiteren Minuten aufnehmen zu lassen. Danach sprachen wir wieder auf das Band, hielten erneut inne usw. Insgesamt dauerte der Vorgang etwa zwanzig Minuten.

Dann kopierte Anabela die Aufnahme von der Kassette auf die Festplatte ihres Computers, um anhand eines Audioprogramms unsere Stimmen herauszuschneiden. Ich hätte nie gedacht, dass dies so viel Zeit in Anspruch nehmen würde. Unglücklicherweise bin ich zu schwerhörig, als dass ich dem Ergebnis irgendetwas hätte entnehmen können. Die zwei Damen konnten ihrerseits jedoch beide verschiedene weibliche Stimmen hören, leider aber zu leise, um zu verstehen, was inhaltlich gesagt wurde. Etwas frustriert entschieden wir uns aber dennoch dazu, dasselbe Experiment am nächsten Tag zu wiederholen. Schliesslich waren wir ja aus diesem Grund angereist.

Anabela erklärte uns, dass ihre Vorgehensweise normalerweise eine andere sei. Sie ist nämlich im Besitz einer Bewilligung, die es ihr ermöglicht, eine staatliche Frequenz zu verwenden, welche ansonsten unbenutzt ist, das heisst frei von jeglichem Funk sowie Rundfunksendungen, und welche somit ein weisses Rauschen generiert. Ausnahmslos jeden Donnerstag und Sonntag lässt sie ihren Empfänger auf dieser Frequenz während der ganzen Nacht eingeschaltet. Am nächsten Morgen überträgt sie die Aufnahme, welche mehrere Stunden lang ist, auf ihren Computer und markiert auf ihrem Bildschirm die Stellen, wo die Ausschläge markanter werden, wo also Veränderungen im aufgezeichneten Signal erkennbar sind. Auf diese Weise konnte sie zahlreiche Botschaften sammeln, darunter einige von sehr konkretem Inhalt. Anabela hat ihre Erfahrungen und die Botschaften, welche sie erhalten hat, in ihrem Buch «Electronic Voices: Contact With Another Dimension?» niedergeschrieben.

Am nächsten Tag beharrte ich darauf, dass wir uns vor der Aufnahme die Zeit nehmen, um zu meditieren, dass wir die Sitzung also mit einem Gebet eröffnen und den Raum mit Energie füllen, damit die Kommunikation potenziell leichter vonstattengehen würde.

Während der Meditation erschien mein Geistführer und machte mich darauf aufmerksam, dass wir in regelmässigen Abständen in die Hände klatschen sollten, um ein Geräusch zu erzeugen, das unsere geistigen Helfer in Worte umwandeln könnten. Diese Vorgehensweise erinnerte mich an die physikalische Medialität, bei der sich Geistwesen der Stoffe in der unmittelbaren Umgebung bedienen, um sie in Ektoplasma umzuwandeln. Anabela erklärte sich dazu bereit, folgendermassen vorzugehen: Jede Person spricht der Reihe nach kurze Sätze aus und dazwischen wird jeweils einmal laut in die Hände geklatscht. Beim Abhören der Aufnahme wäre Mélanie beinahe so schwerhörig wie ich geworden, denn sie hielt ihr Ohr unmittelbar an den Lautsprecher... Aber wir erzielten ein

Resultat! Viermal erhielten wir Worte nach einem der Sätze oder nach einem Klatschen. Die Worte waren «Guten Abend», «Auf Wiedersehen» und einen Bruchteil einer Sekunde nachdem Mélanie sich bedankte, wurde uns mit dem Satz «Es ist gerne geschehen» geantwortet. Auch wenn es sich dabei um harmlose Worte handelt, ist es doch ein merkwürdiges Gefühl, wenn die wirkliche Stimme eines Verstorbenen so spontan hörbar wird. Wir sind uns Ähnliches gewohnt, wenn es auf telepathischer Ebene geschieht; aber wenn es auf diese so faktische und spürbare Weise geschieht, dann lässt einen dies nicht unberührt.

Es war ein schöner Besuch bei Anabela, herzlichen Dank.

← Anabela Cardoso

↓ Anabela Cardosos Aufnahmegeräte

EVP-Berichte

Es existieren zahlreiche Berichte über Geistwesen, die durch elektronische Geräte aus dem Jenseits kommunizieren. Sie sind bewegend und zeugen einmal mehr vom Leben nach dem Tod. Unseren lieben Verstorbenen bereitet es Freude, uns Zeichen zu geben und uns Botschaften der Liebe zukommen zu lassen, ganz egal auf welchem Weg. Im Folgenden gebe ich zwei solche Berichte wieder.

Professor Rolf Leu war ein Physiklehrer, der in St. Gallen lebte; er interessierte sich ebenso für Chemie, Mathematik und Literatur und war zudem ein Oldtimer-Experte – er selbst besass einen alten Mustang. Er verstarb am 25. Februar 2013. Sechs Monate später, als seine Ehefrau sich in Gesellschaft ihrer Mutter eine Fernsehsendung ansah, erhielten die zwei Frauen von ihm ein Augenzwinkern aus dem Jenseits. In der Sendung stellten junge Leute alle möglichen Automarken vor und hatten sichtlich grossen Spass dabei. Im Laufe der Sendung kam ein Mann ins Bild, als wäre er Teil des Films. Als sie ihn sahen, schrien beide Frauen gleichzeitig auf. Es gab keinen Zweifel – es war mit Sicherheit ihr geliebter verstorbener Rolf! Der Verstorbene war in dem Moment dabei, mit grösster Aufmerksamkeit einen Mustang zu begutachten, der soeben vorgestellt wurde, und wandte sich dann ab, um darauf den zweien mit einem grossen Strahlen durch den Flachbildschirm des Fernsehers hindurch zuzulachen und sich ein paar Sekunden später aufzulösen. Er konn-

← Ein Aufnahmesignal, bei welchem die grossen Ausschläge eine menschliche Stimme und der dicker erscheinende Strich rechts davon die Stimmen aus der geistigen Welt darstellen.

te also die Pixel des Bildschirms dazu verwenden, ein Bild von sich selbst zu generieren. Nach diesem Ereignis wussten die zwei Frauen, dass ihr geliebter Verstorbener für immer ein Teil ihres Lebens war. Ein anderes Mal erblickte Tina Leu im Fenster des Wintergartens das Spiegelbild ihres Ehemanns, wie er in seinem Lehnstuhl sass und ein Buch las, so wie er es oft zu tun gepflegt hatte.

Die zweite Erzählung stammt von einer meiner langjährigen Freundinnen, die ich hier Giulia nenne, und mit der ich über EVP gesprochen hatte, worauf sie mir ihre eigene Erfahrung erzählte:

Giulia hatte ihren 34-jährigen Ehemann auf tragische Weise verloren. Sie fand sich alleine mit ihrem zehnjährigen Sohn wieder. Einige Monate nach dem Tod rief eine Freundin der Familie sie an, weil der verstorbene Ehemann Franco ihr eine Nachricht hatte zukommen lassen. Giulia war skeptisch, aber ihre Neugierde bewegte sie dazu, die Einladung anzunehmen, und so spielte ihre Freundin ihr die EVP-Aufnahme vor.

Die Aufnahme auf dem Tonband war gut hörbar: «Ich bin Franco und ich lebe, ich bin bei der Nummer zweiunddreissig, glaub mir!» Niemand ausser Giulia wusste, dass Francos Grabnummer die Zweiunddreissig war.

Bis an diesem Tag hatte Giulia an ein Leben nach dem Tod geglaubt, aber seit jenem Tag ist sie davon überzeugt!

Ein anderes Mal hörte sie sich gerade Musik an, die Franco gespielt und aufgenommen hatte, als ihr zehnjähriger Sohn nach Hause kam. Ihr Sohn bat sie, die Musik auszuschalten, weil sie ihn zu sehr an seinen Vater erinnerte. Sie willigte ein, worauf beide anfingen zu weinen und um ihren Verstorbenen zu trauern. In dem Moment begann der Fernseher, sich von selbst ein- und wieder auszuschalten, sechs oder sieben Mal nacheinander. Das war der Moment, in dem sich Giulia dazu entschied, sich ihr eigenes Aufnahmeequipment anzuschaffen. Sie erhielt mehrere Botschaften, manche eher nüchtern und klar, andere sehr amüsant.

Einige Zeit später wurde in die Wohnung von Giulias Cousin eingebrochen. Sie befürchtete, dass ihre gesamte teure elektronische Ausrüstung, welche in dessen Garage untergebracht war, gewiss auch gestohlen worden war. Aber am Abend war Franco auf ihrem Aufnahmegerät zu hören: «Nein, nein, sie haben Dir Deine Ausrüstung nicht gestohlen!» Und genau so war es: Das Material war immer noch da. Ein anderes Mal, als Giulia ihr Aufnahmegerät laufen liess und gleichzeitig einige Haushaltsarbeiten verrichtete, sich dabei lauthals verschiedener Dinge beklagte und mitten im Treppenhaus mit sich selbst plauderte, sprach ihr Franco in belustigtem und scherzendem Ton auf ihr Band: «Uff, wie die sich aber beklagen kann, wenn es ums Bügeln geht!»

Trance

Edgar Cayce ist für die Trance, was Mozart für die Musik ist! Er ist besser bekannt unter dem Spitznamen «Der schlafende Prophet», weil er während der Trance jeweils tatsächlich einzuschlafen schien. In seinem «Schlaf» sprach er. Er gab Auskunft über das Arzneimittel, welches die bedürftige Person heilen konnte und gab sogar an, wo die Medizin auffindbar sei. In Trance war er imstande, Ereignisse aus der Zukunft zu nennen oder philosophische Reden zu halten. Maurice Barbanell ist ein weiteres Trancemedium, welches ich etwas später vorstellen werde. Zudem gab es auch jenen analphabetischen Jüngling, der sich auf spontane Weise in Trancezustände begab, dabei sprach und Bibeltexte kommentierte. Dieser Fall wurde vom deutschen Priester Johannes Greber zu Beginn der 1900er Jahre entdeckt. Solche Personen gibt es also, aber sie sind so selten, sodass wir jedes Jahrhundert auf der ganzen Welt von nur einer Handvoll hören.

Das Wort «Trance» wird oft falsch verstanden. Der Trancezustand bedeutet in der Tat nicht etwa, dass eine verstorbene Person anwesend ist oder dass eine Aktivität im Zusammenhang mit dem Jenseits stattfindet. Trance ist ein Bewusstseinszustand, der durch eine repetitive Bewegung, welche die Hirnfrequenzen verlangsamt, ausgelöst werden kann: Ein Marathonläufer kann sich beispielsweise in einem Trancezustand wiederfinden, genau wie jemand, der auf einer Trommel spielt oder jemanden darauf spielen hört, oder wie ein autistisches Kind, das unaufhörlich dieselben Bewegungen wiederholt. Die drehenden Derwische oder sufistischen Mystiker, die sich um ihre eigene Achse drehen und diese Bewegung pausenlos wiederholen, begeben sich ebenfalls in Trance. Dieser Zustand bedeutet aber nicht, dass ein Wesen aus dem Jenseits anwesend ist oder dass die geistige Welt auf irgendeine Weise involviert ist. Wenn sich ein Medium in den Trancezustand begibt, beispielsweise durch die Anwendung einer Atemtechnik, und dabei seinen Geist sowie seine veränderten Bewusstseinszustände genügend beherrscht, dann kann er ein Wesen aus der geistigen Welt um dessen Präsenz bitten. Diese zwei Geistwesen, also der inkarnierte Geist des Mediums und der nicht-inkarnierte Geist seines Geistführers verbinden sich miteinander und verschmelzen zu einer Einheit. Dieser Zustand, diese Fusion, verleiht der geistigen Welt eine Stimme. In einem solchen Trancezustand leiht das Medium also seinen Körper und seine Stimme der geistigen Welt, sodass sich letztere durch das Medium ausdrücken kann.

Die Lehrmethoden, welche für Trance angewendet wurden, haben sich erst seit den späten Neunzigerjahren zu verändern begonnen. Davor, und genau so habe ich selbst die Trance erlernt, sass man schweigend in einem Kreis. Eine ganze Woche lang. Kein Wort wurde dabei gesprochen, kein einziges. Diese Lehrmethode wird heute jedoch nicht mehr angewandt, möglicherweise angesichts der zunehmenden Geschwindigkeit, mit der sich die Dinge in unserer Zeit entwickeln, und vielleicht auch aufgrund unserer Ungeduld. Heute fordern die Lehrkräfte ihre Schüler schon bei ihren ersten Tranceversuchen dazu auf, zumindest ein Wort oder einen Satz auszusprechen. Die Schüler müssen lernen, zum Ausdruck zu bringen, was sie in ihrem inspirierten Zustand wahrnehmen, damit sich dieser in den folgenden Jahren nach und nach zur vollständigen Trance entwickeln kann. Wenn ich den heutigen Tranceunterricht vergleiche mit demjenigen, den wir, das heisst Moira Hawkins, Sally Barnes, Tim Abbott, Chris Denton und ich selbst genossen haben (um nur eine Handvoll Beispiele zu nennen, aber insgesamt ging es allen durch die Spiritualists' National Union/SNU zertifizierten Medien gleich), dann muss ich zugeben, dass der Unterschied flagrant ist. Chris hat sich der Trance erst zugewandt, nachdem er sich während zehn Jahren in der sogenannten Tranceinspiration geübt hatte. Und auch nach all diesen Jahren hat er noch drei weitere Jahre benötigt, um einen tiefen Trancezustand zu erreichen. Dann aber hat er den Mut gefunden, in den dunklen Abgrund zu springen, welchen er in seiner Visualisierung, die er für das Erreichen des Trancezustandes verwendet, sieht, und im folgenden Jahr hat er jenen bewusstlosen Zustand erreicht, der gewöhnlich auch beim Schlafwandeln eintritt. Ich selbst habe während sechs Jahren meditiert, zeitweise ganze Wochen, von morgens bis abends, ohne den geringsten Laut von mir zu geben. Ausschliesslich damit beschäftigt, die Energie aufzubauen und zu lernen, meinen Intellekt auszuschalten. Es sollte also ziemlich deutlich sein, wie verschieden die heutige Ausbildung ist. Heute betrachten wir es als einen guten Anfang, wenn sich die geistige Welt zu Beginn in den Übungen auch nur zu einem Prozent ausdrückt und die restlichen neunundneunzig Prozent aus dem Intellekt des Schülers stammen. Mit entsprechender Übung wird sich, wie schon erwähnt, diese Proportion laufend verbessern, bis sich die geistige Welt vollständig und in ihren eigenen Worten durch die Stimme des Mediums ausdrückt. Es bleibt die Frage: Welcher Prozentsatz ist nötig, damit wir davon ausgehen können, dass es die Stimme der geistigen Welt ist, die sich durch das Medium ausdrückt? In diesem Prozess ist es das Gedächtnis des Mediums, welches verwendet wird, das heisst, der geistigen Welt muss es gelingen, den Grossteil dieses Gedächtnisses zu erreichen, damit das Medium die Botschaft der geistigen Welt zum Ausdruck bringen kann. Ungefähr so, wie wenn man eine Reihe von Lichtschaltern vor sich hat, von welchen jeder eine weitere Glühbirne zum Leuchten bringt.

Der Nachteil der alten Methode, nach der ich selbst die Trance erlernt habe, also ohne ein einziges Wort zu sprechen, ist die Gefahr der Entmutigung. Viele Schüler haben im Laufe der Ausbildung den Mut verloren und haben sich deswegen nicht mehr weiter in dieser so wunderbaren Frequenz geübt. Die heutigen Unterrichtsmethoden ermöglichen es der geistigen Welt, sich schon zu Beginn auszudrücken und liefern den Schülern damit konkrete Elemente, an denen sie sich festhalten und ihren Fortschritt messen können. Der Schüler muss dabei einfach darauf achten, sich nicht überlisten zu lassen oder zu versuchen, den Beobachter darüber zu täuschen, was aus seinem eigenen Intellekt und nicht von der geistigen Welt stammt.

Während der Trancesitzungen, denen ich auf den Philippinen beigewohnt habe, habe ich festgestellt, dass diese Medien oder Heiler alle einen Teil ihres Körpers oder Intellekts bei Bewusstsein halten. Nicht ihr gesamtes Wesen befindet sich in Trance: Sie erinnern sich an das, was gesagt oder getan wurde, wenn sie den Trancezustand wieder verlassen. Sogar wenn es zu einem Schütteln des eigenen Körpers kommt, sobald der Verstorbene zur Sitzung erscheint oder diese wieder verlässt, ist sich das Medium immer dessen bewusst, was geschieht. Was mich betrifft, so muss ich im Vergleich zu jenen philippinischen Medien zugeben, dass ich Trance nicht auf dieselbe Weise erlebe, es sei denn bei der Anwendung der Heilmethode EPI, also bei der Extraktion von Information, oder bei spezifischen Heilbehandlungen, aber nicht während der Trancekommunikation. Wenn ich mich im Zustand der Trancekommunikation befinde, höre ich mich selbst wie aus weiter Entfernung, als wäre ich dabei in einem anderen Zimmer oder am anderen Ende eines Tunnels. Obwohl ich mich selber sprechen höre, erinnere ich mich nach dem Verlassen des Trancezustandes an praktisch nichts von dem, was ich gesagt habe, es sei denn, man berichtet mir im Nachhinein darüber; und manchmal fallen mir abends im Moment des Einschlafens Bruchteile von dem, was durch mich überliefert wurde, ein.

Eine Energie der besonderen Art

Die Energie im Trancezustand ist stärker als diejenige beim Geistheilen, weil die Verbindung zur geistigen Welt stärker und tiefer gehend ist. Dies wird in der folgenden Anekdote deutlich.

Ein gut gebauter und kräftiger Herr nahm während ungefähr eines Jahres an meinem Lehrgang zur Technik des Therapeutic Touch und zum Geistheilen teil. Dieser sehr begabte Herr kanalisierte die Energie äusserst gut. Aufgrund seiner Fähigkeiten lud ich ihn ein, an meinem privaten Trancezirkel teilzunehmen. Er nahm die Einladung mit Freude an. Eines Abends nahm er dann an unserem Treffen teil. Die Gruppe, welche sechs Personen zählte, sass in einem Kreis um mich herum. Die gesamte Gruppe versetzte sich dann in den Trancezustand, um mir die nötige Energie zur Verfügung zu stellen, die es mir im Anschluss ermöglichte, in meinem eigenen Trancezustand der geistigen Welt eine Stimme zu verleihen. In der Pause fühlte sich der neue Teilnehmer unwohl. Er erklärte uns, dass er seit Langem einen Herzschrittmacher habe, der an diesem Abend zum ersten Mal von seinem gewöhnlichen Rhythmus abgewichen sei. Er konnte nicht weiter an unseren Sitzungen teilnehmen. Während seines gesamten Lehrgangs in Geistheilen hatte er kein einziges Mal das geringste Unwohlsein verspürt. Zwei Wochen später fragte er mich, ob er sich dem Trancezirkel wieder anschliessen könne, um einen erneuten Versuch zu unternehmen, da er sehr an unserer Arbeit interessiert sei.

Wir hielten uns an dasselbe Protokoll und erzielten dasselbe Resultat: Der Herzschrittmacher wich wieder von seiner gewöhnlichen Funktionsweise ab. Nach diesem letzten Versuch kamen wir zum Schluss, dass die Energie, welche im Trancezustand aufgebaut wird, zu stark für diesen Herrn war.

Eine der häufigsten Anwendungen des Trancezustands ist das Heilen. Das sogenannte «Tranceheilen» stellt eine Variante des Geistheilens dar, welche jedoch in einem noch losgelösteren, noch entspannteren, noch stärker verinnerlichten, noch tieferen und oft noch intensiveren Zustand abläuft.

Noch bevor ich etwas so Einfaches wie «Guten Tag» oder einen einfachen Satz aussprechen konnte, benötigte ich, wie schon erwähnt, sechs Jahre an Meditationsübungen. Chris Denton benötigte vierzehn und Bill Meadows siebzehn Jahre bis sie das Phänomen der Materialisierung beherrschten (auf Bill Meadows wird im Kapitel *Physikalische Medialität* noch näher eingegangen). Geben Sie also niemals Ihre Übungen auf, üben Sie sich in Geduld, Ihre Patienten und künftigen Schüler werden Ihnen dafür dankbar sein!

Was ich mit den verschiedenen Beispielen – also mit den philippinischen Heilern, meiner eigenen Erfahrung, mit Chris Denton und dem Brasilianer José Medrado – im Folgenden verdeutlichen möchte, ist der Schluss, dass wir alle den Trancezustand auf ganz unterschiedliche Weise erleben, und dass die Mechanismen dieser Trancezustände ebenfalls für alle verschieden sind, einmal ganz abgesehen von der Absicht, mit der geistigen Welt in Verbindung treten und seinen Körper zur Verfügung stellen zu wollen. Es gibt hierfür also keine abschliessend definierte Prozedur und auch keinen etablierten Mechanismus. Die einzige Sache, derer wir uns gewiss sein können, ist, dass wir alle uns während der Trance in einem veränderten Bewusstseinszustand befinden, in einem Zustand reduzierter zerebraler Aktivität, zumindest in einem gewissen Bereich unseres Gehirns. In medizinischer und neurologischer Hinsicht befinden wir uns in tieferen Frequenzen, das heisst im Theta- oder Delta-Bereich.

Es lässt sich erkennen, dass sich die Existenz dieser veränderten Bewusstseinszustände dank der Medizin belegen lässt. Diese Zustände ermöglichen mit der Hilfe der geistigen Welt atemberaubende Wunder. Der Trancezustand findet seine Anwendung in der Trancekommunikation und im automatischen Schreiben. Man setzt ihn ebenfalls sehr häufig im

Bereich des Heilens ein, was «Tranceheilen» genannt wird und eigentlich eine Form des Geistheilens darstellt, jedoch ausgeführt in einem noch passiveren, noch entspannteren, noch stärker nach innen gerichteten, noch tieferen und oft noch stärkeren Zustand.

—

Chris Denton

—

Im Bereich der Trance bin ich noch nie sogenannten Controls (der aus der englischen Sprache stammende Begriff «control» bezeichnet den hauptverantwortlichen Geistführer, welcher das Medium führt, das sich im Trancezustand befindet) begegnet, die so präzise und stark sind wie diejenigen von Chris Denton. Ich habe Chris mit meinen eigenen Augen beobachtet, wie er sich in Trance mit geschlossenen Augen von seinem Stuhl erhob, völlig natürlich im Saal umherging, sich zu den Schülern begab, die eine Tranceheilungsbehandlung benötigten und diese zu seiner Behandlungsliege führte. Er half dem Schüler auf die Liege, behandelte ihn und führte ihn anschliessend wieder zu seinem Sitzplatz zurück, wobei Chris sich von Anfang bis Ende der Behandlung ununterbrochen im Trancezustand befand. Am Ende dieser Sitzung, welche eine Stunde oder eineinhalb Stunden dauerte und an welcher ich die ganze Zeit über anwesend war, kehrte Chris zu seinem Stuhl zurück und setzte sich, als handelte es sich um die natürlichste Sache der Welt.

← Chris Denton [6]

6 Chris ist erreichbar unter: chrispdenton@gmail.com

Um den Trancezustand zu erreichen, musste Chris zu einer ganz anderen Art der Visualisierung wechseln, wie er im Laufe seiner Ausbildung feststellen sollte. Zu Beginn seiner Tranceausbildung versuchte er nämlich immer wieder erfolglos, den Trancezustand anhand der Treppentechnik zu erreichen, wobei das Visualisieren von fortlaufend tieferen Stufen den Geist dazu bringt, sich zu entspannen und loszulassen. In seiner Vision gelangte er immer wieder an den Rand eines tiefen Abgrundes, der ihn innehalten liess – bis zu dem Tag, an dem er den Mut fasste und in den Abgrund sprang. Seit diesem Sprung ist sein Trancezustand perfekt und er erinnert sich an nichts, nachdem er diesen wieder verlassen hat.

Chris Denton praktiziert ebenfalls Trancekommunikation. Der Geistführer, welchem er seine Stimme leiht, nennt sich Achmed. Wenn er Tranceheilen praktiziert, ist es Dr. George Mortimer, der durch ihn wirkt. Dr. Mortimer war Ende des neunzehnten und Anfang des zwanzigsten Jahrhunderts in London als Arzt tätig, was Chris Denton durch eigene Recherchen bestätigen konnte.

Chris ist heute etwas über sechzig Jahre alt und lebt in Guisley, nördlich von Leeds, in Grossbritannien. Er praktiziert Trance nur noch gelegentlich, weil seine Arbeit ihm zu wenig Zeit lässt. Wie schade, dass eines der begabtesten Medien, die mir in meiner gesamten Laufbahn jemals begegnet sind, sein Talent so zurückstellt. Ich habe Chris einmal gefragt, was für ihn das bedeutsamste Ereignis oder die grösste Freude während seiner bisherigen Arbeit als Medium gewesen sei. Für ihn waren es nicht etwa die diversen Demonstrationen des Phänomens der Materialisierung, sondern seine allererste Tranceheilungsbehandlung mit seinem Geistführer Dr. Mortimer. Er hatte eine Dame behandelt, welche an Endometritis litt. Drei Tage später rief ihr Arzt ihn an, um ihm zu berichten, dass sie vollständig geheilt war. Was diesen äusserst bescheidenen und demütigen Herrn also am meisten bewegt, ist es, anderen zu helfen und nicht etwa der spektakuläre Aspekt seiner Arbeit auf der Bühne und der Ruhm, zu welchem dies führen kann. Dies ist äusserst typisch für seine Persönlichkeit.

Das Ereignis, das mich selbst anlässlich einer von Chris Dentons Trancesitzungen am meisten berührt hat, war jener Moment, als sein Geistführer Achmed seine Energie dermassen stark oberhalb von Chris

Dentons Kopf aufgebaut hatte, dass ich ihn selbst sehen konnte, und zwar auf objektive Weise.

Als Achmed erschien, zeichnete ich sofort sein Porträt. Ich liess die Zeichnung während der Mittagspause auf meinem Stuhl liegen. Als ich in den Raum zurückkehrte, blieb eine Dame, die ich nicht kannte, vor meinem Platz stehen und rief, als sie meine Zeichnung erblickte sogleich aus «Wow, das ist Achmed!». Anscheinend war ich nicht der Einzige, der ihn gesehen hatte.

Es ist interessant und verblüffend, dass Achmed, wenn er sich öffentlich vorstellt, berichtet, in seinem letzten Leben im Dienst der Regierenden der Sulaimanen (ein arabischer Volksstamm, der in den 1500er Jahren gelebt hat) gestanden zu sein. Achmed übte den Beruf des Henkers aus! Als ein Schüler ihn fragte, wie ein Mörder denn zum Geistführer werden könne, antwortete er ihm friedlich: «Ich habe nie jemanden eigenmächtig getötet. Zu meiner Zeit war das ein ehrbarer Beruf, und in meinem Gebet bat ich Allah darum, dass mein Arm präzise und meine Klinge stetig bleibe, damit dem Verurteilten jegliches Leid erspart bleibe.» Ich habe von Achmed ausschliesslich weise und friedfertige Worte vernommen, darunter einige vorzügliche Lektionen in Medialität. Seine äusserst charakteristische Stimme mag so manchen beeindruckt haben, aber der Inhalt des Gesagten hat nie jemanden verletzt.

Maurice Barbanell

Es ist nicht möglich, über Trance zu sprechen, ohne Maurice Barbanell zu erwähnen, der ein höchst kartesischer, englischer Journalist war. Eines Abends rief ihn ein Kollege an, der krank geworden war, und bat ihn, kurzfristig für ihn einzuspringen: Er sollte sich eine spiritistische Sitzung ansehen. Herr Barbanell willigte ein, jedoch ohne grossen Enthusiasmus, denn er hatte schon einmal einem solchen Anlass beigewohnt und sich dabei sehr gelangweilt. Trance interessierte ihn nicht besonders. Die Sitzung begann also und gemäss seiner Erzählung schlief er auch sogleich ein. Die ganze Gruppe brach in Gelächter aus, als er aufwachte und sich entschuldigte. Er selbst hatte sich nämlich in einen tiefen Trancezustand begeben und erinnerte sich an nichts. Er hatte seine Stimme einem Geistführer geliehen, welcher sich mit dem Namen Silver Birch vorstellte und sagte, ein nordamerikanischer Indianer zu sein. Bis heute ist ungewiss, ob dieser Geistführer in seinem irdischen Leben tatsächlich ein Indianer war, oder ob er einfach entschieden hatte, als ein solcher zu erscheinen. Nichtsdestotrotz trifft man indianische Geistführer im Bereich des Heilens sehr häufig an, so zum Beispiel auch Red Cloud, welcher mit Estelle Roberts arbeitete oder White Feather, der mit mir selbst arbeitet, und ich weiss von noch einigen weiteren.

↑ Silver Birch

↑ Maurice Barbanell

Von diesem Moment an wurde Maurice zu einem der bekanntesten Channels Grossbritanniens und mehrere Bücher mit Anleitungen und Philosophie spiritueller Art wurden durch ihn überliefert und publiziert. Diese Bücher werden immer noch in Buchhandlungen geführt, in den meisten Fällen in englischer Ausführung. In Grossbritannien gelten Maurices Bücher als Pflichtlektüre für jeden Spiritualisten. Nach seiner Begegnung mit der Trance und mit Silver Birch rief Maurice Barbanell «Psychic News» ins Leben, eine wöchentlich erscheinende Zeitung, die er noch während vielen Jahren leitete, bevor er seine Reise ins Jenseits antrat.

Sehr lange hielt er die Tatsache, dass er die Stimme von Silver Birch war, geheim. Unter den bekannten Persönlichkeiten, welche sich in spiritualistischen Kreisen aufhielten, befanden sich auch Sir Arthur Conan Doyle, der Schöpfer von Sherlock Holmes, und Winston Churchill. Sie haben auf bedeutende Weise zur Anerkennung von Maurice ausserhalb der geschlossenen spiritualistischen Kreise beigetragen.

José Medrado

José Medrado ist Anwalt und unterrichtet Recht. Wenn er sich jedoch in den Trancezustand begibt, dann malt er. Schon in den Anfängen seiner Tranceversuche trat er mit verstorbenen Künstlern in Kontakt, darunter auch einige sehr bekannte, die dann jeweils seinen Pinsel führen. Wie er selber zugibt, waren seine ersten Gemälde scheusslich, weil er über keine relevanten Kenntnisse verfügte. Heute sind seine Bilder echte Kunstwerke, und dies nach nur wenigen Minuten. Ich hatte die Gelegenheit, ihm bei der Arbeit in Trance zuzusehen, und ich bin von seiner Technik äusserst beeindruckt. Die meiste Zeit über bleiben seine Augen geschlossen. Er mischt die Ölfarben oft sehr schnell und mit nur wenigen Bewegungen. Zwischen dem Auftragen zweier Schichten lässt er die Farbe nie trocknen. Die verstorbenen grossen Maler reproduzieren ihre eigenen Werke durch ihn, manchmal auch ganze Studien. Sobald die Gemälde fertiggestellt sind, signieren sie diese. Es geht das Gerücht, dass einzig Picasso die Signatur verweigere – es sei denn, die Reproduktion stelle ihn voll und ganz zufrieden.

Die Bilder, die er in der Öffentlichkeit malt und die im Allgemeinen zwischen drei und sieben Minuten benötigen, unterscheiden sich sehr deutlich von denjenigen, die er in seinem Atelier fertigstellt. An letzteren arbeitet Medrado oft mehrere Stunden und sie kommen Fotografien sehr nahe. Medrado sagt, dass er sich im Nachhinein nicht daran erinnert, was passiert ist, während er sich im Trancezustand befand.

Dieser Anwalt hat in Brasilien eine wunderbare Stiftung ins Leben gerufen, wo er vor grossen Zuschauermengen arbeitet. Dank seiner Stiftung erhalten bedürftige Menschen kostenlose medizinische Behandlung

und Ausbildung und sogar ein kleines Waisenhaus wird betrieben. Die Stiftung wird durch den Verkauf seiner Bilder finanziert, welche er unmittelbar nach seinen Vorstellungen zur Versteigerung freigibt. [7]

← Eines von José Medrados im Trancezustand gemalten Werken.

↑ Gemälde von José Medrado, gemalt in 5 Minuten und 32 Sekunden, in meiner Praxis ausgestellt.

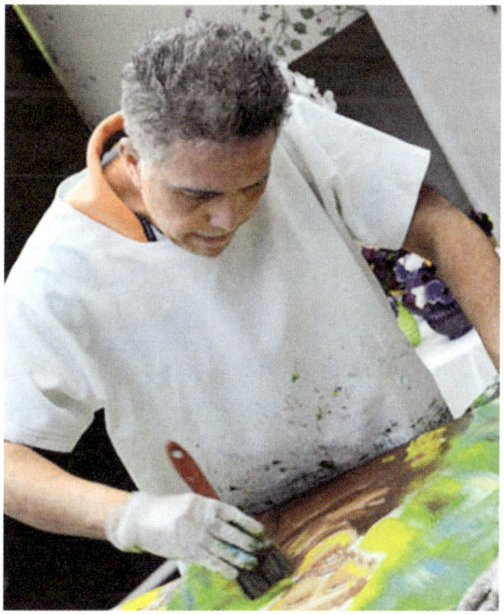

↑ José Medrado bei der Arbeit im Trancezustand.

7 Seine Arbeit ist einsehbar unter der Adresse: www.cidadedaluz.com.br

Nechung, der Retter

Der bekannteste oder «offiziellste» Fall von Trance ist zweifellos derjenige des Mönchs des tibetanischen Klosters Nechung, der im Trancezustand mit dem Nechung-Orakel in Verbindung trat. Während seiner Trance übermittelte der Mönch den präzisen Fluchtweg, der es dem Dalai Lama in der Folge ermöglichte, seinen chinesischen Verfolgern zu entkommen. Nechung wies ihn an «Rette Dich, flüchte! Noch heute Nacht!» und zeichnete daraufhin den Fluchtweg auf ein Stück Papier. Beim Mönch, welcher als Medium den Fluchtweg für den Dalai Lama kanalisierte, handelte es sich um den Abt jenes Klosters. Nachdem die tibetanische Regierung ins Exil gegangen war, wurde das Kloster in Dharamsala in Indien, unweit der heutigen Residenz des Dalai Lama, wiederaufgebaut. Das Medium, das ebenfalls dort lebt, hält den Rang des Vizeministers inne. Es wird regelmässig anlässlich der Neujahrsfeiern konsultiert, aber auch ausserhalb dieser, insbesondere hinsichtlich spezifischer Fragen oder Voraussagen bezüglich der Zukunft.

Seit dem 4. September 1987 ist es Thubten Ngodup, geboren im Jahre 1957 in Phari in Tibet, der die Botschaften von Nechung kanalisiert. Er ist der siebzehnte offizielle Kanal. Er ist der Nachfolger von Lobsang Jigmé, der seit 1945 bis zu seinem Tod in 1984 in Indien dieses Amt innehatte. Im Jahr 1947 sagte Lobsang voraus, dass mit der Ankunft des chinesischen kommunistischen Regimes eine Krise ausgelöst würde. Er war es, der im Jahr 1959 den vierzehnten Dalai Lama anwies, Tibet zu verlassen. Wenn man sich vor Augen hält, dass der Mönch Ngodup die siebzehnte Person ist, die dieses Amt ausübt, fällt es leicht, sich vorzustellen, wie alt Nechung sein muss.

Dank ihm ist der Dalai Lama immer noch am Leben, weil er durch seine Flucht der chinesischen Gefangenschaft entgehen konnte. Zur Gepflogenheit, anlässlich welcher der Mönch mit der Gottheit Nechung in Kontakt tritt und durch diese eine beratende Funktion ausübt, hat sich der Dalai Lama im Jahr 2002 folgendermassen geäussert:

«For hundreds of years now, it has been traditional for the Dalai Lama and the government to consult Nechung during the New Year's festivals.

Additionally, he may indeed be called upon at other times if either have specific questions. I myself speak with him several times a year. This may sound far-fetched to twentieth century western readers ... But I do so for the simple reason that as I look back over the many occasions when I have asked questions of the oracle, on each one of them time has proved that his answer was correct ... Surprising as it may seem, the oracle's replies to questions are rarely vague. As in the case of my escape from Lhasa, he is often very specific.» (Dalai Lama, 2002)

«Schon seit hunderten von Jahren pflegen der Dalai Lama und die Regierung die Tradition, zu den Neujahrsfestlichkeiten Nechung zu konsultieren. Zudem kann er auch zu anderen Zeitpunkten befragt werden, falls eine der beiden Seiten spezifische Fragen hat. Ich selbst wende mich mehrmals im Jahr an ihn. Dies mag westlichen Lesern des zwanzigsten Jahrhunderts weit hergeholt erscheinen... Aber ich tue dies aus dem einfachen Grund, dass, wenn ich an die zahlreichen Male zurückdenke, an denen ich mich mit Fragen an das Orakel gewandt habe, bei jedem Mal die Zeit bewiesen hat, dass seine Antwort korrekt war... So überraschend es auch scheinen mag, die Antworten des Orakels auf die gestellten Fragen sind selten vage. Es ist oft sehr spezifisch, wie auch im Fall meiner Flucht von Lhasa.» (Dalai Lama, 2002)

← Thubten Ngodup bei der Vorbereitung auf seine Trance und das Nechung-Orakel.

Wie kann man sich sicher sein?

Es lässt sich nicht leicht einschätzen, welcher Anteil einer philosophischen Rede, die im Trancezustand gehalten wird, tatsächlich von der geistigen Welt stammt. Deshalb ist es verständlich, dass die Arbeit, die im Bereich der Trancekommunikation geleistet wird, noch viel stärker als alle anderen Bereiche der Medialität auf viel Ablehnung stösst.

Die kleine Welt der professionellen Medialität an sich birgt eine respektable Gerüchteküche und einen unglaublich grossen Neid unter den Medien. Der Mikrokosmos der Trance ist Rekordhalter im Klatsch! Ich habe hierzu Geständnisse von sieben in ihrem Bereich renommierten Trancemedien erhalten. Jedes kritisierte die Trance von diesem oder jener als vorgespielt oder simuliert. Tatsächlich bin ich zahlreichen Medien begegnet und habe vielen solchen Sitzungen beigewohnt und nicht immer war ich davon überzeugt, dass der Kontakt vollständig gemäss dem Wunsch der geistigen Welt interpretiert wurde. Einem guten Schauspieler dürfte es leichtfallen, den Trancezustand zu imitieren. Nur Hellsehende können feststellen, ob zumindest eine energetische Brücke zwischen dem Medium und dem Geist besteht. Selbst wenn diese Brücke effektiv ist und damit die Verbindung zur geistigen Welt sichergestellt ist, wissen wir noch nicht, welcher Anteil des Ausgesprochenen tatsächlich der geistigen Welt entsprungen ist. Die einzige Bestätigung bleibt der Inhalt des Gesagten oder, im Falle des Tranceheilens, das Behandlungsresultat, oder natürlich die materialisierten Objekte, falls es sich um physikalische Medialität handelt. Ein anderes Anzeichen, welches ein simulierendes Medium enttarnen kann, ist die Raumtemperatur, die um mehrere Grade schwanken kann. Jonathan und sein Team haben oft Experimente in meinem kleinen Tempel in Neuchâtel durchgeführt. Während dieser Experimente zittern die Teilnehmer zeitweise vor Kälte, um dann kurz darauf schweisstreibende Temperaturen zu verspüren.

Als Kartesianer komme ich nicht darum herum, die Rolle des Advocatus Diaboli einzunehmen und meinen eigenen Trancezustand infrage zu stellen, um nicht selbst des Betrugs angeklagt zu werden. Bei der Beobachtung meiner eigenen Trance haben mich zwei Dinge davon überzeugt, dass es sich dabei nicht um eine Form der Psychose, sondern um einen echten Kontakt handelt.

Das erste Ereignis lief folgendermassen ab: Eines Abends, während eines Trancezirkels in England, war ich an der Reihe, mich in den Trancezustand zu begeben. Dies war das erste Mal, das White Feather, mein indianischer Geistführer, durch mich sprach. Als er sich zurückzog und ich den Trancezustand verlassen wollte, kehrte ich zum normalen Bewusstseinszustand zurück, zumindest was meinen Kopf anging. Denn den ganzen Rest meines Körpers konnte ich nicht mehr spüren – nicht einmal einen Finger konnte ich bewegen. Ian, ein sehr erfahrenes englisches Medium, welches den Zirkel leitete, erklärte mir ruhig, dass ich den tiefen veränderten Bewusstseinszustand zu rasch verlassen hätte. Es genügte also, mich einfach wieder in den Trancezustand zu versetzen und diesen danach gemächlicher zu verlassen. Ich befolgte seine Anweisungen und alles kam wieder ins Lot. Das zweite Element, welches mir bestätigt, dass meine Trance nicht ein Zustand psychotischer Natur ist, ist die Tatsache, dass alle Personen, die mich im Trancezustand Englisch sprechen gehört haben, mir wiederholt versichern, dass mein Akzent in dieser Sprache im Trancezustand anders ist als jener, den ich normalerweise habe. Obwohl ich fliessend Englisch spreche, würde es mir niemals gelingen, einen anderen Akzent zu imitieren; ich bin schon glücklich darüber, mich in dieser Sprache überhaupt ausdrücken zu können.

Während meiner ersten Übungsjahre war meine Ausdrucksweise im Trancezustand recht zögerlich und eher grob – ganz und gar nicht wie meine gewöhnliche Ausdrucksweise. Obwohl die Verbindung aufgebaut war, wusste ich in der Tat nicht, wie ich die Energie auf stabile Weise kontrollieren sollte. Erst nach regelmässigem Training über mehrere Jahre hinweg wurden die Sätze flüssiger und es gelang mir, längere Zeit zu sprechen.

Automatisches Schreiben

Der Trancezustand wird auch für automatisches Schreiben und inspiriertes Schreiben verwendet. Letzteres unterscheidet sich vom automatischen Schreiben, indem die betroffene Person sich hierfür lediglich in einem leichten Trancezustand befinden muss.

Automatisches Schreiben findet dann statt, wenn das Medium einem Wesen aus der geistigen Welt eine derartige Kontrolle erlaubt, dass dieses den physischen Körper des Mediums bewegen kann und die Hand des Mediums ohne dessen Zutun schreibt. Automatisches Schreiben kann nur in einem Trancezustand gelingen, in welchem die Verbindung sehr intensiv ist und die geistige Welt den physischen Körper des Mediums wirklich kontrollieren kann. Es wurde beobachtet, dass die Schrift des Mediums beim automatischen Schreiben derjenigen der verstorbenen Person gleicht.

Heutzutage wird für das inspirierte Schreiben das amerikanische Wort «channeling» verwendet. Das Medium steht mit der verstorbenen Person in Verbindung – zumindest hoffen wir dies – und schreibt nieder, was es vom Verstorbenen vernommen zu haben glaubt. Gewiss, es kommt oft vor, dass sich Personen in diesem inspirierten Zustand befinden. Wort und Schrift stammen dann aber dennoch vom Medium. Die meisten Fehler oder Täuschungen durch das Medium können bei dieser Art von Trance beobachtet werden, denn eine empirische Bestätigung ist nur sehr begrenzt möglich. Zum einen befindet sich das Gehirn des Mediums nicht im Theta- oder Deltafrequenzbereich und zum anderen steht das Medium nicht in einem medialen Kontakt, wie dies mit einem Verstorbenen der Fall wäre. In diesem Bereich lassen sich also tatsächlich Hochstapler finden, auch wenn dies nicht die Regel ist.

In Bezug auf den Trancezustand – wie auch bei anderen medialen Wahrnehmungen – ist es wichtig zu verstehen, dass die geistige Welt den Inhalt des Gedächtnisses des Mediums verwenden wird, um daraus eine kohärente Rede oder Niederschrift zu formen. Die geistige Welt wird also Dinge, die nicht schon in meinem Gedächtnis vorhanden sind, nicht zum Ausdruck bringen können: Sie wird sich nicht einer Sprache bedienen können, deren ich nicht mächtig bin, denn das entsprechende Vokabular wurde zuvor nicht erlernt. Die geistige Welt wird nicht über wissenschaftliche Themen sprechen können, die nicht in meinem Wesen als energetische Informationen abgespeichert sind. Sie kann nur verwenden, was schon da ist und es so zusammenfügen, dass es ihr möglich wird, sich durch mich auszudrücken. Dies ist der Grund, weshalb Trance ein Teil der mentalen Medialität ist.

Ich habe noch nie ein Medium getroffen, das eine Sprache sprechen konnte, welche es nicht zuvor erlernt hatte. Auf der anderen Seite habe ich von Trancearten gehört, wo dies dennoch stattfindet. Meines Erachtens kann dies nur in sehr tiefen Trancezuständen möglich werden, das heisst, wenn das Medium sich in vollständiger Bewusstlosigkeit befindet. Chris Denton erinnert sich nach einer Trance an absolut nichts, was aber nicht bedeutet, dass es sich anfühlen würde, als hätte ein Verstorbener die Kontrolle über seinen Körper übernommen.

Wann immer ich mich in den Trancezustand begebe, ziehe ich es vor, dies nicht alleine in Präsenz einer fremden Person zu tun. Da ich mich nach dem Verlassen des Trancezustandes an einen längeren Zeitraum nicht erinnern kann, wäre es mir äusserst unwohl, wenn mir jemand gewisse Aussagen zuschreiben würde, von denen ich nicht mit Sicherheit wüsste, dass ich diese tatsächlich genauso wiedergegeben habe. Sätze können verändert und verdreht werden, wie auch immer es einem Klienten passt.

Der Weg in den Trancezustand

Der Weg in den Trancezustand ist immer derselbe: Es braucht ein repetitives Element und den Willen, loszulassen. Wie schon erwähnt, können beispielsweise Marathonläufer oder Kinder, die auf repetitive Weise mit einem Spielzeug spielen, diese Zustände erreichen – in etwa wie ein Tagtraum, in welchem der Intellekt nur noch sehr schwach oder überhaupt nicht mehr involviert ist. Es ist der repetitive Rhythmus, der das Gehirn in den Trancezustand überführt.

Im Fall der Trance, in welcher ein Kontakt mit einem Verstorbenen oder mit einem Geistführer hergestellt werden soll, ist allem voran der Wille, sich in diesen Kontakt zu begeben, vonnöten. Aber es braucht ebenso auch eine individuelle Methode, die der betroffenen Person dabei hilft, den normalen Bewusstseinszustand zu verlassen.

Ein Ansatz, der den meisten entspricht – abgesehen vom schamanischen Trommeln oder anderen repetitiven Techniken –, besteht darin, den Rhythmus seiner Atmung zu beobachten, das heisst, sich nach innen zu kehren. Wie dies bei jeder medialen Disziplin notwendig ist, muss man sich auch bei der Trance nach innen wenden und mit seinem energetischen Zentrum in Kontakt treten. Das energetische Zentrum befindet sich bei den meisten Menschen im Herzchakra. Es ist in diesem Zentrum, wo man seinen inneren Frieden finden kann, diesen Zustand der Entspannung, den man benötigt, um den Trancezustand zu erreichen. Es gilt, mit vollster Aufmerksamkeit die repetitive Bewegung zu beobachten, welche durch den Rhythmus der eigenen Atmung, das heisst durch die Bewegung des Brustkorbs, entsteht. Darauf aufbauend kann man die Beobachtung der Atmung zusätzlich mit gewissen Visualisierungen begleiten: Manche Medien verwenden, wie bei einer Hypnosesitzung, das Bild einer inneren Treppe, welche hinab führt, wobei die Stufen gezählt werden können. Das Visualisieren des Hinabsteigens auf einer Treppe führt zur notwendigen Repetition und erlaubt es, immer mehr loszulassen, noch mehr loszulassen und noch mehr loszulassen, Stufe um Stufe, während man seine eigene Atmung beobachtet. Weitere Details zur Technik, welche es erlaubt, den Trancezustand zu erreichen, finden Sie im Kapitel zu den Meditationstechniken.

Hysterische Trance

Ich habe mich schon oft an den Gebärden, welche gewisse Medien in ihrem Trancezustand an den Tag legen, gestört. So bin ich schon auf Medien gestossen, die sich wie Kinder verhalten, also deren Verhalten und die entsprechende Stimme nachahmen. Solches Verhalten ist beunruhigend und höchstwahrscheinlich ein Bestandteil dessen, was als «hysterische Trance» bezeichnet wird. Wir wissen, dass ein Geistwesen zur Kommunikation sein Energiefeld mit unserem verbindet, um sich dabei unserer Erinnerungen und Stimmbänder zu bedienen. Ob es sich dabei um ein Kind oder einen Erwachsenen handelt, macht keinen Unterschied, denn es ist die Stimme des Mediums, die verwendet wird, und zwar durch einen telepathischen Prozess, welcher ein physisches Organ wie zum Beispiel die Stimmbänder zum Einsatz bringt. Es gibt also absolut keinen Grund dafür, weshalb es die Stimme des Verstorbenen sein sollte, die wir dabei zu hören bekommen. Des Weiteren hat ein Geistwesen, egal ob Kind oder Erwachsener, zahlreiche frühere Leben gelebt. Es macht deshalb keinen Sinn zu glauben, dass die Information, welche man von einem Geistwesen erhält, ausschliesslich aus seiner unmittelbaren Vergangenheit stammt. Selbst wenn die Trance durch eine vollständige Einverleibung zustande kommt, ist es dennoch der Kehlkopf des Mediums, der als Werkzeug dient. Die einzige Ausnahme lässt sich im Bereich der physikalischen Medialität finden, bei der die geistige Welt aus Ektoplasma einen Kehlkopf herstellt, um eine direkte Stimme zu erzeugen. Auf diese Weise kann die Stimme vom letzten Leben reproduziert werden, wie das der Fall war bei der Stimme der kleinen Maria, die Bill Meadows erschien – ein Ereignis, auf das ich im Kapitel zur physikalischen Medialität näher eingehe. Gewiss, das Medium kann die Attitüden einer verstorbenen Person oder eines Geistführers wiedergeben, wenn die Verbindung sehr stark ist, aber dies hat nichts gemeinsam mit den theatralischen Vorstellungen, welche man oft zu sehen bekommt. Mein Professor hat eine hysterische Trance miterlebt, während der das Medium auf allen vieren am Boden herumkroch und wie ein Bär knurrte. Sogar im Kontext des EVP wird die Botschaft eines Tieres in eine Sprache umgeschrieben, welche das Medium versteht, und nicht in Bellen und Knurren, denn es handelt sich um einen telepathischen Mechanismus. Die Information ist gespeichert auf einem energetischen Partikel.

Wenn man – im Kontext des Trancezustands – glaubt, von seinem Geistführer oder von einem Geistwesen besessen zu sein und dabei die Körperhaltung und die Stimme verändert, um damit dem Publikum zu suggerieren, dass es sich um den Geistführer oder den Verstorbenen handelt, kommt dies dem oben erwähnten hysterischen Verhalten sehr nahe. Nehmen wir an, das Medium sei davon überzeugt, dass es sich bei seinem Geistführer um einen Shaolin-Mönch handelt. Es spielt dabei keine Rolle, ob dies zutrifft oder nicht. Das Medium setzt sich damit unter Druck, schon nur durch den Glauben, eine Shaolin-Vorstellung bieten zu müssen, um das Publikum zu beeindrucken. Der Trancezustand mit Einverleibung steht nicht im Zentrum dieses Kapitels, aber wenn der Mönch tatsächlich Teil einer solchen Trance gewesen wäre, dann hätte das Medium über Kung-Fu-Kenntnisse verfügt und wäre der chinesischen Sprache mächtig gewesen. In einem gewöhnlichen Trancezustand würden diese chinesischen Merkmale nicht sichtbar, oder im besten Fall nur sehr schwach. Mein Professor war einmal an einer Trance mit Einverleibung anwesend, bei der es um einen älteren Herren ging, der gewöhnlich nur sehr schwach auf den Beinen war. Sobald sich dieser im Trancezustand befand, konnte er sogar einen Salto springen.

Manche Patienten legen hysterisches oder psychotisches Verhalten an den Tag, jedoch unabhängig von einem Trancezustand. Ich selbst habe eine Erfahrung mit einer Patientin mit solchem Verhalten gemacht. Sie hatte schon mehrere Therapien hinter sich, darunter Farbtherapie, NLP (neurolinguistisches Programmieren) und andere Methoden. Schliesslich sandte sie einer ihrer Therapeuten zu mir, weil er nicht mehr weiterwusste. Ihr Problem sah folgendermassen aus: Jedes Mal wenn sie mit Energie in Kontakt kam, fing sie an, sich zu winden, genau wie in den Darstellungen teuflischer Besessenheit in den gängigen Hollywood-Produktionen. Sobald ich sie berührte, begann das Winden; ich sah sehr deutlich, dass dies nicht mit einer äusseren Energie zusammenhing, sondern dass dies von ihr selbst kam. Als sie zum nächsten Termin kam, legte ich ihr meine

Hände auf, als ob ich heilende Energie kanalisieren würde, jedoch ohne die hierfür notwendige Verbindung aufgebaut zu haben – also gewissermassen wie in einer Placebosituation.

Meine Patientin war über mein Vorgehen nicht im Bilde. Obwohl ich ihr keine heilende Energie aus der geistigen Welt übertrug, wand sie sich vor Krämpfen. Am Ende der Behandlung plauderten wir noch über ein paar banale Dinge wie das Wetter und ihre Heimat. Die ganze Zeit über liess ich meine Hand auf ihrem Knie ruhen, wie als Zeichen des Wohlwollens. Dabei übertrug ich ihr so viel Energie, wie ich nur irgendwie konnte. Ich konnte keinerlei Anzeichen irgendeines Problems feststellen, und meine Patientin bewegte sich ganz normal und wand sich nicht – es war schlicht ein gemütliches Plaudern, wie etwa zwischen zwei alten Freunde in einem Café. Als ich ihr erklärte, was ich soeben getan hatte, war sie völlig verblüfft. Seit diesem Moment konnte ich ihr meine Hände auflegen, wie allen anderen Patienten auch und es gab keine Spur mehr von diesen merkwürdigen Bewegungen oder Verhaltensweisen. Die Dame litt unter psychotischem Verhalten, aber ohne sich dabei in einen hysterischen Trancezustand zu begeben.

Um die hysterische Trance besser zu definieren und um den Pfad, der das Medium in die Irre führen kann, besser aufzuzeigen, führe ich an dieser Stelle das psychologische Modell der hysterischen Trance an. Dieser Zustand ist nicht etwa ein Nebeneffekt der Ausübung der Medialität, weil das Medium von den beschriebenen Umständen nicht mehr betroffen ist, sobald es den Trancezustand verlassen hat. Diese Form der Dissoziation ist nicht bleibend, sondern gemäss meinen Beobachtungen nur während des Trancezustands aktiv.

Die angeführten Schemata behandeln ausschliesslich den Trancezustand, auch wenn gewisse alltägliche dissoziative Zustände den Modellen sehr nahe kommen.

Es ist wichtig zu verstehen, dass Hoffnung eine Form von Antizipation darstellt und dass sie dieselben physiologischen Reaktionen hervorruft wie Angst. Angst ist grundsätzlich ein gesunder Mechanismus, weil sie Gefahr signalisieren kann; im vorliegenden spezifischen Fall jedoch ist Angst natürlich nutzlos. Sie entsteht lediglich aufgrund einer Erregung, genau wie zum Beispiel Zorn oder andere intensive Gefühlszustände.

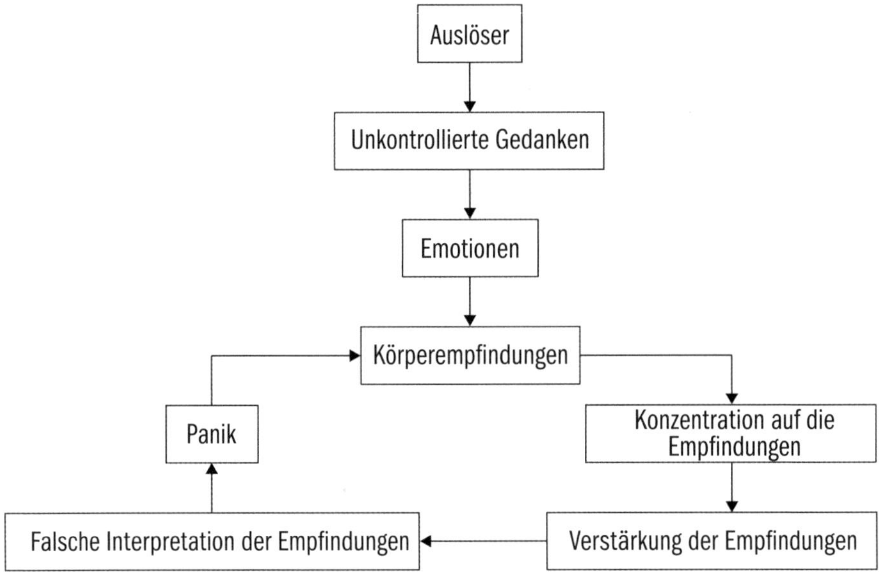
Auslöser
Unkontrollierte Gedanken
Emotionen
Körperempfindungen
Panik
Konzentration auf die Empfindungen
Falsche Interpretation der Empfindungen
Verstärkung der Empfindungen

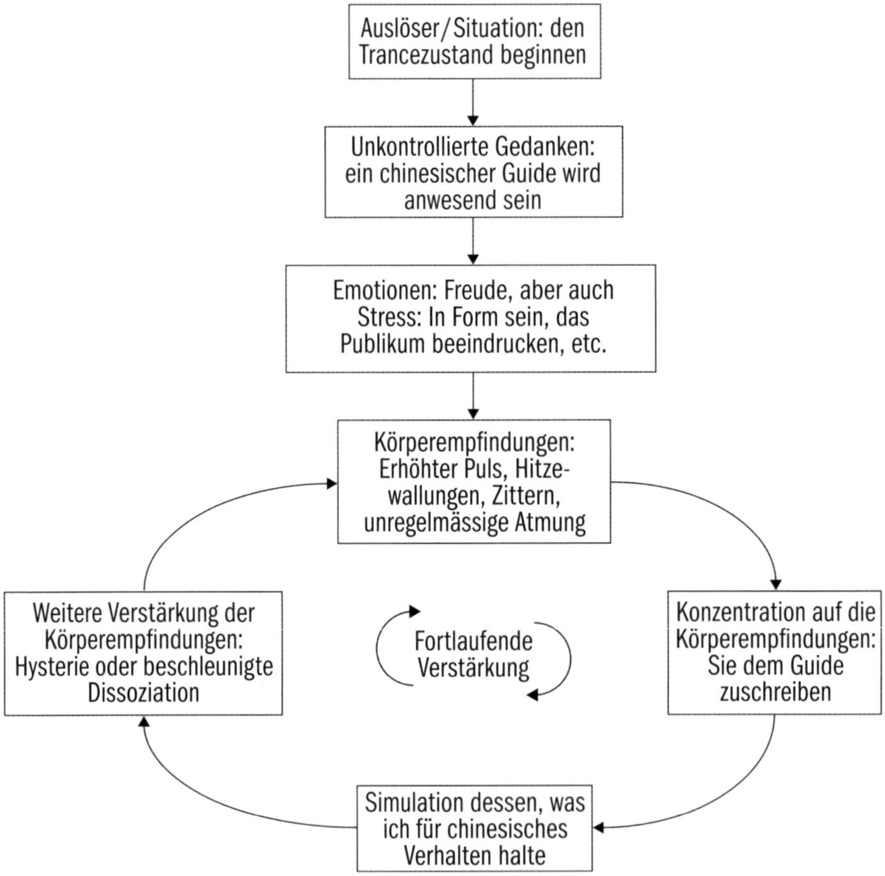
Auslöser/Situation: den Trancezustand beginnen
Unkontrollierte Gedanken: ein chinesischer Guide wird anwesend sein
Emotionen: Freude, aber auch Stress: In Form sein, das Publikum beeindrucken, etc.
Körperempfindungen: Erhöhter Puls, Hitzewallungen, Zittern, unregelmässige Atmung
Weitere Verstärkung der Körperempfindungen: Hysterie oder beschleunigte Dissoziation
Fortlaufende Verstärkung
Konzentration auf die Körperempfindungen: Sie dem Guide zuschreiben
Simulation dessen, was ich für chinesisches Verhalten halte

Diese Etappen verhalten sich interaktiv: Wenn sich eine verändert, dann reagieren die restlichen ebenso. Der Lernprozess, ob richtig oder falsch, gestaltet das zukünftige Erleben. Genau wie das gegenwärtige Erleben aus der vergangenen Erfahrung wie zum Beispiel der Kindheit oder den Erinnerungen fliesst. Diese Summe der erlebten Erfahrungen und durchlaufenen Lernprozesse wird das zukünftige Erleben durch ihre Information prägen.

Wenn man die obigen Diagramme im Kontext des Trancezustands betrachtet, dürfte deutlich werden, dass der alleinige Umstand, dass man einem Anfänger mitteilt, welcher Geistführer durch ihn kommuniziert, den beschriebenen Mechanismus auslösen und damit einen gefährlichen Einfluss auf den Anfänger ausüben kann. Ebenso kann der alleinige Akt der Einleitung des Trancezustands denselben Prozess auslösen, wenn der Schüler grosse Erwartungen hinsichtlich der Identität des erscheinenden Geistführers hat. Ein Element, welches eine hysterische Trance auslösen kann, ist Stress oder Druck, vor allem dann, wenn die Trance vor einem Publikum stattfinden soll. Der Anfänger kann sich dabei dermassen unter Druck setzen, dass die physiologischen Stressabläufe sich von selbst in Gang setzen.

Diese psychologischen Prozesse können dann in Bewegung gesetzt werden, wenn während einer Trance Schritte ausgelassen werden oder wenn die betroffene Person versucht, auf mentaler Ebene die Kontrolle zu behalten. Diese Prozesse sollten jedoch auch nicht verallgemeinert werden. Üben Sie sich aber dennoch in Geduld. Die Trance ist ein so wunderbares und nützliches Werkzeug! Stellen Sie sich vor, wie sie zum wahrhaftigen Wort des Heiligen Geistes werden … Es lohnt sich so sehr, ein Opfer zu bringen und sich laufend infrage zu stellen, um nicht einer Täuschung zu unterliegen. Was für ein Wunder es ist, seine Stimme den Weisen zur Verfügung stellen zu können! Welch ein Segen, deren wahre Worte jenen verkünden zu können, die auf der Suche sind! In keiner anderen Disziplin wird der Geistführer, der Euch liebt, so nahe bei Euch sein. Eure Verbindung wird niemals stärker sein; Ihr werdet eins sein mit dieser Weisheit und dieser Liebe. Wenn Ihr darum bittet, dienen zu können, dann werden Euch jene, die dienen, beistehen; wenn Ihr darum bittet, Liebe geben zu können, dann wird der Funken des Lichts auf diejenigen, die Euch anhören, überspringen und sie werden geheilt sein. Steckt Euren Kopf nicht in den Sand wie ein Strauss, sondern bringt Euch wirklich ein. Ihr werdet auf Eurer Suche nie alleine sein …

Extraktion Pathologischer Information (EPI)

Gegen Ende des Jahres 2012 ist eine weitere Form der Trance Teil meiner Arbeit geworden. Während meiner Trancezustände extrahiert die geistige Welt pathologische Informationen aus dem energetischen System unseres Körpers, wo diese gespeichert sind. Ich habe dieser Heilmethode den Namen «Extraction of Pathological Information» (EPI) gegeben (dt. «Extraktion Pathologischer Information» (EPI)). Seit Kurzem habe ich damit begonnen, diese Methode in der Schweizer Schule für Heilung Fréquences, welche ich im Jahre 2005 gegründet habe, zu lehren.

Es war ein langer Weg, bis es mir gelang, diese Art von Interventionen durchzuführen. Er begann während einer meiner Studienreisen zu den Heilern auf den Philippinen. Ich wohnte einer Trancekommunikationssitzung mit Esther Bravo bei. Wir befanden uns in einer kleinen Kapelle hoch in den Bergen, als dieses Medium, welches über sich selbst aussagt, in ihrem Trancezustand mit Moses in Kontakt zu stehen, sich plötzlich an mich wandte und sagte: «Du bist von der geistigen Welt ausgewählt worden, damit du Operationen durchführst, wie es die Heiler hier tun; du wirst Gutes tun auf Deinem Kontinent; wir werden uns bald an Dich wenden.» Alle anwesenden Zuhörer waren sehr bewegt, allen voran natürlich ich selbst. Und dann wartete ich ungeduldig. Ein ganzes Jahr war inzwischen vergangen, als ich eines Abends, kurz bevor ich mich schlafen legte, neben mir einen Mann erblickte, der wie ein Chirurg ganz hellblau gekleidet war, mit entsprechendem Kopfschutz und einer Operationsmaske über Mund und Nase. Ohne ein Wort von sich zu geben, gab er mir zu verstehen, dass er hier war, um mir mitzuteilen, dass die Operationen beginnen würden. Ich sah diesen Arzt auf objektive Weise, das heisst mit offenen Augen, als ein 3D-Hologramm, das sich einen Meter vor mir befand. Sobald der Chirurg mir seine Botschaft übermittelt hatte, löste er sich auf. Ich war aufgeregt und freut mich sehr: Endlich würden die Operationen beginnen! Und dann ... Nichts. Gar nichts!

Ein erstaunlicher Umstand war die Tatsache, dass ich mich in dem Moment, als mir der Chirurg erschienen war, nicht in einem geistigen Zustand befand, welcher ein solches Bild hätte generieren können, denn ich war damit beschäftigt gewesen, mir die Zähne zu putzen und gleichzeitig fernzusehen.

Weitere vier Jahre waren vergangen, als sich der Prozess am Ende einer Kriya-Massage, während der ich in einem leichten Trancezustand gearbeitet hatte, auf eine äusserst plötzliche und unerwartete Weise in Gang setzte. Als ich einige Papiertücher auf den Bauch des Klienten legte, um damit das Öl abzuwischen, erblickte ich einen Flecken auf dem Papier. Wie konnte ein frisches Papiertuch befleckt sein? Ich nahm es wieder weg und sah keinen Flecken mehr auf dem Papiertuch. Dann legte ich es wieder auf und der gräuliche Fleck erschien erneut. Höchst erstaunt legte ich meine Hand auf die Stelle, an welcher der Fleck erschienen war, worauf meine Hand sofort zu zittern und zu kratzen begann. Vor meinem geistigen Auge, also mit dem dritten Auge sah ich, wie sich die Haut wie eine Wunde öffnete. Unter meinen kratzenden Fingern flossen undefinierbares Gewebe und Flüssigkeiten aus der Wunde; all dies konnte ich mit meinem dritten Auge sehen, wobei zahlreiche andere Bilder vor meinen Augen vorbeizogen. Plötzlich kam alles zum Stillstand und Licht schien aus der Wunde heraus. Dies alles spielte sich während nur einigen Sekunden oder vielleicht ein bis zwei Minuten ab.

Wieso musste ich fünf Jahre lang zuwarten, um die Fähigkeit zu erlangen, die Methode der Extraction of Pathological Information (EPI) anwenden zu können? Ich kann diesbezüglich nur spekulieren. Was aber feststeht, ist, dass ich vorher nicht dafür bereit war.

Seit der Behandlung an diesem Tag wende ich diese Methode praktisch täglich an. Ich bin dabei nur auf der rechten Seite von der geistigen Welt vereinnahmt, auch wenn ich spüre, dass der Geistführer sich sehr nahe neben mir befindet. Während einer Behandlung kann ich meine Augen öffnen, was mir im Trancezustand nicht möglich ist. Unabhängig davon, ob ich Ekzeme behandle oder Menstruationsbeschwerden, chronische Migräne, Phobien, Asthma, verschiedene Schmerzarten, Lebensmittelintoleranzen, Allergien, Knochenabbau, chronische Wunden, andere chronische Krankheiten oder Nebeneffekte von Chemotherapien – eine Sache steht fest: All diese Pathologien basieren auf schädlicher Information und wenn diese entfernt wird, verbessert sich der Zustand vieler Patienten auf bemerkenswerte Weise, es besteht sogar die Möglichkeit auf

Heilung und Befreiung von ihren Leiden. Ein Neurologe in meinem Umfeld war höchst erstaunt, als er feststellte, dass Patienten, die am «restless legs syndrome» litten, nach einer oder zwei Behandlungen deutliche Fortschritte gemacht hatten.

Geläufige Sportverletzungen wie beispielsweise gezerrte Bänder und Muskeln, Verstauchungen oder Sturzwunden heilen schneller, wenn diese Methode angewandt wird. Patienten erholten sich rascher von Operationen und manchmal können diese sogar ganz verhindert werden. Dies gilt auch für Wunden, die chronisch offen bleiben, egal ob sie von einer Operation stammen oder nicht. Die heilende Wirkung der Energie ermöglicht dem betroffenen Gewebe einen beschleunigten Regenerationsprozess. Dieser Umstand wäre also für Hochleistungssportler von Nutzen oder allgemein für diejenigen, welche sich nur wenig Zeit für Erholung nehmen können und jene, die an chronischen Wunden leiden. Erinnern Sie sich an das energetisch behandelte Gras in den Blumentöpfen im Kapitel *Experiment in Energieübertragung* und wie die Entwicklung dabei sichtlich beschleunigt wurde.

Information spielt also auch in diesen Bereichen eine Rolle. Wenn diese schädlich ist, kann sie entfernt oder neutralisiert werden. Es kann sich dabei um Schmerzen handeln, oder um Entzündungen, Infekte, Ödeme, Quetschungen, Gerinnung, Vernarbung usw.

Im Hinblick auf Krebsgeschwüre gilt es, zwei Aspekte in Betracht zu ziehen. Zum einen geht es um die Information, welche den Krebs verursacht hat. Unabhängig davon, ob die Information emotionaler oder physischer Natur ist (Aufnahme von giftigen Produkten, fortwährender Kontakt mit krebserregenden Substanzen), kann sie extrahiert werden und im Idealfall wird der Körper keinen solchen Tumor mehr bilden. Hierbei geht es also um die Extraktion der Information; die bestehenden Krebszellen sind allerdings weiterhin vorhanden. Der zweite Aspekt betrifft die körpereigenen Reparaturmechanismen. Sehr ähnlich wie es sich beim Gras-Experiment verhält, kann die energetische Behandlung die Selbstheilungssysteme des Patienten zusätzlich unterstützen und ihm so bei der Bekämpfung des Tumors helfen. Sobald die Information, welche zum Wachstum von neuen Krebszellen führt, entfernt ist, kann sich der Körper mit Unterstützung punktueller medizinischer Behandlung alleine auf die

Eliminierung von dysfunktionalen Zellen konzentrieren. Wenn die Behandlung eine Chemotherapie beinhaltet, ist es möglich, den Patienten in Bezug auf die verwendeten Produkte zu desensibilisieren, sodass er diese besser verträgt oder zumindest weniger unter Nebeneffekten leidet. Strahlentherapie kann manchmal schwere Verbrennungen verursachen. Es ist weitgehend bekannt, dass Schweizer Spitäler und Kliniken Kontaktlisten verwenden, die sogenannte «Faiseurs de Secret»[8] aufführen. Diese Personen werden unter anderem dann kontaktiert, wenn es darum geht, Verbrennungen zu lindern oder Blutungen zu stoppen. Im Übungskapitel am Ende des Buchs sind Beispiele von Gebeten aufgeführt, welche bei der Anwendung des Secret ausgesprochen werden. Im Sinne der Tradition sind diese ohne Entgelt anzuwenden.

EPI hinterlässt merkwürdige Spuren. Bei gewissen Patienten ist eine Behandlung an mehreren Stellen angezeigt und manche dieser Stellen – aber nicht alle – weisen Spuren auf, die Verbrennungen ähnlich sehen. Es ist damit also keine Frage des Hauttyps. Einige dieser Spuren verschwinden innerhalb von ein paar Stunden und andere bleiben bis zu dreissig Stunden sichtbar. Dieses Phänomen könnte mit der Information, welche entfernt wurde, an sich zusammenhängen, mit deren Masse oder mit der Geschwindigkeit der energetischen Bewegung.

Ich versuche nicht, die Natur dieser energetisch gespeicherten pathologischen Information zu interpretieren, weil wir Information in uns tragen können, welche noch jung ist, aus unserer Kindheit stammt, genealogischer Art ist oder sogar aus einem anderen Leben stammt. Jegliche Spekulation ist daher sinnlos. Es ist eine bekannte Tatsache des Bereichs der physikalischen Medialität, dass ein Medium sich Verbrennungen zuziehen kann, wenn Ektoplasma zu schnell in den Körper des Mediums zurückkehrt. Im Falle von EPI würde es sich genau um die entgegengesetzte Bewegung handeln, das heisst Masse würde mit hoher Geschwindigkeit austreten.

8 Bei der Anwendung des «Secret» handelt es sich um eine traditionelle Heilmethode, welche auf Gebeten beruht. Sie ist immer noch sehr verbreitet im französischen und italienischen Sprachraum der Schweiz und in einigen anderen Schweizer Kantonen sowie im italienischen Aostatal und in gewissen Regionen Südfrankreichs.

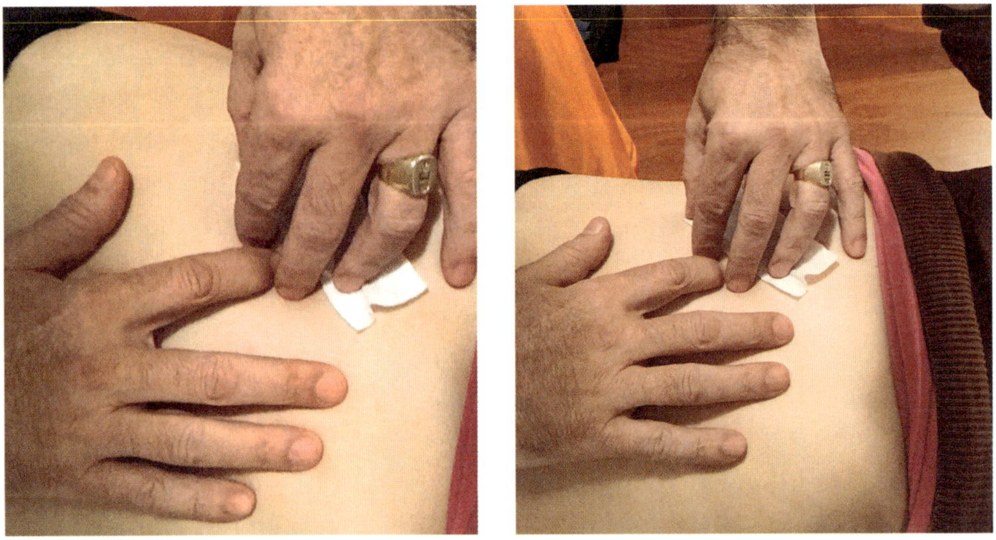

↑ Die Positionierung meiner Hände und Finger während der Extraktionen, die ich durchführe.

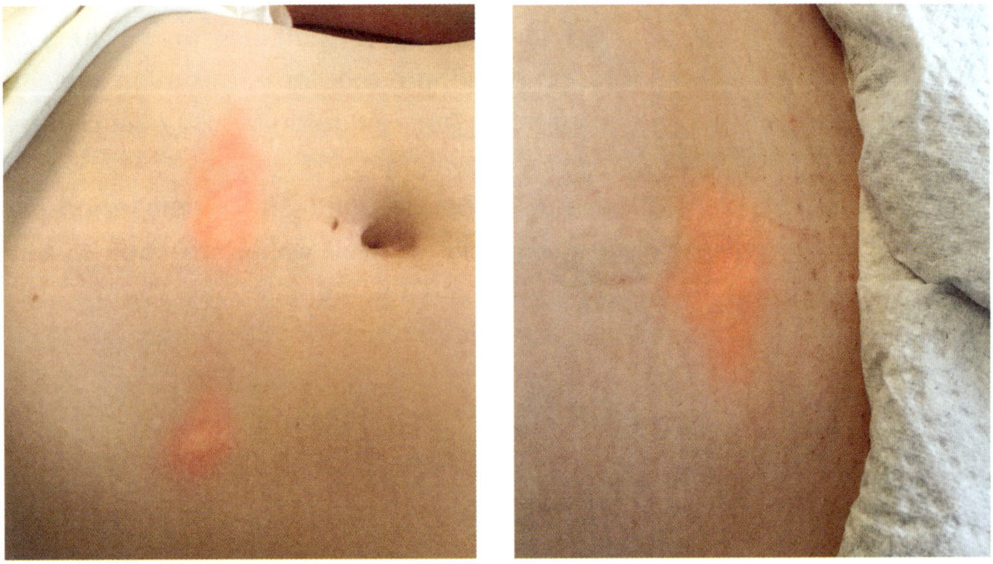

↑ Diese Spuren zeigen, dass nicht an allen behandelten Stellen dieselbe Art von Spuren sichtbar wird (manchmal entsteht gar keine Spur). Es ist also nicht eine Frage des Hauttyps. Die Unterschiede in den Spuren sind höchstwahrscheinlich eine Folge der Beschaffenheit der extrahierten Information.

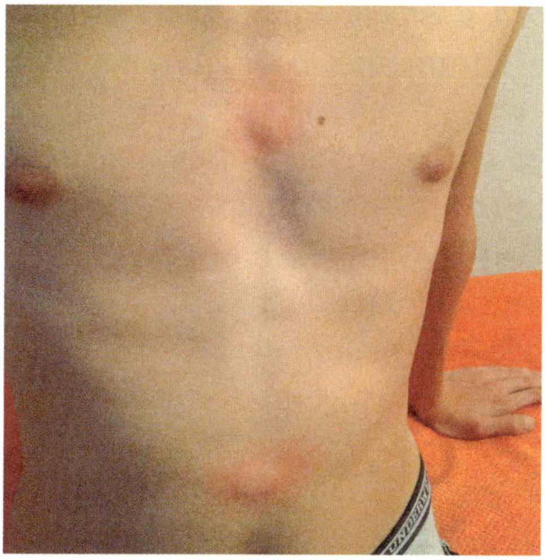

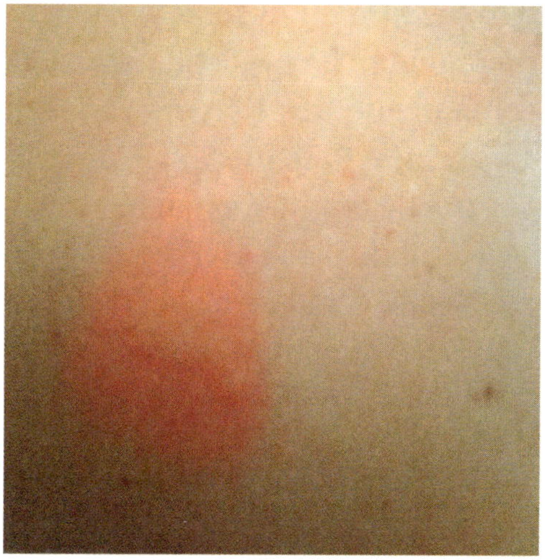

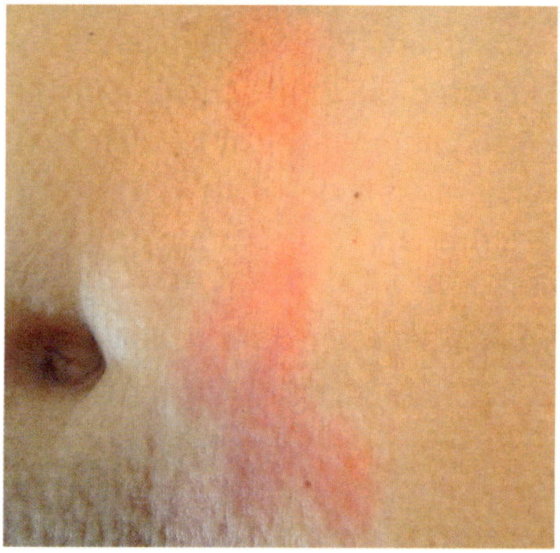

↑ Spuren der Extraktionen.

Während solchen Behandlungen scheinen sich die Grenzen aufzulösen: Ich weiss nicht, wo mein Bewusstsein endet und wo das Bewusstsein, welches durch mich arbeitet, beginnt. Es spielt sich ab, als wären wir ein und dasselbe Bewusstsein. Dieses Bewusstsein muss dann die fehlerhafte Information im Patienten auflösen. In Anbetracht der Spuren, die an den Patienten, die ich behandelt habe, sichtbar werden, trifft das Wort «extrahieren» besser zu. Einer Sache bin ich mir sicher: Die Information verschwindet. Und da die Natur Leere verabscheut, könnte die Information zurückkehren. Es ist daher unbedingt notwendig, dass die durch die Extraktion hinterlassene Leere durch neue Energie gefüllt wird. Ich bin davon überzeugt, dass die Medizin der Zukunft informationeller Art ist.

Zusammenfassend lässt sich sagen, dass die Methode EPI es dem Therapeuten ermöglicht, pathologische Information in der immateriellen Komponente des Körpers zu löschen, was im Anschluss im physischen Körper des Patienten in Form von verschwindenden Symptomen zum Ausdruck kommt. Es handelt sich hier also um den Prozess der Entmaterialisierung. Diese Heilmethode kann als die umgekehrte Verwendung des Mechanismus, welcher dem Pranismus zugrunde liegt, verstanden werden: Der Pranismus verwendet spirituelle Energie, um dem Körper durch Materialisierung die notwendige Nahrung zur Verfügung zu stellen.

—

Fallstudien

—

Jules (31) leidet an einer starken Katzen- und Pferdehaarallergie sowie an Heuschnupfen. Diese Allergien könnten durch die Lungenentzündung, die er mit ungefähr 11 Jahren erlitten hat, ausgelöst worden sein. Seit diesem Zeitpunkt kann Jules sich nicht mehr in der Nähe von Katzen, Pferden oder Gräsern aufhalten, ohne dabei an einer laufenden Nase, tränenden Augen, häufigem Niesen und stark erschwerter Atmung aufgrund von Bronchokonstriktion zu leiden. Mit anderen Worten, der Neurotransmitter Acetylcholin (der insbesondere auf die vegetativ regulierten Funktionen einwirkt) hatte sich auf den entsprechenden Rezeptoren angesetzt, was zu Muskelkrämpfen in den Bronchialröhren führte. Die resultierende Lungenobstruktion und die stark erschwerte Atmung sind gängige Asthmasymptome.

Jedes Mal, wenn Jules eine Wohnung betrat, in der Katzen leben, machte sich die Allergie innerhalb von fünfzehn Minuten sehr deutlich bemerkbar. Hinzu kommt, dass er und seine Familie auf einem Bauernhof leben, umgeben von Heu, Pferden und Katzen. Für ihn bedeutete dies, dauerhaft an diesen Symptomen zu leiden.

In der Hoffnung, sich seiner Allergien zu entledigen, hat er verschiedenste Methoden versucht, jedoch ohne eine merkliche Verbesserung feststellen zu können.

Nach der ersten EPI-Behandlung in meiner Praxis sind alle Symptome verschwunden, mit einziger Ausnahme eines leichten Juckreizes in den Augen.

Und dies obwohl seine Hände voll mit Spuren von Katzenhaaren, Pferdehaaren und Heu waren und er sich mit diesen reichlich das Gesicht rieb.

Die mentale Blockade hat sich ebenfalls aufgelöst: Jules geht jetzt mit Freude und Gelassenheit auf seinen Stall zu – nicht mehr in Angst vor allergischen Reaktionen.

Die Tatsache, dass beinahe alle Symptome praktisch unmittelbar und mit nur einer Behandlung verschwunden sind – und dies, nachdem sie über zwanzig Jahre Teil seines Lebens waren –, beweist, dass meine Behandlungen direkt auf die zugrunde liegenden Partikel zugreifen. Diese Partikel enthalten die Information, die für die Beschwerden, in diesem Fall also für die Allergien, verantwortlich ist.

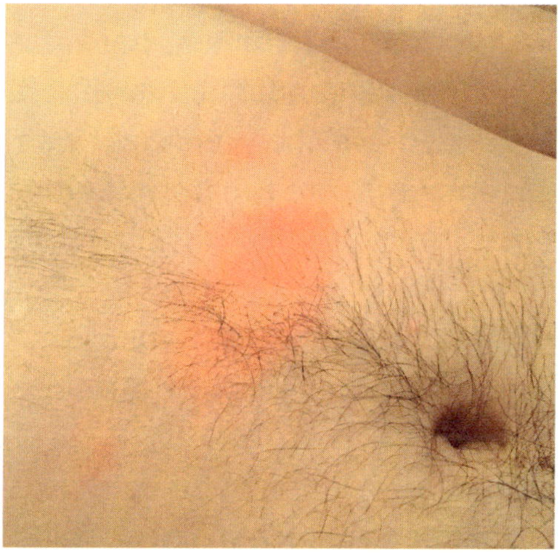

↑ Spuren auf Jules. Erste Extraktion. Hier ist ersichtlich, dass der Austrittsbereich deutlich grösser ist als die Fläche, die mit meinen Fingern in Kontakt war. An der Stelle, wo die Dichte der ausgetretenen Energie am stärksten war, bildet sich eine Art Blase, die im Gegensatz zu gewöhnlichen Blasen nur ein bis zwei Tage bleibt. Die roten Halos, welche die behandelte Fläche umgeben, machen deutlich, dass der Bereich, in dem die Information austritt, grösser ist, als die Fläche, welche mein Finger bearbeitet hat.

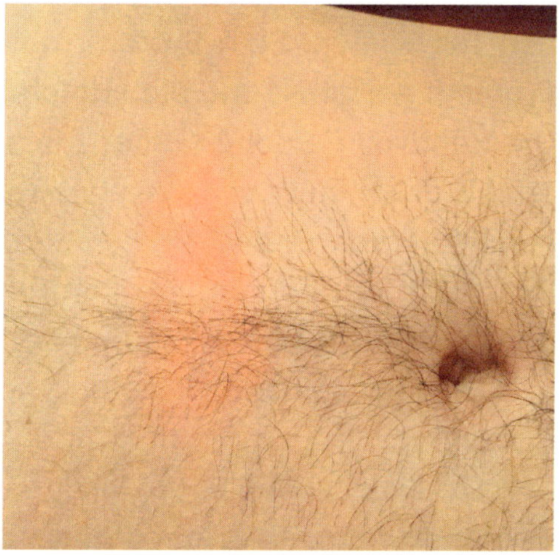

↑ Spuren auf Jules. Zweite Extraktion. Der hinsichtlich des Umfangs und der Farbe offensichtliche Unterschied der Spuren, welche meine Finger während der zweiten Extraktion hinterlassen haben, lässt den Schluss zu, dass der Grossteil der Information während der ersten Behandlung extrahiert wurde.

Die Schulmedizin vernachlässigt das Konzept der Information, welche in energetischen Partikeln abgespeichert wird, anstatt es anzuerkennen. Und dennoch basiert alles hierauf. Die Medizin der Zukunft wird eine Medizin der Information sein.

Unsere Gedanken speichern sich in unseren Zellen, in unserem Geist ab. Diese Tatsache wird auch durch Jules' Fall bestätigt, denn die Geschichte geht noch weiter: Nachdem er während drei Monaten von jeglichen Allergiesymptomen befreit geblieben war, traten präzise zum Zeitpunkt der Trennung von seiner geliebten Ehefrau beinahe schlagartig ähnliche Symptome auf. Die energetische Speicherung der Gedanken spielt beispielsweise auch im Fall von Lebensmittelintoleranzen eine Rolle.

Sobald das Partikel, welches das Verzehren einer gewissen Frucht verunmöglicht, eliminiert ist, soll der Patient diese Frucht noch am selben Tag kosten. Sein System muss die Information erhalten, dass das Problem gelöst ist und die Intoleranz somit der Vergangenheit angehört. Die Handvoll Personen unter meinen Patienten, welche aus Angst während Wochen mit dem Verzehr zuwarten, erneuern ihre Programmierung der Intoleranz, und zwar weil sie dadurch ihrem Unterbewusstsein die Botschaft «ich kann nicht» kommunizieren. Wenn sie dann schliesslich doch die Frucht kosten, so fällt der Erfolg deutlich schwächer aus.

Die nachstehende Fallstudie von Florence ist ebenfalls sehr aussagekräftig:

Florence, etwas über vierzig Jahre alt, interessiert sich für spirituelle Themen und meditiert regelmässig. Als sie mich aufsuchte, hatte sie bereits über fünfundzwanzig Jahre an Allergien und diversen Lebensmittelintoleranzen gelitten.

Ihr Verdauungssystem funktionierte schlecht und sie litt dauernd an Verstopfung. Jegliche laktosehaltigen Lebensmittel verursachten bei ihr stärkste Bauchschmerzen, die drei bis fünf Stunden andauern können. Sie konnte jegliche Pflanzen und Früchte, die gewissermassen behaart sind, nicht anfassen. Sobald sie ein Blatt oder eine solche Frucht in die Hand nahm, schwollen ihre Hände an und überzogen sich mit grossen roten Flecken, welche an Nesselsucht erinnerten. Sie konnte also keine Erdbeeren pflücken und im Übrigen auch Rasen nicht barfuss begehen, weil ihre Füsse dann dieselbe Reaktion aufwiesen. Der Verzehr von Pfirsichen und Aprikosen war ihr unmöglich, weil dies Entzündung auf Händen und im Rachenbereich hervorrufen würde.

Am schlimmsten war zweifellos ihre Pollenallergie: Gräser, Heu, Birken und Narzissen riefen bei ihr besonders starke Reaktionen hervor. Diese Allergene verunstalteten ihr Gesicht, ihre Augen konnten mehrere Stunden lang mit Eiter verklebt bleiben.

Florence hat sich meiner Behandlung vor ungefähr drei Jahren unterzogen. Unmittelbar nach ihrer ersten Behandlung hatte sie die Konfrontation mit den Allergenen, welche den Ursprung ihrer Symptome darstellten, durchgeführt. Somit wurde ihrem Unterbewusstsein nicht die Zeit gelassen, die der Allergie zugrunde liegende falsche Information erneut abzuspeichern. Seit ihrer ersten Behandlung kann sie Milchprodukte zu sich nehmen; seit ihrer zweiten Behandlung kann sie essen, was sie will und alle behaarten Früchte und Blätter in die Hände nehmen. Sie kann überall barfuss herumspazieren. Als sie sich zu ihrem Joggingausflug aufmachen wollte – über die frisch geschnittenen Felder und bei höchster Gräserpollenkonzentration in der Luft – fürchtete ihr Sohn sich dermassen vor ihrem verstellten Gesicht, mit welchem er bei ihrer Rückkehr erneut konfrontiert sein würde, dass er sie weinend anflehte, nicht zu gehen. Zu seinem allergrössten Erstaunen kam seine Mutter jedoch ohne die geringste Beschwerde zurück!

Ich habe sie drei Jahre später wieder getroffen und das Ergebnis meiner Behandlungen hat sich nicht verändert: Es gibt nicht das geringste Anzeichen einer allergischen Reaktion.

Auch wenn das Resultat spektakulär ist, bin ich nicht der Super-Heiler, der das Lob verdient. Was zentral ist, ist das Verständnis der Tatsache, dass wir Information sind, und dass wir unsere Krankheiten durch Information auslösen, welche auf einem Partikel in unserem System abgespeichert wird. In vielen Fällen genügt es, diese Information zu entfernen. Die geistige Welt und mein höheres Bewusstsein führen mich dabei, das System des Patienten muss nur noch loslassen.

Im Vergleich mit Jules' Fall lässt sich ein grosser Unterschied feststellen: Im Gegensatz zu ihm ist Florence spirituell aktiv und meditiert regelmässig. Regelmässige Meditation kann in der Tat eine grosse Rolle spielen: Die Speicherung dieser Informationen in unserem energetischen Feld geschieht ausschliesslich mittels Gedanken, die auf Gier oder Aversion basieren.

EPI kennt keine Altersgrenzen, wie Noahs Fall[9] verdeutlicht:

Noahs Start in dieses Leben war hart. Im frühen Alter von fünf Monaten diagnostizierten ihn die Ärzte als autistisch, taub und sehbehindert. Dazu kommt, dass sein Körper nicht nur Wachstumsstörungen aufwies, sondern auch zahlreiche Nahrungsmittel zurückwies. So litt er an Laktoseintoleranz, Glutenintoleranz, Getreideallergie, Hühnereiallergie, Hausstaubmilbenallergie und auch diverses Gemüse und Fleisch führte zu Komplikationen – Umstände, welche eine ausgewogene und gesunde Ernährung, die in diesem Alter besonders wichtig ist, stark erschwerten.

Seine diversen Allergien drückten sich nicht nur in Form von äusserst starkem Asthma aus, welches die permanente Verwendung einer Sauerstoffmaske unumgänglich machte, sondern auch in einem enormen Hautausschlag. Dieser war zu Beginn zwar nur auf einer Wange sichtbar, weitete sich dann aber bald auf den gesamten Augenbereich aus, um schliesslich seinen gesamten Körper abzudecken. Seine Haut war so rot geworden, dass es beinahe aussah, als hätte er Verbrennungen erlitten. Natürlicherweise wirkten sich diese Umstände stark auf Noahs Verhalten aus. Er reagierte äusserst gereizt auf jegliche alltäglichen Aktivitäten: Er weinte und schrie, sobald seine Mutter ihn waschen wollte, aber auch schon nur, wenn sie ihn tragen oder ihn hinsetzen wollte. Sein Leben war ein einziger Leidensweg – nicht nur den ganzen Tag über, sondern auch nachts.

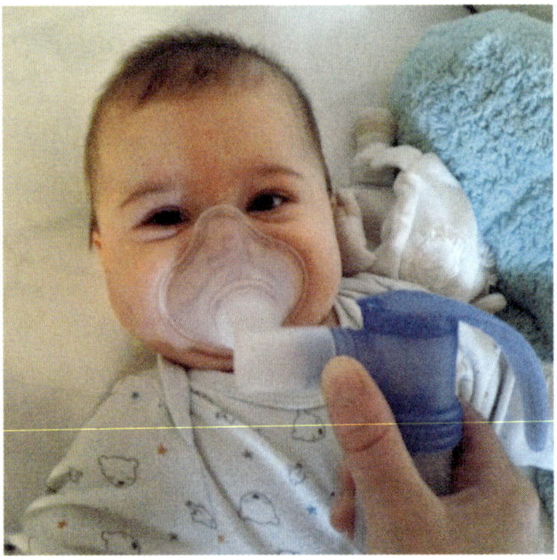

↑ Noah an der Sauerstoffmaske.

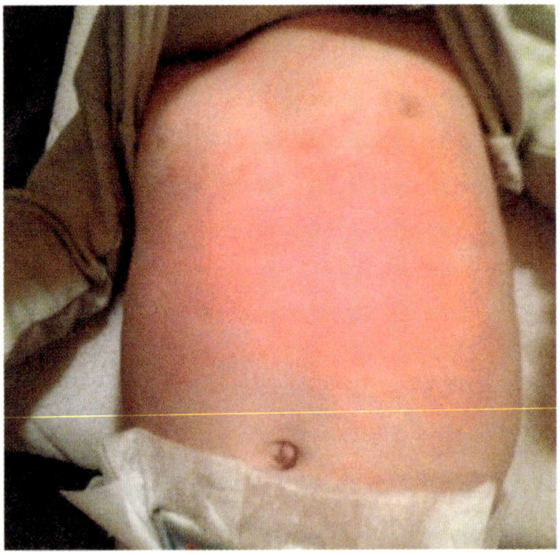

↑ Noahs Hautausschlag im fortgeschrittenen Stadium.

9 https://youtu.be/NRrXwP9tRMI

Und bald musste sich seine Mutter eingestehen, dass diese Symptome nun chronischer Natur waren und keine Hoffnung mehr auf einen Rückgang oder eine Heilung bestand, denn keine der zahlreichen Behandlungen, welche sie verzweifelt versucht hatte, zeigten auch nur die geringste Linderung. Nach zwei Jahren ohne normalen Schlaf, und nachdem klar geworden war, dass kein einziger der beigezogenen Ärzte Noah helfen konnte, fiel seine Mutter in ein tiefes Loch. Sie war an ihrer Grenze angelangt.

Auf einen unverhofften Hinweis aus ihrem Bekanntenkreis hin entschied sich Noahs Mutter, ihn im Alter von 2 Jahren für eine EPI-Behandlung in meiner Praxis anzumelden. Schon nach ungefähr drei bis vier Wochen war eine sehr starke allgemeine Verbesserung bemerkbar – was in der Folge auch seine Mutter wieder aufblühen liess: Die EPI-Behandlungen haben Noah von seiner Sauerstoffmaske befreit, welche er aufgrund seines Asthmas seit seinem dritten Lebensmonat während zwei ganzen Jahren ununterbrochen, das heisst Tag und Nacht, tragen musste. Heute ist Noah vier Jahre alt und lebt abgesehen von leichtem Asthma, welches bei physischer Anstrengung auftritt, weitgehend sorgenfrei.

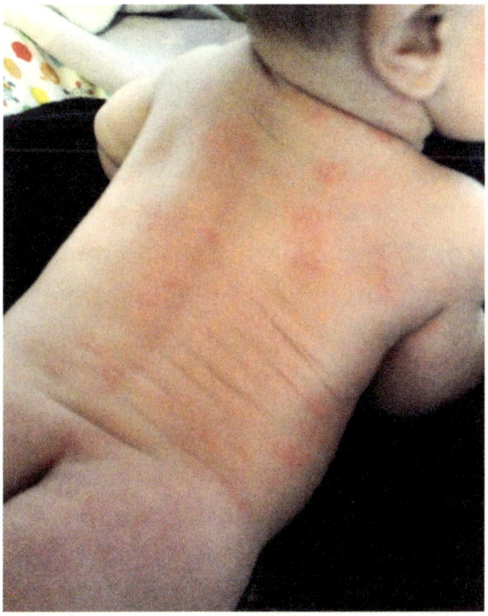

↑ Nach den ersten EPI-Behandlungen: Noahs grossflächiger Hautausschlag stark verringert.

↑ Noahs Hautausschlag vollständig geheilt.

Noahs Situation gehört zu den eher komplexeren Behandlungsfällen und der erzielte Erfolg hat zweifellos sein Leben – und jenes seiner Mutter – auf fundamentale Weise verändert. Auch wenn es in diesem Zusammenhang als eher nebensächlich erscheinen mag, so wurde die Wirksamkeit der EPI-Heilmethode auch auf eine andere Weise deutlich: Als ich anlässlich einer meiner alljährlichen Meditationsklausuren Noahs Behandlung vorübergehend unterbrechen musste, erlitt Noah einen Rückfall – dessen Symptome nach Wiederaufnahme der Behandlung allerdings sofort wieder zurückgingen.

Erste klinische Forschungsstudie

Im Mai und Juni 2017 untersuchte ich die Heilmethode Extraction of Pathological Information (EPI) im Rahmen einer klinischen Forschungsstudie, die in Neuchâtel durchgeführt wurde. Die Studie, welche vom französischen Arzt und Gastroenterologen Dr. Jacques Fumex beaufsichtigt wurde, umfasste 81 Behandlungen in den Bereichen der Heuschnupfenallergie und der Laktose- und Milchprodukteintoleranz (ein gesundheitliches Problem, für welches der heutige Stand der Wissenschaft keine Behandlung bietet).

Sechsundneunzig Prozent der behandelten Patienten konnten nach den zwei Behandlungen, welche jeweils 10 bis 20 Minuten dauerten, entweder eine vollständige Heilung oder eine deutliche Verbesserung feststellen. In den meisten Fällen erfolgte eine vollständige Heilung oder eine deutliche Verbesserung jedoch schon nach der ersten Behandlung. Dr. Fumex äusserte sich folgendermassen: «Ich konnte schnelle und überraschende Resultate feststellen: Im Rahmen dieser Studie wurde ich mit zahlreichen Patienten konfrontiert, die in mein Fachgebiet, also die Gastroenterologie, fallen, und die an langfristigen Verdauungsbeschwerden litten, wovon manche Jahrzehnte lang andauerten; und während der Studie wurden diese Probleme mit zwei ziemlich kurzen Behandlungen gelöst, manchmal sogar schon nach nur einer Behandlung. [...]

Das Ziel der Medizin ist es, Menschen zu heilen. Wenn wir dies auf eine einfache, nicht-invasive und sanfte Art erreichen können, welche keine Nebeneffekte kennt, dann ist dies umso besser. Ich vertrete die Meinung, dass die beste Behandlung diejenige ist, die funktioniert. Wenn es so einfach wie Kräutertee ist, dann umso besser – es ist kostengünstig und ungefährlich. Hier [im Rahmen dieser Studie] habe ich Leute gesehen, die ihre Medikamente nach nur einer Behandlung absetzen konnten.» (Das Interview mit Dr. Fumex ist als Video-Clip auf http://www.miracles-come.com/en verfügbar.)

Einer der beteiligten Ärzte, welcher sich zu Beginn äusserst aktiv und enthusiastisch in diese Studie eingebracht hatte, zog sich später zurück, wobei er auf die in der Studie erzielte Erfolgsrate von sechsundneunzig Prozent hinwies und befürchtete, dass dieser Erfolg seinen medizinischen und wissenschaftlichen Kollegen dermassen unmöglich erscheinen würde, dass deren einzig mögliche Erklärung Betrug sein würde. Er befürchtete in der Tat, von seinen Berufskollegen ausgeschlossen oder zumindest auf irgendeine Weise sanktioniert zu werden – eine Angst, welche ich zutiefst bedaure, jedoch nicht zum ersten Mal angetroffen habe.

Zweite klinische Forschungsstudie

Die verblüffende Erfolgsrate, welche dank der EPI-Heilmethode in der ersten klinischen Forschungsstudie 2017 erzielt wurde, warf unweigerlich die nächste Frage auf, die nach einer dringenden Antwort verlangte: Wenn ich selbst mit EPI so viele Patienten von deren Beschwerden und Leiden befreien konnte, würden andere Therapeuten dies ebenso tun können? Könnte eine dermassen sanfte und dennoch durchschlagende Methode, eine so rasche und dennoch effektive Technik eines Tages auf der ganzen Welt eingesetzt werden? Der alleinige Gedanke an all das Glück, an all die Freude und Wonne, die sich dank einer solchen Entwicklung über die ganze Welt hinweg ziehen könnten – und der Gedanke an all die direkten und indirekten Folgeeffekte, welche sich in den Leben der Menschen ergeben könnten, und an welche wir normalerweise nicht einmal denken –, ermutigte mich, keine Zeit zu verlieren.

Die zwei Ärzte Dr. med. Christian P. Bouillaguet und Dr. med. Nicole Cottier, beide FMH-Spezialisten, die in der Schweiz im Fachgebiet der inneren Medizin praktizieren, waren mit mir in Kontakt getreten, um die nächste Studie, welche für den Monat Mai 2018 geplant war, leiten zu können. Diese Studie, die wiederum auf einem Stichprobenumfang von knapp über 80 Patienten basierte und alle Parameter der ersten Studie übernahm, sollte die Erfolgsrate der Abgänger der ersten Klasse ermitteln, die ich selbst in der Schule für Heilung Fréquences während der Monate vor dieser Studie ausgebildet hatte. Einmal mehr stellten sich die Ergebnisse als höchst ermutigend heraus: Die Schüler dieser ersten Klasse haben eine durchschnittliche Erfolgsrate von zweiundsiebzig Prozent erreicht – Erfolg wiederum definiert als «Verbesserung oder vollständiges Verschwinden der Symptome» – und dies in den Bereichen Heuschnupfen und Laktose- und Milchprodukteintoleranz. Diese Studie belegt also, dass die EPI-Heilmethode in der Tat erlernt werden kann und nicht von meiner Person abhängt. Genau wie in der ersten Studie werden wir wiederum an die Tatsache erinnert, dass sich durch die EPI-Heilmethode Krankheiten und gesundheitliche Probleme heilen lassen, für welche die Schulmedizin keine Lösung anbieten kann, wie dies der herausragende und wiederholte Erfolg in der Heilung der Laktoseintoleranz zeigt.

Auf die Frage, ob der erzielte Erfolg sie als Ärztin überrasche, antwortete Dr. Nicole Cottier: «Ja, absolut. Es wird offensichtlich, dass parallel zu unseren offiziellen und herkömmlichen Behandlungen der westlichen Medizin zusätzliche Behandlungsmethoden mit unterschiedlichen Ansätzen zur Verfügung stehen. Dabei wird klar, dass wir immer noch ein sehr mechanisches Bild vom menschlichen Körper haben und dass wir durch die Anwendung der Prinzipien energetischer Behandlungsmethoden andere Resultate erzielen können.

Der klassische Ansatz unserer Medizin besteht darin zu warten, bis sich die Krankheit im Körper zeigt, um danach lediglich deren Symptome zu unterdrücken. Wir haben Antihistamine, entzündungshemmende und blutdrucksenkende Medikamente, die aber niemals das Problem lösen; sie unterdrücken lediglich das Symptom. Was diese Methoden [wie beispielsweise EPI] unterscheidet, ist die Tatsache, dass sie viel früher im Ablauf ansetzen – sie versuchen nicht einfach, das Symptom zu unterdrücken, sondern behandeln vielmehr den Auslöser an sich, den Ursprung des Problems.

Die herkömmliche Medizin trennt Körper und Geist – wie schon die Bezeichnung ‹psycho-somatisch› zum Ausdruck bringt. Die Wirklichkeit kennt jedoch keine solche Trennung.»

Konklusion

Wir sollten uns stets des Umstandes bewusst bleiben, dass wir immer noch sehr wenig über das menschliche energetische System und dessen Funktions- und Reaktionsweise wissen. Bis jetzt ist es offensichtlich, dass wir durch unsere Gedanken Informationen in unserem energetischen System abspeichern. Es ist ebenfalls klar, dass derartige Informationen gelesen, bewegt und – falls sie schädlicher Natur sind – sogar entfernt werden können.

Schädliche Informationen lassen sich für eine grosse Anzahl von Krankheiten sehr gut entfernen – mehrere klinische Studien und tausende von behandelten Patienten haben dies eindeutig bewiesen, wie wir weiter oben besprochen haben. Ich bin jedoch davon überzeugt, dass die EPI-Heilmethode nicht den Charakter einer Person verändern kann.

Meine Suche nach Professoren und Wissenschaftlern im Bereich der Medizin, welche weitere Studien zur EPI-Heilmethode leiten möchten, geht weiter. Die Fragen nach dem Einfluss von EPI auf den Alterungsprozess oder auf den HI-Virus im Menschen könnten von besonderem Interesse sein. Dies sind jedoch nur zwei Beispiele von vielen immer noch unbekannten Anwendungsfeldern, welche die EPI-Heilmethode möglicherweise hat. Der mögliche Einfluss von EPI-Behandlungen auf die menschliche DNA sollte ebenfalls untersucht werden – es gibt noch so viel zu tun!

Die Schwierigkeit liegt jedoch nicht alleine im Aufspüren von Ärzten und Professoren, welche sich für die Arbeit in diesem Bereich interessieren könnten; sie besteht vor allem darin, diejenigen Spezialisten zu finden, welche den Mut haben, die Resultate, zu welchen sie gelangen, auch zu veröffentlichen und sich darüber öffentlich und gegenüber ihren Berufskollegen beziehungsweise der entsprechenden Lobby zu äussern.

Immerhin haben die unglaublichen Zahlen, welche unsere klinischen Studien ergeben haben, weitere Ärzte und einige Journalisten aufhorchen lassen. Diese Methode ist dermassen einschlagend, dass sie durch Mundpropaganda sehr schnell verbreitet wird, was für die Patienten lange Wartelisten bedeutet – bei allen EPI-Therapeuten, die ich selbst ausgebildet habe.

Nach mehreren tausend Behandlungen komme ich, zumindest bis heute, zu den folgenden technischen Schlussfolgerungen:

Je mehr Krankheiten oder Gesundheitsprobleme im selben Durchgang behandelt werden, desto tiefer fällt die zu erwartende Erfolgsrate aus. Im Allgemeinen ist es viel empfehlenswerter, an einem oder zwei Problemen oder Problemkategorien gleichzeitig zu arbeiten; dies trifft aber umso mehr auf die Bereiche der Allergien und Lebensmittelintoleranzen zu (als Beispiel für eine Kategorie lässt sich zum Beispiel die Familie der Zitrusfrüchte anführen).

Nach einer Behandlung von Allergien oder Lebensmittelintoleranzen sollten idealerweise Bluttests, welche die Konzentration der relevanten Antikörper messen, vorgenommen werden. Solche Tests bieten einen wissenschaftlichen Erfolgsnachweis und zeigen manchmal auch auf, dass nur ein kleiner oder gar kein Erfolg erzielt werden konnte. Bluttests sind daher insbesondere für die Patienten Vorschrift, welche bei Kontakt mit einem spezifischen Allergen einen anaphylaktischen Schock mit möglicherweise tödlichem Ausgang erleiden können. In solchen Fällen zeigt ein Bluttest auf, ob der Patient den abschliessenden Teil der Behandlung in Angriff nehmen kann oder nicht: Die Konfrontation mit dem fraglichen Allergen.

Patienten, welche eine erfolgreiche Konfrontation erfahren, profitieren in der Regel von einem besseren Ergebnis, denn deren Unterbewusstsein – welches dadurch die Heilung selbst erfahren hat – ist danach viel weniger gefährdet, die zugrunde liegende falsche und schädliche Information erneut einzuprogrammieren.

Falls ein behandelter Patient die Konfrontation mit dem Allergen in meiner Gegenwart durchführt und dabei noch Symptome feststellt, schliesse ich immer sofort eine zusätzliche Behandlung an, was jeweils zur Folge hat, dass die Symptome entweder ganz verschwinden oder aber so schwach ausfallen, dass sie nicht mehr als ein Problem erlebt werden.

Der erzielte Erfolg wurde schon oft alleine dem Placeboeffekt zugeschrieben. Der Umstand, dass nicht nur Säuglinge und Personen ohne

Glauben an die Therapie, sondern sogar Tiere regelmässig von oft hochkomplexen Krankheitsbildern befreit werden, beweist eindeutig, dass dieser Vorwurf unbegründet ist.

Nachfolgend möchte ich diese Feststellung auch anhand der Rückmeldung einer Mutter bezüglich der Behandlungen ihres siebenmonatigen Säuglings untermalen:

«Was meinen Sohn Adriano betrifft, so hatte er einen schweren Lebensbeginn. Komplikationen bei seiner Geburt verlangten einen Kaiserschnitt, welcher mit weiteren Problemen verbunden war: Aufgrund von Atemstillstand musste er während fünf Tagen unter Vollnarkose, Antibiotika und Morphium mit endotrachealer Intubation behandelt werden, worauf zwei Wochen Krankenhausaufenthalt in Basel folgten.

Als Adriano drei Monate alt war, diagnostizierte ihm der zuständige Neurologe Zerebralparese, Muskelhypotonie und eine allgemeine Entwicklungsverzögerung. Daraufhin haben wir sofort die Physiotherapie begonnen und ein paar Wochen später sollte eine Magnetresonanztomographie durchgeführt werden.

Bereits drei Tage nach der ersten Behandlung durch Herrn Jacob vor ein paar Wochen begann Adriano, Gegenstände aufzufangen, seine Konzentration wurde viel besser. Er begann zu lachen und zu weinen (was in diesem Fall als äusserst positiv zu werten ist!). Er saugte nicht mehr an seinem Daumen. Sein Gesicht ist viel entspannter geworden.

Nach der zweiten Behandlung konnte er Gegenstände auffangen, während er auf seinem Rücken lag. Zwei Tage nach der zweiten Behandlung liessen wir eine Kontrolle bei einem Spezialisten im Bereich der Kindesentwicklung durchführen, der uns mitteilte, dass Adriano mit grosser Geschwindigkeit aufholte, kurz: «Es ist beeindruckend.»

Es bleibt eine gewisse Entwicklungsverzögerung und der Kleine ist noch etwas apathisch, weshalb wir die Physiotherapie weiterziehen, aber der behandelnde Arzt ist optimistisch. Ich möchte Ihnen ganz herzlich danken und hoffe, an den nächsten OpenDays teilnehmen zu können.

Einen grossen Dank an Herrn Jacob und sein Team! DANKE!
Emilia (Mutter von Adriano)»

Physikalische Medialität

Abrakadabra
Scheinbar aus dem Nichts
Abrakadabra
Erscheint vor meinen Augen
Wo zuvor Leere herrschte
Eine Feder, eine Glocke
Eine Hand, ein Mann
Abrakadabra
Umherreisende Teilchen
Die Materie waren
Und wieder zu ihr wurden
Himmlische Beförderung
Entzückt meine Sinne
Was braucht es
Ungläubiger
Damit Dein Zweifel nachlässt
Und Dein Verstand es zulässt
diese Magie zu erleben
Wenn ein Geist uns darbringt
vor unseren Augen
aus fester Materie und wahrhaftig
tausende und abertausende
von himmlischen Geschenken
Jesus' Brotleibe
oder schlicht eine Feder zu deinen Füssen
Welch' Zweifel
dass der Vater
Schöpfer deiner Erde ist

Die physikalische Medialität stellt die seltenste und gleichzeitig die atemberaubendste Form der Medialität dar. Der Umstand, dass das entsprechende Ereignis von jedermann mit allen fünf Sinnen wahrgenommen werden kann, und nicht ausschliesslich vom betroffenen Medium, wie dies in der mentalen Medialität der Fall ist, ist fabelhaft.

Die nachfolgenden Abbildungen zeigen Löffel, welche Laurence Melet, eine Heilerin aus dem benachbarten Frankreich, in einer Medialitätssitzung bearbeitet hat (www.laurencemelet.com). Nach ein paar Minuten wird der Stiel des Löffels weich wie Butter. Der Stiel lässt sich dann jeweils nicht nur falten, sondern sogar zu einer Schlaufe formen, und zwar völlig mühelos und ohne jegliche Kraft.

↑ Löffel, welche Laurence ohne jegliche Kraft verdreht hat.

Würde man solche Löffel mit physischer Kraft verformen wollen, würden sie gezwungenermassen zerbrechen.

Ich habe selbst mehrmals versucht, einen Löffel zu verbiegen, indem ich jeweils über eine Stunde lang konzentriert Energie kanalisierte. Mein Resultat war jedoch nicht so glücklich wie ihres: Der Löffel blieb unverändert, aber meine Hände waren deutlich angeschwollen, als hätte ich in einen Bienenstock gegriffen. Ein anderes Mal, als ich im Lotussitz den Löffel bearbeitete, waren meine Hände von einer Lichtkugel in leuchtendem Magenta umgeben. Ohne es zu wollen, bewegte ich mich etwas, worauf sich plötzlich die Stereoanlage in vollster Lautstärke anstellte, mich aufschrecken und praktisch vom Boden abheben liess, so gross war die Überraschung. Eine echte Levitationserfahrung! Hierbei handelt es sich um ein sehr deutliches Beispiel einer Entladung kinetischer Energie, die einzig durch mich selbst ausgelöst wurde und gar nichts mit irgendeinem Poltergeist zu tun hat.

Apporte und Materialisierungen

In Bezug auf die Apporte (vom englischen Begriff «apport») erklärt uns die geistige Welt, dass die materialisierten Objekte weder aus dem Nirgendwo erscheinen noch aus Nichts entstehen. Die Gegenstände werden an ihrem ursprünglichen Ort durch eine Beschleunigung der Partikel dematerialisiert, fortbewegt und dann schliesslich am Ort der Materialisierung wieder verlangsamt. Vor etwas mehr als zehn Jahren wurde für dieses Phänomen in einer spiritualistischen Kirche in England ein sehr konkreter Beweis geliefert. Chris, Medium und Heiler, den wir weiter oben vorgestellt haben, befand sich inmitten einer öffentlichen Medialitätsvorführung. Ein Verstorbener kommunizierte gerade durch ihn mit einer Dame unter den Zuschauern. Er bat sie, zu ihm zu kommen, worauf sich in seinen Händen eine weiss und lilafarben gemusterte Nelke mit Stängel materialisierte. Die Dame war zutiefst berührt, denn am Abend zuvor hatte sie zwölf weisse und zwölf lilafarbene Nelken auf dem Grab des Verstorbenen niedergelegt. Als sie nach dieser Vorführung erneut sein Grab aufsuchte, fand sie dreiundzwanzig Stängel und zwei mal elf Blüten vor. Die geistige Welt hatte sich der Materie bedient, welche sie benötigte, um sich bei der Dame zu bedanken.

Chris hat schon mehrere Gegenstände in der Öffentlichkeit materialisiert. Leider fühlte er sich nach seinen Vorstellungen jeweils während mehrerer Tage körperlich unwohl. Aus diesem Grund bat er um ein Ende dieser Apporte, worauf keine weiteren mehr erschienen.

Seit ungefähr zehn Jahren erlebe ich während meiner eigenen Arbeit Materialisierungen von Düften, die in meinen Händen entstehen. Bei gewissen Behandlungen spüre ich manchmal eine Art Kitzeln auf der Handfläche; manchmal nur auf einer Hand, manchmal auf beiden. Es handelt sich immer um einen feinen Duft, oft ähnelt er dem Jasmin. Die geistige Welt lässt diesen wunderbaren und jedes Mal unterschiedlichen Duft entstehen, damit der Patient diesen einatmen und dadurch seinem System die enthaltene Information zuführen kann. Dies ist der Grund, weshalb die Düfte jedes Mal unterschiedlich sind.

Dies kann mir zweimal pro Woche passieren und dann gar nicht mehr während mehreren Wochen. Es ist die geistige Welt, die darüber entscheidet. Ich habe versucht, diese Düfte durch Meditation zu materialisieren, aber auch mit der grösstmöglichen Konzentration geschieht gar nichts... Wenn ich diese Materialisierungen erlebe, nehme ich sie mit Demut und Dankbarkeit entgegen.

Gemäss meinem Verständnis wird Duft vor allem für emotionale Probleme verwendet, nicht für physische Arbeit. Diese Beobachtung könnte durch den Umstand erklärt werden, dass der Geruchssinn den einzigen Sinn darstellt, der nicht dem Filter des Intellekts unterliegt: Die im Duft enthaltene Information gelangt ungefiltert und direkt zum Gehirn. Die Reaktionen der Patienten auf dieses Phänomen fallen sehr unterschiedlich aus: Manche atmen den Duft ohne jegliche Gefühlsregung ein, andere sind entzückt und zutiefst bewegt. Als diese Materialisierungen begannen, fiel es mir schwer, mit der Gleichgültigkeit umzugehen, die manche Personen in der Gegenwart eines solchen Wunders an den Tag legten. Dies gehört jedoch zum Erlernen des Abstandhaltens und des Loslassens. Vor Kurzem suchte mich eine junge Dame in meiner Praxis auf, es ging um die Behandlung ihrer Kopfschmerzen, welche schon drei Monate lang anhielten, und um den grossen Stresszustand, der auf ihre Arbeitslosigkeit zurückzuführen war. Während der Behandlung zogen plötzlich Duftwolken durch den Raum. Ich hielt ihr meine Hand entgegen, damit sie den Duft rieche, und fragte sie, ob sie diesen Duft kenne. Sie verneinte dies ganz eindeutig, nachdem sie ihn ungefähr zehn Mal eingeatmet hatte. Nach dieser Behandlung liess ich die Doktorin, mit der ich meine Praxis teile, an meiner Hand riechen. Der Duft war immer noch eindeutig präsent. Sogar meine Assistentin, mit der ich nach meiner Einkaufstour im Supermarkt ein Meeting hatte, nahm ihn noch eindeutig wahr. Drei Tage nach dieser Behandlung rief mich meine Patientin an, um mir mitzuteilen, dass sie ihre Ruhe wiedergefunden hatte und dass ihre Kopfschmerzen vollständig verschwunden seien! Welch eine Ehre, mit diesem Heiligen Geist, der uns beisteht und uns den Weg zu unserem Frieden zeigt, arbeiten zu dürfen!

Es ist eindeutig, dass es der geistigen Welt leichter fällt, Dinge zu materialisieren, wenn zuvor Materie existiert, die sie verwenden und übertragen kann. Wir wissen, dass während Materialisierungen manchmal der Stoff eines Tischtuchs oder Vorhangs verbraucht werden kann. Der Duft in meinen Händen entsteht leichter, wenn die Patientin Parfum trägt, genau wie auch ein Rauschen oder ein Händeklatschen ein EVP insofern erleichtert, als diese Geräusche für die Generierung des aufzuzeichnenden Tons verwendet werden können.

Die geistige Welt stellt keine neuen Vorhänge her, die Düfte riechen anders als das Parfum der Patientin und ein Rauschen wird zu Worten. Das Phänomen bedingt also eine Übertragung von Materie oder einen – gewiss nur äusserst minimen und unschuldigen – materiellen Diebstahl.

Glyn Edwards, mein Mentor in Medialität, pflegte dienstags einem Zirkel beizuwohnen, dessen Mitglieder sich trafen, um sich in der Trance und der physikalischen Medialität zu üben. Jahrelang nahm er zwei Stunden Hinfahrt und zwei Stunden Rückfahrt auf sich, um an diesem Treffen teilnehmen zu können, und dies jede Woche, auch wenn der Dienstag auf Weihnachten fiel. Nach jahrelangem Üben mit derselben Gruppe ertönte eines Abends ein lautes Geräusch, worauf es auf alle Anwesenden Rosenblätter regnete. Das Entzücken war gigantisch und es mangelte nicht an Danksagung, die der geistigen Welt ausgesprochen wurde. Es regnete noch weitere Male Rosenblätter, wieder und wieder, so oft, dass ihnen das regelmässige Aufwischen bald zur Last wurde. Sobald die Gruppe jedoch die geistige Welt bat, dem Phänomen ein Ende zu setzen, ereignet es sich nicht wieder.

Einer meiner Freunde wurde einmal mit seinem ganzen Zirkel von einem Regen von Blütenblättern bedeckt, als er in einem Kloster, das sich der Vipassana-Meditation widmet, zwischen zwei Unterrichtsstunden Mantras sang.

Diese verschiedenen Beispiele der Materialisierung sind Teil des Phänomens, das «Apport» genannt wird. Bei einem Apport kann es sich um einen beliebigen Gegenstand handeln, der plötzlich in Erscheinung tritt. Oft handelt es sich um Schmuckstücke, um Glöckchen, um Steine oder etwa – wie ich weiter unten genauer ausführen werde – um eine Wachshalbkugel, die in einem Zirkel materialisiert wurde, der sich in Deutschland der physikalischen Medialität gewidmet hatte.

Für zahlreiche Medien, welche die physikalische Medialität praktizieren, besteht das höchste Ziel hinsichtlich des Phänomens der Materialisierung in der Fähigkeit, eine Substanz, die «Ektoplasma» genannt wird, herstellen zu können. Ektoplasma erscheint zuerst als eine Art Nebel, welcher sich dann verdichtet, um schliesslich einem Material zu gleichen, das an Gaze oder Verbandsmaterial erinnert. Es herrscht das Verständnis, dass es sich hierbei um die einzige Materie handelt, welche gleichzeitig der irdischen Welt und der geistigen Welt zugänglich ist. Die Produktion von Ektoplasma wird durch die Verwendung von körperlichen Substanzen des Mediums ermöglicht. Ektoplasma kann durch beliebige Körperöffnungen austreten, wie zum Beispiel aus den Augen, aus den Ohren, aus der Nase und sogar aus dem Bauchnabel. Auf der ganzen Welt zählen wir nur eine Handvoll Medien, welche die Fähigkeit der Produktion von Ektoplasma beherrschen. David Thompson, einem in Australien lebenden Engländer gelingen erstaunliche Dinge im Zusammenhang mit Ektoplasma. Stewart Alexander, ein weiterer Engländer, hat die ganze Welt bereist, um diese ausserordentlichen Phänomene vorzuführen. Bill Meadows, der sich auf die physikalische Medialität spezialisiert hat, verfügt über überdurchschnittliche Fähigkeiten; ich werde weiter unten genauer auf die Phänomene eingehen, welche er zu präsentieren vermochte.

Unsere heutige Zeit bietet uns dreihundert Fernsehsender, die zum Teil lähmende Zerstreuung bieten, und durch unseren Lebensstil fordern wir von uns selbst, dass alles immer noch schneller gehen muss; es ist leicht verständlich, dass es nicht mehr genügend Medien gibt, welche sich die nötige Zeit nehmen, um sich in der physikalischen Medialität zu üben. Des Weiteren verhält es sich so, dass es in solchen Zirkeln, welche die physikalische Medialität praktizieren, in der Regeln nur eine Person gibt, die als Medium fungiert; die simple und bescheidene Rolle der übrigen Teilnehmer besteht lediglich darin, dem Medium die für seine Arbeit nötige Energie zur Verfügung zu stellen. Damit eine solche Gruppe entstehen kann, müssen also Personen mit einem genügend leisen Ego gefunden werden, das heisst Persönlichkeiten, welche dazu imstande sind, sich zur Verfügung zu stellen. Solche Personen lassen sich nicht leicht auffinden. Dazu kommt auch, dass zehn, fünfzehn oder gar zwanzig Jahre Arbeit nötig sind, um Materialisierungen vollbringen zu können; diese Aktivität fordert also einen enormen Einsatz an Übung und Energie – ein Umstand, welcher die Öffentlichkeit wohl eher beruhigen dürfte.

Würdigung zweier Schweizer, welche die Parapsychologie geprägt haben

← Professor Alex Schneider.

Mit diesem Kapitel möchte ich zwei Personen würdigen, die zu Lebzeiten den Bereich der Parapsychologie massgeblich geprägt haben, und zwar nicht nur in der Schweiz, sondern auch international: Professor Alex Schneider und Lucius Werthmüller.

PROFESSOR ALEX SCHNEIDER

Der Professor und Physiker Alex Schneider hat uns im Jahr 2012 verlassen, ein grosser Verlust für die Bewegung der Parapsychologie. Er wurde geboren im Jahr 1927 und war ein Mann von grosser Würde. Nachdem er sein Studium der Hochfrequenztechnik gewidmet und eine Weile in der Industrie gearbeitet hatte, setzte er sich für die parapsychologischen Phänomene auf der ganzen Welt ein. Er war mit Sicherheit die Person, die diesen Bereich in der zweiten Hälfte des letzten Jahrhunderts am stärksten geprägt hat. Er zählte zu den Organisatoren der Basler Psi-Tage und arbeitete als Vorstand mehrerer parapsychologischer Vereinigungen. Seine Arbeit bestand in der empirischen Untersuchung der beobachteten Phänomene, insbesondere mit einer vertiefenden Studie mit zahlreichen philippinischen Heilern. Diese wurde genauestens auf alle möglichen Täuschungsmanöver hin untersucht und ausgewertet.

Professor Schneider hat oft bewiesen, dass er nicht tot ist. Seiner Witwe Christina hat er regelmässig Herzformen in der Natur hinterlassen. Zu ihrem Hochzeitstag im Jahr 2014 küsste sie ein Foto von ihm, das in der Küche hing. Als sie sich wieder ins Wohnzimmer begab, um einen Ordner zur Hand zu nehmen, flog im selben Moment ein anderer Ordner, den sie nicht einmal berührt hatte, in hohem Bogen aus dem Regal. Und aus diesem Ordner fielen alte Fotos, an die sich Christina nicht einmal mehr erinnerte – Fotos ihrer Hochzeitseinladung. Sie können sich gewiss die Freude vorstellen, welche sie überkam, als sie die Gegenwart ihres Geliebten an diesem Festtag so deutlich spüren konnte.

LUCIUS WERTHMÜLLER

Lucius Werthmüller ist ein glühender Verteidiger neuer Ansätze und Entdeckungen sowohl in der Medizin als auch in der Psychologie. Er weilt unter uns und es ist mir ein Anliegen, ihn zu würdigen.

Lucius ist heute Präsident des Basler Psi-Vereins (BPV). Er arbeitet mit seiner Partnerin Sabine zusammen. Er empfängt Redner aus der ganzen Welt, sein Magazin Psi-Info ist reichhaltig und gefüllt mit Anzeigen von Seminaren und Konferenzen. Ganz im Sinne des Kampfes gegen soziale Ungerechtigkeiten, eine Sache, die ihm sehr am Herzen liegt, sind die ersten paar Seiten jeder Ausgabe seines Magazins den Anzeigen für kostenlose Behandlungen für Hilfesuchende gewidmet.

Vor mehr als dreissig Jahren konnte Lucius als Journalist dank seiner Presseakkreditierung an den Basler Psi-Tagen filmen. Zu seinem grössten Erstaunen durfte er den Vorführungen des Filipinos David Oligane beiwohnen, welcher Körper auf Entfernung und mit einer einfachen Geste öffnete. Selbst medizinische Verbände konnte er aus der Distanz zerschneiden. Lucius konnte glücklicherweise auch die Arbeit des brasilianischen Gynäkologen Edson de Queiroz begutachten. Edson versetzte sich in einen Tieftrancezustand, um seine Patientinnen zu operieren, und arbeitete ohne sterilisierte Instrumente, ohne Anästhesie, ohne hämostatische Pulver und ohne sie nach der Art ihrer Beschwerden zu befragen. Seine Eingriffe waren von Erfolg gekrönt. Es fällt nicht schwer zu verstehen, dass Lucius diesen Forschungsbereich nicht loslassen konnte. Seither ist er zu einer unumgänglichen Referenz in der deutschschweizer Parapsychologiebewegung geworden. Später legte der Heiler William Nonog Lucius wie in Zeitlupe dar, wie seine eigenen blossen Hände die Körper mehrerer Patienten öffnete, einen nach dem anderen, mit kleinen Blutergüssen, aber ohne jegliche Narben zu hinterlassen, nachdem das schädliche Gewebe aus dem Inneren des Körpers entfernt worden war. Nonog vollzog sogar eine Demonstration, welche darin bestand, einen Körper zu öffnen, im Selben ein Stück Watte abzulegen, die Wunde wieder zu schliessen, um den Körper danach wieder zu öffnen und das Stück Watte wieder herauszunehmen. Ich bin mir durchaus bewusst, dass sich dies absurd anhören mag, aber wenn ich einer meiner – gewiss überdurchschnittlich begabten – Schülerinnen dabei zusehen kann, wie sie nach weniger als einer Stunde Übung eine Schlaufe in einen Teelöffel macht, dann drängt sich das Verständnis, dass unser Geist die Materie dominiert, von selbst auf. Die Teilchen von Metall oder diejenigen von Körpergewebe zu manipulieren, muss sich sehr ähnlich verhalten. Ein weiteres Beispiel findet sich, wenn mein Geist meine Zellen instruiert, sich weder von Getränken noch Nahrung zu ernähren, sondern ausschliesslich von der universellen Energie.

Im Laufe seines beruflichen Werdegangs hat Lucius über 300 Séancen für physikalische Medialität bei zehn verschiedenen Gruppen beigewohnt. Er hat mir die Ehre erwiesen, mir für dieses Buch anhand von zwei Beispielen zu erzählen, was während zwei solcher Sitzungen geschehen ist:

Der erste Abend begann mit einem Eröffnungsgebet. Der Höhepunkt des Abends war die Materialisierung eines Zeitungsartikels aus dem Jahre 1955, welcher auf der Titelseite den Fall eines Geisterhauses schilderte. Einer der Teilnehmer hatte sich etwas früher am selben Tag mit einem Mitglied des Instituts für Grenzgebiete der Psychologie und Psychohygiene (IGPP) in Freiburg im Breisgau über die im Artikel geschilderten Fakten unterhalten. Die geistige Welt hatte diese Unterhaltung also mitgehört und dem Zirkel einen Beweis dafür geliefert.

Während der ersten zwei Stunden eines anderen Abends im selben Zirkel, an dem Lucius persönlich teilnahm, ereignete sich nicht viel; der Beginn des Abends verlangte den Teilnehmern viel Geduld ab. Dann aber wurde die Sitzordnung der Teilnehmer geändert, worauf diese sofort Zeugen einer Levitation des Tisches wurden. Als alle ihre Hände wieder auf dem Tisch hatten, war plötzlich ein Geräusch zu hören, das sich anhörte, als wäre etwas auf den Boden gefallen. Lucius spürte eine leichte Berührung auf der Rückseite seiner einen Hand, worauf er feststellte, dass sich in seiner Hand eine Halbkugel materialisiert hatte. Die Oberfläche und Beschaffenheit liessen ihn zuerst an eine Kastanie denken. Er war sehr erstaunt, als er erkannte, dass die Halbkugel aus Wachs bestand. Im Inneren befand sich etwas Metallenes, es war ein Fingerhut. Nach einigem Zögern machte sich Lucius daran, durch sorgfältiges Kratzen ein Stück Papier, welches sich in dem mit Paraffin gefüllten Fingerhut befand, herauszuoperieren. Die Notiz stammte von Albert Hofmann, dem Schweizer Wissenschaftler und Erfinder des LSD. Albert und Lucius waren bis zum Tode Alberts im hohen Alter eng befreundet gewesen. Die Nachricht auf dem zusammengerollten Stück Papier lautete:

Lucius schau diese wundervolle Natur, Sie lebt.
Ich lebe Albert

Und sie trug Alberts eigene Unterschrift, jene die er noch mit hundert Jahren verwendete.

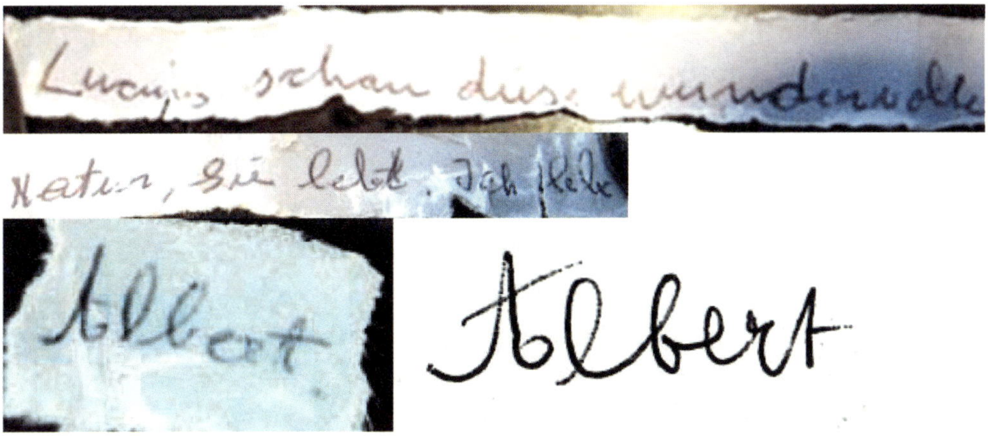

↑ Albert Hofmann.

↑ Lucius Werthmüller mit seiner Wachshalbkugel.

Der Psychologe, Parapsychologe und an der Saybrook University in Kalifornien amtierende Professor Stanley Krippner, ein Freund von Albert, hat bestätigt, dass es sich bei der Schrift auf dem Stück Papier um dieselbe handelt, wie diejenige, mit welcher die Briefe geschrieben sind, die er von Albert Hofmann erhalten hatte.

Eine grosse Anzahl Fälle, die mindestens genauso spektakulär sind, sollen sich im 18. und 19. Jahrhundert ereignet haben; nur ist es leider sehr schwierig, deren Echtheit zu überprüfen. Welch ein Glück, dass sich das Phänomen um den Zettel von Albert Hofmann in unserer Zeit ereignet hat. Ich frage mich, wieso unserer Gesellschaft der politische Wille fehlt, den Umstand der Kontinuität des Lebens nach dem Tod zu bekräftigen, und zwar auf eine Weise, die so konkret wie nur irgend möglich ist … Um es anders auszudrücken, es stellt sich die folgende Frage: Wieso wird die Diskussion um das Leben nach dem Tod den Religionen überlassen, wo die Wissenschaft die Möglichkeit hat, unwiderrufliche Beweise zu validieren?

Ich selbst habe Albert zu seinen Lebzeiten einmal getroffen, anlässlich einer Demonstration des Löffelbiegens, die Uri Geller bot.

Während dieses Treffens untersuchten wir gemeinsam einen kleinen Radieschentrieb, den Uri während etwa zwei Minuten vor unseren Augen in seinen Händen hatte wachsen lassen, indem er ihm Energie übertrug. Einer der Samen hatte gekeimt und wir alle haben zugesehen, wie er deutlich beschleunigt wuchs. Zu unserem grössten Bestürzen griff eine Dame, die ebenso Zeugin dieses Ereignisses geworden war, plötzlich nach dem vier Zentimeter grossen Trieb und verschlang ihn vor unseren Augen. Sie schien von Gier besessen. Sie erklärte danach, dass sie die Energie, die dieser Trieb gewiss enthalten haben müsse, viel zu dringend benötigt hatte, um ihre Hand noch kontrollieren zu können…

—

Helen Duncan

—

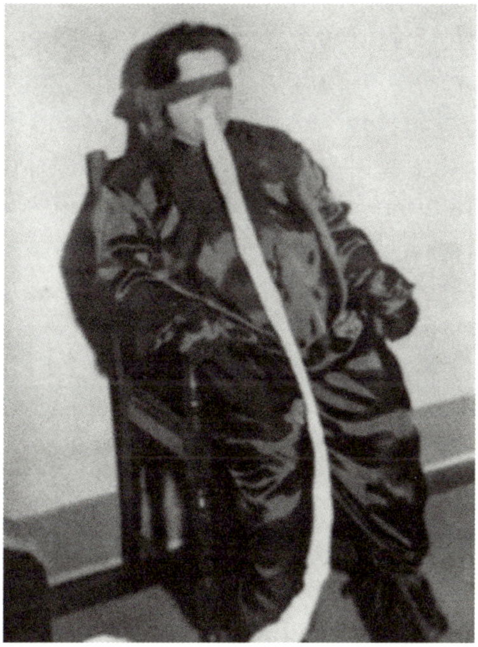

Wann immer das Gebiet der physikalischen Medialität besprochen wird, ist es unumgänglich, Helen Duncan und Winston Churchill einzubeziehen.

Helen Duncan war das bekannteste physikalische Medium der ersten Hälfte des 20. Jahrhunderts: Sie war bekannt für ihre Fähigkeit, Ektoplasma produzieren zu können. Aber vor allem war sie die letzte Person, die aufgrund des «Witchcraft Acts» (oder zu deutsch «Hexereigesetz») verurteilt wurde. Ausgelöst wurde diese Verurteilung durch eine Sitzung, während welcher sich ein Matrose materialisiert hatte. Die Mutter dieses Matrosen befand sich unter den Zuschauern dieser Medialitätssitzung, welche Helen an jenem Tag gab. Die Mutter war durch die Erscheinung ihres Sohnes extrem geschockt. Sie war im Glauben gewesen, dass ihr Sohn noch am Leben sei und sich im Dienst der Royal Navy an Bord des U-Bootes HMS Barham aufhielt. Ein anderer Zuschauer, der unter den Anwesenden weilte, arbeitete ebenfalls für die Navy. Er kontaktierte sofort seine Vorgesetzten, um zu erfragen, wieso die Familie dieses jungen Mannes nicht über dessen Tod benachrichtigt worden war. Kurz darauf begann die Verfolgung von Helen Duncan: Das Ereignis des Untergangs dieses U-Bootes war im November 1941 noch als Staatsgeheimnis klassifiziert gewesen! Für Helen begann der Schrecken. Die englische Regierung nahm sie sofort in Haft – offiziell aufgrund von Betrug – gestützt auf einen alten Paragrafen eines Gesetzes aus dem Jahre 1735, den archaischen Witchcraft Act. Helen Duncan wurde eingesperrt, weil die englische Regierung befürchtete, sie könnte weitere Geheimnisse entdecken und diese den Feinden der Nation zugänglich machen. Einige Zeitungen nannten diesen Prozess den «Prozess des Jahrhunderts». Nur neun Monate nachdem Winston Churchill über die Details der Gefangennahme Helens informiert wurde, verlangte er ihre Freilassung. Es handelt sich dank der Medienberichterstattung und aufgrund Winston Churchills persönlicher Intervention um einen der am besten dokumentierten Fälle physikalischer Medialität. Sogar der Brief Churchills, in dem er vom verantwortlichen Sekretär die Befreiung Helens verlangt, ist in den Dossiers dieser Affäre enthalten.

Maurice Barbanell, Journalist und Autor, den ich bereits im Kapitel zur Trance erwähnt habe, hat an zahlreichen Sitzungen Helens teilgenommen. Seine Berichte sind überaus spannend. Er hat mit eigenen Augen beobachtet, wie mehrere Meter an Ektoplasma aus Helen Duncans Mund austraten, dann unterschiedliche Formen annahmen, wie zum Beispiel leuchtende Kugeln, die den ganzen Raum ausfüllten, um danach im Boden zu verschwinden. Der Forscher Harry Price hat die lügnerische Idee verbreitet, sie hätte Gazen verschluckt, um diese während den Sitzungen dann zu erbrechen. Maurice Barbanell konnte das Ektoplasma, welches das Medium produziert hatte, mehrere Male in seine Hände nehmen. Jedes Mal nahm er es als hart und trocken wahr, was gewiss nicht auf eine wieder hochgewürgte, erbrochene Pampe zutrifft.

Helens Tod ist bis heute eine Kontroverse geblieben. Die offizielle Version nennt einen Herzinfarkt als ihre Todesursache. Die inoffizielle Version berichtet, dass sie an den indirekten Folgen einer polizeilichen Hausdurchsuchung gestorben ist: Die Überraschung, welche die Ankunft der Polizisten ausgelöst hatte, soll dazu geführt haben, dass das Ektoplasma sich auf abrupte Weise in ihren Körper zurückgezogen hat. Der resultierende Schock soll zu ihrem Tod geführt haben, das heisst, ihr Körper konnte ein so brutales Eintreten von Ektoplasma nicht verkraften, woran sie einige Wochen später verstorben ist. Es sind heute immer noch alte Texte auffindbar, welche Helen Duncan verunglimpfen und sie des Betrugs anklagen, und dies trotz all den offiziell erbrachten Beweisen.

—

Bill Meadows

—

← Bill Meadows.

Vor einigen Jahren waren Margaret, eine englische Heilerin, und ich selbst bei Bill Meadows, einem in England lebenden physikalischen Medium, eingeladen. Diese Ehre wurde mir als Direktor von Fréquences zuteil. Bill ist ein eher kleiner und schlanker älterer Herr mit grauen Haaren, bescheiden und sanft, eine äusserst sympathische Person.

Nach einer Tasse Tee, wie es sich im Lande des Lipton gehört, lud er Margaret und mich ein, das Zimmer im ersten Stock noch vor der Sitzung zu begutachten, damit jeglicher Betrug ausgeschlossen werden konnte. Das Zimmer mass ungefähr sechs auf vier Meter. In einer Ecke stand ein grosser Holzsessel mit Armlehnen. Vor diesem Sessel befand sich ein Vorhang, welcher in vorgezogenem Zustand dazu diente, die Energie zurückzuhalten, welche das Medium mithilfe der geistigen Welt aufgebaut hatte. Unmittelbar neben dieser Ecke stand ein Bücherregal aus massivem Holz, das ungefähr ein Meter lang war und ein Meter und zwanzig Zentimeter hoch. Gegenüber dem Holzsessel waren fünf Stühle in einem Halbkreis aufgestellt: einen für Bills Gattin, einen für seine Assistentin, einen für eine weitere eingeladene Dame, einen für Margaret und einen für mich.

Abgesehen von den erwähnten Möbeln war das Zimmer völlig leer und es war damit unmöglich, irgendetwas zu verstecken. Im oberen Bereich des Büchergestells lagen eine sogenannte Trompete und ein Stück fester Karton, der zwanzig auf dreissig Zentimeter mass und worauf zwei fluoreszierende Leuchtbänder angebracht waren. Eine Trompete ist ein Kegel, der aus leichtem Metall oder Karton angefertigt wurde, mit einer Öffnung jeweils oben und unten und einem fluoreszierenden Leuchtband, welches an der unteren Öffnung angeklebt ist, wie dies nachstehend in einem Foto gezeigt wird. Bill hatte alle fluoreszierenden Leuchtbänder auf seinem Material vor Kurzem erneuert.

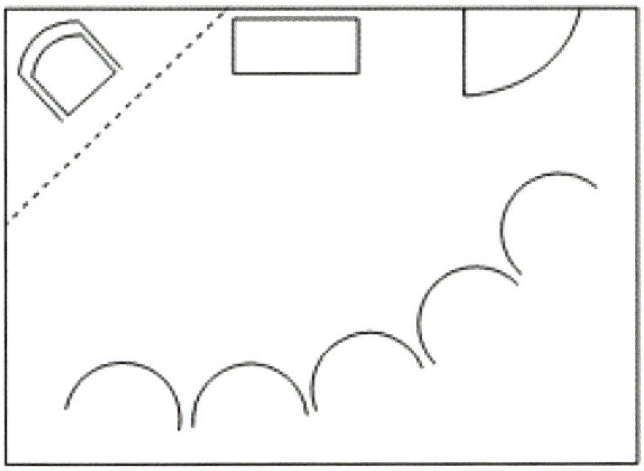

↑ Die Anordnung der Möbel des Zimmers.

→ Ein Beispiel einer Einrichtung, wie sie verwendet wird, um die vom Medium aufgebaute Energie zurückzuhalten

↑ Beispiele der sogenannten Trompete.

Nachdem wir das Zimmer und das gesamte Material untersucht hatten, baten wir die Engländer hochzukommen und bestätigten ihnen, dass weder das Material noch das Zimmer irgendwelche Anzeichen eines Betrugsversuches aufwiesen. Bill setzte sich auf seinen Sessel und ich selbst band ihn fest: die Handgelenke an den Armlehnen und seine zwei Fussgelenke an den vorderen Beinen des Sessels. Die Klettverschlüsse der Bänder, mit denen ich Bill festband, gaben ein lautes und eindeutiges Geräusch von sich, wenn man sie öffnete. Ich versuchte ebenfalls, seinen Ehering zu entfernen, weil manche Medien den Kontakt mit Metall während ihren Sitzungen schlecht vertragen. Obwohl Bills Hand fein war, gelang es mir nicht, ihm seinen Ring abzunehmen. Er versicherte mir jedoch, dass sein Ring ihm keinerlei Sorgen bereitete.

Die Vorhänge waren zugezogen und die Rollladen geschlossen, es war dunkel im Zimmer, wie das für Sitzungen in der physikalischen Medialität nötig ist. In der Tat herrscht die Meinung, dass Licht die Bildung von Ektoplasma, die einzige Substanz, welche gleichzeitig der irdischen Welt und der geistigen Welt zugänglich ist, behindert. Ektoplasma ist weiss und sieht aus, als wäre es eine klebrige Substanz. Wenn man es berührt, ist es im Allgemeinen jedoch trocken. Die Leuchtstreifen, welche auf dem Karton und auf der Trompete angebracht waren, waren neu und leuchteten so stark, dass die zwei Gegenstände ihren Lichtschein auf zwei gegenüberliegende Wände gleichzeitig zu werfen vermochten, also in etwa als befände sich eine sehr sanfte Lichtquelle im Raum. Es herrschte damit keine vollständige Dunkelheit im Zimmer. Wir wurden angewiesen, eine Weile lang aus vollstem Hals zu singen, was sicherlich etwas verstimmt getönt haben muss. Die Geräuschkulisse, die aus unserem Gesang, oder aus beliebigem Gesang oder Musik resultiert, enthält Energie, welche dann von der geistigen Welt verwendet werden kann.

Plötzlich vernahmen wir eine sehr laute Männerstimme, die als «direkte Stimme» zu uns zu sprechen begann. Das entscheidende Merkmal einer direkten Stimme ist, dass diese ausserhalb des Mediums generiert wird, also irgendwo im Raum, wo sich das Medium befindet. Es wird davon ausgegangen, dass dieses Phänomen dadurch ermöglicht wird, dass die geistige Welt eine Art Resonanzkörper aus Ektoplasma produziert. Die Stimme stellte sich als Vater James vor, Bills wichtigster Geistführer, der uns an jenem Abend begleiten würde. Er hiess mich ganz besonders willkommen, da ich speziell für diese Sitzung in physikalischer Medialität ins Ausland gereist war. James wusste, dass ich Direktor der Schule Fréquences war, und gratulierte mir zu meiner Arbeit. Dann kündigte er uns an, dass die geistige Welt die Trompete und den Karton tanzen lassen würde. James bat uns, währenddessen nicht aufzustehen oder uns auf sonstige Weise merklich zu bewegen, damit wir nicht von den umherfliegenden Gegenständen getroffen und möglicherweise verletzt würden. Und los ging's, die Vorstellung in physikalischer Medialität hatte begonnen! Die Trompete, die gänzlich sichtbar war, begann, im ganzen Zimmer mit unglaublicher Geschwindigkeit umherzufliegen, von links nach rechts und wieder zurück. Die Bewegungen der Trompete waren dermassen unkoordiniert, dass sie nicht das Resultat einer Aufhängung an einer Schnur hätten sein können. Die Bewegungen dauerten an und schienen nicht aufhören zu wollen. Niemand wagte es, aufzustehen, alle waren beeindruckt und blieben ruhig auf ihren Stühlen sitzen. Der Vorhang, hinter welchem Bill sass, bewegte sich nicht. Unsere Augen gewöhnten sich allmählich an das schwache und gedämpfte Licht, wodurch wir keinerlei Zweifel mehr daran hatten, was sich in diesem Zimmer abspielte. Dann landete die Trompete wieder, worauf der Karton mit seinem Tanz begann. Dieser bewegte sich entlang dem Vorhang auf und ab und drehte sich dabei um seine eigene Achse! Selbst wenn sich hinter dem Vorhang jemand befunden hätte, wäre es dieser Person unmöglich gewesen, den Karton zu derartigen Drehbewegungen zu bringen, und zudem durch einen Vorhang hindurch. Unglaublich!

Nachdem sich der Karton noch und noch um seine eigene Achse gedreht hatte, dem Vorhang entlang, kündigte mir Vater James an, dass er gerne meine Hand schütteln würde. «Aber sicher!», antwortete ich ihm, unwissend, was mich erwartete. Plötzlich begann sich der untere Rand des Vorhangs, hinter welchem Bill sass, zu erheben und ein ungefähr zwei Meter langer Stab, an dessen Ende sich eine vollständig materialisierte Hand befand, bewegte sich in meine Richtung! Sie kam immer näher und sobald ich sie drückte, bemerkte ich, dass es sich um eine grosse männliche Hand handelte, die überhaupt nichts mit Bills feiner Hand gemeinsam hatte. Die Hand drückte die meinige fest und die

Stimme – die jetzt genau über meinem Kopf ertönte – bedankte sich nochmals bei mir für all die Bemühungen, die ich für meine Schule schon unternommen hatte und für das Herzblut, welches ich in meine Arbeit als Medium und Heiler fliessen lasse, sie versicherte mir, dass die geistige Welt stolz darauf sei; er bedankte sich bei mir für all das, was ich im Bereich der Medialität und des Heilens auf die Beine stelle. Dann bewegte sich der Stab weiter, jede einzelne Person unter den Anwesenden drückte die Hand und vernahm dabei ein paar persönlich an sie gerichtete Worte. Diese Ereignisse sind dermassen unglaublich, dass Skepsis sicherlich leichtfällt. Dadurch, dass ich es jedoch persönlich erlebt habe, kann ich bestätigen, dass es absolut handfest und wahrhaftig war.

Aber das war noch nicht alles. Der Stab zog sich langsam zurück und wir beobachteten alle gemeinsam, wie die Hand wieder hinter dem Vorhang verschwand. Danach vernahmen wir nicht mehr Vater James' Stimme, sondern diejenige eines jungen, ungefähr zehnjährigen Mädchens, das sich als Marie vorstellte. Sie war sehr fröhlich und lustig und brachte uns zum Lachen, wohl gewiss damit wir noch mehr Energie produzieren würden. Sie erzählte uns, dass sie uns gerne besuchen kommen würde, uns alle fünf. Ganz entzückt von der Vorstellung riefen wir alle gleichzeitig: «Ja, ja, komm nur!» Darauf hob sich der Vorhang wieder etwas an und wir wurden aufgefordert, näherzukommen, um einer nach dem anderen ihren Kopf anzufassen. Als ich sie anfasste, spürte ich mit meinen Händen einen Mädchenkopf, ich konnte eindeutig ihre zwei seitlich aufgerollten Zöpfchen ausmachen. Die Materialisierung war in diesem Fall jedoch nicht vollendet: Der Kopf war hart wie Holz und nicht so sanft wie die Hand von James. Die Form des Kopfes war aber trotzdem vollständig und präzise. Noch heute fällt es mir schwer, die passenden Worte zu finden, um diese Wunder, die die geistige Welt «Naturereignisse» nennt, beschreiben zu können... Dadurch, dass ich diese und noch viele andere Phänomene persönlich erlebt habe, habe ich keinerlei Zweifel mehr an Ereignissen wie beispielsweise Jesus' Auferstehung...

Dann zog sich die kleine Marie zurück und löste sich hinter dem Vorhang, hinter welchem Bill immer noch sass, auf; im Übrigen vernahmen wir die ganze Zeit über keinerlei Geräusche von ihm oder von den Klettverschlüssen, die sich etwa bewegt hätten, nicht das Geringste. Plötzlich hörten wir ein lautes Geräusch in diesem kleinen Zimmer und auf einmal stand das Büchergestell tatsächlich in der Mitte des Raumes, ohne dass der Vorhang oder irgendjemand sich dabei auch nur ein bisschen bewegt hätte. Dann wandte sich Vater James' Stimme wieder an uns und kündigte uns an, dass die Sitzung nun beendet sei; er wünschte mir «a safe trip to Switzerland», also eine gute Heimreise in die Schweiz. Hierauf schaltete sich das Licht sofort wieder an: keinerlei Holzkopf im Raum, kein zwei Meter langer Stab, einzig das leere Bücherregal in der Mitte. Bill benötigte nur ein paar Minuten, um wieder vollständig zu sich zu kommen. Er erinnerte sich an nichts, sein Ring steckte immer noch an seinem Finger, er freute sich für uns. Und wie wir uns freuten!

Jonathan

Jonathan ist mein Geistführer, dessen philosophische Reden ich kanalisiere. Er wendet sich oft an meine Schüler, während oder nach Meditationsklausuren und Übungswochen, die ich der Heilmethode des Therapeutic Touch widme, aber auch an meine Schüler, die an den Ausbildungsgängen von Fréquences teilnehmen. In den meisten Fällen erhalten die Schüler die Gelegenheit, ihre Fragen zu stellen, worauf er antwortet, wenn diese von allgemeinem Interesse sind. Nachfolgend habe ich die sachdienlichsten und bemerkenswertesten Auszüge zusammengestellt, um damit aufzuzeigen, auf welche Weise Jonathan mit den Schülern kommuniziert, und um die Botschaften, die wir durch ihn erhalten haben und die uns am meisten berührt haben, weiterzugeben. Ich bitte den Leser um Verständnis dafür, dass es sich hierbei um mündlich wiedergegebene Reden handelt, die unverändert niedergeschrieben wurden und deshalb nicht unbedingt allen grammatikalischen Regeln gerecht werden.

WER SEID IHR?

Ich richte mich an Euch als Jonathan. Das Wort «ich» ist nicht das richtige Wort, denn ich vertrete ein Kollektiv, «wir» wäre also angebrachter, nicht wahr? Wenn ich beispielsweise sagen würde, dass ich Mahatma Gandhi bin, dann könnte Euer Medium nicht mit dem Druck leben, den der Berühmtheitsgrad dieser Persönlichkeit mit sich bringen würde. Wenn ich sagen würde, dass ich ein Arbeiter bin, der in einer einfachen Fabrik arbeitet, dann würden die Schüler, die mir Fragen stellen, nicht ernst nehmen, was wir vermitteln. Die Botschaften stammen aus einem Kollektiv, nicht von einem Individuum. Ich, Jonathan, verfüge nicht über das universelle Bewusstsein. In jeder Gruppe von Geistführern gibt es Wesen, die mehr oder weniger fortgeschritten sind, mehr oder weniger weise. Was zählt, ist, dass es uns gelingt, die energetische Verbindung zu unserem Medium herzustellen.

Findet die Biene nicht den Blütenstempel? Genau wie die Bienen finden wir Geistführer unseren jeweiligen Kanal, das heisst die entsprechende Person. Ein für alle Mal: Die geistige Welt umgibt euch täglich, die geistige Welt begleitet Euch jede Sekunde Eures Lebens, auch wenn sie nicht jede Sekunde in Eure Leben eingreift. Hört auf zu zweifeln.

Wie würde eine Zusammenarbeit zwischen diesen zwei Reichen oder Ebenen, zwischen der materiellen Welt und der geistigen Welt funktionieren können, wenn sich dahinter kein himmlischer Plan verbergen würde? Diese Wahrheit nicht zu akzeptieren, würde bedeuten, dass man sich dem Misstrauen, dem Zweifel und der Angst verschreibt. Diese Empfindungen, die aus den tieferen Ebenen kommen, sind es, die den Glauben und die Transparenz zwischen der materiellen und der spirituellen Dimension verhindern.

Wir sprechen von zwei Dimensionen, weil es so leichter verständlich wird. Aber eigentlich gibt es nicht zwei Dimensionen. Es gibt verschiedene Materien, es gibt Schichten, verschiedene Energien, aber all das bleibt eine Welt! Wir verstehen die menschlichen Sorgen, die menschlichen Zweifel, denn wir kennen deren Ursprünge. Wir wissen, wie diese Zweifel entstanden sind, woher diese Funken kommen, diese Partikel, die vom ganzen spirituellen Weg, der schon zurückgelegt wurde, geblieben sind. Einzig ein Herz, das sich öffnet, einzig ein Geist, der Schwierigkeiten nicht scheut, einzig ein Geist, der sich wagemutig über seine Grenzen hinweggesetzt, können die Türen zu dieser Dimension öffnen, die subtiler ist als die Eure. Wenn Ihr zu sehr unter der Materie leidet, verlasst Euch auf die Existenz einer geistigen Welt, dies kann Euer Leid lindern. Beobachtet Eure eigenen Leben, war es nicht in den schweren Zeiten, in denen Ihr den Grossen Geist am stärksten angefleht habt?

WIE IST DER TRANCEZUSTAND ZU VERSTEHEN?

Die Trance stellt für die geistige Welt eine Möglichkeit dar, sich ausdrücken zu können. Sobald die geistige Welt den Intellekt des Mediums führen kann, haben wir die Möglichkeit zu kommunizieren. Der Trancezustand ist für uns der direkteste Weg, um auf der irdischen Ebene sprechen zu können, insbesondere im Bereich der mentalen Medialität. Damit die Kommunikation stattfindet, das heisst damit wir unser Medium führen können, muss vor allem dessen energetische Schwingungsrate entsprechend angepasst sein.

IST UNSER SCHUTZENGEL UNTER DEN GEISTFÜHRERN, AN DIE WIR UNS BEISPIELSWEISE BEIM HEILEN WENDEN?

Ja, er kann tatsächlich erscheinen. Es ist allerdings so, dass die Rolle Eures Schutzengels hauptsächlich darin besteht, Euren Geist zu begleiten. Er war vor Eurer Geburt präsent und wird nach Eurem Ableben da sein. Man darf nicht vergessen, dass es nicht Aufgabe Eures Schutzengels ist, etwa an einem Auge zu operieren oder gewisse technische Dinge während einer Behandlung durchzuführen. Für diese spezifischen Operationen stehen Euch in Euren Energiefeldern Spezialisten zur Verfügung, je nach Tätigkeit, die Ihr ausführt. Ein Punkt, der manche unter Euch enttäuschen mag: Der wichtigste Geistführer in Eurem spirituellen Team ist Euer höheres Bewusstsein. Es kann sich auf verschiedene Weisen manifestieren, um Euren Intellekt zu umgehen, um Euer Vertrauen zu stärken, und vor allem um Euch auf klare Weise die Botschaften zu vermitteln, welche von Eurem gesamten Wesen aufgenommen werden müssen.

Dieses höhere Bewusstsein kann sich deutlicher bemerkbar machen, um von Euch selbst erfasst und verstanden zu werden und um seine Hauptrolle unter den Geistführern wahrzunehmen. Das inkarnierte Wesen vergisst sehr rasch, dass es Bewusstsein ist und dass es alles Wissen in sich trägt. Gewiss, Ihr verfügt nicht über das gesamte Wissen; wenn wir beispielsweise den medizinischen Bereich betrachten, dann ist Euch dieses Wissen nicht angeboren, es handelt sich um ein intellektuelles Wissen oder eine manuelle Fähigkeit, gewisse Partikel zu bewegen. Was aber das Wissen des Bewusstseins betrifft, also des wahrhaftigen Bewusstseins, welches Euer Wesen ausmacht, so hat dieses höhere Bewusstsein Zugang zu diesem Wissen und es ist damit einer Eurer wichtigsten Geistführer. Ihr selbst seid dieser Teil, den Ihr ignoriert und der Euch so schwierig zugänglich ist. Es ist sehr wichtig, dass Ihr versteht, dass Euer höheres Bewusstsein über Wissen verfügt, sein wirkliches Wesen ist allwissend. Es mag einen weiteren Geistführer benötigen, um die für eine Behandlung oder eine spezifische Operation nötige Energie generieren zu können. Dieser Geistführer verfügt vielleicht über ein deutlich begrenzteres Wissen als Euer höheres Bewusstsein, aber es ist dennoch ein Wissen, das Euch äusserst nützlich sein kann. Ihr habt vielleicht Wesen in Eurem Team, die lediglich als Schutzschild da sind, um

Euch während einer öffentlichen Vorstellung oder einer privaten Medialitätssitzung Schutz zu bieten. Diese Geistführer werden Euer energetisches Feld, in dem Ihr arbeitet, mit ihrer Liebe und Energie umgeben. Aber jene Personen, jene Energien verfügen nicht unbedingt über ein grosses Wissen, und jenes Wissen wird auch nie benötigt. Was von den höheren Hierarchieebenen koordiniert wird, ist ebendiese energetische Hilfestellung.

Euer höheres Bewusstsein ist ungefähr mit Gott gleichzusetzen. Unglaublich, oder? Die Menschen hier auf der Erde sind sich ihrer göttlichen Essenz nicht bewusst, denn es ist schwierig, wirklich zu glauben, dass Ihr Gott seid! Jedes Wesen ist Gott, jedes Wesen trägt diese göttliche Essenz in sich. Nur verlangt es halt viel Arbeit oder viele Leben oder viel Zeit, um dieses Verständnis oder dieses Erwachen zu erlangen, diesen Zugang zur Essenz; das ist es, was spirituelle Entwicklung genannt wird. Das Einzige, was reell ist, ist die Bewegung. Aus unserer Perspektive spielt sich alles im Jetzt ab. Zeit ist relativ.

Ihr habt auch Eure Nahestehenden, die manchmal die Rolle eines Geistführers, eines Helfers, eines Assistenten, annehmen, oft im Zusammenhang mit emotionalen Bereichen. Wenn Menschen sich in schwierigen Phasen befinden, wenn ihnen die Energie fehlt, wenn der Mut sie verlässt, wenn sie Liebe benötigen, dann sind es oft die Nahestehenden, welche über die passendsten Energien verfügen, um die bedrückten Wesen zu unterstützen.

Es ist wichtig, dass Ihr versteht, dass es verschiedene himmlische Ebenen gibt, auf denen Wesen existieren, die unterschiedliche Zwecke in verschiedenen Dienstbereichen haben. Die himmlische Hierarchie ist organisiert wie die irdische Hierarchie. Das ist der Grund, weshalb gewisse Wesen, die Euch begleiten, sich abwechseln, je nach Euren Tätigkeiten, je nach Eurer Entwicklung auf diesem Weg und andere über mehrere Jahre hinweg oder noch viel länger an Eurer Seite bleiben. Nehmen wir mich selbst, Jonathan, als Beispiel – in unserer Gruppe bin ich dasjenige Wesen, dem es am besten gelingt, sich mit unserem Kanal, unserem Medium zu verbinden. Obwohl ich, ohne übertreiben zu wollen, über ein gewisses Wissen verfüge, bleibe ich ein Sprecher. Dem Kollektiv, das wir bilden, gehören gewisse Geistführer an, die über ein grösseres Wissen verfügen als ich selbst. In meinem letzten irdischen Leben suchten mich die Menschen auf, um meinen Rat zu hören, was aber unwichtig ist. Wichtig ist, dass Ihr die Mechanismen versteht, welche die Verbindung zwischen der geistigen Welt und dem Medium ermöglichen.

Es ist das im Kontext der Geistführer geöffnete Herz, welches erlaubt, eine richtige Beziehung mit ihnen aufzubauen. Viele Menschen sprechen zu ihren Geistführern, aber sie tun dies in ihrem Kopf, und dadurch entsteht keine Verbindung zwischen den Seelen. Es bleibt eine intellektuelle Debatte, weshalb die Verbindung zu den Eurigen niemals die Stärke erlangen kann, die möglich wäre, wenn Ihr Euer Herz öffnen würdet – wenn eine Kommunikation zwischen den Herzen stattfinden würde.

Verliert Euer Vertrauen nicht; in keinem Moment Eurer Existenz, auf keiner der Ebenen seid Ihr alleine oder werdet Ihr alleine gelassen. Ihr werdet immer von dieser Liebe und von diesem Mitgefühl begleitet sein, denn die Liebe existiert auf allen Ebenen.

STIFTET GEISTHEILEN IMMER WOHL?

Geistheilen stiftet immer Wohl. Immer. Energie und Information erreichen den Patienten immer. Was dieser daraus macht, muss ihm überlassen bleiben.

IST DIE MEDIALITÄT TEIL UNSERER SPIRITUELLEN ENTWICKLUNG?

Es ist wichtig, dass Ihr den Unterschied zwischen Medialität und spiritueller Entwicklung versteht. Medialität an sich ist nicht spirituell, egal welche der Disziplinen gewählt wurde. Es ist die richtige Verwendung der Medialität, die spirituell sein kann. Jede Person entwickelt sich spirituell in seinem Rhythmus. Es ist gefährlich, Euch untereinander zu vergleichen. Was es im Auge zu behalten gilt, ist einzig das Ziel, das Ihr anpeilt. Die Trance mit dem inspirierten Schreiben, oder etwa das Heilen mit der mentalen Medialität vergleichen zu wollen, ist unglückselig. Ihr seid so verschiedene Wesen und ihr seid Euch dennoch so ähnlich. Kein Wesen kann identisch mit einem anderen sein. Wir haben zahlreiche frühere Leben gelebt, an anderen Orten und zu anderen Zeiten. Es bringt nichts, sich mit anderen zu vergleichen. Ist es nicht wunderbar, ein menschliches Wesen zu sein? Alle Dummheiten sind entschuldigt.

Der Mensch kommt auf diesen Planeten, um Erfahrungen zu sammeln. Es sind die Schwierigkeiten und Herausforderungen, die Euch schmieden, nicht ein Leben in Hängematten in der Sonne! Weil Ihr auf Herausforderungen stosst, begeht Ihr Fehler. Diese Fehler sind Eure Meister, denn dank ihnen macht Ihr Fortschritte.

KÖNNT IHR UNS ERKLÄREN, WIE WIR UNS DIE FÄHIGKEIT DES LOSLASSENS LEICHTER ERWERBEN KÖNNEN?

Bevor wir das Loslassen definieren können, geht es darum, Liebe zu definieren. Liebe, welche mit Abhängigsein zu tun hat, ist keine Liebe. Liebe ist ein Gefühl, das keine Abhängigkeit kennt, keinerlei Eigeninteresse irgendeiner Art. Sie ist eher mit Mitgefühl zu vergleichen. Die Liebe der Verliebtheit ist rein egoistischer Natur. Sie wurde erschaffen, um die Menschheit zu erhalten. Das Ziel, welches Verliebtheit verfolgt, hat nichts mit der göttlichen Liebe zu tun. Sich zu verlieben ist ein mentaler und chemischer Prozess. Dies ist nicht zu verwechseln mit der Annäherung an die göttliche Essenz, losgelöst von unseren Begehren. Stellt Euch vor, Ihr seid verliebt: «Das ist mein Traumpartner!» Wie Ihr noch klein wart, habt Ihr vielleicht jemanden getroffen, der Euch auf eine bestimmte Weise beeinflusst hat. Später wählt Ihr eine Person mit identischen Schwingungen aus. Es geht um energetische Speicherung, um Informationen, die in Euren energetischen Partikeln abgespeichert sind. Ihr liebt Eure Gefährten, solange sie Eurem Willen folgen. Genau wie der Vater, der seinen Sohn liebt, bis letzterer ihm ankündet, dass er seine Schuhfabrik nicht übernehmen wird! Wenn Ihr verliebt seid, dann hängt Ihr an all den Dingen, die Ihr gerne habt und Eure tieferen Energien haben grosse Mühe, sich davon zu trennen. Die Anziehungskraft kann von Personen ausgehen, die Ihr aus früheren Leben kennt, oder mit denen Ihr eine wunderbare Resonanz erzeugt. Es ist eine Tatsache, dass wir schon zahlreiche Menschen gekannt haben, in positiven wie in negativen Beziehungen. Die wahrhaftige Liebe, die bedingungslose Liebe kennt kein Ende, sie ist ewig. Diejenigen Seelen, die ohne Abhängigkeiten zusammenfinden, die ohne Eigeninteresse lieben, werden lange zusammenbleiben. Es ist immer Liebe, die rettet und heilt, denn Liebe bedeutet Loslassen und deswegen währt sie ewig. Wenn wir in einer

schwierigen Beziehung leben und dennoch lieben, entwickeln wir uns weiter.

GEMÄSS EUCH IST ES EGOISTISCH, SICH ZU VERLIEBEN, WORIN LIEGT DANN ABER DER SINN DES PAARES?

Wie viele Stunden habt Ihr Zeit für die Antwort (lacht)? Es macht Sinn, zuerst einmal die Instinkte und die menschliche Natur als einen Teilaspekt zu betrachten; die Natur wird eben von diesen sehr ursprünglichen Instinkten angetrieben und getragen. Der Überlebens- und Fortpflanzungsinstinkt soll die Kontinuität der Menschheit sicherstellen. Jedes irdische Wesen ist damit ausgestattet. Wenn wir von diesem Aspekt absehen, dann gelangen wir wieder zur Diskussion über die Liebe, die ein Interesse verfolgt, und jene, welche dies nicht tut, im Zusammenhang mit den Informationen, die in Euch energetisch gespeichert wurden. Ihr lebt in einer eher geselligen Kultur. Im Gegensatz zu anderen Tieren ist der Mensch im Allgemeinen ein Gruppentier. Innerhalb dieser Gruppen finden sich verschiedene Verhaltensweisen und verschiedene Bewusstseinsarten; höhere Bewusstseinsformen treffen sich aufgrund anderer Motivationen als diejenigen, welche ein Eigeninteresse verfolgen. Alles was unter das fällt, was wir «sich verlieben» nennen, stellt ein Eigeninteresse dar. Alles, was von Herzen kommt, ist frei von derartigem Eigeninteresse. Die schwierigste Liebe ist die, die auf die Probe gestellt wird; es ist aber genau diese Schwierigkeit, welche die Liebe am stärksten werden lässt. Solche Umstände sind es, in denen höhere Bewusstseinsformen Liebe leben können. Sobald es um Interessen oder um das Ego geht, wird das Lösen von Situationen oder Problemen viel schwieriger. Das ist gewiss nichts Neues, jeder kann das mit geschlossenen Augen erkennen. Der Nutzen eines Paares ist sehr vielfältig. Denn ein Paar, welches – neben der finanziellen und wirtschaftlichen Logik, über die wir nicht weiter sprechen müssen – Freud und Leid wirklich in der Einheit teilt, ein solches Paar ist etwas Wunderbares und Ermutigendes. Ein solches Zusammenleben kann äusserst bereichernd sein, denn im Grunde seid Ihr dem Zustand des Bewusstseins, in welchem sich der Durchschnitt befindet, nicht dazu gemacht, alleine zu sein. Es gibt natürlich gewisse Wesen, die keine Abhängigkeit mehr kennen, und die sich nur noch auf ein einziges

Ziel konzentrieren: die spirituell verwirklichte Erleuchtung zu erlangen. Wenn wir von dieser kleinen Gruppe von Menschen absehen, dann ist es das Bedürfnis eines jeden Menschen, einen Austausch zu pflegen, Liebe zu erhalten, aber auch Liebe zu geben. Diejenigen, die geben, um zu erhalten, tun es nicht aus Liebe, sondern aus Eigeninteresse. Wir können nicht sagen, was der Nutzen des Paares ist, denn die Definition steht nirgends geschrieben. In jedem Fall ist es jedoch eine wunderbare Lektion in bedingungsloser Liebe. Das bedeutet aber nicht etwa, dass aus unserer Sicht Personen, welche sich trennen, zu verurteilen wären. Manchmal erkennen wir jedoch mit Bedauern die Motivationen, die hinter den Trennungen stecken. Bei zahlreichen Paaren, die sich trennen, herrscht ein grundlegender Mangel an Kommunikation und Verständnis des Gegenübers vor. Der Mensch kann nur aufnehmen, was er kennt, was er versteht. Es fällt schwer zu hören oder aufzunehmen, was man nicht kennt. Es gibt kein himmlisches Urteil für Trennungen. Eine Trennung kann Gutes bringen, je nach den Problemen oder dem Missbrauch in einer Beziehung. So zum Beispiel, wenn der eine damit beginnt, Respekt sich selbst gegenüber zu entwickeln und sich von einem negativen Einfluss auf seine spirituelle Entwicklung und Lebensfreude zu befreien. Wir können Euch also keine Definition für den Nutzen des Paares geben, abgesehen von geteilter Liebe und geteilten Aufgaben.

WIE HÖRT MAN AM BESTEN AUF SEINE SEELE, UM MIT DEM KONFLIKT ZWISCHEN DEM HÖHEREN BEWUSSTSEIN UND DEM TIEFEREN BEWUSSTSEIN BESSER UMGEHEN ZU KÖNNEN?

Der Konflikt zwischen dem höheren und dem tieferen Bewusstsein lässt sich ausschliesslich durch das Erlernen der Fähigkeit des Loslassens lösen. Die Seele kann sich mühelos aus diesem Konflikt heraushalten. Sie hat Gott nie verlassen, denn sie ist Gott gleich und wird daher immer auf ihrem Weg bleiben. Ihr habt keine andere Wahl, als ihr zu folgen, weil sie Teil von Euch ist. Für den Geist ist dieser Konflikt schwieriger. Manchmal ist die Krankheit vorübergehend die beste Lösung für die betroffene Person. Der Mensch wächst selbst an einer chronischen Krankheit. Gewisse Krankheiten können nicht geheilt werden, aber das Bewusstsein derjenigen Personen, die an solchen Krankheiten leiden, beispielsweise an körperlicher oder geistiger Behinderung von Geburt an, hat oft einen ziemlich hohen Entwicklungsgrad erreicht.

Ihr wählt die Bereiche aus, in denen Ihr lernen wollt, und zwar vor der Inkarnation; Ihr wisst allerdings nicht, wie Ihr sie in Angriff nehmen werdet. Jeder Weg führt zum Licht, auch wenn er sehr undeutlich erscheint und auch wenn gewisse Personen ein äusserst schlechtes Verhalten an den Tag zu legen scheinen.

Ihr versteht gewiss, dass Schmerz in gewissen Fällen Gutes hervorbringen kann, dass Schmerz uns dazu bringen kann, gewisse Türen zu öffnen, hinter denen sich das Licht verbirgt. Aus diesem Grund muss Leid aus einem anderen Blickwinkel betrachtet werden, aus einer anderen Perspektive. Leid ist ein Auslöser für grosse Schritte, für wichtige Lektionen. Es ist der Nährboden, auf welchem der Mensch wächst.

In Phasen der Euphorie, wenn alles rund läuft, und die Welt funktioniert, wie Ihr es liebt, in diesen Momenten unternehmt Ihr keine grossen Bemühungen, weil alles in Ordnung ist und es an nichts fehlt. Die Logik und den Nutzen der Schwierigkeiten zu verstehen und in sein Bewusstsein zu integrieren, erlaubt es uns, unser Leid auf eine andere Weise zu erleben.

Verliert Eure Zuversicht nicht, stärkt sie!

Wir möchten gerne näher auf das Thema der Abhängigkeit eingehen. Um sich von etwas abhängig machen zu können, muss man es kennen, muss man die Sache kennen. Es kann sich dabei um eine Person handeln, um einen Gegenstand, ein Gefühl, einen Zustand, ein Modell, einen Glauben, eine Krankheit. Sobald der Mensch etwas gut kennt, hängt er normalerweise daran. Das ist interessanterweise auch dann der Fall, wenn Menschen an Dingen hängen, die sie nicht gerne haben; manchmal ist es unverständlich, wie Menschen sich von diesen Dingen abhängig machen. Nehmen wir das Beispiel von jemandem, der an einer chronischen Krankheit leidet, und der sich den ganzen Tag lang über seine Schmerzen und Probleme beschwert: Wenn man ihm eine Lösung anbietet, anhand welcher er seine Schmerzen heilen oder lindern könnte, lehnt er ab. Er hat das Bedürfnis, dasjenige aufrechtzuerhalten, was er kennt. Wenn wir auf die Abhängigkeit und die Frage nach deren Ursache zurückkommen, so zeigt sich, dass es sich um die Angst handelt, etwas zu verlieren. Mit der Krankheit verhält es sich genau gleich. Manche Menschen haben Angst davor, sie zu verlieren, weil sie einen grossen Teil ihrer Identität ausmacht. Das ist der Grund, weshalb gewisse Krankheiten nur mit grosser Mühe behandelt werden können. Im Grunde geht es lediglich um Informationen und Partikel. Informationen verändern sich und Partikel schwingen, in Wirklichkeit wäre es also ein Kinderspiel, sie zu bewegen. Ihr bewegt Partikel und Energien mit jeder energetischen Behandlung. Wenn es sich um ein altes Muster handelt, selbst bei einem Irrglauben, so ist dieses so sehr verankert und dermassen ein Bestandteil der Identität, dieses Bildes, das Ihr Euch von Euch selbst abhängig macht, dass Ihr nicht loslassen könnt. Der Mensch hat das Bedürfnis, sich festzuhalten. Wir schlagen Euch vor, Euer Wesen aus einem etwas anderen Blickwinkel zu betrachten. Kehren wir nochmals zur buddhistischen Philosophie zurück: Es geht darum, sich bewusst zu werden, dass das Wesen ein solider Körper zu sein scheint, es jedoch nicht ist. Ihr seid eine enorme Anzahl von ganz kleinen Bläschen, die schwingen und die sich bewegen. Es ist daher völlig logisch und klar, dass es, weil es sich lediglich um ein Befreien handelt, mühelos möglich ist, einzudringen, zu trennen, zu entfernen. Weil Eure Gedanken aber Euer mächtigstes Werkzeug sind, lassen sich diese Partikel nicht bewegen, wenn Euer Glaube es nicht zulässt. Diejenigen, welche an einem Mangel an Vertrauen oder an einem körperlichen Problem leiden, vor allem bei Problemen, die andauern, sollten versuchen, die Probleme als eine vibrierende Masse zu betrachten, wie eine Kugel, die mit kleineren Blasen gefüllt ist, die wiederum mit noch kleineren Bläschen gefüllt sind, bis in die Unendlichkeit. Diese kleinen Bläschen können lediglich durch ein leichtes Blasen getrennt werden. Soviel wir wissen, gibt es sogar schamanische Techniken, bei denen das Übel durch blasen geheilt werden kann. Bei diesen Techniken genügt blasen tatsächlich, um Heilung zu bringen. Nur ist es leider der Intellekt, der diese Heilung nicht akzeptieren kann. Stellt Euch gedanklich darauf ein und betrachtet Euch dann aus dieser Perspektive. Versucht dann, in Eure Schmerzen oder in Euren Mangel an Vertrauen hineinzublasen. Wir haben schon öfter erwähnt, dass Ihr jeden einzelnen Eurer Gedanken in energetischer Form abspeichert. In Wirklichkeit teilt jeder Gedanke sich bei seiner Entstehung in zwei. Die eine Hälfte des Gedankens wird nach aussen gesendet, die andere Hälfte geht nach innen, so ist das. Alle Gedanken zusammengenommen bilden das kollektive Bewusstsein. Das kollektive Bewusstsein ist der Durchschnitt aller Gedanken, die von Menschen ausgesandt werden. Und weil die andere Hälfte dieser Gedanken nach innen geht, seid Ihr der Durchschnitt all Eurer Gedanken. Das ist der Grund, weshalb positives Denken und Gebete so wirksam sind. Die himmlischen Wesen, welche Euch umgeben, verfügen über viele Kräfte und Bewusstseinsformen, die Euch unterstützen. Aber ohne Eure Teilnahme, ohne Euer Einverständnis und ohne Euer positives Denken ist es ein äusserst schwieriges Unterfangen für jedes externe Bewusstsein, die Dinge zu verändern. Wir benötigen Euer Einverständnis und Eure Hilfe. Es wäre nicht richtig, ja auf himmlischer Ebene sogar untersagt, die Dinge gegen Euren Willen zu tun. Wenn die Gesamtheit Eurer Gedanken, wenn Euer durchschnittlicher Gedanke nicht einverstanden ist mit dem, was wir für Euch zu tun versuchen, dann haben wir kein Recht dazu, denn allem voran herrscht auf diesem Planeten der freie Wille. Deshalb benötigen wir Eure Energie und Eure Mithilfe. Um auf das Thema der Krankheit zurückzukommen: Wir können Euch nicht von einer Krankheit befreien, wenn in Eurem Inneren kein Einverständnis für die Heilung herrscht. Wir sprechen nicht von Eurem Intellekt, denn in den intellektuellen Überlegungen will sich jeder von einer behindernden Krankheit trennen. Füllt Euch mit schönen Dingen, mit schönen Gedanken, nehmt Komplimente an. Verinnerlicht sie so gut wie möglich, denn all diese schönen Dinge werden ihre Früchte tragen. Wie ein gepflanzter Samen: Jeder Samen bringt Triebe hervor. Also, auch wenn Ihr momentan nicht daran glauben könnt, gebt diesem positiven Gedanken eine Chance, Triebe wachsen zu lassen. Wiederholt die positiven Sätze zu Eurem Leben und Eurem Wesen, und Euer Wesen wird sich verändern. Ihr habt unser Versprechen.

Wir sind uns natürlich dessen bewusst, dass wir uns hier an Menschen wenden, die schon am Thema Spiritualität interessiert sind, wodurch es ein leichtes Spiel ist, den Kontakt zu Euch zu finden und Euch zu unterrichten. Seid Euch bewusst, dass wir Personen, die nicht an Spiritualität oder an der Idee des Dienstes an ihren Nächsten interessiert sind, nur äusserst schwierig beeinflussen und auf den richtigen Weg bringen können. Aus diesem Grund sind Fragen wie «Wie kann er so etwas nur tun? Wieso lässt Gott so etwas zu?» zwar berechtigt, aber ihre Form stimmt nicht, denn ein ignorantes Wesen sollte ja ignorant sein. Und diese Ignoranz verändert sich mit den Lektionen und den Erfahrungen, die wir machen. Wir sind alle ignorant, aber jeder in seinem Gebiet, jeder in seinen eigenen Bereichen. Ignoranz ist die Grundlage der Evolution, und durch die Ignoranz befreien wir uns. Dadurch, dass wir die Ignoranz unserer Zeitgenossen und den herrschenden Missbrauch erleben, verstehen wir, dass wir selber nicht denselben Missbrauch begehen werden, den wir beobachtet haben und dessen Zeugen wir geworden sind. Ihr seht also, wie eine Sache mit der nächsten zusammenhängt.

Es ist wichtig, dass Ihr versteht, dass alle, absolut alle sich von dieser Ignoranz befreien werden! Jeder zu seiner Zeit, jeder in seinem Rhythmus und jeder auf seinem eigenen Weg.

Wir möchten gerne das Thema des eigenen Weges etwas weiter besprechen. Vor einiger Zeit haben wir das Thema des Individuums angeschnitten. Welcher Teil von Euch ist individuell? Seid Ihr einzeln oder seid Ihr eins? Die Schwierigkeit liegt darin, zu verstehen, dass Ihr gleichzeitig individuell, einzigartig und ein Ganzes seid. Gleichzeitig einzeln und ein Ganzes! Denkt an den Regen, der fällt, denkt an den Tropfen. Sind die Tropfen, die fallen und kurz abprallen, bevor sie sich im Boden verlieren, einzeln oder sind sie ein Ganzes?

Dennoch mangelt es stark an Bewusstsein, was Euch selbst angeht, das Individuum, das Ihr seid. Und es mangelt enorm an Bewusstsein bezüglich des Ganzen, das Ihr seid. Diese Ignoranz existiert also auf zwei Ebenen. Das ist so gewollt, es ist normal, es hängt vom Entwicklungsgrad ab. Momentan genügt es, zu wissen und vor allem zu spüren, dass Ihr alle dem gleichen Ursprung angehört. Deswegen bringen die Streitigkeiten, die Ihr Menschen unter Euch veranstaltet, uns zum Lachen, denn Ihr kämpft gegen Euch selbst! In der ersten Phase der Erweiterung des Bewusstseins geht es darum, an sich selbst zu arbeiten, seine energetische Schwingungsrate zu erhöhen, damit Ihr in Eurem Inneren mehr wahrnehmen könnt, und erst danach all jenes, was Euch umgibt und in den himmlischen Reichen existiert!

Eure Essenz ist dieselbe und diese Individualität ist lediglich ein Teil des Bewusstseins, ausserhalb dieser Essenz ist Eure Individualität vergänglich. Manche werden jetzt sofort damit beginnen, sich vor dem Ende der Existenz zu fürchten. Diese Angst ist ein Irrtum, denn Ihr werdet weiter existieren. Eure individuellen Facetten werden gemächlich verschwinden, denn alleine die Essenz währt ewig, die Essenz, die mit Bewusstsein gefüllt ist, Ihr werdet dieses Bewusstsein erlangen, Ihr werdet dieses Bewusstsein sein! Ihr seid es jetzt schon, aber Ihr habt nicht wirklich den vollständigen Zugang. Wenn Ihr den Zugang hättet, würde man es die Erleuchtung nennen. Es ist einfach so, dass die Erleuchtung nicht ein Ereignis ist, das mit einem «Bumm!» plötzlich da ist. Die Erleuchtung ist ein Weg, eine Arbeit, die durch verschiedene Etappen führt, aber es bleibt immer die Erleuchtung. Jedermann kann die Erleuchtung erreichen! Alle! Wenn Eure Zeit gekommen ist, dann werdet Ihr erleuchtet sein!

Allerliebste Suchende, liebe Schüler, wir werden uns zurückziehen. Und solltet Ihr alles von dem, was wir Euch gesagt haben, vergessen, vergesst diese eine Sache nicht: Ihr seid Lichter, die ewig währen und wir lieben Euch bedingungslos.

Und wenn Ihr in schwierigen Phasen das Licht aus den Augen verliert, seid Euch gewiss, dass es Euch nie verlässt, denn es ist in Euch.

VERNACHLÄSSIGEN WIR GEWISSE WERKZEUGE, DIE ES UNS ERLAUBEN, EINEN HOHEN GRAD AN SPIRITUALITÄT ZU ERLANGEN?

Um einen hohen Grad an Spiritualität zu erlangen, schlagen wir Euch vor, an das spielende Kind zu denken, denn es gibt kein Kind, das nicht spielen kann! Wenn der Mensch erwachsen wird, so hört er auf damit. Viele von Euch spielen nicht mehr die Spiele des Herzens, die Spiele der Freude, die Spiele der Fantasie und der Vorstellung! Wieso reden die Kinder mit ihrer Puppe? Wieso spielen sie Rollenspiele mit kleinen Holzstücken oder Steinen? All das, woher kommt all das? Das Kind hat ein enormes Bewusstsein, ein natürliches Bewusstsein, das nicht blockiert und durch den Intellekt verschleiert ist, das nicht von diesem Nebel umgeben ist. Die Mehrheit der Kinder kann die geistige Welt wahrnehmen, kann sie sehen. Wir können uns bewegen und sie lächeln uns zurück, und wir können das Lächeln wahrnehmen. Sie lassen sich begeistern, dies ist ihre natürliche Freude, die Euch allen innewohnt. Und wenn wir Euch dazu ermutigen, zu spielen, dann habt Ihr Angst, lächerlich zu sein. Und dennoch ist dies eine Türe, eine grosse Türe. Das Spiel ist eine der besten Türen, um sich spirituell weiterzuentwickeln. Die Kunst ist ein wunderbares Mittel, um höhere Schwingungen zu erreichen, und um im Kontakt mit den Ursprüngen des Universums zu bleiben. Das Spiel und die Kunst. Die Freizeit, in der man einfach sich selbst ist, ohne sich zu hetzen, ist eine Türe, eine Türe, die funktioniert, eine Türe, die aufgeht, wenn man den Türgriff berührt, leicht, mit einem Finger. Spiel ist Leichtigkeit, Freude ist Leichtigkeit, dies sind Energien, die Euch tragen, die Euch fortbewegen. Dies sind die Energien, die Euch zu Euch selbst finden lassen. Es ist sehr gut, bei der Arbeit ernsthaft zu sein, wenn man dient, wenn man sich einsetzt, aber die Haltung ist ein Spiel. Versucht, Spieler zu sein. Ihr werdet dabei gewinnen, Ihr könnt dabei nur gewinnen.

Das Ziel all dieser Bemühungen ist es, sich von der Ignoranz zu befreien. Gott ist, wenn Ihr so wollt, eine ewige Bewegung, die sich selbst generiert, sich selbst erzeugt. Es ist ein Kreislauf zwischen zwei Polen – Ignoranz und Erwachen – in fortwährender Bewegung und Ihr seid Teil dieser Bewegung. Ihr befindet Euch alle mittendrin, deshalb lohnt es sich, diese Anstrengungen zu unternehmen, deshalb werdet Ihr alle Euch eines Tages im Grossen Geist auflösen.

Ihr müsst verstehen, dass es auf dem Weg des Lichts keine rückwärtsgerichtete Entwicklung gibt. Ihr besteht aus verschiedenen Teilen: Einer Eurer Teile mag sehr wach sein, ein anderer mag experimentieren wollen, Bekanntschaften entdecken, es gibt aber auch dunklere Energien. Das Ziel bleibt immer dasselbe: höhere Entwicklungsebenen zu erlangen. Dieser Teil von Euch entwickelt sich nicht rückwärts, aber die Teile des Ganzen können sich auf sehr verschiedenen Ebenen befinden!

WIE STEHT ES MIT DEM EGO? ES GILT, VIELE ELEMENTE ZUSAMMENZUFÜGEN, DIE SEELE, DEN GEIST. WIE SOLL MAN SICH ORIENTIEREN UND ERKENNEN, WIE WIR UNS AUF DEN RICHTIGEN WEG LEITEN LASSEN?

Ein Körper umhüllt einen Geist oder eine Seele seit seiner Geburt. Das Ego ist Teil dessen, was Ihr Geist nennt. Die Rolle des Egos ist es, die Identität des Geistes zu definieren, das Bedürfnis nach Identität. Das ist die einfachste Erklärung. Eine Person, die sehr genau weiss, was sie will, und möchte, dass die Dinge so ablaufen, wie sie es sich wünscht, hat ihre eigene Identität auf sehr starke, vielleicht sogar rigide Weise aufgebaut. Man kann sich das Ego wie einen steinernen Turm in der Mitte Eures Wesens vorstellen. Dieser Turm wurde aus Euren Überlegungen gebaut, aber auch aus Eurer Angst vor dem Ende Eurer Existenz, denn die Existenz ergibt sich aus dem Ablauf der Tatsachen, die Euren Gelüsten, Eurer Gier, Eurer Abneigungen folgen. Sobald dieser Turm Steine zu verlieren beginnt, hat Euer Ego das Bedürfnis, sich zu verteidigen und die Steine, die aus der Mauer fallen, sofort wieder einzubauen. Ihr habt einen Geist und glaubt, dass dies etwas Stabiles, etwas Unverrückbares sei. «Ich», dieses Wort «ich», «ich selbst» sitzt fest wie ein Felsen. Ihr glaubt, dass der Turm, dessen Umrisse Ihr erbaut habt, etwas Stabiles und Unveränderbares sei. Sobald also Ereignisse eintreten, die einen Stein hier und einen Stein da herausreissen, befürchtet Ihr, dass der Turm ins Wanken gerät und einstürzt. Aus diesem Grund manifestiert sich Euer Ego, denn es möchte nicht verschwinden. Das ist, wie wenn Ihr in einem Schloss wohnen würdet und jemand versuchen würde, die Steine aus Eurem Gemäuer zu stehlen. Ihr würdet sofort Pfeile schiessen, um Eure Mauern zu verteidigen. So ist das, so einfach verhält sich dies. Alles ist durch Illusion erschaffen, ob es so sein soll, wie Ihr es Euch vorgestellt habt, ob Ihr Recht habt oder nicht. Ihr habt es so aufgebaut, in der Illusion, dass es für immer Bestand hat.

Das Ego kann durch das Wort «Identität» definiert werden, oder durch «Bedürfnis nach Identität». Der Geist beinhaltet nicht nur das Ego. Um einen gewissen Weg zurückzulegen, ist eine gewisse Identität nötig. Hier besteht eine Beziehung. Deshalb gilt es auch zu wissen, dass diese Beziehung vergänglich ist, sich verändert, und zu akzeptieren, dass Euch dadurch Eure Identität nicht weggenommen wird. Der erste Schritt besteht darin, zu verstehen, dass Eure Identität das Recht hat, sich zu verändern. Das ist der erste Schritt in Richtung des inneren Friedens. Es gilt, immer einen Turm für seine Sicherheit zu haben, aber damit einverstanden zu sein, dass dieser sich verändert. Aber vergesst nicht, dass der Intellekt ganz genauso wichtig ist. Er ist dazu da, zu unterscheiden, auszusortieren und Entscheidungen treffen zu können. Er ist genauso wichtig, nützlich oder schädlich wie jeder andere Teil der Identität. Wenn wir das Wesen erklären wollen, so wäre das höhere Bewusstsein streng gesehen ausserhalb des Geists zu betrachten. Ausserhalb des Geists deswegen, weil das, was Geist ist, vergänglich ist. Das, was nicht vergänglich ist, ist Teil Eurer Essenz. Wir haben Euch erklärt, dass das, was Essenz ist, was Eure Essenz ist, nie durch irgendeine Tat zerstört werden kann, durch keinen schädlichen Gedanken, durch nichts Materielles. Nichts von dem, was auf diesem Planeten existiert, wird Eure Essenz zerstören können. Euer höheres Bewusstsein in seinem reinen Zustand ist Teil Eurer Essenz und nicht des Geists.

WERDEN WIR DURCH UNSEREN EIGENEN ENTSCHEID MEDIUM ODER HEILER ODER SIND ES UNSERE GEISTFÜHRER, DIE UNS IN DIESE RICHTUNG LENKEN?

Der Entscheid, Medium oder Heiler zu werden: Es gibt Gründe, aus welchen man ein Medium werden will und es gibt ebenso Gründe, aus welchen man Heiler werden will. Man kann diesen Entscheid aus Machtgelüsten heraus fällen, aus der Lust des Dominierens oder etwas Spezielles zu sein, aus reinem Ego, um seine Identität zu stärken. Oder man kann diesen Entscheid aus seinem Bewusstsein heraus treffen, weil man versteht, dass dieser Dienst in seiner eigenen Umgebung gebraucht wird, aus einem tiefgründigen und ehrlichen Verlangen, zu dienen. Es gibt also keine Regel. Und dennoch gibt es leider viele Menschen, die diese Berufe der Macht wegen wählen, selbst wenn das Ausüben dieses Berufs nicht eigentlich eine Machtposition darstellt. Aber die Ängste, die im Kellergewölbe des Ego-Turms hausen, schaffen das Bedürfnis, einen Weg zu wählen, auf dem man den Eindruck erhält, Macht zu gewinnen. Ihr werdet diese Menschen erkennen, nicht sofort, aber sobald Ihr das Licht und das Verhalten dieser verschiedenen Wesen beobachtet. Ihr werdet erkennen, wer hier ist, um zu dienen und wer hier ist, um sich zu bereichern, oder wer hier ist, um seine Ängste zu verschleiern. Ein Geistführer kann jemanden, der für den Dienst an seinem Nächsten geschaffen ist, dazu ermutigen loszulegen, er kann ihn jedoch nicht dazu zwingen – genau wie er jemanden, der nicht für diese Arbeit geschaffen ist, nicht daran hindern kann. Und dennoch wäre ein Geistführer, der nur mit einem erleuchteten Wesen zu arbeiten gewillt ist, arbeitslos.

Es ist nicht für jedermann wichtig, im Laufe seines Lebens als Medium oder Heiler zu wirken. Gewisse Inkarnationen sind nicht von diesem Thema betroffen, weil es für die Entwicklungsphasen dieser Personen nicht nötig ist. Diese Personen sind nicht als mindere Wesen zu werten, nur weil sie ihre Hellsinne nicht geschult haben. Das ist ein sehr wichtiger Punkt, der verstanden und integriert werden muss. Wir haben als Beispiel den Esel angeführt, der nicht durstig ist, es genügt also, solchen Menschen das Wasser zu zeigen, und sobald der Tag, an dem sie durstig sind, gekommen ist, werden sie die Quelle aufsuchen. Wenn das höhere Bewusstsein des Menschen weiss, dass es nicht nötig ist, die Hellsinne zu schulen, dann wird es den Esel nicht zum Wasser führen. Die Menschen werden die Dinge verrichten, für die sie hierhergekommen sind. Es ist sehr wichtig, dass diese Dinge verstanden werden, besonders auch um gegen die arrogante Einstellung gewisser Medien, die sich für etwas Spezielles halten, weil sie ein bisschen sensitiver geboren wurden als der Rest der Menschheit, vorzugehen. Das ist wie bei einem Musiker, der eingebildet ist, weil er etwas musikalischer geboren wurde als der Rest der Menschheit. Na und? Das ist nicht, worum es geht. Ein extremer Kartesianer kann durchaus auch einen ethisch äusserst fortgeschrittenen Entwicklungsgrad an den Tag legen. Er wird vielleicht kein speziell feines Wahrnehmungsvermögen haben, er wird dafür vielleicht aber auch noch nie eine Fliege erschlagen haben, er wird vielleicht kein Fleisch essen, weil er weiss, dass die Tiere misshandelt werden, und so weiter. In der Tat geschehen viele durch und durch gute Taten von sehr kartesisch veranlagten Menschen.

Menschen, die dazu bereit sind, ihre Energiezentren zu öffnen, die dazu bereit sind, ihre Sinne zu öffnen, haben einen Vorteil, vorausgesetzt, sie tun dies auf demütige Weise und aus den richtigen Gründen. Nicht an ein Leben nach dem Tod glauben zu müssen, sondern dies zu wissen, verleiht uns tiefen inneren Frieden. Der Umstand, nicht an ein Leben nach dem Tod zu glauben, sondern zu wissen, dass dies die Realität ist, macht uns zu einem anderen Menschen. Dieses Wissen hat einen enormen Einfluss auf unseren inneren Frieden. Denn Eure grösste Angst ist diejenige vor dem Tod. Die Natur hat uns so erschaffen. Arbeitet also an Euren Hellsinnen, aber erst nachdem Ihr an Eurer Spiritualität gearbeitet habt!

MANCHE RELIGIONEN VERURTEILEN MENSCHEN, DIE SICH DAS LEBEN GENOMMEN HABEN. WIE IST DIESE SITUATION ZU VERSTEHEN?

Es ist kein Urteil vorgesehen für Menschen, die sich das Leben genommen haben, keinerlei Urteil vonseiten der geistigen Welt. Es ist lediglich so, dass für eine kleine Anzahl von tragischen Todesfällen sich eine etwas langsamere Übergangsphase ergeben kann – in irdischer Zeit gemessen. Der Geist, welcher in einer tiefen Trauer, in grossem Leid verstirbt, kann noch eine gewisse Zeit lang in diesem Zustand verweilen, bevor es ihm möglich ist, uns wahrzunehmen. In einer solchen Situation ist der Geist von einer zu starken Dichte geprägt, um das Licht erkennen zu können, es fällt ihm leichter die Materie, die er kennt, wahrzunehmen als die himmlischen Wesen. Aus diesem Grund finden sich manche Medien, manche Menschen auf der Erde zusammen, um in Kreisen den Geistern zu helfen, die diesem ganz kleinen prozentualen Anteil angehören, der weiterhin in Eurer materiellen Ebene verweilt und sich nicht weiterentwickelt.

Aber ein Urteil über Menschen, die sich das Leben genommen haben, gibt es nicht. In den meisten Fällen ist es keine Lösung, sich durch Selbstmord einer Prüfung zu entziehen, denn dieselben Prüfungen werden sich später erneut auf Eurem Weg wiederfinden. Es wird deswegen aber nicht über Euch geurteilt, es ist Euer eigenes Karma, das davon betroffen ist und unsere Liebe bleibt bedingungslos. Wir lieben Euch, wie Ihr seid. Wir haben Euch ausgewählt, weil zwischen uns Resonanz herrscht, wir haben Euch ausgewählt, weil wir durch Euch walten können, wir lieben diejenigen, die dienen. Verurteilt nicht diejenigen, die Unrecht begehen, sei es an sich selbst oder an Mitmenschen. Sie sind genauso spirituelle Wesen, sie haben genauso Engel und Wesen, die sie lieben und sie begleiten. Im dunklen Schatten ist es jedoch viel schwieriger, uns wahrzunehmen, als in der Liebe.

WAS LÄSST SICH ZUM THEMA DER SUIZIDBEIHILFE SAGEN?

Wir urteilen in keiner Weise über Suizidbeihilfe, denn dies unterliegt wie gesagt dem freien Willen des betroffenen Menschen. Es ist nur zu beachten, dass Menschen, die hiervon betroffen sind, möglicherweise

nicht wissen, dass ihnen der Zugang zu gewissen Erkenntnissen unmöglich sein wird, wenn sie zu früh zurückkehren. In Fällen, in denen das physische Leid zu gross wird, verstehen wir Euch sehr gut. Und dennoch muss man sich bewusst sein, dass gewisse Erkenntnisse nicht erlangt werden können. Hinsichtlich der Frage nach dem Licht oder dem Dunkel gibt es kein Urteil über die Seelen, die etwas verfrüht auf unsere Seite zurückkehren.

Wir wünschen Euch aus tiefster Seele, dass Ihr zuversichtlich bleibt, vor allem in schwierigen Zeiten. Vergesst niemals, dass der Heilige Geist Euch jeden Tag umgibt, jede Sekunde, dass wir nur einen Atemzug von Euch entfernt sind und dass wir Euch lieben. Vergesst niemals, dass die Liebe, genau wie der Friede, allgegenwärtig ist. Einzig Eure Gefühlszustände können die Liebe behindern. Aber in keinem Moment Eures Lebens hört die Liebe auf zu existieren.

Viele Menschen bringen ihre Zweifel zum Ausdruck. Jemand, der sehr arrogant ist, sehr von sich selbst überzeugt, wird nie zweifeln. Es sind immer diejenigen, die auf der Suche sind, die zweifeln. Der Zweifel hat nur eine negative Seite: die Gefahr, am Zweifel hängen zu bleiben, ihn mit sich umherzutragen wie ein psychologisches Funktionsmuster. Gewisse Personen müssen zweifeln, um sich vor ihr Talent oder ihre Begabung zu stellen oder sich dahinter zu verstecken. Die Frage nach dem Zugang zum eigenen Licht, nach der Erlaubnis, seine Begabungen und Fähigkeiten aufblühen zu lassen, ist für gewisse Personen ein Thema. Aber Zweifel an sich bringen Gutes, denn sie sind durch Verständnis überwindbar. Sie sind ein Mittel zum Wachstum.

HABEN WIR MEHRERE LEBEN?

Der Mensch hat mehrere Leben, das ist eine Tatsache. Aber gleichzeitig existiert er auf verschiedenen Ebenen, denn er ist alles und nichts. Deshalb ist es logisch, dass Ihr mehr als eine Seele seid, wenn Ihr alles seid. Könnt Ihr verstehen, dass ihr Zugang zu verschiedenen Dimensionen habt, wenn Ihr mehr als eine Seele seid, oder wenn Ihr die Seele seid, die das Gesamte ist? Der Mensch existiert auf verschiedenen Ebenen. Gewiss, wenn Ihr an Eurer Individualität hängen bleibt, dann werdet Ihr nur auf einer einzigen Ebene existieren, zumindest in Eurem Kopf. Es ist in der jetzigen Inkarnation des Menschen möglich, diese parallelen Ebenen wahrzunehmen. Der einzige Vorteil dieses Bewusstseins ist die Horizonterweiterung oder die Bewusstseinserweiterung. Es ist der Schleier, die Illusion, die Teil von Euch ist, die den Menschen in dieser Inkarnation daran hindert, das zu verstehen. Ignoranz und Illusion sind gewollt und sie sind dazu da, dass sich der Mensch durch seine Erfahrungen weiterentwickelt. Wenn es keine Etappen gäbe, die zurückgelegt werden müssen, keine Kämpfe, die geführt werden müssen, kein Leid, das überwunden werden muss, woran könntet Ihr dann wachsen? Wie könntet Ihr verstehen, was existiert?

Weil Ihr nur Aspekte einer Gesamtheit darstellt, könnt Ihr Euch aufspalten und Euch an verschiedenen Orten auf der Erde inkarnieren. Ihr seid Aspekte des Ganzen. Und da das Ganze verschiedene Aspekte hat, ist es völlig logisch, dass Ihr an verschiedenen Orten existiert. Das Bewusstsein wird individuell bleiben und genau wie wir es schon erwähnt haben, dient dieses Bewusstsein ausschliesslich dazu, dass der Horizont erweitert wird, denn der Aspekt, der Ihr seid, wird auf jeden Fall seinen Weg gehen, er wird befolgen, was die Seele für diesen Aspekt vorgesehen hat.

Wenn Ihr im Jenseits angekommen seid, werden nicht zwangsläufig alle Eure Aspekte vereint sein, zumindest nicht sofort. Nehmen wir Eure verstorbenen Familienmitglieder, die Euch nahegestanden sind, als Beispiel. Diese verstorbenen Freunde haben sich nicht mit den anderen Aspekten zusammengefunden, sie sind immer noch das, was sie sind, und dies ist völlig richtig so, denn die Zeit existiert nur in Euren Massstäben, nicht in unseren.

ENTSCHEIDET SICH DIE SEELE SELBST DAZU, SICH ZU INKARNIEREN, ODER IST ES EINE HÖHERE MACHT, DIE SIE DAZU ANWEIST?

Ihr werdet erstaunt sein, aber die wahrhaftige Seele ist der höheren Macht gleichgesetzt!

Eine Seele durchläuft viele Inkarnationen, es bringt nichts, diese zu zählen. Haben wir Euch entmutigt? Seht, wir besprechen hier Technik, technische Aspekte. Sehr oft geht es in Euren Fragen nicht darum, zu erfahren, wie man sich der Liebe noch mehr annähern kann, wie man sein

Mitgefühl wachsen lassen kann, wie man besser dienen kann. Entschuldigt uns bitte, dass wir so direkt sind. Nach all dem, was ihr erlebt habt, nicht nur in diesem Leben, sondern in all Euren Leben, ist die Arbeit, die es hier zu verrichten gilt, manchmal ermüdend, manchmal macht sie Euch traurig oder sie demoralisiert Euch, dermassen hoch sind die neuen Hürden, die genommen werden müssen. Ihr seid hier dabei, Euch im Bereich des Dienens zu vervollkommnen, aber Ihr stellt keine einzige Frage diesbezüglich. Wir verurteilen Euch nicht, aber wir müssen Euch daran erinnern.

Aber ja, Eure Entscheidung, sich zu reinkarnieren kommt von Eurem höheren Bewusstsein oder von Euren Begehren. In jedem Fall ist es Eure Entscheidung und nicht eine höhere Macht, welche es Euch befiehlt.

Nur eine einzige Sache ist wirklich wichtig: Wie könnt Ihr Eure Fähigkeit zu lieben, Eure Fähigkeit zu vergeben und tolerant zu sein verbessern? In diesen Antworten werdet Ihr die tiefsten Geheimnisse des Lebens und das Licht Eurer Seele finden.

WIE KANN MAN SICH VON ZORN BEFREIEN?

Bevor man sich vom Zorn befreien kann, muss man ihn verstehen: Es ist Angst, die dem Zorn zugrunde liegt. Es geht nur um Angst. Die Angst ist praktisch das Gegenstück zum höheren Bewusstsein, das Gegenteil von Liebe. Es ist nicht der Hass, der das Gegenteil von Liebe darstellt, sondern es ist tatsächlich die Angst. Der Angst entspringen all die Empfindungen wie Zorn oder Hass. Zorn ist ein Gefühlsausdruck. Angst geht viel tiefer, sie ist viel stärker verankert als die Zorngefühle. Zorngefühle sind vorübergehend, sie verändern sich je nach Tag und Begegnung. Angst ist ein viel tiefer gehendes Phänomen, es geht nicht etwa um die Angst vor einem Hai oder die Angst von einem Dach zu stürzen, sondern um die existenzielle Angst. Es geht darum, die Wurzeln dieser Angst zu finden, den Ursprung des Bedürfnisses, das dieser Angst zugrunde liegt. Im Fundament dieser existenziellen Angst werdet Ihr die Schlüssel zu Eurem Leben finden, die Schlüssel, die es Euch erlauben werden, Euer Bewusstsein zu erweitern und Eure Ignoranz loszulassen.

Wir sind immer sehr bewegt, wenn wir sehen, wie Ihr den Mut findet, Schritte nach vorne zu tun, Schritte, die für einige sehr unsichere Schritte sind, ohne jegliche Gewissheit, wo sie hinführen mögen. Und dennoch bringt Ihr dem Mut auf, diese Schritte zu tun. Macht Eure Schritte auch weiterhin, hört in Euch hinein, ihr hört die Wahrheit, denn die Antwort liegt immer in Euch, nicht aber in Eurem Kopf.

Im Hinblick auf Meditationsklausuren, die in Stille abgehalten werden, ist die Frage nach dem Schweigen legitim. Was bringt es, während eines ganzen Tagesabschnitts nicht zu reden, wo man dies doch auch bei sich zuhause tun könnte? Wenn um uns herum Stille herrscht, dann wird es im Inneren laut, anfangs zumindest. Ihr denkt Euch, dass genau das Gegenteil der Fall ist: Ihr meditiert, Ihr sprecht den ganzen Tag über kein Wort, dann müsste es in Euch doch still sein. Aber genau deshalb, weil Ihr nicht redet, herrscht keine innere Stille. Weil Ihr still seid, gelangt der innere Lärm an die Oberfläche. Wenn er an die Oberfläche gelangt, kann er sich auflösen. Die Dinge, die sich in Euch angesammelt haben, müsst Ihr auf die eine oder andere Weise loswerden. Schweigen und Insichhinenhören sind sehr wirksame Werkzeuge, gebt ihnen also eine Chance, es ist zu Eurem eigenen Wohl.

WAS KANN MAN GEGEN STRESS TUN?

Genau wie das Göttliche, das in Euch ist, ist auch der Friede in Eurem gesamten Wesen präsent. Stress existiert lediglich in Eurem Kopf. Es geht darum, den Stress zu betrachten, nicht ihn zu erleben. Visualisiert während der Meditation, wie Ihr Euch in einer Lichtkugel befindet, die ein Fenster hat. Betrachtet den Stress durch das Fenster hindurch, er wird Euch nicht betreffen. Wenn man zentriert ist und Zugang zum höheren Bewusstsein hat, fällt viel Stress weg. Was in Euch entsteht, tut es deshalb, weil Resonanz herrscht.

KARMA-YOGA

Unter Karma-Yoga versteht man die Arbeiten, die im Haushalt anfallen und die von den Schülern im Rahmen der Meditationsklausuren verrichtet werden. Jonathan möchte auf diese Disziplin und ihren Nutzen zurückkommen.

Es ist sehr mutig, sich für die niedrigsten Arbeiten zur Verfügung zu stellen, wie zum Beispiel fürs Putzen der WCs. Wisst Ihr, in Indien berühren die Menschen die Füsse derer, die sie verehren. Wisst Ihr, dass wir gerne die Füsse derer berühren würden, die den Boden und die WCs putzen?

WAS IST DER NUTZEN DES KARMA-YOGA?

Karma-Yoga existiert aus zwei fundamentalen Gründen, sehr positive Gründe, derer sich die Schüler oft nicht bewusst sind:

Es wird Euch nicht schwerfallen, die Übung in einem geschützten Kontext zu verstehen, wo man sich auf sehr konzentrierte Weise einer Beschäftigung widmet. Das heisst, ich zerschneide die Karotte und ich tue nichts anderes als die Karotte zu zerschneiden. Das ist im Alltag sehr schwierig: Wir bereiten das Essen für die Familie zu, für die Kinder, die von der Schule zurück sind, oder für uns selbst, im Wissen, dass wir danach sofort zur Arbeit rennen werden. Wenn Ihr an einer Meditationsklausur teilnehmt, dann seid Ihr in einem anderen Zustand, in einer anderen Umgebung. Ihr seid viel stärker in der Gegenwart. Wenn Ihr Euch also mit Eurem ganzen Herzen konzentrieren könnt und diesen Moment der Übung mit Eurer Karotte oder mit dem Tisch, den Ihr putzt, widmet, dann werdet Ihr die Früchte dieser Arbeit ernten, wenn Ihr wieder in Euren Alltag zurückkehrt.

Der zweite Grund ist fast wichtiger: Mit Euren Taten ermöglicht Ihr es anderen, an diesem Kurs zu einem erschwinglichen Preis teilnehmen zu können. Wenn sich niemand darum kümmern würde, die WCs zu reinigen, in der Küche zu helfen, das Geschirr zu spülen, dann bräuchte es hierfür bezahltes Personal, wodurch der Preis für den Kurs deutlich höher ausfallen würde. Viele könnten deshalb an einem solchen Kurs nicht teilnehmen. Dieses Prinzip findet Anwendung in vielen Gemeinschaften, die spirituell ausgerichtet sind. Eure Taten ermöglichen es anderen nicht nur, einen spirituellen Weg gehen zu können, sondern sie wirken sich auch direkt auf Euer Karma aus. Selbst eine Tat, die auf einen persönlichen Gewinn ausgerichtet ist, wird positive Auswirkungen haben, solange sie selbst positiver Natur ist. Eine positive Tat, von welcher eine ganze Gemeinschaft profitiert, hat noch viel stärkere Auswirkungen. Es ist wie ein Samen, den man in Euren zukünftigen Gärten pflanzt und der schliesslich zu einem Baum heranwächst, welcher reichlich Früchte tragen wird.

KÖNNT IHR UNS EINE METHODE LEHREN, DIE ES UNS ERLAUBT, UNSERE HERZEN DEM MITGEFÜHL, DER LIEBE UND DES TEILENS ZU ÖFFNEN?

Man muss es von der anderen Seite angehen. Wenn nicht Euer gesamtes energetisches System gereinigt ist, wenn die Schwingung nicht in Eurem ganzen Energiefeld erhöht wird, dann wird Euer Herz sich nicht weit öffnen können. Auf diese Weise ist das Öffnen des Herzens zu verstehen. Wir haben schon über das Gleichgewicht zwischen den verschiedenen energetischen Körpern und zwischen den Chakren gesprochen, das es ermöglicht, eine höhere Ebene zu erreichen und eine gesunde Entwicklung zu durchlaufen. Es ist ungesund, nur gewisse dieser Zentren zu bearbeiten und die übrigen zu vernachlässigen. Genau deshalb legt Euer Medium, Hannes Jacob, einen so grossen Wert auf die spirituelle Arbeit, auf die Reinigung des eigenen Wesens und nicht nur auf die Entwicklung Eurer Sensitivität und Eurer Medialität. Das Herzchakra kann sich nicht alleine öffnen, und es wäre Euch unmöglich, Mitgefühl zu entwickeln. Wenn die unteren Zentren oder Chakren nicht bearbeitet werden, dann bedeutet dies, dass Zorn, Eifersucht und Ängste nicht bearbeitet werden und dass Eure dichten Partikel sich nicht im Licht auflösen können. In Gegenwart solcher Informationen kann sich ein Herz nicht dem Mitgefühl öffnen, dem Begehren jedoch schon. Das Öffnen Eures Herzens wird, wie jede Blume, die hinter den Zaun blicken will, Zeit für das Wachstum benötigen, um ihren Kopf über den Zaun strecken und in den Garten des Nachbarn blicken zu können.

Die Schwingungen der Zeit beschleunigen sich heutzutage, Zeit ist Bewegung. Aber: Zeit existiert nicht; das Einzige, was existiert, ist die Bewegung und Zeit ist das Werkzeug, welches es erlaubt, die Bewegung zu beschreiben. Die Wahrnehmung dieser Zeit, dieser Bewegung verändert sich, die Schwingung verändert sich. Insgesamt wird sich das System jedoch nicht verändern.

WAS IST RICHTIG?

Absolut gesehen ist nichts richtig. Oder wir können auch sagen: Absolut gesehen ist alles richtig. Denken wir beispielsweise an ein Kind in Indien, das gerade isst, und an ein zweites in Europa. In Indien schlägt

man ihm auf die Finger, wenn es eine Gabel benützt, und hier schlägt man ihm auf die Finger, wenn es mit der Hand isst. An einem Ort scheltet man ein Kind, das eine Made isst, und an einem anderen Ort gilt sie als eine Delikatesse. Dies zur Illustration dessen, was üblich ist und was unüblich ist, in unseren Breitengraden und in der Ferne ...

Hierzulande wird man Euch erklären, dass Ihr in die Hölle kommt, wenn Ihr jemanden tötet. Woanders wird man Euch versichern, dass Ihr von einer Menge Jungfrauen empfangen werdet, die Euch beglückwünschen und sexuell befriedigen werden, wenn Ihr jemanden tötet. Versteht Ihr also, wie schwierig es ist, etwas als richtig oder falsch zu bewerten? Eine Sache ist gewiss, das Göttliche Gesetz auf dieser Erde ist dasselbe für alle.

Den nächsten Gedanken, den es zu untersuchen gilt, ist der Grund für diese Unterschiede. Wie ist es möglich, dass an einem Ort eine tiefe Überzeugung herrscht, die an einem anderen Ort komplett verschieden ist und sogar als falsch bewertet wird? Der erste Grund hierfür ist natürlich die Kultur.

Der zweite Grund ist die Weiterentwicklung; das einzige Werkzeug, das es Euch erlaubt, höhere Ebenen zu erlangen und aus dieser Dichte, die Euch innewohnt, auszubrechen, ist Euer freier Wille. Dieses Werkzeug ist die einzige Sache, über die man urteilen könnte. In anderen Kulturen, beispielsweise in alten ägyptischen Kulturen, gab es einen Gott, der den Verstorbenen zum ihm höhergestellten Gott brachte, damit dieser über den Verstorbenen urteilte und bestimmte, in welchem Himmel er verweilen würde. Das Urteil wird also entsprechend den Taten dieses Menschen, der das irdische Leben gerade verlassen hat, gefällt. Wenn es diesen freien Willen nicht gäbe, dann gäbe es nur den Zufall und keinerlei Urteil wäre möglich, alle Seelen hätten denselben Grad an Dichte. Jede Tat wäre unabhängig von ihrem Willen. Das Ganze wäre ein unorganisiertes Chaos. Denn obwohl auch auf Eurer Erde Chaos herrscht, ist es ein organisiertes Chaos. Das einzige Werkzeug, das es ermöglicht, das Ganze zusammenzuhalten, ist Euer freie Wille. Wenn es Euch gelingt, den freien Willen zu verstehen, dann könnt Ihr die kulturellen Unterschiede akzeptieren. Denn selbst in einer Gesellschaft, die den Mord als etwas Schönes, etwas Heiliges, etwas Heilbringendes anpreist, werden manche Seelen nicht damit einverstanden sein. In Eurem Entwicklungsstadium müsst

Ihr akzeptieren, dass Euch das hellste Licht wie auch das tiefste Dunkel begegnen wird. Leider ist es so, dass es immer leichter fällt, die Dinge zu verstehen, die einen stärkeren Grad an Dichte besitzen, denn diese Dinge haben wir schon gesehen und erlebt. Ihr habt eine Vergangenheit, in der Ihr Euch in den dichteren Sphären aufgehalten habt. Es ist bedeutend schwieriger, das zu verstehen, was mit mehr Licht erfüllt ist, denn etwas zu verstehen, das nicht in Eurem Bewusstsein existiert, ist nicht leicht. Das ist in etwa vergleichbar mit einem Kind, das mehrere Klassen überspringt und keine Ahnung hat, wovon der Lehrer spricht.

Ein Kind wird die Frage «Was ist richtig?» seinen Eltern stellen. Sobald es jedoch erwachsen wird, sobald es seinen eigenen Geist versteht, wird sein Bewusstsein gemäss seinem freien Willen handeln müssen. Und das ist alles, was Ihr tun könnt. Nicht jedermann ist dazu in der Lage, den freien Willen zu akzeptieren.

KÖNNT IHR UNS ERKLÄREN, WELCHE ROLLE DAS BEWUSSTSEIN IM ZUSAMMENHANG MIT DEM FREIEN WILLEN SPIELT?

Was sonst könnte die Entwicklung des Menschen vorantreiben? Was sonst könnte ihn von seinem Elend befreien? Viele Menschen sind sich nicht des Geistes bewusst, den sie haben. Viele Menschen können die Idee nicht akzeptieren, dass eine Blume, eine Pflanze oder ein Tier eine Essenz haben könnte, die auch ihnen innewohnt. Das Thema Tier ist in jedem Fall ein sehr heikles Thema, vor allem in einer Gesellschaft, die Fleisch konsumiert. Früher assen manche Menschen andere Menschen. Heute akzeptiert niemand Kannibalismus, abgesehen von gewissen unterentwickelten Wesen. Der nächste Schritt besteht darin, sich des Geistes, der dem Tier innewohnt, bewusst zu werden. Kein Richter hätte den Indianer verurteilt, der sich von Tieren ernährte, aber deren Geistern mit Respekt begegnete. Im Gegenteil, die Geistführer dieser Indianer führten sie zu ihrer Beute, denn das entsprach dem Karma des Hirsches oder des Büffels, der gejagt wurde, um so das Überleben der Eingeborenen zu sichern.

Der Umstand, dass massenhaftes Leiden der Tiere toleriert wird, ist eine weitere Frage der Entwicklung oder der Ignoranz, eine Frage des freien Willens. Wie viele Menschen wären dazu bereit, den Geistern der Tiere bewusst Leid zuzufügen und dabei hinzunehmen, dass diese Wesen grosse Schmerzen ertragen müssen? Wer könnte diesem Leid einen einzigen Tag lang bei vollem Bewusstsein zusehen, ohne zusammenzubrechen? Und dennoch: Wenn man nicht genug hungrig ist, tja, dann wird man die Reste wegwerfen, weil zu viel auf dem Teller ist. Man lässt die Tiere leiden, damit sie zu einem grossen Teil im Mülleimer landen. Das ist eine Frage des Bewusstseins und der Entwicklung. Wir sind nicht hier, um Euch zu sagen, dass Ihr aufhören sollt, Fleisch zu essen. Aber wir erklären Euch, dass sich das Leid, welches in gewissen Schichten, in gewissen von Dichte geprägten Ebenen präsent ist, langsam verändern wird. Unter anderem dank Eurer Bemühungen. Nach und nach werdet Ihr dieselben Umstände mit anderen Augen sehen. Der Mensch, der Fleisch isst, um seinen Hunger zu stillen, und dies mit Respekt und mit reinem Gewissen tut, tut nicht das gleiche Unrecht wie jener, der es nicht in diesem Bewusstsein tut. Wenn man seinen Fleischkonsum reduziert, verringert man das Leid. Wenn man kein Fleisch mehr isst, eliminiert man das Leid. Wir hoffen, niemandem zu nahe zu treten. Ihr seht also, dass wir wieder beim Thema der Dichte und der Weiterentwicklung angelangt sind. Ab einem gewissen Entwicklungsstand verfügt Ihr über den freien Willen. Es ist nur so, dass der freie Wille ausschliesslich durch das Bewusstsein gelenkt werden kann und dieses Bewusstsein ist mehr oder weniger erhellt, je nach Entwicklungsstand. Das ist ein Kreislauf. Es ist die eigene Entscheidung oder eine Frage des freien Willens, ob man sich auf sein eigenes Leid konzentriert oder ob man sich auf die Liebe konzentriert. Denn Liebe gibt es, und zwar in grossen Mengen. Es gibt kein Leid, das der Liebe widerstehen könnte, wie die Nacht, die vom Tag verjagt wird. Dies ist der Grund, weshalb es keine absolute Wahrheit gibt. Und deshalb ist es manchmal äusserst schmerzlich, gewisse Schicksale oder Situationen zu beobachten. Was dem Ganzen seine wirkliche Schönheit verleiht, ist die Tatsache, dass der Tag kommen wird, an dem kein Wesen mehr leiden wird. Das ist ein Versprechen!

WIE MÜSSEN WIR IN DIESEM FALL DAS, WAS GELÄUFIG «KARMA» GENANNT WIRD, VERSTEHEN?

Karma bedeutet nichts weiter als Ursache und Wirkung. Eine bestimmte Tat verursacht ein Resultat, das ist alles. Das Karma einer Person hängt mit ihren Taten zusammen und ihre Taten wirken sich auf ihr Bewusstsein aus. Ihr Bewusstsein hängt mit der Frage zusammen, was es erfassen kann und was nicht, abhängig von dessen Dichte oder dessen Licht, je nach dessen Stand. Die Person wird auf eine bestimmte Weise handeln und damit auf gewisse Resultate stossen. Seht, Ihr stellt Euch diesen Vater im Himmel vor. Das ist gut, aber es bringt nichts, im Himmel zu suchen, denn er ist nicht mehr im Himmel als er in Euch ist. Betet also zu Euch selber. Diese Essenz durchdringt alles.

Betet zum Vater, aber nicht aus den Gründen, an die Ihr denkt. In gewisser Hinsicht bringt es nichts, zum Vater da oben zu beten, denn dieser Vater hat die Organisation schon erschaffen. Die Gesetze sind aufgestellt und die Liebe ist schon da. Es ist nicht so, dass das Gebet die Göttliche Liebe herbeiführt, aber es hilft Euch dabei, diese Liebe, die Euch schon umgibt, zu erreichen. Dieses Universum, und im kleineren Massstab diese Erde, haben wir schon. Der Vater, der die Erde erschaffen hat, hat dies so getan, dass die Erde als Folge Eurer Taten organisiert sein und erlebt wird. Der Nutzen des Gebets besteht lediglich darin, dass Eure Gedanken in eine positive Richtung gelenkt werden und dass Ihr Eure Teams einladen könnt, damit sie Euch bei Eurer Arbeit unterstützen, denn kein einziger Engel, kein einziges der höheren Wesen wird sich in Eure Leben einmischen, wenn Ihr es nicht einlädt. Das Gebet stärkt Euch im Glauben und in der Fähigkeit, Euch anvertrauen zu können.

Alles was bisher gesagt wurde, gehört zu unserem Versuch, das Wesen des Karmas zu erklären. Teil davon sind Eure Taten, die gewisse Ergebnisse hervorrufen. Das Gebet soll also dabei helfen, die eigene Annäherung an diese Essenz einzuleiten, damit diese Essenz ein lebendiger Teil von Euch wird und nicht nur ein intellektueller Teil bleibt. Kommen wir also zurück auf die Frage nach dem Wesen des Karmas, nach den Auswirkungen Eurer Taten und Meinungen und nach dem Zeitpunkt, an dem Ihr einschreiten müsst, weil Ihr Menschen beobachtet, die sich schockierend verhalten. Wir haben soeben erklärt, dass Ihr je nach Eurem Entwicklungsstadium gewisse Verhaltensweisen annehmen werdet, Euch auf eine bestimmte Weise verhalten werdet. Dies erklärt, weshalb es auf der einen Seite Aktivisten und Aktivistinnen gibt, die sich für die Rechte der Frauen oder für diejenigen der Tiere einsetzen, oder auch für die Politik. Es gibt Nichtregierungsorganisationen, die sich in anderen Ländern einsetzen, damit Gutes geschieht. Das sind die Situationen, auf die man inmitten all dieser Umstände stösst. Es gibt Menschen, die in Kriegsgebiete entsandt werden möchten, weil es ihr Bewusstsein nicht mehr erträgt, dass als unschuldig geltende Völker dem Leiden unterworfen werden, dass sich an einem Ort, wo ein anderes Bewusstsein herrscht, gewisse Machthaber nicht davor scheuen, tausenden und abertausenden von Menschen Leid zuzufügen. Gut, es handelt sich immer um dieselbe Erklärung bezüglich der Dichte und der Weiterentwicklung. Viele Menschen, die in anderen Leben getötet haben, lassen sich lieber töten, als eine solche Tat noch einmal zu begehen.

Das hängt mit Euren energetisch abgespeicherten Informationen zusammen, mit Eurem Entwicklungsstadium. Jeder Mensch hat verschiedene solcher Informationen und reagiert aufgrund der Resonanzen. Jede Information besitzt eine Resonanz. Dies ist das Gesetz der Anziehung. Dies ist der Grund, weshalb wir gesagt haben, dass der Grosse Geist schon von Anfang an alles organisiert hat. So gesehen ist das Gebet, das nach oben gerichtet wird, sinnlos, denn Ihr selbst speichert Informationen in Euch ab und diese sind es, welche bestimmen, worauf Ihr stossen werdet. Der Liebe Gott ist hierbei unbeteiligt. Ihr seid die Einzigen, die verantwortlich sind, in Eurem Glück wie in Eurem Unglück. Früher oder später erreicht Ihr den Bewusstseinszustand, in dem Ihr gewisse Dinge nicht mehr ertragen könnt. Und in diesem Moment erhebt Ihr Euch und sagt: «Das ist nicht mehr in Ordnung, ich bin nicht einverstanden.» Wenn mehrere Menschen, mehrere Gruppen zu diesem selben Schluss kommen, dann wird das zu Bewegungen führen, die Veränderungen hervorbringen, welche Ungerechtigkeiten verhindern werden. Deshalb existieren in gewissen Ländern Krankenkassen, Sozialsysteme, Zugang zu Behandlungen für alle, während dies in anderen Ländern nicht der Fall ist. Das soll lediglich als ein einfaches Beispiel dienen, welches zeigt, bis zu welchem Punkt etwas akzeptiert sein kann oder eben nicht mehr.

Ihr seid nicht die Marionetten einer höheren Macht. Wenn Ihr Marionetten seid, dann gehört die Kontrolle dem Teil von Euch selbst, der Euch verborgen geblieben ist, Eurem Irrglauben um Eure Identität, Eurem Kampf um den Erhalt Eurer Identität, von der Ihr glaubt, dass sie das einzig Wahre darstellt. Ihr seid die Marionetten Eures Egos und Eurer Identität.

Bei der Reinkarnation handelt es sich um einen fakultativen Akt. Niemals wird ein Geist von einer höheren Macht dazu gezwungen, sich als Mensch oder als Tier zu reinkarnieren. Aber trotz all dem Leid, dem Ihr begegnen mögt, vergesst niemals, dass die schönsten Blumen auf den gedüngten Böden wachsen. Die Sonnenblume stellt sich nicht die Frage, in welche Richtung sie sich drehen soll, sie folgt der Sonne. Ihr müsst verstehen, dass das Verständnis der Zeit dem Bereich der Materie angehört. Sobald Ihr die Materie verlasst, werdet Ihr die Zeit nicht mehr spüren. Wenn Ihr die vollständige Bewegung der Lebenszyklen versteht, wenn Ihr, auf der anderen Seite angekommen, die Grösse Eurer Existenz versteht, dann werdet Ihr verstehen, dass ein irdisches Leben weniger als ein Fingerschnippen darstellt, im Verhältnis zu dem, was Eure Existenz ist. Nur in der Inkarnation erlebt Ihr die Bewegung als etwas dermassen Langsames. In Wirklichkeit geht es nur um die Fähigkeit Eures Gehirns, Schnelligkeit oder Langsamkeit zu verstehen. Sobald Ihr Eure fleischliche Hülle verlassen habt, wird die Zeit nur noch ein Werkzeug sein, das dazu dient, die Bewegung zu beschreiben. Der Traumzustand kann als Vergleich dienen, um die Relativität der Zeit zu verstehen. Ihr habt nicht nur den Eindruck, stundenlang geträumt zu haben, wo es sich nur um Sekunden gehandelt hat, sondern der Traum ist auch verschwunden, sobald Ihr aufwacht, und die Erinnerung daran verblasst im Morgengrauen des beginnenden Tages.

Vielen Dank für Eure Aufmerksamkeit. Dass das Licht Euch begleite, oder besser, dass Ihr Euch des Lichtes, das Ihr seid, bewusst werdet.

Liebe gibt es im Überfluss hier auf Erden und aus dem Himmel, aber noch einmal, es ist Eure Wahl, ob Ihr Euch dazu entscheidet, diese zu teilen und zu leben.

Wir jedenfalls haben uns dazu entschieden und werden niemals aufhören, Euch zu lieben!

Fliessende Tinte
Wort für Wort und Sätze
Kann niemals ausdrücken oder beschreiben
Wie sehr ich Dich liebe

Fliessende Tinte
Wie das Blut in Deinen Venen
Das Deine Seele berührt
So sanft wie seine Feder

Fliessende Tinte
Wendig wie der Fluss
Der seine Steine rollt
Besänftigt Deine Trauer
Zerreibt sie zu Sand
Mehr und mehr

Fliessende Tinte
Im Schein des Morgengrauens
Der Tau des neuen Tages
Lässt Deine Ängste zerfliessen

Fliessende Tinte
Zeichnet Deinen Weg
Bis zum Tag, an dem Deine Freude
Deine Zweifel verdrängt

Fliessende Tinte
Naht ihrem Ende
Lässt zurück
Die Essenz des Werkes
Balsam für Deine Wunden

Fliessende Tinte
Die niemals verblasst
Bis zu dem Tag
An dem Du von oben herab
Weiterhin Liebe schenkst

Fliessende Tinte
Wie der Fluss, der Du bist
Tinte verdünnt sich
Zum Ozean wirst Du werden

Das Leben

Schluss

Ich hoffe, dass es mir mit diesem Buch gelungen ist, das komplexe und dennoch wunderbare Gebiet der Medialität und des Heilens zu klären.

Meine Hauptbotschaft besteht aus zwei Punkten, die ich dem Leser mitgeben möchte: Der erste Punkt ist, dass es gilt, wirklich zu verstehen, dass wir Information sind, dass absolut alles in uns energetisch abgespeichert wird. Wenn Ihnen gewisse energetisch abgespeicherte Informationen missfallen, so haben Sie die Wahl, diese zu verändern oder sie umzuwandeln. Glauben Sie mir das nicht einfach, versuchen Sie es selbst, überprüfen Sie es und entscheiden Sie danach, ob Sie es glauben oder nicht. Ihre Gesundheit ist Ihr grösster Reichtum, kümmern Sie sich zuallererst darum und arbeiten Sie erst dann an Ihrer Perfektion als Medium.

Der zweite Punkt ist, dass es gilt, spirituelle Arbeit an sich zu verrichten, denn Sie sind Essenz bevor Sie Information sind. Machen Sie dies zu Ihrer Priorität, auch wenn es Ihnen schwerfällt, vielleicht sogar schwerer als das Erlernen der Medialität. Diese werden Sie auf jeden Fall unterwegs erlernen, seien Sie sich dessen versichert. Haben Sie Geduld, haben Sie Vertrauen. Was mir widerfahren ist, kann Ihnen widerfahren – und noch mehr …

Liebe Wissenschaftler, Professoren, Forscher und Ärzte in den Bereichen der Physik, Quantenphysik, Neurologie, Psychiatrie, Medizin, Mathematik, Statistik usw.: Sind Sie interessiert an der Vertiefung bestehender Studien im Bereich der Sensitivität oder an einer Zusammenarbeit an Pilotprojekten wie beispielsweise demjenigen zum Hannes-Jacob-Syndrom? Die folgende Kontaktadresse steht Ihnen speziell für die Diskussion von potenziellen Forschungsprojekten zur Verfügung: hannes@miraclescome.com

Vielleicht gelingt es sogar, Spender für dieses schöne Vorhaben zu mobilisieren, für den Aufbau einer Klinik, in der fortlaufend Forschungsarbeiten im Bereich der Sensitivität durchgeführt werden und in der die Patienten neben klassischen Behandlungen komplementären Zugang zu energetischen Behandlungen erhalten.

Es ist mein Anliegen, das immense Potenzial, welches die Heilmethode EPI birgt, so vielen Patienten wie irgend möglich zugänglich zu machen. Wenn Sie daran interessiert sind, OpenDays-Heiltage zu organisieren, um damit EPI in Ihre Stadt zu bringen, können Sie uns unter folgender Adresse erreichen: opendays@hannesjacob.ch

Wenn Sie weitere Informationen über mich selbst wünschen, besuchen Sie bitte meine Website: www.hannesjacob.ch

Für weiterführende Informationen bezüglich der Schweizer Schule für Heilung Fréquences, besuchen Sie bitte die Website: www.frequences.ch

Danke für alles
Möge der Glaube Sie stets begleiten
Bis zum Tag des Ozeans

Meditationen und Übungen

Meditationen

In diesem Kapitel finden Sie zwei reine Meditationen, anhand derer Sie am Fortschritt Ihres spirituellen Erwachens und an Ihrer körperlichen und geistigen Gesundheit arbeiten können. Weitere Meditationen werden später vorgestellt und dienen als Arbeitswerkzeuge der Perfektionierung in den verschiedenen Bereichen der Medialität.

Die Dauer jeder Meditation wird angegeben, damit Sie über einen zeitlichen Anhaltspunkt verfügen, falls Sie diese aufnehmen oder sie für jemanden lesen wollen. Basierend auf den Audioversionen, welche auf der Website der Schule Fréquences (auf Französisch) erhältlich sind, werden sie an dieser Stelle originalgetreu in schriftlicher Form wiedergegeben. Es empfiehlt sich, sie vor einer Aufnahme einige Male zu lesen, damit der geeignete Rhythmus gefunden werden kann.

Vipassana

Vipassana ist die traditionelle Meditationstechnik des Theravada-Buddhismus. Vipassana bedeutet Introspektion und Selbstbeobachtung. Diese Lehre vermittelt uns, dass es nur drei Arten von Gedanken gibt: gleichmütige (also neutrale) Gedanken, Gedanken der Abneigung und Gedanken der Gier. Die zwei letzteren sind schädlich und werden in unserem Wesen energetisch abgespeichert. Diese energetisch gespeicherten Informationen führen zu negativer Resonanz in unserer Zukunft, das heisst, sie stellen den zugrunde liegenden Code unseres Karmas dar. Und dementsprechend verhält es sich über alle unsere Leben hinweg. Die gute Nachricht ist, dass sich solche Informationen auflösen lassen, durch die vertiefte Beobachtung unseres Wesens. Wenn wir sie mit grosser Aufmerksamkeit beobachten, dann lösen sie sich auf. Vorausgesetzt, dass man sie weder mit Reaktionen der Abneigung gegenüber unangenehmen Empfindungen noch mit Gelüsten auf angenehme Empfindungen nährt. Wenn wir uns in dieser Introspektion üben, dann werden wir uns sehr rasch der Tatsache bewusst, dass sich diese Empfindungen laufend verändern, dass sie also vergänglich sind. Dies ist der erste Grund, weshalb man ihnen nicht mehr Aufmerksamkeit schenken sollte, als diejenige einer einfachen, gleichmütigen, neutralen Beobachtung.

Jedes Mal, wenn wir unsere Aufmerksamkeit wieder auf dieselbe Stelle konzentrieren, werden wir erneut feststellen, dass die Empfindungen verschieden sind. Wir selbst sind also auch ephemer. Unsere Gedanken schweifen umher: aufgrund unserer täglichen Beschäftigungen, aufgrund der Informationen, welche wir in der Vergangenheit in unserem Wesen abgespeichert haben, und aufgrund unseres Egos, welches alles daran setzen wird, um sich nicht aufzulösen. «Ego» ist mit dem Begriff «Identität» gleichzusetzen, also mit dem, was wir zu sein glauben, mit jenem, das wir für unsere Identität halten, die wir ungerechtfertigt erhalten wollen. Das Ego wird jegliche Gedanken herbeiführen, von denen es weiss, dass sie unsere Aufmerksamkeit von der Meditation ablenken werden. Es ist also normal, dass man während der Meditation die Konzentration verliert. Es handelt sich nicht um ein Versagen, sondern um einen natürlichen Umstand. Wenn man sich hingegen des Abschweifens der eigenen Gedanken bewusst wird und sie ohne jegliche Gefühlsregung wieder zur Beobachtung zurückführt, dann können wir von Erfolg sprechen. Reaktionslose Selbstbeobachtung löst das Ego auf. Unser Körper verändert sich jede Sekunde mehrere Trillionen Mal, er ist also alles andere als starr. Unser Geist verändert sich mit jedem Gedanken, er ist also alles andere als konstant. Es bleibt also nur unsere Essenz, welche pures Bewusstsein, reiner Friede und bedingungslose Liebe ist.

ANAPANA (10 MINUTEN)

Bevor man mit der Vipassana-Meditation beginnt, wendet man eine Meditationstechnik an, die der Konzentration dient und «Anapana» oder «Anapana-Meditation» genannt wird. Dabei geht es um die Beobachtung der Atmung oberhalb der Lippen, genauer noch des Punktes zwischen der Oberlippe und den Nasenlöchern. Wir beobachten dabei lediglich die Empfindung, welche die Luft verursacht, die wir durch unsere Nasenlöcher ein- und ausatmen.

Meine Atmung, Einatmen wie Ausatmen, folgt ihrem natürlichen Rhythmus, ich erzwinge oder steuere meine Atmung in keiner Weise. Ich beobachte lediglich den gegenwärtigen Moment, die Wahrheit des gegenwärtigen Moments, der im Luftzug oberhalb meiner Oberlippe besteht.

Je ruhiger mein Geist wird, je länger ich diese Atemzüge durchführe, desto besser werde ich die Empfindungen, welche in diesem kleinen Punkt durch meine Atmung entstehen, erfassen und spüren können. Je länger ich meine Atmung beobachte, desto kleiner wird dieser Punkt, desto stärker wird meine Konzentration, und desto leichtere Luftzüge vermag ich wahrzunehmen. Der Bereich, der zuerst noch die gesamte Fläche zwischen der Oberlippe und den Nasenlöchern umfasst, wird kleiner und kleiner, bis er die Grösse einer Nadelspitze erreicht. Ein ganz kleiner Punkt – der Punkt, auf den ich mich konzentriere, wird winzig. Je mehr mein Geist zur Ruhe kommt, desto stärker wird meine Konzentration und ich werde den kleinsten Punkt spüren und die Empfindung an diesem Punkt beobachten.

Der Zweck der Anapana-Meditation besteht genau darin, meinen Geist zur Ruhe kommen zu lassen und meine Konzentration zu schärfen.

Es bringt nichts, mit der Vipassana-Technik beginnen zu wollen, wenn ich nicht wenigstens eine Weile meinen Geist beruhigt und meine Aufmerksamkeit gesammelt habe. Zahlreiche Anleitungen zu dieser Meditationstechnik empfehlen, dass ich ein Viertel bis zu einem Drittel der Zeit, die mir zur Verfügung steht, dazu verwende, die Atmung genau oberhalb der Oberlippe zu beobachten. Im Anschluss werden die restlichen drei Viertel oder zwei Drittel für die Vipassana-Meditation, also die Introspektion, verwendet.

Ein Schüler beklagte sich bei seinem Meister, dass es ihm nicht gelinge, sich zu konzentrieren, sich zu sammeln. Sein Meister antwortete ihm: «Visualisiere, wie du dich alleine mit einer sehr giftigen Kobra in einem Zimmer befindest; ich wette, dass du keinerlei Mühe haben wirst, deine Aufmerksamkeit auf die Kobra zu richten. Du siehst also, es ist lediglich eine Frage der Prioritäten.»

VIPASSANA (40 MINUTEN)

Für die Vipassana-Technik spielt es keine Rolle, welche Körperposition ich wähle, solange meine Wirbelsäule gestreckt bleibt. Von diesem Punkt abgesehen wähle ich die Position, die mir am besten passt. Die gewählte Position behalte ich während der ganzen Dauer der Übung bei. Sobald ich mich für eine Position entschieden habe, verändere ich sie nicht mehr. Ich setze mich so nieder, dass es mir angenehm ist, ich wähle eine Position, die sich für mich gut anfühlt. Ich beobachte meine Atmung und die Empfindung, welche sie zwischen meiner Oberlippe und meinen Nasenlöchern entstehen lässt. Meine einzige Intention ist es, diesen Punkt zu beobachten. Meine ganze Aufmerksamkeit ist auf diesen Bereich gerichtet, welcher immer kleiner wird, wobei die Empfindung aber immer deutlicher wird. Und es gelingt mir, den schwächsten Luftzug wahrzunehmen und zu spüren. Zu Beginn beobachte ich meine Handflächen. Ich frage mich, was ich vielleicht spüren könnte. Vielleicht werde ich ein Gefühl der Wärme wahrnehmen, vielleicht ein Kribbeln, vielleicht ein Pulsieren – es spielt keine Rolle, welche Empfindung sich mir offenbart. Es geht einzig darum festzustellen, wie sich meine Handflächen im gegenwärtigen Moment anfühlen. Welche Empfindung ich auch immer wahrnehme, sobald ich sie wahrgenommen habe, lasse ich sie gehen.

Sodann richte ich meine Aufmerksamkeit auf meine Fusssohlen: Wie fühlen sich die Fusssohlen jetzt gerade an? Und wieder: Warm, kalt, Ameisen, Kribbeln, ich behandle alle Empfindungen gleich. Es geht bei dieser Übung darum, den gegenwärtigen Moment zu erfassen, die Wahrheit des Moments. Sobald ich eine Empfindung wahrgenommen habe, gehe ich zum nächsten Bereich über. Ich verlagere jetzt also meine Aufmerksamkeit von den Fusssohlen zum höchstgelegenen Punkt am Kopf. Ganz oben auf dem Kopf, an der Fontanelle. In aller Ruhe versuche ich zu spüren, welche Empfindung ich jetzt gerade an meiner Fontanelle wahrnehmen kann. Sobald ich die jetzige Empfindung wahrgenommen habe, verlagere ich meine Aufmerksamkeit schrittweise auf die restlichen Stellen meiner Kopfhaut. Welche Empfindungen kann ich auf der Kopfhaut spüren? Sobald ich irgendeine Empfindung gespürt habe, ganz egal welche, fahre ich fort, bis ich alle Stellen meiner Kopfhaut gespürt habe.

Ich beobachte meine Stirne: Was kann ich spüren? Was spielt sich in diesem Moment wirklich auf meiner Stirne ab? Spüre ich eine Spannung? Ein Kribbeln? Zieht ein Luftzug an ihr vorbei? Habe ich Kopfschmerzen? Es spielt keine Rolle, wirklich gar keine Rolle, was Sie empfinden. Um welche Empfindung es sich auch immer handeln mag, sie ist vergänglich, denn alles ist vergänglich, ich klammere ich mich nicht an ihr fest. Ich beobachte meine Schläfen, was vermag ich an meinen Schläfen zu spüren? Und wie verhält es sich mit meinen Augen? Meine Augen und den ganzen Bereich um meine Augen herum. Gelingt es mir, den ganzen Augenbereich zu spüren? Falls ich nach einer Weile, nach 30 Sekunden oder einer Minute, an einer Stelle meines Körpers keine Wahrnehmung feststellen kann, dann akzeptiere ich, dass ich zu diesem Zeitpunkt nichts spüre. Und dann fahre ich fort, gehe zur Nase über. Ich spüre meine Wangen. Wie fühlen sich meine Wangen jetzt gerade an? Ich konzentriere mich auf meine Lippen. Zittern sie? Verspüre ich ein Kitzeln? Verspüre ich ein leichtes Vibrieren? Die Art der Empfindung spielt keine Rolle, wirklich keine Rolle. Sobald ich etwas verspürt habe, fahre ich fort, ich beobachte mein Kinn und meinen Unterkiefer. Ich beobachte meinen Nacken, was kann ich in meinem Nacken spüren? Es spielt keine Rolle, ob es Verspannungen sind oder ein Pulsieren, es ist unwichtig. Es ist unwichtig, weil es sich verändert. Alles verändert sich laufend. Ich beobachte meinen Hals, welche Empfindungen kann ich an meinem Hals feststellen? Meine Aufmerksamkeit verlagert sich weiter und ich beobachte nun meine Trapezmuskeln. Und wiederum, spüre ich Kribbeln, Spannung, Zittern? Spüre ich ein Vibrieren? Die Empfindungen sind vergänglich, sie verändern sich stetig. In der Sprache Pali entspricht das dem Wort «anitcha». Anitcha, alles ist anitcha, ephemer. Und weil es ephemer ist, klammere ich mich nicht daran fest, und beobachte jetzt gleichzeitig meine Schultern. Wie fühlen sich meine Schultern an? Was spielt sich in diesem Moment wirklich auf meinen Schultern ab? Sobald ich irgendetwas gespürt habe, fahre ich weiter unten fort, ich beobachte den Trizeps. Ich beobachte den Bizeps. Ich gehe zum inneren und äusseren Bereich des Ellbogens über. Ich verlagere meine Konzentration und meine Aufmerksamkeit auf den Unterarm.

Im Allgemeinen verlagere ich meine Aufmerksamkeit immer um eine Handfläche. Ich erkunde meinen Körper um jeweils ungefähr die Grösse einer Hand. Ich messe dem, was ich empfinde niemals Bedeutung zu, niemals. Keinerlei Bedeutung, denn es wandelt sich, nichts währt. Ich beobachte meine Handgelenke. Was spüre ich an meinen Handgelenken? Ich beobachte meine Handrücken. Ich beobachte meine Handflächen. Ich beobachte meine beiden kleinen Finger. Sobald ich eine Empfindung festgestellt habe, gehe ich zum nächsten Finger über und so weiter, bis zu den Daumen. Sobald ich etwas gespürt habe, lasse ich die Stelle sein und fahre fort. Und jetzt gehe ich in der entgegengesetzten Richtung zurück und beobachte meine Handgelenke. Die Unterarme, die Ellbogen, ich beobachte den Bizeps und den Trizeps. Ich beobachte meine Schultern, ich beginne, meine Aufmerksamkeit auf die Schlüsselbeine zu richten. Und ich befühle meine Brust, vom oberen Bereich ausgehend in Richtung des unteren Bereichs, jeweils um die Fläche von ungefähr der Grösse einer Hand. Beide Seiten gleichzeitig, links und rechts. Es kann ein leichtes Zittern sein, eine Spannung, ein Druckgefühl, Wärme oder Kälte, das Gefühl eines Kleidungsstücks, welches meine Haut berührt. Um welche Empfindung es sich auch immer handelt, sobald ich diese wahrgenommen habe, lasse ich sie los und fahre fort. Langsam gehe ich etwas tiefer und verweile einen Moment auf meinem

Solarplexus, sobald ich ihn gespürt habe, lasse ich die Empfindung los und bearbeite meinen gesamten Bauch.

Von den Hüften ausgehend bearbeite ich jetzt beide Seiten bis zu den Achselhöhlen hoch, Schritt für Schritt. Keine der Empfindungen ist wichtig. Es gibt angenehme Empfindungen, wir werden uns jedoch nicht an diesen festklammern, denn sie sind vergänglich. Es wird unangenehme oder schmerzhafte Empfindungen geben. Wir schenken ihnen keinerlei weitere Bedeutung. Sie sind vergänglich. Alles verändert sich fortlaufend. Ich konzentriere mich auf meine beiden Rückenmuskeln, ich beginne unterhalb des Nackens, ganz oben am Rücken. Und langsam bearbeite ich beide Seiten meines Rückens gleichzeitig. Ich verlagere meine Aufmerksamkeit langsam den Rücken hinunter. Wenn ich auf einer bestimmten Höhe keine Empfindung wahrnehme, verweile ich dort eine Weile und kann dabei versuchen, den Zugang über die eine oder die andere Seite zu erreichen. Vielleicht gelingt mir der Zugang. Wenn es in diesem Moment jedoch der Wahrheit entspricht, dass ich nichts spüre, dann akzeptiere ich dies und fahre fort. Sollte ich feststellen, dass meine Gedanken umherschweifen, dann bringe ich sie zurück, ohne sie zu bewerten, ohne ihnen Aufmerksamkeit zu schenken. Die Gedanken, die ich in meinem Leben habe, jegliche von Abneigung oder von Gier geprägten Gedanken werden in meinem Körper energetisch als Informationen abgespeichert. Wenn ich meine Empfindungen wahrnehme, ohne auf sie zu reagieren, dann lösen sich die Informationen auf. Dies ist der Grund, weshalb ich mich beobachte, ich beobachte mich, um durch die Beobachtung meines physischen Körpers alle negativen abgespeicherten Informationen aufzulösen. Ich befreie mich von jeglicher Last, die meine Zukunft betrifft.

Ich beobachte den unteren Bereich meines Rückens. Ich beobachte mein gesamtes Becken. Mein Becken, die Gesässmuskeln und die Geschlechtsteile. Ich beobachte meinen Gesässmuskel und den hinteren oberen Bereich meiner Schenkel. Ich bearbeite Schritt für Schritt meine Oberschenkel: Was stelle ich in diesem Moment fest? Wie fühlen sich meine Oberschenkel in diesem Moment an? Langsam gehe ich auf meinen Oberschenkeln weiter abwärts, ich verlagere meine Aufmerksamkeit meinen Oberschenkeln entlang bis zu den Knien. Ich beobachte meine

Knie, den äusseren Bereich wie den inneren. Sobald ich die geringste Empfindung festgestellt habe, lasse ich sie los, ich fühle meine Waden und meine Schienbeine. Ruhig, konzentriert, mit grosser Aufmerksamkeit. Ich beobachte meine Fussgelenke. Wie fühlen sich meine Fussgelenke an? Wie fühlt sich die obere Fläche meines Fusses an, und wie meine Füsse insgesamt? Verspüre ich Druckstellen, die von Schuhen stammen, falls ich welche trage? Und wie sieht es mit meinen Fersen aus? Wie fühlen sich meine Fusssohlen an, spüre ich Druck vom Boden? Sind sie warm oder kalt? Ich gehe von einer Zehe zur nächsten, jeweils nur so lange, bis ich etwas spüre. Und mit meiner ganzen Aufmerksamkeit beobachte ich meinen Körper, während ich sie von unten wieder nach oben verlagere. Wie fühlen sich meine Füsse an? Wie fühlen sich meine Fussgelenke an? Ich gehe zu meinen Schienbeinen über. Meine Waden. Was spüre ich in meinen Knien? Ich fahre mit meinen Oberschenkeln aufwärts fort, vorne und hinten.

Sobald ich eine Empfindung wahrgenommen habe, lasse ich sie los. Niemals vergesse ich, dass sich alles verändert. Ich klammere mich an keiner Empfindung, an keinem Gefühl und an keinem Gedanken fest, der mich ablenkt. Was geschieht in meinem Becken, in meinem Unterleib? Ich spüre meinen Lendenbereich. Vom Lendenbereich ausgehend verlagere ich meine Aufmerksamkeit weiter aufwärts, auf beiden Seiten der Wirbelsäule. Ich konzentriere mich auf meine Schulterblätter, ich bearbeite meine Schulterblätter in ihrer Gesamtheit. Bis ans obere Ende des Rückens. Und wiederum konzentriere ich mich auf meinen Unterleib und fahre dann aufwärts fort, über meinen Bauch hinweg. Egal ob Spannungen, Zucken oder Kribbeln spürbar sind, ich schenke der Empfindung keinerlei weitere Aufmerksamkeit. Sobald ich sie wahrgenommen habe, fahre ich fort, und ich fühle meinen Solarplexus. Egal ob ich ein Angstgefühl im Bauch verspüre oder ob ich mich wohlfühle, ich verweile nicht weiter an der Stelle. Ich interpretiere diese Empfindungen in keiner Weise. Ich stelle lediglich deren Präsenz im gegenwärtigen Moment fest, und jeder Moment verändert sich. Ich fahre fort, weiter aufwärts, dem oberen Bereich des Brustkorbs entgegen, Schritt für Schritt. Bis zum Schlüsselbein. Ich spüre die Fingerspitzen, ein Finger nach dem anderen, meine Handfläche, und den Handrücken, meine Handgelenke. Wie fühlen sich meine Unterarme an? Schritt für Schritt verlagere ich meine Aufmerksamkeit meinen Unterarmen entlang aufwärts in Richtung Ellbogen. Ich bearbeite den Bizeps und den Trizeps bis zur Schulter. Ich spüre meinen Hals und meinen Nacken. Ich beobachte mein ganzes Gesicht, Kinn und Unterkiefer, meinen ganzen Mund, die Nase. Alles verändert sich. Ich beobachte meine Wangen. Ich beobachte meine Augen, die Augenhöhlen. Ich richte meine Aufmerksamkeit auf meine Stirne. Ich fühle meine Schläfen. Ich konzentriere mich auf meine Ohren. Ich bearbeite wiederum meine gesamte Kopfhaut, meinen ganzen Schädel. Ich spüre meine Fontanelle. Ich klammere mich an nichts, alles verändert sich. Mein Körper verändert sich, mein Geist verändert sich. Die Informationen, die in meinem Wesen energetisch gespeichert wurden, lösen sich auf. Mit jedem Durchgang, den ich vornehme, vom Kopf bis zu den Füssen, und von den Füssen bis zum Kopf. Ich löse die Informationen der Vergangenheit auf. Mit jeder gleichmütigen, neutralen Beobachtung löse ich diese Informationen auf, nähere ich mich meinem Frieden, meiner Essenz, meinem reinen Bewusstsein an. In diesem Zustand des Friedens teile ich die Frucht meiner Arbeit mit der Gesamtheit der Schöpfung. Mögen alle Wesen glücklich sein. Möge alles Leben Frieden finden. So sei es.

—

Pranayamas

—

Die zwei nachstehend vorgestellten Pranayamas können entweder als Meditation selbst durchgeführt werden oder als Vorbereitung auf die Arbeit im Bereich der Sensitivität.

NADI SHODANA (5 – 10 MINUTEN)

Ich setze mich bequem auf einen Stuhl oder auf ein Meditationskissen. Mein Rücken ist gestreckt, ich lasse meine Schultern hängen, mein Unterkiefer ist entspannt, ich atme ruhig. Ich beobachte einfach nur die Bewegung meines Brustkorbs. Ich beobachte mein Einatmen und mein Ausatmen. Ich beobachte einfach nur die Bewegung des Brustkorbs. Ich atme ein und atme aus, ich beobachte meine Atmung.

Ich konzentriere mich auf den Bereich zwischen meiner Oberlippe und meinen Nasenlöchern, ich folge dem Luftzug, beim Einatmen und beim Ausatmen. Ich erhalte die Konzentration aufrecht. Meine gesamte Konzentration gilt diesem spürbaren Luftzug meiner Atmung, diesem Luftzug oberhalb der Oberlippe. Ich visualisiere und konzentriere mich auf mein linkes Nasenloch und ich atme ausschliesslich durch mein linkes Nasenloch ein und aus. Nach meinem nächsten Ausatmen auf der linken Seite atme ich durch mein rechtes Nasenloch, ausschliesslich durch mein rechtes Nasenloch. Einatmen und Ausatmen. Nach dem nächsten Ausatmen auf der rechten Seite wechsle ich meine Atmung ab, das heisst, ich atme links ein und atme rechts aus, ich atme rechts ein und atme links aus, links-rechts, rechts-links. In meinem natürlichen Atemrhythmus wechsle ich ab zwischen links-rechts und rechts-links. Ich bringe meine beiden Hirnhälften und mein Nervensystem ins Gleichgewicht, ich stärke mein drittes Auge und trainiere meine Konzentration. Vier Übungen in einer Atemübung. Ich schliesse die Sitzung ab, indem ich auf der linken Seite ausatme.

Ich kehre zu meiner normalen Atmung zurück.

KRIYAS (10–30 MINUTEN)

Ich spüre mein Perineum, ich spanne es an. Wenn ich eine Frau bin, spüre ich meinen Gebärmutterhals und spanne ihn an. Ich spanne ihn an und entspanne ihn, ich spanne ihn an und entspanne ihn. Ich tue dies einige Male. Ich visualisiere eine Lichtsäule, die von meinem Perineum ausgeht und bis zur Mitte meines Kopfes reicht, eine Lichtsäule, welche die Wirbelsäule umgibt. Ich visualisiere eine Lichtkugel im Bereich meines Perineums. Eine Kugel, welche mein gesamtes Becken erleuchtet. Und mit jedem Einatmen bewege ich diese Kugel aufwärts, der Lichtsäule entlang, bis in die Mitte des Kopfes. Mit jedem Ausatmen gleitet diese Kugel meiner Säule entlang abwärts, bis zum Perineum. Während diesen Pranayamas, diesen Atemzügen, berührt meine Zungenspitze meinen Gaumen (kechari mudra). Beim Einatmen steigt die Energie auf, beim Ausatmen sinkt sie abwärts. Ich lasse diese Energiekugel meiner Wirbelsäule entlang auf- und absteigen, im Rhythmus meiner Atmung.

Während des Einatmens steigt die Kugel auf, beim Ausatmen sinkt die Kugel ab. Erzwingen Sie nie die Energie, bleiben Sie entspannt, Ihre Intention wird bewirken, dass die Energie sich tatsächlich bewegen wird. Man kann die Energie nicht erzwingen. Man kann sie jedoch führen und man führt sie eben mit seiner Intention. Mit jedem Einatmen bewege ich diese Kugel meiner Wirbelsäule entlang aufwärts, mit jedem Einatmen lockere ich dichte Partikel und löse sie auf. Mit jedem Atemzug werde ich also ein bisschen leichter, mit jedem Atemzug vergrössere ich mein Schwingungsfeld. Mit jedem Atemzug verringert sich der Grad meiner eigenen Dualität. Mit jedem Atemzug bin ich ausgeglichener und mehr im Frieden.

Diejenigen, welche die Intensität der Atmung etwas steigern möchten, können in Gedanken jeweils vier «Aum» singen. Ich folge einfach der Regel: «Während des Einatmens singe ich in Gedanken vier Aum, während dem Ausatmen singe ich in Gedanken vier Aum.» Vier Aum während des Einatmens, vier Aum während des Ausatmens. Ganz entspannt atme ich aus und wieder ein.

Personen mit hohem Blutdruck oder einer Hiatushernie dürfen den Atem nach dem Einatmen nicht anhalten und Personen mit tiefem Blutdruck dürfen den Atem nach dem Ausatmen nicht anhalten. Und jetzt, nachdem ich während vier Aum eingeatmet habe, halte ich den Atem während zwei Aum an, das heisst ich mache eine Atempause von zwei Aum, atme dann während vier Aum aus, mache wieder zwei Aum Pause. Ich atme im Viertakt: viermal einatmen, zweimal pausieren, viermal ausatmen, zweimal pausieren. Vier Aum beim Einatmen, zwei während des Atemstillstands und vier Aum beim Ausatmen, zwei während des Atemstillstands. Wenn meine Atmung konstant ruhig und ausgeglichen ist, dann wende ich das Pranayama-Quadrat an, das heisst der Takt entspricht dann vier Mal, vier Mal, vier Mal, vier Mal: vier Aum während des Einatmens, vier Aum während des Atemstillstands, vier Aum während des Ausatmens, vier Aum während des Atemstillstands.

Nach dem nächsten Ausatmen kehre ich zur normalen Atmung zurück, ich visualisiere grosse flüssige Bewegungen meiner Wirbelsäule entlang: vom unteren Ende hinauf bis zum oberen, bis zur Mitte des Kopfes; von der Mitte des Kopfes hinunter bis zum Perineum.

ERDUNG (5 MINUTEN)

«Erdung» ist ein häufig verwendeter Begriff. Wenn wir gut geerdet sind, dann erleben wir den gegenwärtigen Moment besser, sind mit unseren Gedanken präsenter und wir halten unsere Energien in einem stabileren Gleichgewicht. Wenn wir uns ausgiebig erden, dann tragen wir zum Erhalt unserer körperlichen und geistigen Gesundheit bei. Die Erdung kann mehrmals täglich durchgeführt werden. Aber es ist in jedem Fall sinnvoll, sie morgens vorzunehmen, bevor man das Haus verlässt und im Anschluss an eine lange Meditation, während welcher veränderte Bewusstseinszustände herbeigeführt wurden. Die Erdung kann sitzend, stehend oder liegend vorgenommen werden. Ich selbst tue dies sehr gerne stehend. Ich bin zentriert, ich trete in Kontakt mit meinem energetischen Zentrum oder mit meinem Herzchakra. Ich atme in meine Mitte ein und weite mich durch meinen Körper hindurch aus, aber vor allem weite ich mich durch meine Beine hindurch aus, durch meine Füsse hindurch, und beim Einatmen und Ausweiten sende ich Strahlen durch meinen Körper hindurch, durch meine Füsse in den Boden hinein. Wenn ich möchte, kann ich dabei Lichtwurzeln visualisieren, die aus meinen Fusssohlen herauswachsen.

Jetzt kehre ich zur Atmung zurück und visualisiere, wie ich durch meine Fusssohlen einatme, wie ich durch diese Wurzeln hindurch einatme. Und mit jedem Atemzug ziehe ich diese irdische Energie in mein energetisches Zentrum. Ich atme durch die Wurzeln unter meinen Füssen hindurch ein und ich fülle mein Wesen mit dieser vibrierenden Energie. Beim Ausatmen halte ich lediglich den Gedanken «ich erde mich». Ich bin zentriert, ich bin präsent, im Hier und Jetzt. Diese Übung können Sie morgens während zwei bis drei Minuten durchführen und über den Tag hinweg zwei bis drei Mal pro Stunde für ein bis zwei Atmungen durchführen.

Übungen in langsamen Frequenzen

Langsame Frequenzen werden im Allgemeinen verwendet, um in Behandlungen heilende Energie zu übertragen. Das Medium befindet sich in einem passiven Zustand von unterschiedlichem Grad und wendet dabei die Technik des Geistheilens oder diejenige des Therapeutic Touch an. Je tiefer die Hirnfrequenzen des Mediums sind, desto mehr kann der veränderte Bewusstseinszustand die Verbindung zur geistigen Welt vertiefen, wie dies insbesondere bei der Technik des Tranceheilens der Fall ist.

Geistheilen

ÜBUNG 1

Die Übung wird zu zweit durchgeführt und dauert 15 bis 30 Minuten, je nach Möglichkeit.

Die beiden Personen sitzen hintereinander, wobei der Heiler die hintere Position einnimmt. Er visualisiert entweder eine Lichtsäule, welche auf ihn fällt, oder die Göttliche Quelle – je nach seinem Glauben. Durch seine Fontanelle hindurch atmet er in sein energetisches Zentrum ein, welches sich im Allgemeinen in der Mitte der Brust befindet. Mit jedem Atemzug zieht er diese Lichtenergie in sein energetisches Zentrum und visualisiert, wie sich dieses aufbaut und ausweitet. Beim Ausatmen entspannt er sich. Er fährt mit diesem Prozess fort, bis er sich vollständig in eine Lichtkugel, die sich um ihn herum aufgebaut hat, eingehüllt sieht. Damit Sie sich den Aufbau geistig besser vorstellen können, können Sie sich einen Luftballon vorstellen, den man an einem Wasserhahn anbringt: Das Wasser fliesst von oben ein und füllt den Ballon darunter auf. Mit jedem Atemzug baut der Heiler sein energetisches Zentrum weiter auf, welches sich durch ihn hindurch über seinen Körper hinweg ausweitet und ihn in eine Blase einhüllt. Nun bittet er seine Geistführer, die für Heilung zuständig sind, sich ihm anzuschliessen. Dieser Augenblick eignet sich gut dafür zu beobachten, wie sich das Energiefeld verändert, wenn Ihr Geistführer sich nähert. Sodann weitet sich der Heiler beim Einatmen aus seiner Blase heraus in das Energiefeld seiner Geistführer, welches sich um ihn herum aufbaut, aus.

Sobald der Kontakt hergestellt ist und das Energiefeld des Heilers sich mit jenem der geistigen Welt verwoben hat, steht der Heiler auf und legt seine Hände sanft auf die Schultern seines sitzenden Kollegen. Die Dauer dieser Phase, während der die Energie aufgebaut und die Verbindung hergestellt wird, fällt unterschiedlich aus, je nach der Erfahrung des Heilers.

Im Rhythmus seiner Atmung lässt er fortlaufend die Energie aus seinem energetischen Zentrum heraus durch seine Arme und durch seine Handflächen hindurchfliessen, damit der Patient die Energie der geistigen Welt und der Quelle erhält. Wir möchten unterstreichen, dass die Energie von der geistigen Welt oder von der Quelle stammt, denn es ist absolut unerwünscht, dass der Heiler seine eigene Energie einfliessen lässt. Diese Bedingung ist gewährleistet, solange der Heiler sich nicht selbst einbringt und die Identität des Patienten in jeder Hinsicht unberücksichtigt bleibt. Die gesamte Aufmerksamkeit des Heilers gilt Gott und der Übertragung dieser wunderbaren Energie, in vollstem Vertrauen, denn er wird von seinem höheren Bewusstsein und seinem Geistführer geführt. Der Heiler verweilt in seiner Position während zehn bis fünfzehn Minuten.

Am Ende der Behandlung bedankt sich der Heiler bei seinem Geistführer, welcher sich zurückzieht. Versuchen Sie hier wiederum zu spüren wie sich das Energiefeld verändert, sobald Sie sich von ihrem Geistführer trennen. Abschliessend erdet sich der Heiler und die Rollen können getauscht werden.

Therapeutic Touch

ÜBUNG 2

→ Ein Leitfaden für die Anwendung der Methode des Therapeutic Touch (TT) nach Dr. D. Krieger/ D. Kunz

Sich sammeln, sich zentrieren.	Verwenden Sie Ihr persönliches Ritual.
Scannen und beurteilen der Energiefelder.	Scannen der Energiefelder des Körpers: Vorderseite und Rückseite
Kontaktaufnahme	Die Energiefelder der Füsse und der Hände öffnen.
Solarplexus	Die Hand vorsichtig über den Solarplexus hinweg bewegen.
Die sekundären Chakren öffnen.	Die Gelenke der Beine, der Arme und der Schultern auf beiden Körperseiten berühren. Die Energie zwischen beiden Händen fliessen lassen, bis der Energiefluss spürbar ist.
Bein	Fussgelenk: innen - aussen Knie Hüfte: vorne - hinten
Hand	Handgelenk: innen - aussen Ellbogen: innen - aussen Schulter: vorne - hinten Schlüsselbein
Rücken	Energie vom Nacken aus bis zum Steissbein hinab senden. Die Hände links und rechts der Wirbelsäule positionieren.
Kopf	Eine Hand an jeder Schläfe
Segen	Zwei oder drei Finger auf dem Chakra des dritten Auges und entweder zwei oder drei Finger oder die Handfläche auf dem Herzchakra positionieren. Die Intention für die bestmögliche Heilung formen.
Schliessen	Den Körper mit goldenem Licht besprenkeln.
Die energetische Bilanz erneut durchführen und vergleichen.	Den Körper scannen und falls nötig nachbehandeln.
Spezifische Behandlung	Eine Hand über die unausgeglichenen Bereiche halten.
Beenden	Die Energie aus den Fusssohlen ziehen, falls nötig.

Nachstehend führen wir einen Leitfaden für die Anwendung der Methode des Therapeutic Touch nach Dr. D. Krieger/D. Kunz an, welcher Ihnen beim Üben dienlich sein wird. Das Protokoll wird für beide Fälle beschrieben, das heisst für den liegenden und den sitzenden Patienten. Eine Behandlung dauert zwischen fünfundzwanzig und vierzig Minuten.

—

Protokoll für die Methode des Therapeutic Touch mit liegendem Patienten

—

1. SICH ZENTRIEREN

Nachdem er sich die Hände gewaschen hat, visualisiert sich der Therapeut in der göttlichen Lichtsäule und zieht diese mit jedem Atemzug in sein energetisches Zentrum, jeweils mit dem Ziel, sein Energiefeld aufzubauen. Dieser Aufbau erlaubt es ihm, sich bewusst vom Energiefeld des Patienten zu trennen.

2. SCANNEN UND BEURTEILEN DER ENERGIEFELDER

Lassen Sie Ihre Hand etwa zehn bis zwanzig Zentimeter über dem Körper des Patienten von oben nach unten gleiten. Dies ist auf zügige Weise durchzuführen, damit der Therapeut dabei nicht seinen Intellekt einschaltet. Die Augen bleiben geöffnet, damit sichergestellt ist, dass der Patient nicht berührt wird.

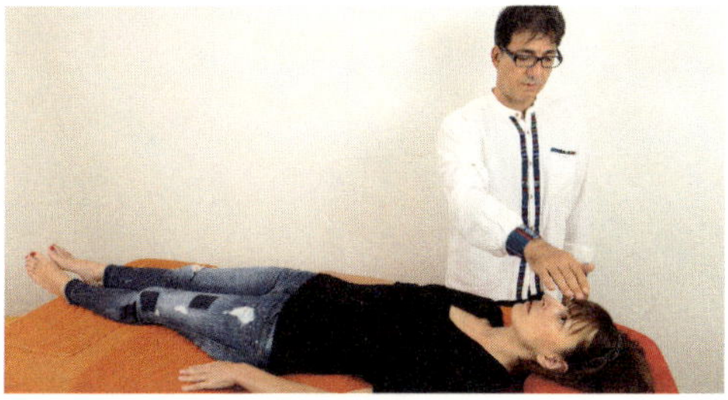

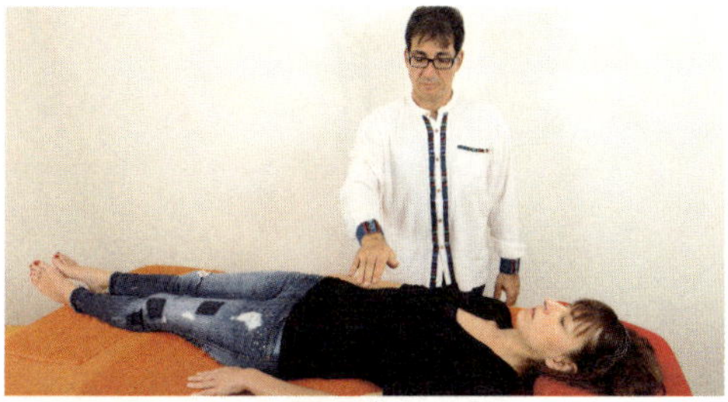

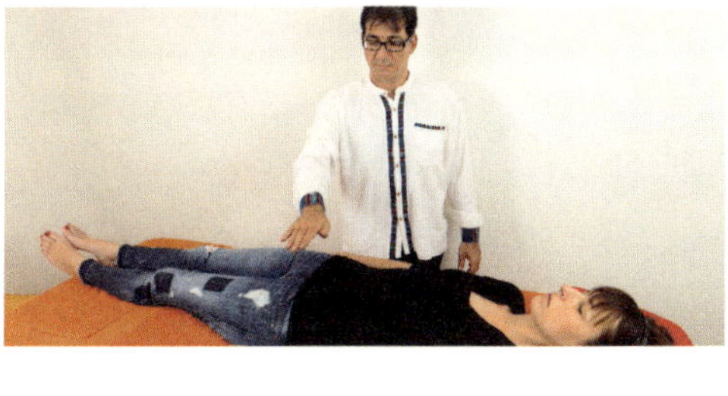

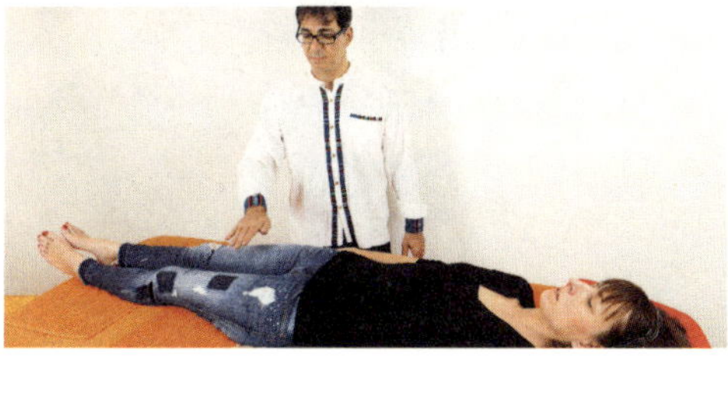

3. KONTAKTAUFNAHME MIT DEM PATIENTEN

Die Energiefelder der Füsse und der Hände öffnen. Achtung: Der Therapeut legt seine Hände auf die Fussoberfläche bzw. den Handrücken des Patienten, nicht auf die Fuss- bzw. Handgelenke.

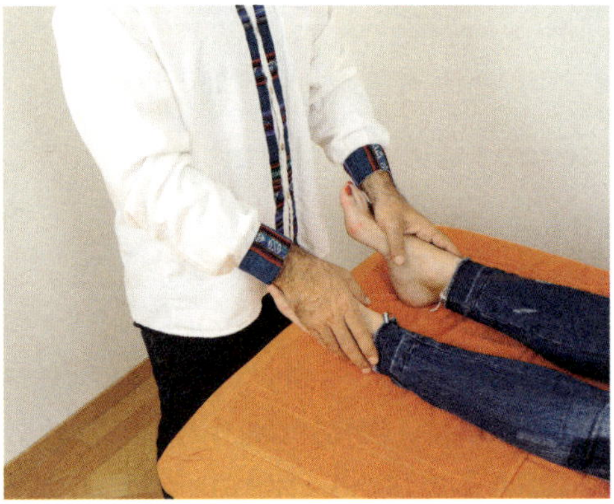

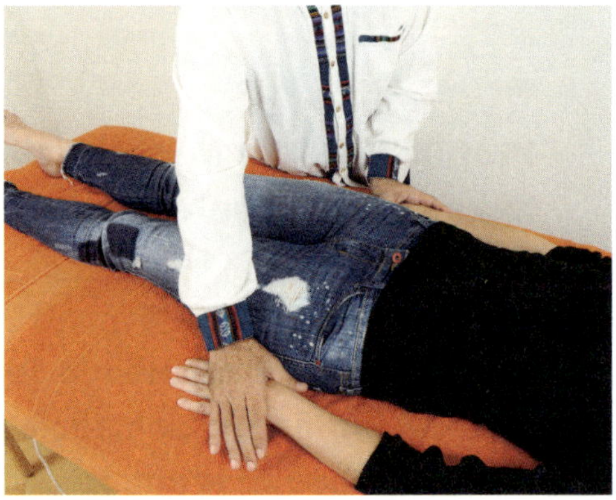

4. ENTFERNEN DER ENERGIEN DES SOLARPLEXUS

Diese Phase ist von Bedeutung, denn sie dient der Beruhigung des Solarplexus und kann den Patienten merklich entspannen. Die Bewegung erfolgt immer in Richtung der Füsse. Die aus dem Solarplexus entfernten Energien werden einer vom Therapeuten visualisierten weissen Lichtsäule oder den Geistführern, die für Heilung zuständig sind, übergeben, damit sie für das höchste Wohl des Patienten umgewandelt werden.

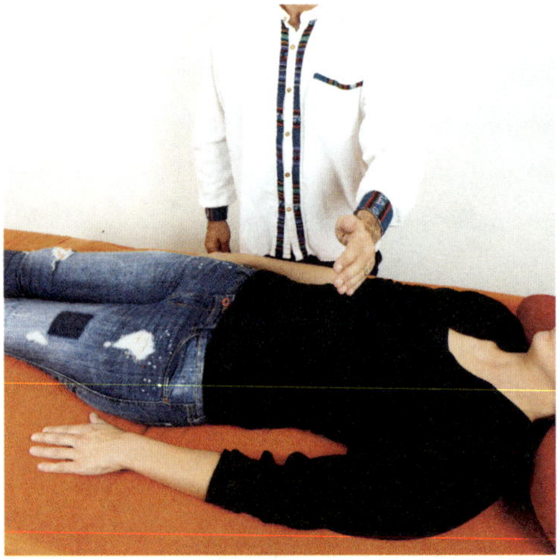

5. DIE SEKUNDÄREN CHAKREN VIA DER HAUPTGELENKE ÖFFNEN

Die Gelenke der Beine, der Arme und der Schultern berühren, auf beiden Seiten. Es geht darum, dass der Therapeut die Energie zwischen den Händen zirkulieren lässt, bis er den Fluss der Energie spüren kann.

BEINE

Die Hände auf das Fussgelenk legen: eine auf der inneren und eine auf der äusseren Seite.

Achtung: Von dem Moment an, in dem der Therapeut entschieden hat, mit welchem Bein er beginnen wird, wird er jedes Gelenk des Beins behandeln müssen, ohne die Seite zu wechseln, damit für den Patienten auf keiner Körperseite ein Ungleichgewicht entsteht. Zudem müssen zuerst die Chakren beider Beine geöffnet werden, bevor die Arme behandelt werden.

Die Hände auf das Knie legen, eine Hand auf jeder Seite der Kniescheibe.

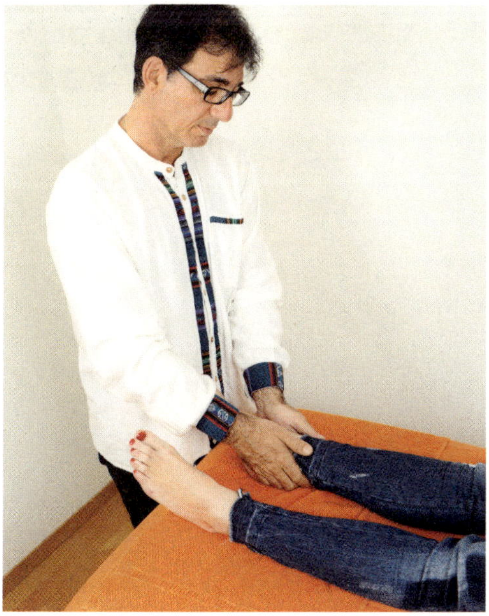

↑ Fussgelenk.

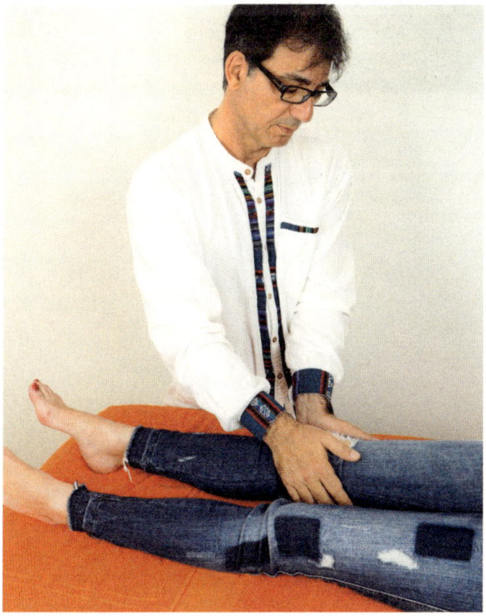

↑ Knie.

Die Hände auf das Hüftgelenk legen, wobei die Fingerspitzen nach aussen gerichtet sein müssen. Die Handfläche kann auf der Leistengegend des Patienten ruhen, jedoch immer auf dem Hüftgelenk, je nach Einschätzung des Therapeuten.

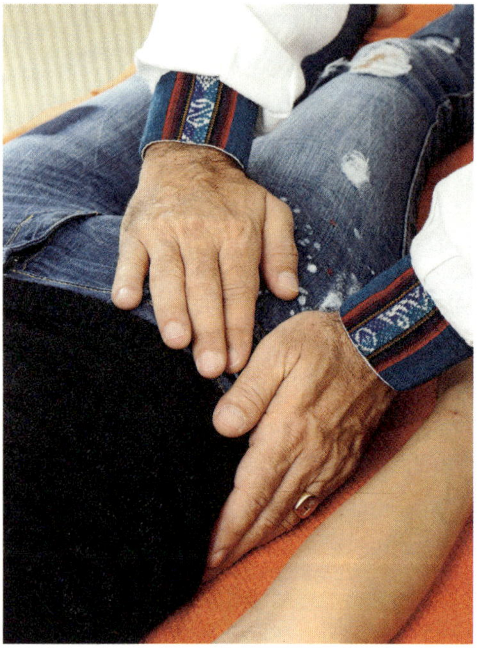

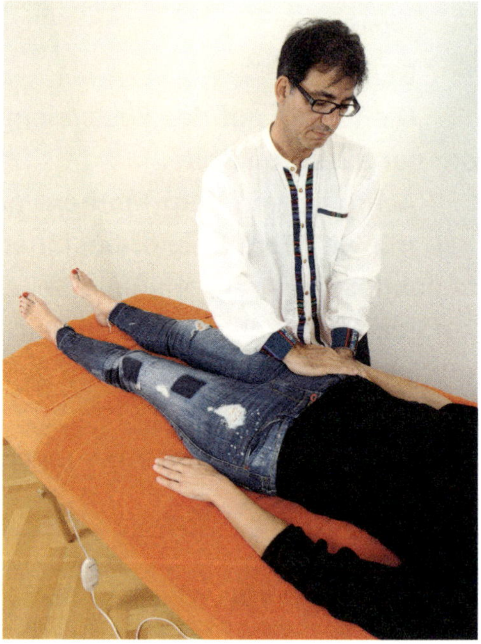

ARME

Die Hände auf das Handgelenk legen: eine auf der inneren und eine auf der äusseren Seite.

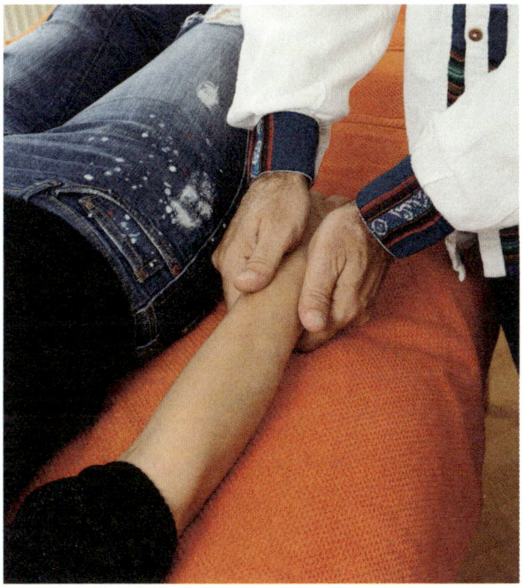

Die Hände auf den Ellbogen legen: eine auf der inneren und eine auf der äusseren Seite.

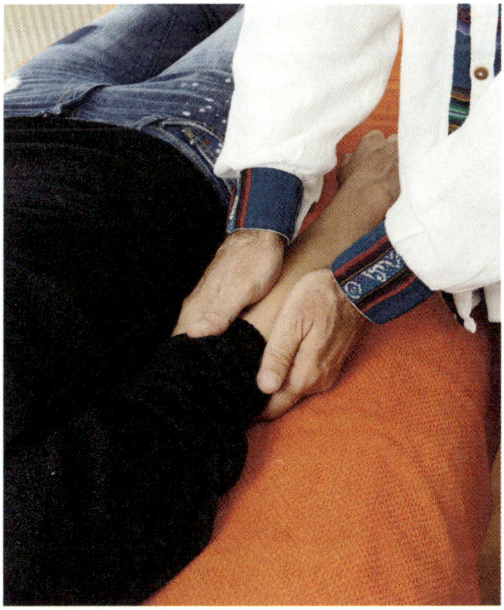

Die Hände auf das Schultergelenk legen: eine auf der vorderen und eine auf der hinteren Seite.

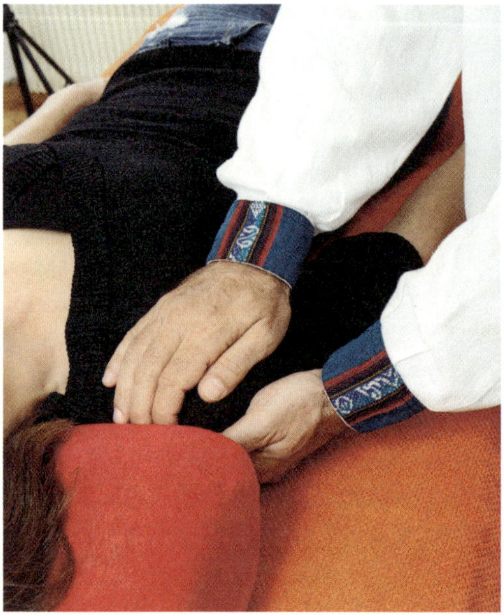

Die Hände gleichzeitig unterhalb der beiden Schlüsselbeine positionieren. Während dieser Phase muss der Therapeut sicherstellen, dass sein Atem vom Patienten abgewandt bleibt. Hierfür kann er zum Beispiel seinen Kopf zur Seite drehen.

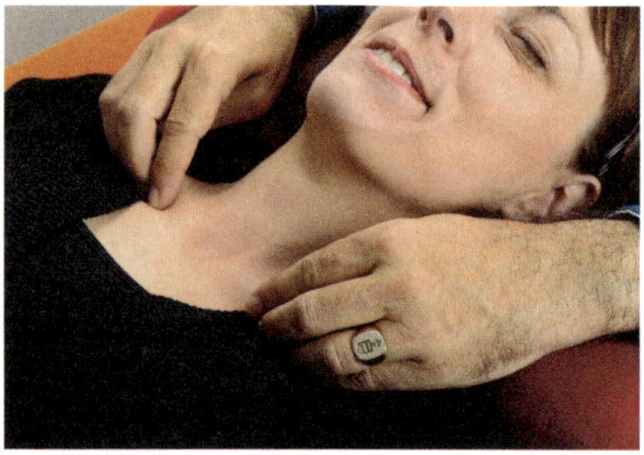

6. DIE ENERGIE IM RÜCKEN FLIESSEN LASSEN

Bei diesem Vorgang sendet der Therapeut Energie vom Nacken bis hinunter zum Steissbein, wobei er eine Hand links und die andere Hand rechts der Wirbelsäule auf die Schultern des Patienten legt. Während dieser Phase muss der Therapeut sicherstellen, dass sein Atem vom Patienten abgewandt bleibt. Hierfür kann er zum Beispiel seinen Kopf zur Seite drehen.

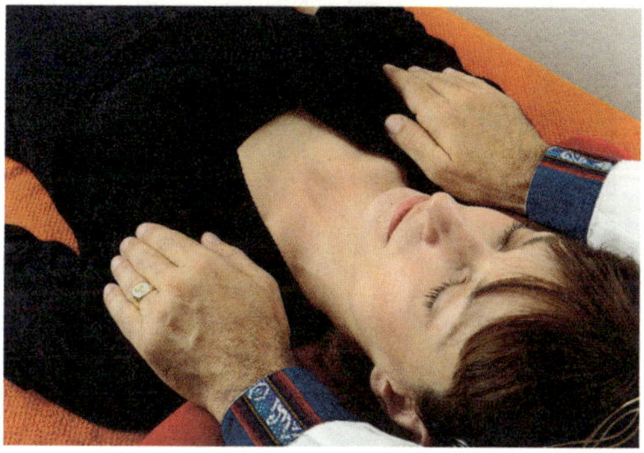

7. DIE ENERGIE IM KOPF FLIESSEN LASSEN

Der Therapeut legt jeweils eine Hand auf beide Schläfen. Achtung: Die Ohren und die Fontanelle sind hierbei freizuhalten.

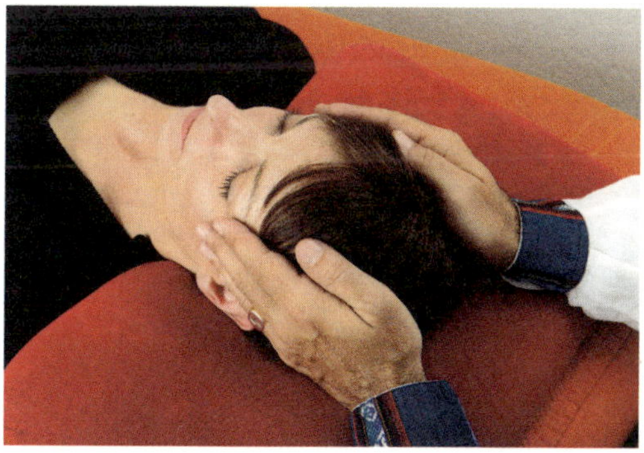

8. SEGEN

Am Ende der Behandlung innerlich die Intention formen, dass dem Patienten die bestmögliche Heilung zuteilwird. Dabei ruhen zwei oder drei Finger auf dem Chakra des dritten Auges und entweder zwei oder drei Finger oder die Handfläche auf dem Herzchakra.

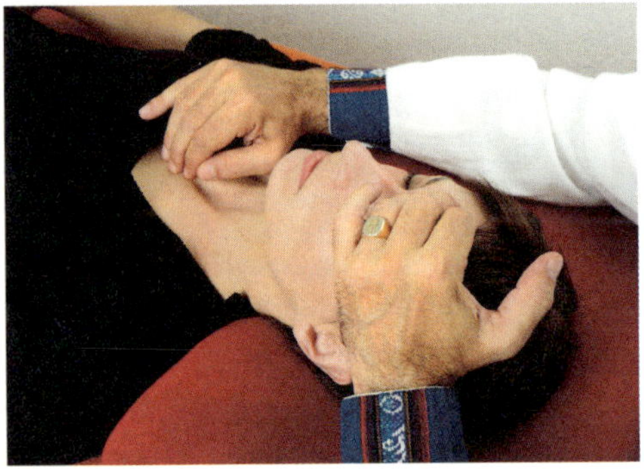

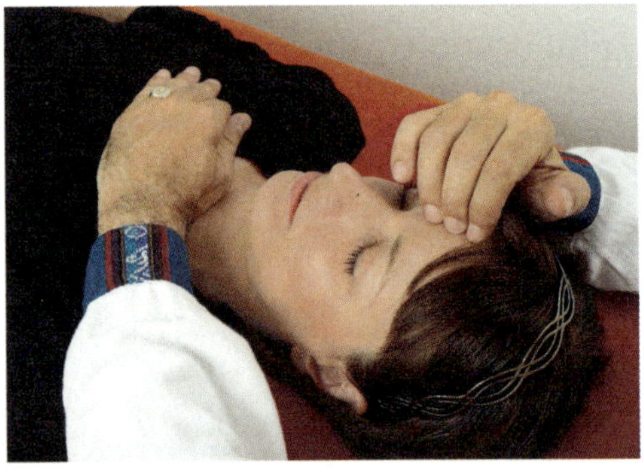

9. DIE BEHANDLUNG SCHLIESSEN

Den Körper des Patienten mit goldenem Licht besprenkeln.

10. DIE ENERGETISCHE BILANZ ERNEUT DURCHFÜHREN, VERGLEICH MIT DEN INFORMATIONEN AUS DER ANFÄNGLICHEN BEURTEILUNG

Den Körper scannen, um mögliche, noch nicht vollständig aufgelöste energetische Blockierungen zu erkennen. Nötigenfalls die unausgeglichenen Bereiche erneut behandeln.

11. SPEZIFISCHE BEHANDLUNG

Für die spezifische Behandlung eines Organs, eines Gelenks usw. wird eine Hand über den unausgeglichenen Bereich gehalten.

12. BEENDEN

Der Therapeut visualisiert Wurzeln unterhalb der Füsse seines Patienten und zieht diese maximal zehn bis zwanzig Zentimeter weit aus den Füssen.

Achtung: Hierbei soll der Therapeut die Wurzeln ausschliesslich in seine Richtung ziehen, denn das Ziel ist es, die Wurzeln aus seinem Patienten herauszuziehen, nicht etwa sie hineinzustossen.

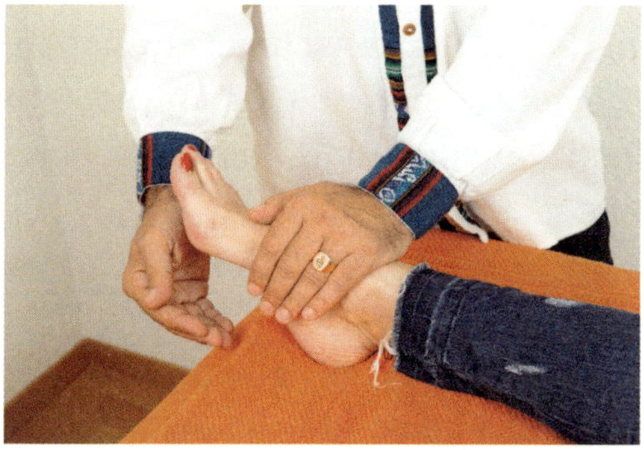

Der Therapeut erdet sich am Ende der Behandlung vollumfänglich, damit er zu seinem vollständigen materiellen Bewusstsein zurückfindet, und dankt gemäss seiner eigenen Methode den Energien, welche mit ihm zusammengearbeitet haben.

Der Therapeut kümmert sich um seinen Patienten: Er versichert sich, dass dieser sich wohlfühlt, er hilft ihm dabei, sich von der Liege zu erheben, bietet ihm zu trinken an usw.

Protokoll für die Methode des Therapeutic Touch mit sitzendem Patienten

Hinweis: Während der gesamten Durchführung des Protokolls mit dem sitzenden Patienten achtet der Therapeut auf seine Position. Der Rücken ist stets gerade zu halten. Da die Behandlung mehr oder weniger lange dauern kann, muss sich der Therapeut durchgehend wohlfühlen und er darf am Ende der Behandlung keine Rückenschmerzen haben. Natürlich muss der Therapeut neben seiner eigenen Haltung und seinem eigenen Wohlbefinden auch um seinen Patienten und dessen Haltung besorgt sein.

Die nachfolgenden Fotos zeigen die Körperhaltung im Detail sowie die allgemeine Haltung mit geradem Rücken.

Diese Art von Behandlung wird bei Personen mit eingeschränkter Mobilität angewendet, beispielsweise im Fall eines Rollstuhles oder bei Rückenproblemen, welche eine Behandlung in liegender Position ausschliessen. Auch bei älteren Patienten ist diese Art der Behandlung sinnvoll.

1. SICH ZENTRIEREN

Nachdem er sich die Hände gewaschen hat, visualisiert sich der Therapeut in der göttlichen Lichtsäule und zieht diese mit jedem Atemzug in sein energetisches Zentrum, jeweils mit dem Ziel, sein Energiefeld aufzubauen. Dieser Aufbau erlaubt es ihm, sich bewusst vom Energiefeld des Patienten zu trennen.

2. SCANNEN UND BEURTEILEN DER ENERGIEFELDER

Lassen Sie Ihre Hand etwa zehn bis zwanzig Zentimeter über dem Körper des Patienten von oben nach unten gleiten. Dies ist auf zügige Weise durchzuführen, damit der Therapeut dabei nicht seinen Intellekt einschaltet. Die Augen bleiben geöffnet, damit sichergestellt ist, dass der Patient nicht berührt wird.

3. KONTAKTAUFNAHME MIT DEM PATIENTEN

Die Energiefelder der Füsse und der Hände öffnen. Achtung: Der Therapeut legt seine Hände auf die Fussoberfläche bzw. den Handrücken des Patienten, nicht auf die Fuss- bzw. Handgelenke.

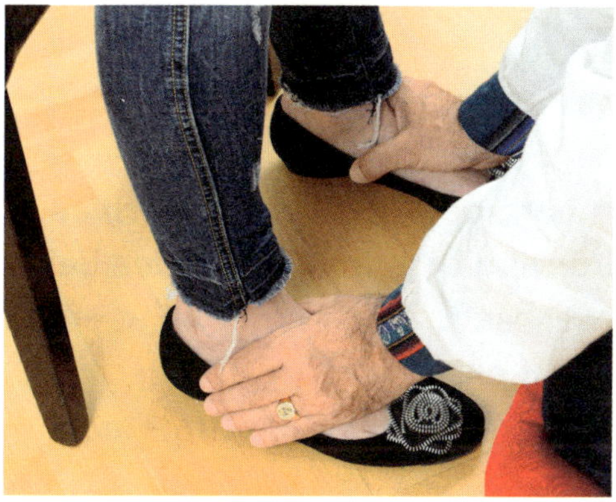

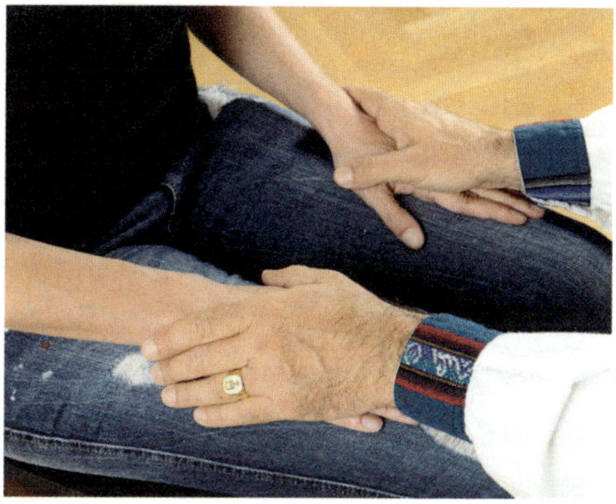

4. ENTFERNEN DER ENERGIEN DES SOLARPLEXUS

Diese Phase ist von Bedeutung, denn sie dient der Beruhigung des Solarplexus und kann den Patienten merklich entspannen. Die Bewegung erfolgt immer in Richtung Füsse. Die aus dem Solarplexus entfernten Energien werden einer vom Therapeuten visualisierten weissen Lichtsäule oder den Geistführern, die für Heilung zuständig sind, übergeben, damit sie für das höchste Wohl des Patienten umgewandelt werden.

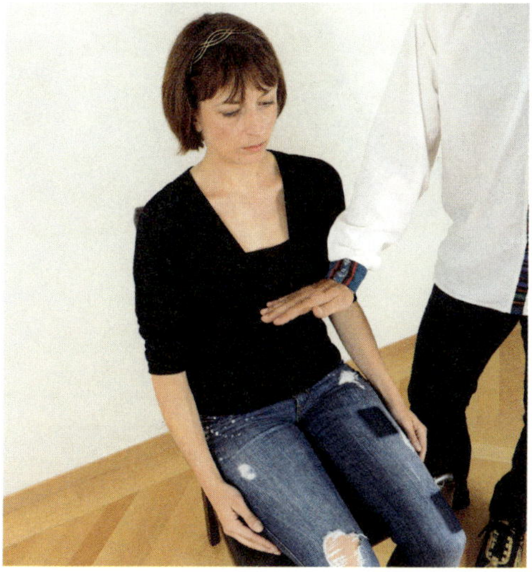

5. DIE SEKUNDÄREN CHAKREN VIA DER HAUPTGELENKE ÖFFNEN

Die Gelenke der Beine, der Arme und der Schultern berühren, auf beiden Seiten. Es geht darum, dass der Therapeut die Energie zwischen den Händen zirkulieren lässt, bis er den Fluss der Energie spüren kann.

BEINE

Die Hände auf das Fussgelenk legen: eine auf der inneren und eine auf der äusseren Seite.

Achtung: Von dem Moment an, in dem der Therapeut entschieden hat, mit welchem Bein er beginnen wird, wird er jedes Gelenk des Beins behandeln müssen, ohne die Seite zu wechseln, damit für den Patienten auf keiner Körperseite ein Ungleichgewicht entsteht. Zudem müssen zuerst die Chakren beider Beine geöffnet werden, bevor die Arme behandelt werden.

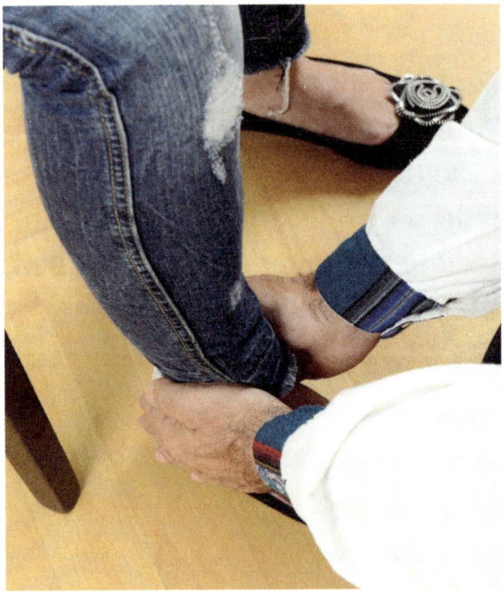

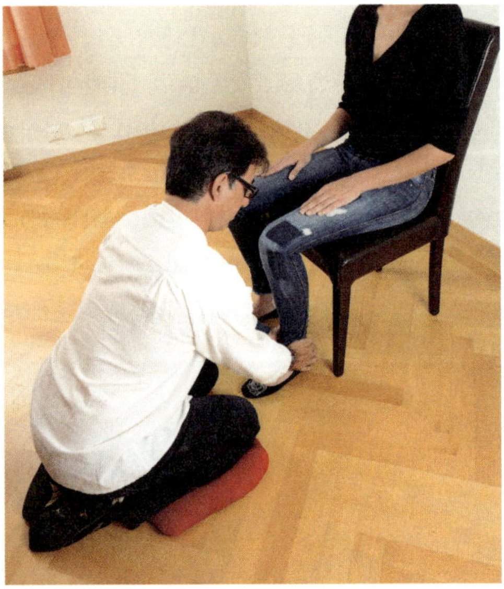

Die Hände auf das Knie legen, eine Hand auf jeder Seite der Kniescheibe.

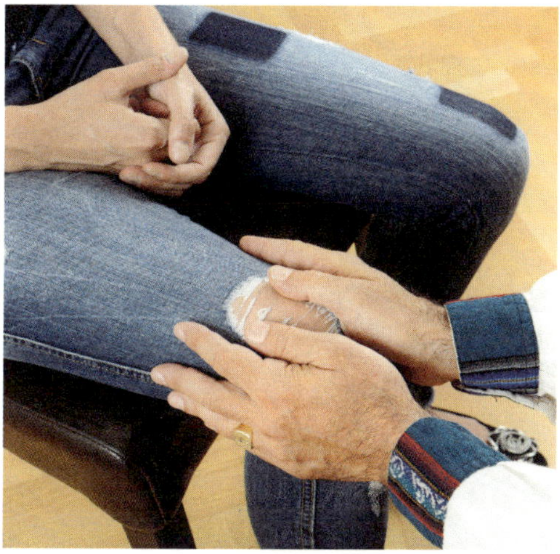

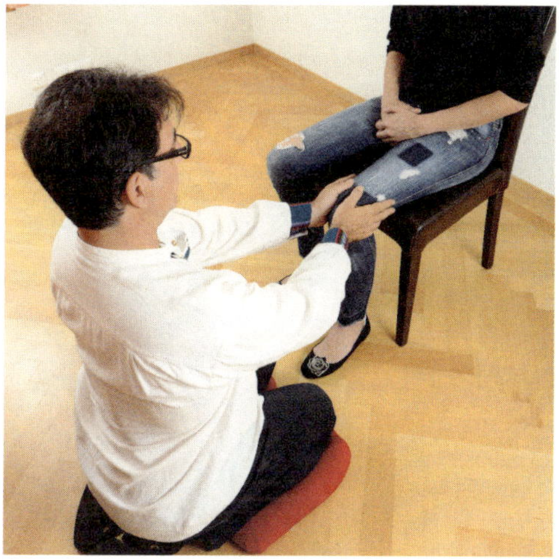

Die Hände auf das Hüftgelenk legen, wobei die Fingerspitzen nach aussen gerichtet sein müssen.

ARME

Die Hände auf das Handgelenk legen: eine auf der inneren und eine auf der äusseren Seite.

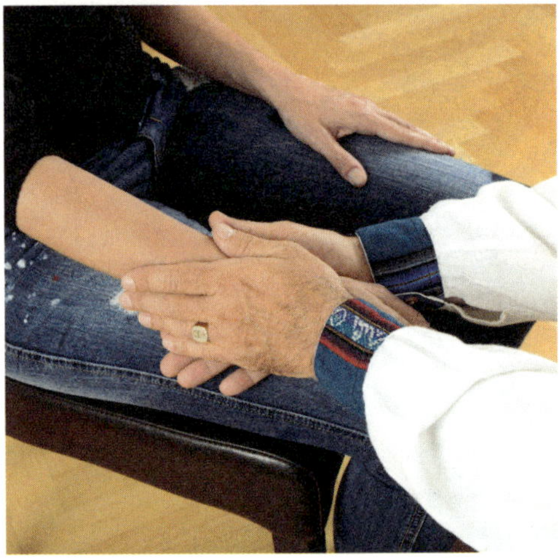

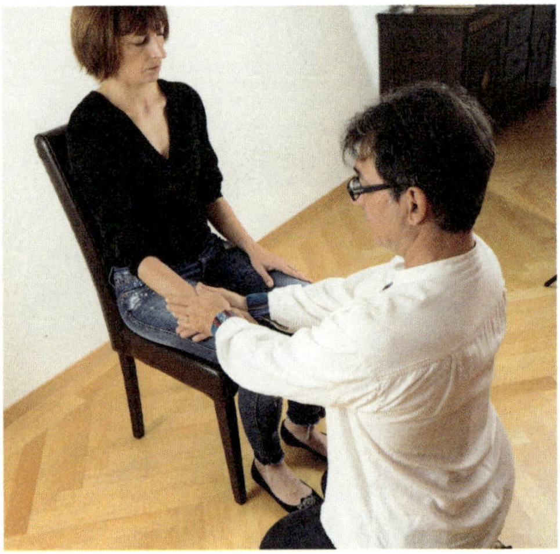

Die Hände auf den Ellbogen legen: eine auf der inneren und eine auf der äusseren Seite.

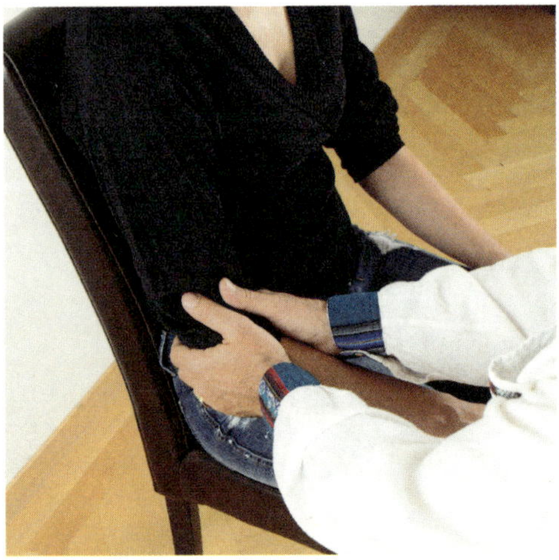

Die Hände auf das Schultergelenk legen: eine auf der vorderen und eine auf der hinteren Seite.

Die Hände gleichzeitig unterhalb der beiden Schlüsselbeine positionieren. Während dieser Phase muss der Therapeut sicherstellen, dass sein Atem vom Patienten abgewandt bleibt. Hierfür kann er zum Beispiel seinen Kopf zur Seite drehen.

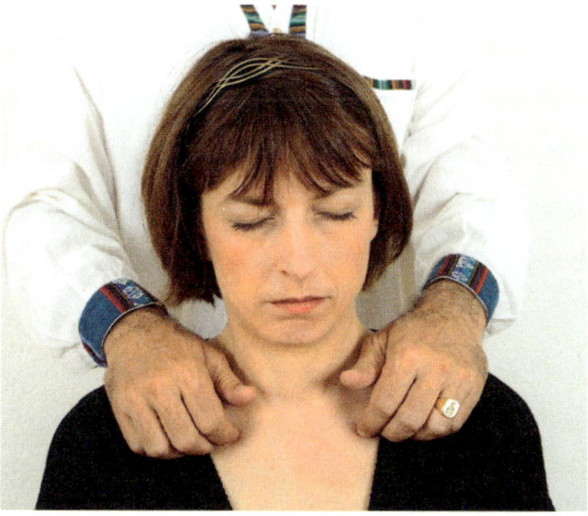

6. DIE ENERGIE IM RÜCKEN FLIESSEN LASSEN

Bei diesem Vorgang sendet der Therapeut Energie vom Nacken bis hinunter zum Steissbein, wobei er eine Hand links und die andere Hand rechts der Wirbelsäule auf die Schultern des Patienten legt. Während dieser Phase muss der Therapeut sicherstellen, dass sein Atem vom Patienten abgewandt bleibt. Hierfür kann er zum Beispiel seinen Kopf zur Seite drehen.

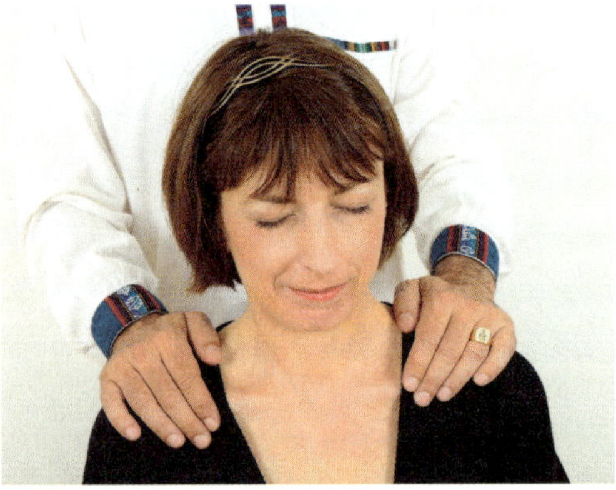

7. DIE ENERGIE IM KOPF FLIESSEN LASSEN

Der Therapeut legt jeweils eine Hand auf beide Schläfen. Achtung: Die Ohren und die Fontanelle sind hierbei freizuhalten.

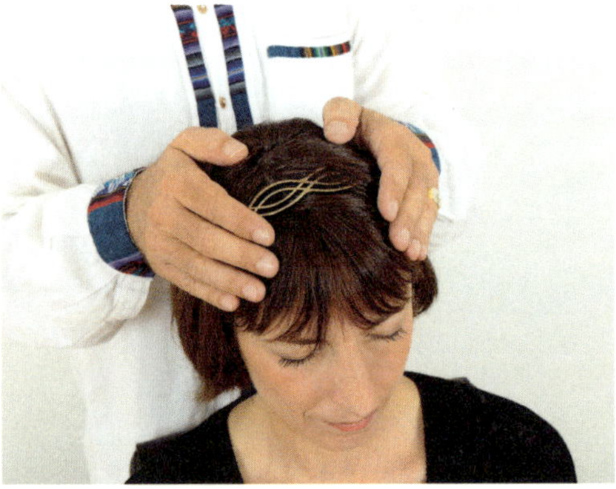

8. SEGEN

Am Ende der Behandlung innerlich die Intention formen, dass dem Patienten die bestmögliche Heilung zuteilwird. Dabei ruhen zwei oder drei Finger auf dem Chakra des dritten Auges und entweder zwei oder drei Finger oder die Handfläche auf dem Herzchakra.

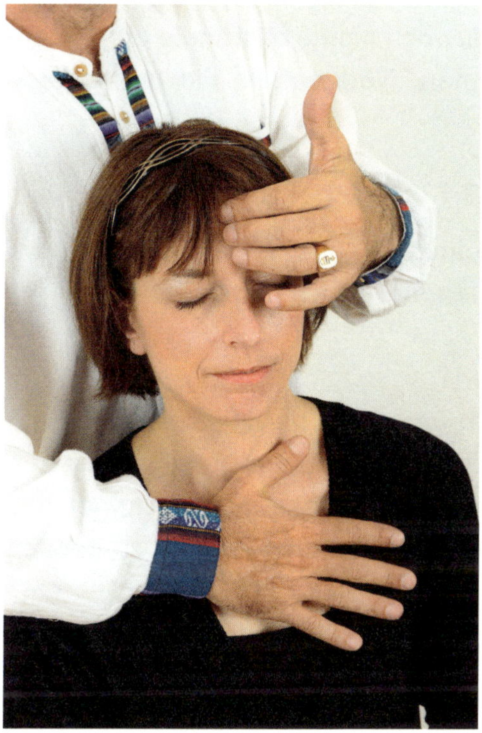

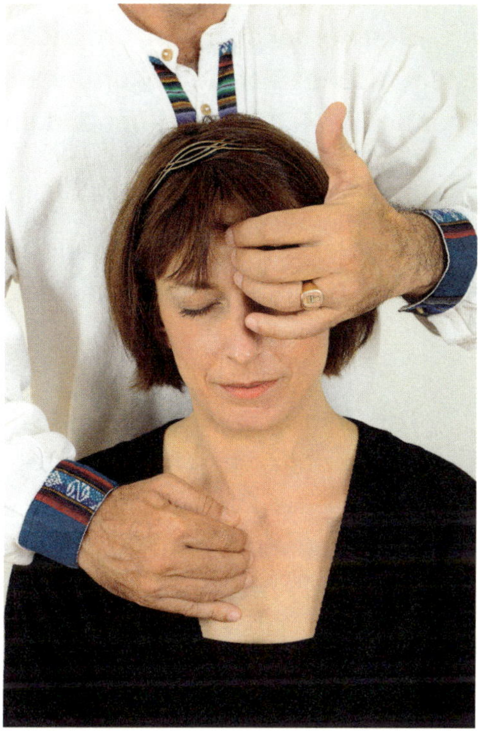

9. DIE BEHANDLUNG SCHLIESSEN

Den Körper des Patienten mit goldenem Licht besprenkeln.

10. DIE ENERGETISCHE BILANZ ERNEUT DURCHFÜHREN, VERGLEICH MIT DEN INFORMATIONEN AUS DER ANFÄNGLICHEN BEURTEILUNG

Den Körper scannen, um mögliche, noch nicht vollständig aufgelöste energetische Blockierungen zu erkennen. Nötigenfalls die unausgeglichenen Bereiche erneut behandeln.

11. SPEZIFISCHE BEHANDLUNG

Für die spezifische Behandlung eines Organs, eines Gelenks usw. wird eine Hand über den unausgeglichenen Bereich gehalten.

12. BEENDEN

Der Therapeut visualisiert Wurzeln unterhalb der Füsse seines Patienten und zieht diese maximal zehn bis zwanzig Zentimeter weit aus den Füssen. Da der Patient sitzt, ist es notwendig, dass der Therapeut das Bein des Patienten an der Wade anhebt, um dadurch Zugang zu dessen Fusssohle zu erhalten.

Achtung: Hierbei soll der Therapeut die Wurzeln ausschliesslich in seine Richtung ziehen, denn das Ziel ist es, die Wurzeln aus seinem Patienten herauszuziehen, nicht etwa sie hineinzustossen.

Der Therapeut erdet sich am Ende der Behandlung vollumfänglich, damit er zu seinem vollständigen materiellen Bewusstsein zurückfindet, und dankt gemäss seiner eigenen Methode den Energien, welche mit ihm zusammengearbeitet haben.

Der Therapeut kümmert sich um seinen Patienten: Er versichert sich, dass dieser sich wohl fühlt, er hilft ihm dabei, sich von der Liege zu erheben, bietet ihm zu trinken an usw.

—

Trance

—

ÜBUNG 3

Die nachstehende Trancemeditation ist eine ausgezeichnete Übung, die es erlaubt, die Verbindung zu den Geistführern zu verstärken, sei es für die Methode des Geistheilens, des Therapeutic Touch, des Tranceheilens oder der Trancekommunikation.

TRANCE (50 MINUTEN)

Diese Trancemeditation ist in zwei Teile aufgeteilt:

Der erste Teil ist der Entspannung gewidmet. Dieser Teil kann an sich auch getrennt verwendet werden, einfach nur um sich zu entspannen und seine Gedanken loszulassen, falls man an Schlaflosigkeit leidet, oder wenn man etwas Ruhe und Entspannung benötigt. Es wird jedoch empfohlen, die beiden Teile zu verbinden, das heisst die Entspannungsübung als Vorbereitung auf die Tranceübung, die den zweiten Teil darstellt, zu verwenden.

ENTSPANNUNG (10 MINUTEN)

Ich beobachte die Atembewegung meines Brustkorbs. Jedes Mal, wenn mir ein Gedanke kommt, lasse ich ihn an mir vorbeiziehen, ohne ihm weitere Aufmerksamkeit zu schenken. Dieser Moment, welcher der Meditation gewidmet ist, ist ein Moment des Friedens. Alles, was die Zukunft betrifft, ist lediglich eine Projektion. Im jetzigen Moment herrscht die Gegenwart. Es existiert nichts ausser dieser Ruhe, nichts ausser dieser Entspannung. Alle Gedanken, welche die Vergangenheit oder die Zukunft betreffen, werden an mir vorbeiziehen, ohne dass ich mich an ihnen festhalte. Ich beobachte die Atembewegung meines Brustkorbs. Ich werde mir meiner Fusssohlen bewusst, meiner Zehen und der Gesamtheit meiner Füsse. Ich spüre, wie sie von einer Welle der Entspannung ergriffen werden. Diese Welle fühlt sich angenehm an, sie entspannt meine Füsse, deren Muskeln und Sehnen. Ich entspanne meine Füsse. Die Welle der Entspannung ergreift nun meine Fussgelenke, steigt in meine Schienbeine und Waden hoch, ich lasse die Muskeln los, sie entspannen sich. Entspannung im Rhythmus meiner Atmung. Die Entspannung steigt in meine Knie auf und greift auf meine Oberschenkel und meine Hüfte über. Meine Beine sind entspannt. Entspannt. Gelöst. Frei von Spannungen. Gelöst. Gelöst. Meine Beine sind vollkommen gelöst, vollkommen entspannt. Die Welle der Entspannung steigt weiter auf und erfasst mein Becken. Den unteren Bauch- und Rückenbereich. Ich lasse los. Ich lasse los. Ich lasse los, im friedlichen und regelmässigen Rhythmus meiner Atmung. Ich lasse los. Die Entspannung steigt weiter hoch, erfüllt meinen gesamten Bauch und meine gesamte Brust. Steigt hoch, vom unteren Bereich des Rückens bis in den oberen Bereich des Rückens. Vollständiges Wohlbefinden. Vollkommene Entspannung. Entspannt. Entspannt. Vollkommene, vollkommene Entspannung. Und die Welle der Entspannung weitet sich aus, weitet sich über die Schultern und die Arme hinweg aus, durch die Hände hindurch, bis in die Fingerspitzen. Alles ist entspannt. Frei von jeglicher Spannung. Frei. Entspannt. Entspannt. Noch mehr entspannt. Ich lasse meine Muskeln los und jegliche Spannungen verschwinden, verschwinden. Während die Welle der Entspannung in meinem Rücken hochsteigt, in meinen Nacken hochsteigt, entspanne ich meinen Unterkiefer. Die Welle steigt in meine Schläfen, mein Gesicht, meine Stirne und mein ganzes Gesicht, meinen Kopf, ich bin frei von Spannungen. Frei von Spannungen. Entspannt. Entspannt. Ich fühle totale Entspannung, totale Entspannung, von den Füssen bis zum Kopf. Totale Entspannung. Ich spüre tiefen Frieden, den Frieden, der aus dieser so vollkommenen Entspannung kommt. Tiefen Frieden, denn dieser Moment der Entspannung ist Frieden.

MEDITATION (40 MINUTEN)

Ich setze mich bequem nieder, ich lockere alles, was mich einengen könnte. Meine Wirbelsäule ist gerade, mein Körper ist entspannt. Ich visualisiere eine Lichtsäule, die auf mich niederfällt und mein ganzes Wesen umgibt. Dieser nährende Lichtstrahl beschützt mich, er kommt vom Grossen Geist. Ich arbeite im Licht. Und das Licht führt mich. Ich visualisiere mein energetisches Zentrum, eine Stelle, die sich in meiner Brust befinden kann. Ein Ort, in den ich mich zurückziehe und wo ich meinen Frieden finde, ein Ort, an dem ich mich nach innen wende. Mein Zentrum ist eine Lichtquelle. Durch meine Fontanelle hindurch atme ich in mein energetisches Zentrum ein. Ich atme das Licht aus dieser Lichtsäule ein. Mit jedem Atemzug baut sich mein Zentrum durch dieses Licht auf. Mit jedem Atemzug weitet sich mein Zentrum aus. Mit jedem Atemzug weitet sich mein gesamtes Wesen aus. Durch meine Fontanelle hindurch atme ich in mein Zentrum ein und mein Zentrum baut sich auf. Mit jedem Atemzug werde ich mehr mit Licht erfüllt. Mit jedem Atemzug weitet sich mein Zentrum durch meinen Körper hindurch aus. Ruhig, im natürlichen Rhythmus meiner Atmung. Ruhig. Ich atme in mein Zentrum ein und von meinem Zentrum ausgehend weite ich mich durch mich selbst hindurch aus. Ich erfülle mein gesamtes Wesen. Von meinem Zentrum aus weite ich mich durch meinen Körper hindurch aus. Ich weite mich über meinen Körper hinweg aus und bette mich mehr und mehr in eine wunderbare strahlende Lichtkugel ein. Einatmen, aufbauen, ausweiten. Ausatmen, ruhen.

Mit meinem Bewusstsein ziehe ich mich in meine Quelle zurück. Ich ziehe mich in mein Zuhause in meinem Inneren zurück. Ich ziehe mich in mein energetisches Zentrum zurück. Ich bin vollständig von Licht umgeben. Vollständig umgeben von meiner strahlenden Energie. Ich bin nur noch ein Lichtfeld, mein Körper verschwindet. Ich bin im Zentrum meines Wesens. Und im Inneren meines Zentrums visualisiere ich eine Wendeltreppe, eine strahlende Treppe, die in einer Spirale hinabführt. Ich befinde mich am oberen Ende dieser Treppe. Eingehüllt von meiner eigenen Energie, inmitten dieser Lichtsäule, welche vom Grossen Geist ausgeht. Bevor ich die ersten Stufen hinabsteige, bitte ich meine Geistführer, die Lichtwesen, die Wesen von höherem Bewusstsein, sich mir zu nähern. Und ich weiss, dass mit jedem Schritt, den ich in meinem Inneren tiefer hinabsteige, den ich diese Stufen hinabsteige, mit jedem Schritt wird sich die Verbindung zu meinen Geistführern aufbauen, sich verstärken, sich vertiefen. Ich werde keinerlei Interaktion mit diesen Wesen, die sich mir nähern, beginnen. Ich versuche nicht zu erkunden, um wen es sich handelt. Ich versuche nicht, mit ihnen zu kommunizieren. Wenn ich eine Empfindung oder eine Vision habe, dann nehme ich sie zur Kenntnis, aber ich halte mich nicht an ihr fest. Alles, was ich tue, ist, in meinem Inneren hinabzusteigen, tiefer in meine Quelle einzudringen. Mit jedem

Schritt lasse ich meinen Intellekt mehr zurück. Mit jedem Schritt lasse ich meine Emotionen weiter hinter mir. Mit meinem gesamten Bewusstsein und mit meiner ganzen Konzentration widme ich mich der Verinnerlichung. Ich atme in mein Zentrum ein, ich atme durch meine Fontanelle ein. Und von meinem Zentrum ausgehend weite ich mich aus. Und jetzt werde ich mit jedem Atemzug eine Stufe hinabsteigen. Beim Ausatmen halte ich jeweils einen Moment auf der Stufe inne und entspanne mich weiter. Ich steige jetzt die erste Stufe hinab. Beim Ausatmen entspanne ich mich. Ich atme in mein Zentrum ein und weite mich aus, während ich die zweite Stufe hinabsteige. Ich steige diese Wendeltreppe gemächlich hinab, ruhig. Mit jedem Schritt weite ich mich aus, durch mich selbst hindurch, über mich selbst hinweg und in das Energiefeld meiner Geistführer hinein, welches sich um mich herum aufbaut. Mit jedem Ausatmen entspanne ich mich. Ich steige hinab. Stufe um Stufe. Atemzug um Atemzug. Ausweitung um Ausweitung. Ich baue die Verbindung mit den himmlischen Energien auf. Mein Energiefeld baut sich auf, mein Energiefeld weitet sich in das Energiefeld meiner Geistführer aus. Genau wie sie, die ihre Strahlen aussenden und die Verbindung mit meiner Energie, mit meinem Energiefeld aufbauen, so atme ich selbst in mein Zentrum ein und stelle die Verbindung zu ihnen her. Nach der nächsten Stufe gelange ich zum ersten Treppenabsatz, ich halte einen Moment auf diesem Treppenabsatz inne, ich festige meinen Zustand, ich stärke mein Energiefeld. Ich halte die Intensität der Verbindung, welche sich im Aufbau befindet, aufrecht. Keinerlei Interaktion, keinerlei Neugierde. Ich bin in meinem Zentrum, ich bin in meinem Frieden, ich bin in meinem Licht.

Vor mir befinden sich Treppenstufen, die weiter hinabführen. Ich atme in mein Zentrum ein und weite mich in meine Geistführer hinein aus, während ich gleichzeitig die nächste Stufe hinabsteige. Beim Ausatmen ruhe ich mich aus und entspanne mich; um danach erneut einzuatmen und mich auszuweiten, weiter hinabzusteigen, tiefer in mein Zentrum, tiefer hinab in mein Bewusstsein und in mein Licht. Ich atme in mein Zentrum ein und von meinem Zentrum ausgehend weite ich mich aus. Schritt für Schritt. Stufe um Stufe vertiefe ich die Verbindung zu diesen höheren Bewusstseinsformen. Mit meinen Geistführern. Ich gelange zum zweiten Treppenabsatz. Ich ruhe mich eine Weile aus und erhalte meinen Zustand aufrecht. Ich verstärke die Verbindung, die sich aufgebaut hat. Ich erhalte meinen Zustand aufrecht. Ich bitte meine Geistführer, noch näher zu kommen, noch stärker mit meinem Energiefeld und meinem Wesen in Verbindung zu treten. Und ich steige die Treppe weiter hinab.

Ich verlasse den zweiten Treppenabsatz und steige weiter hinab. Ich atme in mein Zentrum ein und von meinem Zentrum ausgehend weite ich mich durch mich hindurch aus, über meinen Körper hinweg und in meine Geistführer hinein. Beim Ausatmen lasse ich los, ich entspanne mich. Stufe um Stufe, im Rhythmus meiner Atmung. Immer mehr losgelöst von allem, was mich umgibt, ausser von meinem Licht, ausser von meiner Verbindung mit jenen, die mich führen. Mit jenen, die mir die Ehre erweisen, mich gewählt zu haben als Werkzeug des Lichtes auf Erden.

Vor mir befindet sich der dritte Treppenabsatz mit einem bequemen Sessel, auf dem ich mich niederlasse. Ich präge mir meinen jetzigen Zustand ein. Ich präge mir meinen jetzigen Zustand ein und mein Bewusstsein wird dazu imstande sein, diesen Zustand wiederzuerlangen. Ich erhalte die Verbindung, die sich aufgebaut hat, aufrecht. Ich erhalte die Nähe zu meinen Geistführern aufrecht. Diese Arbeit ist nie zu Ende. Nie, bis wir Momente erreichen, während denen unser Bewusstsein abwesend ist, wo wir nur noch Werkzeuge sind, wo wir nur noch Licht sind. Wie während des Tranceheilens, wie während des automatischen Schreibens, sei es im Zusammenhang mit philosophischen Reden oder im Zusammenhang mit dem Kanalisieren von Rat und Beistand für Nahestehende. In diesem Zustand ist mein Intellekt nicht mehr anwesend, ich bin Licht. Ich verankere diesen Zustand fest in meinem Bewusstsein und mein Geist wird zu diesem Zustand und zu diesem Frieden zurückfinden. Ich bedanke mich bei meinen Geistführern, ich danke meinen Geistführern für alles, was sie für mich getan haben, ohne dass ich davon weiss, und für ihre Geduld. Ich habe Vertrauen, ich habe vollstes Vertrauen, denn sie sind es, die mich gewählt haben, es ist also alles richtig. Ich erhebe mich von meinem Sessel und bin mir bewusst, dass sich mit jedem Schritt, den ich die Treppe langsam hinaufsteige, die Verbindung zu meinen

Geistführern auflösen wird, langsam und mit jedem weiteren Schritt werde ich ein bisschen mehr ich selbst und komme meinem normalen Bewusstsein näher. Ich steige weiter die Treppe hoch, leichter als ich sie hinabgestiegen bin. Ich steige weiter hoch, leichten Schrittes, und nur kurz halte ich auf den Treppenabsätzen inne. Ich lasse mir die nötige Zeit, um zu mir zurückzufinden, zu meinem Bewusstsein, ich überspringe keine Etappen, aber meine Intention ist klar: meine Sinne reaktivieren, zu meinem Bewusstsein zurückfinden. Ich steige weiter die Treppe hoch, ich erhalte diesen Frieden in mir aufrecht. Ich merke, wie meine Energie sich verändert. Schritt für Schritt steige ich hoch, jetzt bin ich schon beim ersten Treppenabsatz, viel wacher, viel präsenter. Ich steige hoch, ich steige weiter hoch. Ich nehme die letzten Stufen. Ich weiss, dass ich meine Augen öffne, dass ich wach und frisch bin, sobald ich oben angekommen bin. Alles ist im Gleichgewicht, alles ist in Ordnung, alles ist bestens. Ich komme oben an, ich öffne meine Augen. Ich spüre meine Fusssohlen, ich bewege meine Zehen, meine Füsse. Falls ich mich im Lotussitz befinde, spüre ich mein Perineum, meine Gesässmuskeln. Ich bewege meine Finger, meine Schultern. Ich komme zu mir zurück, ich komme zu mir zurück. Dass Licht und Frieden Euch begleite.

ÜBUNG 4

Ziel dieser Übung ist es, die Unterschiede, die sich im eigenen Zustand ergeben können, zu erkennen, die Veränderungen, die im eigenen Körper entstehen, je tiefer der Trancezustand wird. Die Übung wird zu zweit und in drei Schritten durchgeführt. Zuerst wird eine Person sich für ihren Partner während fünf Minuten in Tranceinspiration begeben, wobei als Basis ein Wort dient, welches letzterer zuvor ersterem übergeben hat. Anschliessend begibt sich das Medium in eine leichte Trance und wiederholt die Übung während fünf Minuten mit einem neuen Wort, welches ihm sein Klient vorher überreicht hat. Zuletzt begibt sich das Medium in einen noch tieferen Trancezustand und lässt sich dieses Mal vollständig von der geistigen Welt führen, insbesondere auch bezüglich dessen, was diese seinem Klienten mitzuteilen hat. Die Gesamtdauer dieser Übung beträgt zwanzig Minuten, wonach die Rollen innerhalb des Paars getauscht werden.

Übungen in schnellen Frequenzen

Die schnellen Frequenzen sind von Nutzen, wenn es darum geht, eine Behandlung auf Distanz durchzuführen (um vom Gesundheitszustand der betroffenen Person Kenntnis zu erlangen) und um zu erlernen, wie man gewisse Informationen bezüglich einer Person aufgrund eines Namens, eines Fotos oder eines spezifischen Ortes (z. B. Spital) lesen kann. Die vorgeschlagenen Übungen erlauben es, diese Frequenzen zu erreichen, sich derer bewusst zu werden und sie ausweiten und weiterentwickeln zu können. Wir sollten nicht vergessen, dass wir viel mehr aus unseren Fehlern lernen als aus unseren Erfolgen. Wenn wir auf einen Fehler stossen, können wir nämlich feststellen, ob es unser Intellekt war, der eine Information produziert hat oder ob wir diese tatsächlich im Energiefeld der anderen Person, des Fotos oder des Objektes gelesen haben.

In der Tat erreichen uns die Informationen auf verschiedene Weisen, jeweils in Abhängigkeit der individuellen Arbeitsweise. Ebenso erreichen uns die Endprodukte unseres Intellekts auf verschiedene Weisen. Die Unterschiede sind leicht erkennbar und es liegt in der Verantwortlichkeit jedes Mediums, diese Unterschiede festzustellen, um anhand derer eine Art Fehlerkarte zu erstellen: «Ich stelle fest, dass ich in diesem Moment einen Fehler gemacht habe. Ich hatte dabei eine andere Empfindung, als diejenige, welche ich hatte, als die Information richtig war.» Die schnellen Frequenzen erlauben es zudem, einen medialen Kontakt mit einem Verstorbenem, also mit der geistigen Welt, herzustellen.

Die nachstehend aufgeführten Übungen erlauben es uns, unsere Hellsinne besser zu unterscheiden und wahrzunehmen, was sich während der Arbeit im Bereich der Sensitivität im eigenen Körper abspielt.

ÜBUNG 5 – IN DER KRAFT SITZEN

EINLEITUNG

Diese Meditation wurde durch das englische Trancemedium Marc Webb überliefert. Dessen Geistführer James hat diese Meditation durch Marc diktiert. Es handelt sich um eine äusserst potente Übung, die alle Bereiche unseres Wesens berührt, vor allem die Bereiche, die der Sensitivität angehören. Bei dieser Meditation ist es wichtig, lediglich die Intention für die Dinge zu formen, sie aber nicht mit dem Willen erzwingen zu wollen. Das heisst, wenn wir damit beginnen wollen, mit verschiedenen Frequenzen oder Energien in Kontakt zu treten, genügt es, sich darauf einzustellen, es genügt, in dieser Optik zu bleiben und die Intention, diese Energien zu erreichen, aufrechtzuerhalten. Man darf auf keinen Fall versuchen, etwas zu erzwingen, etwas zu visualisieren, Empfindungen zu projizieren – nein, man beobachtet einfach nur. Man beobachtet sich selbst.

HERSTELLEN DES GLEICHGEWICHTS ZWISCHEN DEN BEIDEN HIRNHÄLFTEN (10 MINUTEN)

Ich setze mich bequem auf einen Stuhl oder auf ein Kissen, mein Rücken ist gerade, ich lasse die Schultern fallen, ich entspanne meinen Unterkiefer, ich atme langsam. Ich beobachte die Bewegung meines Brustkorbs und beruhige meine Gedanken.

Ich beobachte den Bereich zwischen meiner Oberlippe und meinen Nasenlöchern, ich beobachte den Luftzug, der einzieht und austritt. Ich erhalte die Konzentration aufrecht. Ich konzentriere mich auf mein linkes Nasenloch und atme ausschliesslich durch das linke Nasenloch. Ein- und ausatmen durch das linke Nasenloch. Nach dem nächsten Ausatmen, mache ich dasselbe mit dem rechten Nasenloch. Nach dem nächsten Ausatmen auf der rechten Seite wechsle ich ab, ich atme links ein und rechts aus, ich atme rechts ein und links aus. Links-rechts, rechts-links. Links-rechts, rechts-links, vorwärts und rückwärts. Nach dem nächsten Ausatmen auf der linken Seite kehre ich zum normalen Atmen zurück. Weiterhin mit dem Ziel, meine beiden Hirnhälften ins Gleichgewicht zu bringen, visualisiere ich jetzt die Hirnhälften. In der linken Hirnhälfte visualisiere ich den Buchstaben A und in der rechten Hirnhälfte die Zahl 1. Jetzt visualisiere ich links den Buchstaben B und rechts die Zahl 2. Darauf links den Buchstaben C und rechts die Zahl 3. In meinem eigenen Rhythmus durchlaufe ich so das Alphabet mit den entsprechenden Zahlen: links die Buchstaben und rechts die Zahlen.

Jetzt wechsle ich die Seiten, das heisst ich visualisiere in der linken Hirnhälfte die Zahl 1 und in der rechten Hirnhälfte den Buchstaben A. Links die 2 und rechts das B, links die 3 und rechts das C. Wiederum gehe ich alle Zahlen mit den entsprechenden Buchstaben durch, in meinem eigenen Rhythmus. Und jetzt entspanne ich mich, ich entspanne mich.

MEDITATION (50 MINUTEN)

Ganz egal, ob ich an Gott glaube oder einfach an eine höhere Energie; ob an einen Grossen Geist oder welchen Namen auch immer ich dieser höheren Kraft gebe – ich visualisiere eine Lichtsäule, die aus dieser Quelle hinabscheint, ein wunderbar strahlendes Licht. Ein Lichtstrahl, der auf mich hinabfällt, mich vollständig umgibt, mich beschützt und mich zur Ruhe kommen lässt. Ich trete mit meinem energetischen Zentrum in Kontakt. Wenn ich den Ort meines energetischen Zentrums nicht kenne: Es ist der Ort in meinem Körper, wo ich mich zuhause fühle, wo ich meine Kraft schöpfe, wo ich mich in mein Inneres zurückziehe, der Ort in mir selbst, wo ich meinen Frieden finde. Wenn ich diesen Ort nicht kenne, dann akzeptiere ich für diese Meditation, dass es sich um Anahata handelt, also um mein Herzchakra, in der Mitte meines Brustkorbes. Ich visualisiere eine Lichtquelle im Inneren meines energetischen Zentrums. Ich atme durch meine Fontanelle hindurch ein. Ich atme die Energie, die aus dieser wunderbaren Quelle kommt, in mein Zentrum hinein ein. Und mit jedem Atemzug leuchtet mein Zentrum auf und weitet sich aus. So atme ich in mein Zentrum ein und von meinem Zentrum ausgehend weite ich mich durch meinen Körper hindurch aus und über ihn hinweg. Ich atme in mein Zentrum ein und weite mich über meinen Körper hinweg aus, ich weite mich durch den gesamten Raum hindurch aus. Ich erfülle den Raum mit meiner Energie. Ich atme in mein Zentrum ein und ich weite mich über meinen Körper hinweg durch den gesamten Raum, in dem ich sitze, aus. Ich weite mich über den Raum hinweg aus. Ich weite mich in alle Ebenen und Schichten der Natur aus. Ich gehe nicht auf die Suche nach dem Gedächtnis der Natur, ich forme lediglich die Intention, mich in alle Ebenen und Schichten der Natur auszuweiten. Beim Einatmen weite ich mich jeweils aus, beim Ausatmen entspanne ich mich. Beim Ausatmen lasse ich los, ich entspanne mich und mein Energiefeld schöpft dabei aus allen Ebenen und Schichten und bringt jenes zu mir, was wichtig ist, was richtig ist, was mein Körper und mein Geist benötigen. Die Intention alleine genügt, mein Geist weiss, was zu tun ist.

Ich atme in mein Zentrum ein und von meinem Zentrum ausgehend weite ich mich über die Erde hinweg aus, ich weite mich bis ins Universum aus, die Intention alleine genügt. Mein Geist weiss, was er tun muss. Mein Geist weiss, dass die Distanz eine Illusion ist. Mein Geist weiss, dass er Zugang zu Allem hat. Also atme ich einfach durch meine Fontanelle hindurch ein und weite mich ins Universum hinaus aus. Ich atme in mein Zentrum ein und weite mich in alle Ebenen und Schichten des Universums aus, ich weite mich aus. Beim Ausatmen entspanne ich mich und erlaube meinem Geist, aus der Kraft der Planeten zu schöpfen, aus allem, was richtig ist, aus allem, was zu meinem höchsten Wohl beiträgt.

Ich atme weiter in mein Zentrum ein und von meinem Zentrum ausgehend weite ich mich in alle Ebenen und Schichten der Gedanken aus. Alle Ebenen und Schichten der Gedanken. Die Intention alleine genügt. Ich bleibe zentriert und beobachte mich. Ich weite mich in alle Ebenen und Schichten der Gedanken aus, ich atme aus und entspanne mich, ich überlasse die Arbeit meinem Geist.

Ich atme in mein Zentrum ein und weite mich in alle Ebenen und Schichten der Visionen aus, in alles, was sichtbar ist. Ich versuche noch nicht zu sehen, ich forme lediglich die Intention, mich in all das auszuweiten, was visueller Natur ist, und in alle Arten des Sehens. Mein Geist weiss, was zu tun ist. Ich entspanne mich also, bleibe zentriert und beobachte. Ich weite mich in alle Ebenen und Schichten der Visionen aus.

Durch meine Fontanelle hindurch atme ich in mein Zentrum ein und von meinem Zentrum ausgehend weite ich mich in alle Ebenen und Schichten des Hörens aus, in alle Arten des Hörens. Wiederum versuche ich nicht, etwas zu erzwingen, mein Geist kennt seine Aufgabe. Ich bin einfach präsent, im Rhythmus meiner Atmung und im Wissen, dass ich mich im jetzigen Augenblick in alle Ebenen und Schichten des Hörens ausweite.

Ich atme in mein Zentrum ein und von meinem Zentrum ausgehend weite ich mich in alle Ebenen und Schichten des Empfindens aus. Ich suche nach nichts Speziellem. Und wiederum, ich weiss, dass mein Geist weiss, was zu tun ist. Meine Intention reicht völlig aus.

Ich bin im Frieden und beobachte mich. Ich weite mich in alle Ebenen und Schichten des Empfindens aus. Und weiterhin scheint diese wunderbare Lichtsäule, die auf mich niederfällt und mich vollständig umgibt, durch meine Fontanelle hindurch.

Ich atme in mein Zentrum ein und weite mich in alle Aspekte des Geistheilens aus, ich weite mich in alle Aspekte des Geistheilens aus. Ich tue nichts, ich beobachte mich, ich lasse meinem Geist die nötige Zeit, aus dem Licht zu schöpfen und mir das zu bringen, was ich benötige, um zu dienen.

Von meinem inneren Licht ausgehend weite ich mich in alle Ebenen und Schichten der Trance aus, ich weite mich in alle Aspekte der Trance aus, ich begebe mich nicht in den Trancezustand, ich begebe mich nicht in Trance. Ich weite mich in diese verschiedenen Frequenzen aus, ich bleibe zentriert, ich bleibe konzentriert und ich weite mich in alle Ebenen und Schichten aus, in alle Aspekte und Frequenzen der Trance.

Und jenseits jeglicher Wahrnehmung, jenseits all unserer Hellsinne, jenseits der Erde, jenseits des Lichts, jenseits des Universums, jenseits von Allem und durch Alles hindurch scheint ein einziges Licht, vibriert ein einziger Grosser Geist. Ich atme in mein Zentrum ein und von meinem Herzen, von meinem Zentrum ausgehend weite ich mich in den Grossen Geist aus. Ich atme aus und gebe mich seinem Frieden hin. Ich bin ein Schwamm im Ozean und der Ozean ist in mir. Ich bin das Licht, ich bin der Frieden, denn in jedem Moment ist er in mir.

Langsam, langsam komme ich wieder zu mir, in meinem eigenen Rhythmus, meine Atmung wird ein bisschen stärker, ich nehme den Kontakt zu meinem Körper wieder auf, zu meinen Fusssohlen. Ich spüre, wie mein Körper den Stuhl berührt, oder den Boden, oder die Rückenlehne. Langsam, langsam komme ich wieder zu mir. Nach jeder Übung mit verändertem Bewusstseinszustand empfiehlt es sich, eine angemessene Erdung vorzunehmen, um in die Gegenwart, ins Hier und Jetzt zurückzufinden. Ich bin das Licht, in jedem Moment.

ERDUNG (5 MINUTEN)

«Erdung» ist ein häufig verwendeter Begriff. Wenn wir gut geerdet sind, dann erleben wir den gegenwärtigen Moment besser, sind mit unseren Gedanken präsenter und wir halten unsere Energien in einem stabileren Gleichgewicht. Wenn wir uns ausgiebig erden, dann tragen wir zum Erhalt unserer körperlichen und geistigen Gesundheit bei. Die Erdung kann mehrmals täglich durchgeführt werden. Es ist in jedem Fall sinnvoll, sie morgens vorzunehmen, bevor man das Haus verlässt, aber auch im Anschluss an eine lange Meditation, während der veränderte Bewusstseinszustände herbeigeführt wurden. Die Erdung kann sitzend, stehend oder liegend vorgenommen werden. Ich selbst tue dies gerne stehend. Ich bin zentriert, ich trete in Kontakt mit meinem energetischen Zentrum oder mit meinem Herzchakra. Ich atme in meine Mitte ein und weite mich durch meinen Körper hindurch aus. Aber vor allem weite ich mich durch meine Beine hindurch aus, durch meine Füsse hindurch. Beim Einatmen und Ausweiten sende ich Strahlen durch meinen Körper hindurch, durch meine Füsse in den Boden hinein. Wenn ich möchte, kann ich dabei Lichtwurzeln visualisieren, die aus meinen Fusssohlen herauswachsen.

Jetzt kehre ich zur Atmung zurück und visualisiere, wie ich durch meine Fusssohlen einatme, wie ich durch diese Wurzeln hindurch einatme. Mit jedem Atemzug ziehe ich die irdische Energie in mein energetisches Zentrum. Ich atme durch die Wurzeln unter meinen Füssen hindurch ein und ich fülle mein Wesen mit dieser vibrierenden Energie. Beim Ausatmen halte ich mich lediglich am Gedanken «ich erde mich». Ich bin zentriert, ich bin präsent, im Hier und Jetzt. Diese Übung können Sie während fünf oder zehn Minuten durchführen oder Sie können dies während ein paar Sekunden tun, zehn oder fünfzehn Mal am Tag.

ÜBUNG 6

Diese Übung ermöglicht es, sein Bewusstsein in seine Hände zu verlagern, um dadurch energetische Veränderungen spüren zu können. Sie erlaubt es, die eigene Sensitivität weiterzuentwickeln und festzustellen, auf welche Weise die Informationen ins eigene System gelangen. Auf diese Art kann man Patienten scannen.

Für diese Übung werden eine aus einem Plastik- oder Müllsack ausgeschnittene halbe Weste und drei Teilnehmer benötigt:

- Ein Teilnehmer trägt die halbe Plastikweste.
- Ein Teilnehmer führt die Übung durch.
- Ein Teilnehmer führt die Hand dessen, der die Übung durchführt.

Die Übung wird stehend und folgendermassen durchgeführt:

Der Teilnehmer, der die Übung durchführt, also der Therapeut, steht auf und schliesst die Augen, damit er nicht sieht, auf welcher Körperseite die Weste getragen wird. Der Träger zieht die Weste auf seiner rechten oder linken Seite an.

Der dritte Teilnehmer ergreift die Hand des auszubildenden Therapeuten und führt sie in einem Abstand von etwa zehn bis fünfzehn Zentimetern während ein paar Sekunden über den gesamten Oberkörper des Westenträgers, damit das Medium die Informationen erfassen und so spüren kann, auf welcher Körperseite sich die Plastikweste befindet.

Sobald der Schüler einen Unterschied zwischen Oberkörper und Plastikweste gespürt hat, teilt er dies mit und öffnet seine Augen, um zu überprüfen, ob seine Empfindung korrekt war.

Dasselbe Medium kann die Übung fünf oder sechsmal nacheinander durchführen, um die Richtigkeit seiner Empfindung zu prüfen. Danach werden die Rollen innerhalb der Gruppe getauscht, sodass jeder Teilnehmer einmal als Medium arbeitet.

ÜBUNG 7

Diese Übung wird in einer Gruppe von mindestens sieben Teilnehmern durchgeführt, in kleineren Gruppen ist sie nicht empfehlenswert. Eine Person fungiert als Übungsleiter und die übrigen sechs Personen setzen sich auf ihre Stühle, die einen Kreis bilden.

Der Übungsleiter hat zuvor sechs Blätter vorbereitet, eines für jeden Teilnehmer: Fünf sind leer und auf einem steht eine Zahl oder ein Buchstabe.

Sobald die Gruppe sich gesetzt hat, überreicht der Gruppenleiter jedem Teilnehmer eines der Blätter. Keiner der Teilnehmer darf wissen, was auf den Blättern der anderen steht oder nicht steht. Der Teilnehmer, welcher das Blatt mit dem Symbol erhalten hat, spielt die Rolle des «Blockierers». Die Rolle des Blockierers ist die folgende: Während alle anderen Teilnehmer die Energie im Kreis zirkulieren lassen sollen, soll der Blockierer die Energie blockieren, also den Fluss der Energie im Kreis unterbrechen. Der Blockierer soll sich vorstellen, dass er von Stacheldraht umgeben ist, dass er ein Eisblock ist, oder dass er in ein schwarzes

Tuch eingehüllt ist. Die Intention, die Energie zu blockieren, genügt. Er darf seine Rolle bis ans Ende der Übung niemandem bekanntgeben.

Noch vor Beginn der Übung legt der Übungsleiter fest, in welche Richtung die Energie fliessen soll: im Uhrzeigersinn oder im Gegenuhrzeigersinn.

Sobald sich alle gesetzt haben und die Blätter verteilt sind, beginnt die Übung. Alle Teilnehmer schliessen ihre Augen und beginnen damit, die Energie im Kreis zirkulieren zu lassen. Der Blockierer blockiert die Energie, die von den restlichen Teilnehmern übertragen wird.

Die Teilnehmer sollen zum einen herausfinden, wer der Blockierer ist, indem sie zu fühlen versuchen, an welcher Stelle die Energie nicht mehr weiterfliesst. Zum anderen sollen sie feststellen, auf welche Weise sie zu dieser Information gekommen sind. Diese Information kann man auf verschiedene Arten erhalten: Durch eine Vision der Energie, die an einer gewissen Stelle nicht mehr fliesst, durch ein Geräusch, das darauf hindeutet, dass die Energie blockiert ist, durch ein Gefühl von Kälte, von Wärme oder durch ein Kribbeln.

Nach ungefähr ein bis zwei Minuten beendet der Übungsleiter die Übung, indem er die Teilnehmer bittet, den Energiefluss zu beenden und die Augen zu öffnen.

Sobald alle Augen geöffnet sind teilt jeder Teilnehmer den anderen mit, an welcher Stelle er die Energieblockade gespürt hat, das heisst wen er für den Blockierer hält. Der Blockierer gibt seine Rolle noch nicht bekannt, er muss sich ebenfalls an der Diskussion beteiligen. Erst wenn alle Teilnehmer der Gruppe ihre Meinungen zum Ausdruck gebracht haben, deckt der Blockierer sein Blatt auf und gibt damit seine Rolle bekannt.

Die Übung kann mehrmals wiederholt werden. Der Übungsleiter sammelt die Blätter ein, mischt sie und teilt sie danach erneut aus.

Das Ziel der Übung ist es, eine energetische Blockade zu erkennen und vor allem festzustellen, durch welche Empfindung die Blockade gespürt wird: durch eine körperliche Empfindung (Wärme, Kälte, Kribbeln usw.), durch ein Bild (Eis, eine Mauer usw.), ein Geräusch (ein Pfeifen, ein Gong usw.). Zahlreiche Arten von Empfindungen sind möglich und es ist an jedem Teilnehmer selbst zu ermitteln, welcher Fall auf ihn hinsichtlich der blockierten Energie zutrifft.

Das Ermitteln von blockierter Energie erhält seine Bedeutung im Kontext von Behandlungen: Während des Scannens des Patienten können diejenigen Stellen, an welchen die Energie nicht fliesst, erkannt werden.

ÜBUNG 8

Für diese Übung werden mindestens drei Teilnehmer empfohlen. Das Ziel ist es, die energetischen Unterschiede zwischen den Teilnehmern spüren zu können. Jedes Lebewesen hat ein unterschiedliches Energiefeld und deshalb ist es von Bedeutung, diese Unterschiede spüren zu können, gleichgültig ob es um die Ausübung der Medialität oder des Heilens geht.

Einer der Teilnehmer führt also die Übung durch und die anderen stellen sich ihm zur Verfügung. Alle Teilnehmer stehen während der Übung.

Der Teilnehmer, der die Übung durchführt, stellt sich mit geschlossenen Augen und mit dem Rücken zur Gruppe ein paar Meter weit von ihr entfernt auf.

Eine erste Person nähert sich dem Teilnehmer langsam, Schritt für Schritt, und ohne dabei Geräusche entstehen zu lassen. Idealerweise sind die Teilnehmer barfuss oder tragen Schuhe, die möglichst wenig Geräusche verursachen.

Sobald der Teilnehmer, der die Übung durchführt, die sich nähernde Person, in seinem Energiefeld spürt, teilt er dies durch ein Handzeichen oder ein Wort mit. In diesem Augenblick bleibt die Person, welche sich ihm nähert, stehen und verweilt bis ans Ende der Übung am selben Ort.

Nachdem die erste Person stehen geblieben ist, tun die übrigen Teilnehmer dasselbe: sich sachte und geräuschlos dem Rücken der Person nähern, welche die Übung durchführt. Jeweils in dem Augenblick, in dem die Person das Energiefeld des sich nähernden Teilnehmers spürt, bleibt der jeweilige Teilnehmer stehen und verweilt bis am Ende der Übung am selben Ort.

Sobald die gesamte Gruppe stehen geblieben ist, kann die Person, welche die Übung durchgeführt hat, ihre Augen öffnen, sich umdrehen und sich mit den übrigen Teilnehmern austauschen.

Alle Teilnehmer führen die Übung der Reihe nach durch.

Der Teilnehmer, welcher die Übung durchführt, richtet seine gesamte Aufmerksamkeit auf sein eigenes Energiefeld: Das ermöglicht es ihm, ein solides Bewusstsein für seine Emanation zu entwickeln. Dadurch kann man sich einer Veränderung im eigenen Energiefeld bewusst werden und so wahrnehmen, dass das eigene Energiefeld von einem anderen Energiefeld durchdrungen wird, sei es von jenem eines Menschen oder eines Wesens der geistigen Welt. Der Teilnehmer kann so die Unterschiede zwischen den Energiefeldern der verschiedenen Personen einschätzen. Diese Übung erlaubt es dem Teilnehmer, sein eigenes Energiefeld zu erfassen und zu verstehen, wie dieses mit den anderen Energiefeldern interagiert.

ÜBUNG 9

Für diese Übung ist keine bestimmte Teilnehmerzahl notwendig. Die Gruppe sollte bloss in zwei gleich grosse Hälften teilbar sein.

Alle Teilnehmer stehen.

Die Teilnehmer der einen Gruppe stellen sich am einen Ende des Saals in einer Reihe auf, ihre Augen bleiben geschlossen.

Die andere Gruppe verteilt sich im Saal, ohne dabei hörbar zu sein. Idealerweise sind die Teilnehmer barfuss oder tragen Schuhe, die möglichst wenig Geräusche verursachen.

Sobald die Teilnehmer der zweiten Gruppe im Saal verteilt sind, signalisieren sie dies der Gruppe, welche sich in einer Reihe aufgestellt hat.

Dann kann die Übung beginnen: Mit geschlossenen Augen bewegt sich die erste Gruppe an das anderen Endes des Saals. Das Ziel besteht darin, den Saal zu durchqueren und dabei die Personen, die im Saal verstreut stehen, zu umgehen. Die Teilnehmer gehen dabei langsam und vorsichtig, damit ein möglicher Zusammenstoss nicht schmerzhaft ist.

Die Teilnehmer, deren Augen geschlossen sind, müssen ihre Aufmerksamkeit auf ihr Energiefeld richten. Wenn sie eine Veränderung in ihrem Feld spüren, dann handelt es sich gewiss um das Feld einer anderen Person, welches mit dem eigenen in Berührung kommt oder in dieses eindringt. In einem solchen Moment müssen sie einen Schritt seitwärts tun, um den Zusammenstoss zu vermeiden.

Sobald die ganze Gruppe den Saal mit geschlossenen Augen durchquert hat, ist die Übung beendet und die Rollen werden getauscht: Die Gruppe, welche sich vorher im Saal verteilt hat, stellt sich nun mit geschlossenen Augen in einer Reihe auf. Die andere Gruppe, welche vorher mit geschlossenen Augen unterwegs war, verteilt sich nun im ganzen Saal, wonach die Übung erneut beginnt.

Das Ziel für jeden Teilnehmer, der den Saal durchqueren muss, besteht darin, sich seines eigenen Energiefeldes bewusst zu sein. Damit kann der Teilnehmer ein solides Bewusstsein für seine eigene Emanation entwickeln. Er wird dadurch feststellen können, wenn eine Veränderung eintritt, wenn ein anderes Energiefeld in sein eigenes eindringt. Somit wird er den Zusammenstoss mit anderen Teilnehmern vermeiden können. Das ermöglicht es ebenfalls, die unterschiedlichen Energiefelder, die von verschiedenen Personen ausgehen, zu erfassen. Durch die bewusste Wahrnehmung des eigenen Energiefeldes lässt sich feststellen, wenn eine menschliche Präsenz oder eine aus der geistigen Welt mit dem Feld interagiert.

ÜBUNG 10

Für diese Übung ist keine bestimmte Teilnehmerzahl notwendig; die Gruppe sollte allerdings in zwei gleich grosse Hälften teilbar sein. Idealerweise liegt eine gerade Anzahl an Teilnehmern vor, weil jeweils ein Teilnehmer aus der einen Gruppe die Übung mit einem Teilnehmer der anderen Gruppe durchführt.

Die Aufstellung sieht folgendermassen aus:

- Die erste Gruppe setzt sich auf ihre Stühle, die in einem Kreis angeordnet sind.
- Die zweite Gruppe bildet stehend einen Kreis, der die erste Gruppe umschliesst.

Die jeweilige Distanz zwischen Teilnehmern aus der ersten und der zweiten Gruppe soll ungefähr eineinhalb bis zwei Meter betragen, je nachdem, was die Grösse des Saals erlaubt.

Sobald alle Teilnehmer der sitzenden Gruppe ihre Augen geschlossen haben, beginnen die stehenden Teilnehmer, sich langsam und geräuschlos den jeweils vor ihnen sitzenden Teilnehmern zu nähern.

Wenn ein Teilnehmer der sitzenden Gruppe das Energiefeld seines Partners, der sich ihm nähert, wahrnimmt, signalisiert er ihm dies, indem er seine Hand hebt. Die Person, die sich nähert, bewegt sich weiterhin in Richtung ihres Partners, bis sie sich in seiner unmittelbaren Nähe befindet. Ohne ihren Partner zu berühren, legt sie ihre Arme um ihn.

Der stehende Teilnehmer verweilt 30 Sekunden bis eine Minute in dieser Position. Dann beginnt er langsam und genauso sachte, sich wieder zurückzuziehen.

Der sitzende Teilnehmer, dessen Augen weiterhin geschlossen bleiben, gibt mit seiner Hand ein Zeichen, sobald er spürt, dass der Partner sein Energiefeld verlässt.

Bei dieser Übung geht es um die Schulung des eigenen Bewusstseins und des Bewusstseins des eigenen Energiefeldes. Das ermöglicht es dem Teilnehmer zudem, ein solides Bewusstsein für seine Emanation zu entwickeln. Dadurch kann er wahrnehmen, wenn eine Veränderung eintritt, wenn ein anderes Energiefeld in das seine eindringt oder wenn es dieses wieder verlässt. Diese Einschätzung seines eigenen Energiefeldes erlaubt es der betreffenden Person, eine Interaktion mit einer menschlichen Präsenz oder einer aus der geistigen Welt wahrzunehmen.

ÜBUNG 11

Bei dieser Übung handelt es sich um eine Gruppenübung, während welcher alle Teilnehmer gleichzeitig arbeiten.

Für die Übung wird Watte benötigt, die in Apotheken erhältlich ist und zum Abschminken verwendet wird. Es sollte dabei um formlose Watte handeln und nicht um Wattepads, denn erstere lässt sich leichter trennen. Watte ist aufgrund ihrer absorbierenden Eigenschaft ein ideales Material für diese Übung.

Bevor die Übung beginnt, erhält jeder Teilnehmer ein Stück Watte und hält sie in seinen Händen, um die Neutralität des Materials wahrzunehmen: Niemand hat ihr zuvor seine eigene Energie übertragen. Aus genau diesem Grund muss die von den Teilnehmern verwendete Watte am Ende der Übung entsorgt werden.

Im nächsten Schritt überträgt jeder Teilnehmer seine eigene Energie auf die Watte. Um sie mit seiner eigenen Energie füllen zu können, muss die Energie zuerst aufgebaut werden: Man visualisiert sich selbst umgeben von seiner Lichtsäule und atmet die Energie durch seine Fontanelle ein, um sie dann von seinem energetischen Zentrum oder seinem Herzchakra ausgehend auszuatmen, wodurch das eigene Energiefeld aufgebaut wird. Sobald dieser Vorgang abgeschlossen ist, befindet sich die Energie in der Watte. Dieser Vorgang kann einige Minuten dauern und mit offenen oder geschlossenen Augen ablaufen, je nach eigener Präferenz.

Hierauf tauschen die Teilnehmer ihre Wattestücke untereinander aus, um die fremde Energie in der Watte wahrzunehmen. Hierfür muss der Teilnehmer die Watte in seiner Hand halten und notieren, wie er die Emanation der Watte spürt: durch ein Kälte- oder Wärmegefühl am eigenen Körper, durch eine Vision, einen Ton usw. Sobald dieser Schritt abgeschlossen ist, tauschen die Teilnehmer erneut untereinander die Wattestücke aus. Dieser Vorgang kann mehrmals wiederholt werden.

Das Ziel dieser Übung ist es, die Emanationen eines Gegenstands, welcher mit der Energie einer anderen Person aufgeladen ist (in diesem Fall ist das die Watte), wahrzunehmen, um das Wahrnehmungsvermögen bezüglich Energiefeldern zu verfeinern. Dieses Bewusstsein erlaubt es dem Teilnehmer, sich der Feinheiten, welche die unterschiedlichen Energien verschiedener Personen ausmachen, bewusst zu werden.

ÜBUNG 12

Diese Übung wird zu zweit durchgeführt. Sie kann lediglich ein einziges Mal durchgeführt werden, weil dabei die verwendeten Gegenstände mit Energie aufgeladen werden.

Für diese Übung werden kleine Gegenstände benötigt, beispielsweise kleine Figuren aus Stein oder Plastik. Pro Arbeitsgruppe sind drei kleine Objekte vorgesehen.

Zwei Teilnehmer sitzen sich gegenüber an einem Tisch. Die drei kleinen Objekte werden nebeneinander auf dem Tisch, der zwischen den Teilnehmern steht, aufgestellt.

Die Person, welche die Übung zuerst durchführt, schliesst ihre Augen. Die andere Person wählt einen der drei kleinen Gegenstände, die vor ihr stehen, aus, zentriert sich und lädt das Figürchen mit Energie auf. Nach diesem Vorgang stellt die Person den kleinen Gegenstand wieder an dieselbe Stelle zurück und bittet die andere Person, ihre Augen wieder zu öffnen.

Die Person, welche die Übung durchführt, muss nun mit ihrem Spürsinn den Gegenstand finden, der von der anderen Person mit Energie aufgeladen wurde. Hierfür kann sie entweder ihr Bewusstsein in eine Hand verlagern und diese über die Gegenstände hinweg führen, oder ihr Bewusstsein in beide Hände verlagern und die Gegenstände einen nach dem anderen in die Hände nehmen.

Das Ziel dieser Übung ist es, die Emanationen eines Objekts, welches zuvor mit der Energie einer anderen Person aufgeladen wurde (in diesem Fall ist das die kleine Figur), zu spüren, um die eigene Wahrnehmung von Energiefeldern zu verfeinern. Dieses Bewusstsein wird es dem Teilnehmer erlauben, sich den Feinheiten unterschiedlicher Energiefelder verschiedener Personen bewusst zu werden.

Falls diese Übung wiederholt durchgeführt werden soll, können Kieselsteine aus der Umgebung gesammelt, verwendet und nach jedem Durchgang erneuert werden.

ÜBUNG 13

Diese Übung wird alleine durchgeführt.

Vor der Übung kann sich die betroffene Person ihre Hände reiben, um so ihr Empfindungsvermögen zu stärken.

Für diese Übung werden beide Handflächen parallel zu einander vor sich gehalten, vorerst nahe beieinander, um dann den Abstand sanft und langsam zu vergrössern; danach wird der Abstand durch die entgegengesetzte Bewegung ebenso sanft und langsam wieder verringert. Durch diese wiederholte Bewegung lässt sich die Energie, die zwischen den beiden Händen fliesst, spüren: dies durch Empfindungen am eigenen Körper wie zum Beispiel einem Kribbeln, einem Wärme- oder Kältegefühl usw. Der Übende wird sich der Energie, die sich aufbaut, dann bewusst, wenn er bei der zusammenführenden Bewegung einen Widerstand spürt, der an einen Magnet erinnert, und die auseinanderführende Bewegung an einen Kaugummi denken lässt. Sobald der Übende sich dieser Energie bewusst geworden ist, formt er aus ihr eine Energiekugel und beginnt, mit dieser zu spielen, indem er sie von der einen Hand in die andere gleiten und sie anwachsen und wieder kleiner werden lässt.

ÜBUNG 14

Diese Übung betrifft das Magnetisieren und kann alleine zuhause durchgeführt werden.

Sie erstreckt sich über eine Dauer von einem Monat. An Material werden zwei Teller oder Schüsseln benötigt und zwei Nahrungsmittel, die vom selben Ort stammen (z. B. Tomaten, anderes Gemüse oder Früchte). Im Fall von zwei Tomaten wird jeweils eine auf jedem Teller oder in jede Schüssel gelegt. Diese werden dann an zwei verschiedenen Orten im Raum platziert. Eine der Tomaten dient als Vergleichsbasis und wird den ganzen Monat über nicht berührt, ihr wird keinerlei Aufmerksamkeit geschenkt. Die andere Tomate hingegen wird ein- bis zweimal täglich magnetisiert. Hierfür hält die Person ihre beiden Hände links und rechts neben die Tomate, wobei beide Handflächen gegeneinander zeigen, ohne die Tomate zu berühren. Dann überträgt sie durch ihre Intention Energie, um so die Tomate zu magnetisieren. Dieser Vorgang dauert jeweils zehn bis fünfzehn Minuten, je nach Möglichkeit. Um die Entwicklung zu dokumentieren, können von den beiden Tomaten Fotos in regelmässigen Abständen gemacht werden.

Am Ende des Monats wird die Tomate, welche als Vergleichsbasis unberührt geblieben ist und nicht magnetisiert wurde, von Schimmel befallen sein. Die magnetisierte Tomate hingegen dürfte höchstens etwas gerunzelt oder leicht angetrocknet sein. Sie dürfte keine (oder nur leichte) Anzeichen von Schimmel haben.

Diese Übung lehnt sich an die bekannten Versuche von Masaru Emoto an: Bei diesen Versuchen wurde Reis mit positiven und negativen Gedanken bearbeitet. Die negativen Gedanken führten dabei eindeutig zu verschimmeltem Reis.

ÜBUNG 15

Diese Übung, die alleine durchgeführt wird, erlaubt es dem Schüler, die Fähigkeit der Telekinese weiterzuentwickeln. Als Material werden eine leere Aluminiumgetränkedose und ein Teelöffel benötigt.

In einem ersten Schritt setzt die Person sich an einen Tisch, der völlig stabil steht und nicht im Geringsten wackelt, und legt die Dose vor sich hin. Dann hält sie ihre Hände links und rechts neben die Dose, wobei die beiden Handflächen gegeneinander zeigen. Sie formt die Intention, die Dose von links nach rechts zu bewegen, ohne sie dabei zu berühren. Um die Bewegung entstehen zu lassen, muss lediglich die eigene Energie mit der energetischen Emanation der Dose verbunden werden. Werden dann die beiden Hände in einer synchronen Bewegung sanft in die gewünschte Richtung bewegt, folgt die Dose dieser Bewegung. Es ist nicht etwa ein Luftzug, der durch die Handbewegung entstehen könnte, der die Dose bewegt. Sobald dieser Mechanismus beherrscht wird, kann die Bewegung immer schneller ausgelöst werden.

Im zweiten Schritt legt der Übende die Dose beiseite und nimmt den Teelöffel zur Hand. Er beginnt, jenen Abschnitt des Stiels, der sich unmittelbar neben der oval gewölbten Fläche befindet, zu reiben. Dabei achtet er darauf, dies in einer freudigen Stimmung zu tun. Wenn die energetische Schwingungsrate genügend erhöht wird, schwingen die Teilchen des Metalls immer schneller und werden dadurch geschmeidig. Der Übende kann sich zur Hilfe vorstellen, dass er rohe Spaghetti in den Händen hält, die durch die Reibung immer weicher werden, wie dies beim Kochen geschieht, um schliesslich jegliche Härte zu verlieren. Mit etwas Glück wird sich der Löffel mühelos biegen lassen, ohne dass dabei Kraft angewendet werden muss.

ÜBUNG 16A

Diese Übung wird zu zweit durchgeführt.

Das Ziel dieser Übung besteht darin, mithilfe seines Empfindens eine Spielkarte zu ermitteln, die eine andere Farbe trägt (im vorliegenden Beispiel die rote Karte).

Als Material für diese Übung werden drei Karten aus einem Spielkartendeck benötigt: zwei schwarze Karten (Pik oder Kreuz) und eine rote

Karte (Herz oder Karo). Karten, die Figuren wie zum Beispiel Könige, Königinnen oder Buben abbilden, sind nicht zu verwenden. Sie können gleichzeitig rot und schwarz enthalten, was die Wahrnehmung des Übenden beeinträchtigen könnte.

Die zwei Personen setzen sich gegenüber an einen Tisch, auf welchem die Karten aufgereiht werden. Sobald festgelegt wurde, wer mit der Übung beginnt, nimmt die andere Person die drei Karten aus dem Deck und mischt diese. Dann legt sie sie in einer Reihe umgedreht auf den Tisch, sodass der Übende nicht weiss, wo sich die rote Karte befindet. Die Person, welche die Karten hinlegt, darf diese nicht anschauen, damit vermieden wird, dass die Position der roten Karte dem Übenden per Telepathie übertragen wird.

Der Übende kann die rote Karte mithilfe seines Empfindens auf verschiedene Weisen ermitteln:

→ Durch die Verlagerung seines Bewusstseins in seine dominierende Hand. Anschliessend führt er seine Hand der Reihe nach über jede einzelne Karte und wägt ab, ob sich die Empfindung in seiner Hand verändert, wenn sich diese über einer bestimmten Karte befindet. Er kann seine Hand solange über einer Karte lassen, wie es für ihn nötig ist, um ein Gefühl wahrnehmen zu können.

→ Dadurch, dass er seine Augen schliesst, die Umrisse der Karten auf seinen inneren Bildschirm projiziert und um ein Zeichen für die rote Karte bittet. Dieser Vorgang kann auch mit offenen Augen durchgeführt werden, wodurch sich feststellen lässt, ob man durch ein charakteristisches Zeichen auf die rote Karte hingewiesen wird. Das kann eine Farbe, ein Symbol oder eine Zahl sein – verschiedene Arten der Darstellung sind möglich.

Sobald der Übende die rote Karte ermittelt hat, dreht er die entsprechende Karte um. Die Übung wird mehrmals wiederholt, danach werden die Rollen getauscht.

ÜBUNG 16B

Diese Übung wird zu zweit durchgeführt.

Ziel dieser Übung ist es, Informationen via Telepathie zu erhalten, um dadurch die rote Karte ermitteln zu können. Das bedingt die Teilnahme beider Schüler. Der eine Schüler sendet die Informationen per Telepathie und der andere muss sie entschlüsseln. Der Schüler, der die Informationen aussendet, muss die richtige Frequenz finden, das geeignete Mittel, um die Position der Karte zu übermitteln.

Als Material für diese Übung werden drei Karten aus einem Spielkartendeck benötigt: zwei schwarze Karten (Pik oder Kreuz) und eine rote Karte (Herz oder Karo). Karten, die Figuren wie zum Beispiel Könige, Königinnen oder Buben abbilden, sind nicht zu verwenden. Sie können gleichzeitig rot und schwarz enthalten, was die Wahrnehmung des Übenden beeinträchtigen könnte.

Die zwei Personen setzen sich gegenüber an einen Tisch, auf welchem die Karten aufgereiht werden. Sobald bestimmt wurde, wer die Rolle des Senders beziehungsweise des Empfängers übernimmt, nimmt der Sender die drei Karten aus dem Deck und mischt diese. Bevor er sie vor seinem Partner hinlegt, prüft er, an welcher Position sich die rote Karte befindet. Dann legt er die Karten in einer Reihe umgedreht auf den Tisch, sodass der Empfänger nicht weiss, wo sich die rote Karte befindet. Anschliessend schickt der Sender dem Empfänger die Position der roten Karte via Telepathie.

Die Position der Karte kann auf verschiedene Weisen übertragen werden:

- → Durch das Visualisieren der Position in seinem Kopf.
- → Durch das Visualisieren der roten Karte in seinem Kopf.
- → Durch das Wort, indem die Position der roten Karte mit der inneren Stimme ausgesprochen wird: mittig, links, rechts.

Sobald der Empfänger die Information erhalten hat, dreht er die entsprechende Karte um.

ÜBUNG 16C

Diese Übung wird alleine durchgeführt. Als Material werden zwanzig Spielkarten benötigt, wobei zehn Karten rot und zehn Karten schwarz sein müssen und die Karten keine Figuren abbilden dürfen, weil dadurch die Wahrnehmung beeinträchtigt werden könnte.

Die Karten werden gemischt und der Stoss wird vor den Übenden hingelegt. Bevor eine Karte gezogen wird, ist das eigene Bewusstsein auf das Spielkartendeck zu konzentrieren, um zu ermitteln, ob es sich bei der Karte, die zuoberst aufliegt, um eine rote Karte oder um eine schwarze Karte handelt. Sobald diese Information empfangen wurde, wird die oberste Karte umgedreht, um die Richtigkeit zu überprüfen. Dieser Vorgang wird wiederholt, bis keine Karten mehr übrig sind.

Wichtig ist hierbei, dass man seinen Fortschritt prüft, indem während der Übung zwei Stösse gebildet werden: einen für die Karten, die richtig ermittelt wurden und einen Stoss für die Karten, die nicht ermittelt wurden.

ÜBUNG 16D

Diese Übung wird alleine durchgeführt. Zunächst müssen zwei Kartendecks erstellt werden. Hierfür werden aus weissem Halbkarton zehn Karten von jeweils sechs auf neun Zentimetern zugeschnitten.

Für das erste Deck werden mit einem schwarzen Stift sechs Symbole auf ein weisses Blatt Papier gezeichnet, ausgeschnitten und auf sechs der Kartonkarten geklebt. Bei den Symbolen handelt es sich um ein Dreieck, einen Kreis, ein Quadrat, ein Kreuz, Wellen und einen Stern.

Für das zweite Deck werden aus vier farbigen Blättern Karten von jeweils fünf auf acht Zentimeter ausgeschnitten und auf vier der Kartonkarten geklebt. Als Farben werden die primären Farben verwendet: blau, rot, gelb und schwarz.

Jetzt können zwei Übungen durchgeführt werden: Das erste Deck, welches die Symbole enthält, wird gemischt und verdeckt vor in einer Reihe hingelegt. Danach soll versucht werden zu ermitteln, welches Symbol sich auf welcher Karte befindet. Der Vorgang wird ungefähr zehn Mal wiederholt und die erzielten Ergebnisse werden jeweils auf einem Notizblock festgehalten. Für die zweite Übung wird gleich vorgegangen, jedoch werden jetzt die Karten benützt, welche die Farben tragen.

ÜBUNG 16E

Diese Übung wird alleine durchgeführt. Zunächst muss ein Kartendeck erstellt werden. Hierfür werden aus weissem Halbkarton neun Karten von jeweils sechs auf neun Zentimeter zugeschnitten.

Aus drei farbigen Blättern werden anschliessend pro Farbe je zwei Karten von jeweils fünf auf acht Zentimeter ausgeschnitten und auf die neun Kartonkarten geklebt. Als Farben werden die primären Farben verwendet: rot, gelb und schwarz.

Jetzt werden die neun Karten gemischt und verdeckt in drei Linien zu je drei Karten vor sich hingelegt. Die Übung ähnelt dem Spiel Memory. Das heisst es soll erspürt werden, welche zwei Karten jeweils dieselbe Farbe tragen, um sie so zu paaren.

Die Übung wird ungefähr zehn Mal wiederholt, wobei die erzielten Ergebnisse jeweils auf einem Notizblock festgehalten werden.

ÜBUNG 16F

Diese Übung wird alleine durchgeführt. Benötigt werden fünf Stücke Schnur in gleicher Länge. In eine Schnur wird am einen Ende ein Knoten gemacht. Dann werden die Schnüre in den Händen gemischt, wobei darauf zu achten ist, dass die fünf Enden ohne Knoten sichtbar sind. Es gilt jetzt zu ermitteln, auf welchem Stück Schnur der Knoten angebracht ist, ohne das geknotete Ende zu sehen.

Diese Übung kann so oft wie gewünscht durchgeführt werden, wobei die erzielten Ergebnisse auf einem Notizblock festgehalten werden, damit die Entwicklung des Fortschritts mit wachsender Anzahl der Durchgänge beobachtet werden kann.

ÜBUNG 17

Diese Übung wird alleine durchgeführt. Benötigt werden neun kleine Kartonschachteln (z. B. Streichholzschachteln) und eine kleine, frisch gepflückte Blume. Deren Blütenkopf wird in eine der Schachteln gelegt, worauf die Schachteln gemischt werden.

Das Bewusstsein wird in eine Hand verlagert und die neun Schachteln werden mit dieser Hand gescannt, um die Schachtel zu ermitteln, die den Blütenkopf enthält. Diese Übung kann mehrmals wiederholt werden.

Dabei werden die erzielten Ergebnisse auf einem Notizblock festgehalten, um die Entwicklung des Fortschritts mit wachsender Anzahl der Durchgänge beobachten zu können. Wichtig ist, dass die Übung mit einer frischen und nicht einer getrockneten Blume durchgeführt wird, denn die jeweilige energetische Emanation fällt unterschiedlich aus.

Falls jemand zufälligerweise seine Schwiegermutter umgebracht hat, können die Streichholzschachteln mit der gleichen Anzahl von Särgen ersetzt werden, wonach versucht wird, sie aufzuspüren (die ausführliche Anleitung zu dieser Übung findet sich im Buch Wie bringe ich meine Schwiegermutter um – Für Dummies).

ÜBUNG 18

Diese Übung wird alleine durchgeführt.

Hierfür wird entweder ein Telefonbuch benötigt, ein Adressbuch oder ein Smartphone, das eine Kontaktliste enthält.

Für diese Übung ist sicherzustellen, dass die Telefonnummern verdeckt bleiben und lediglich die Namen der Personen sichtbar sind. Man wählt dann nach dem Zufallsprinzip eine Person aus und versucht zu ermitteln, welche Zahl in entsprechenden Rufnummer die dominante Zahl ist. Die dominante Zahl ist diejenige, die sich am häufigsten wiederholt. Nach jedem Durchgang wird das Ergebnis überprüft und die Erfolgsrate wird notiert. Es sei erwähnt, dass Arbeit mit Zahlen äusserst schwierig ist. Es soll nicht erstaunen, wenn nur ein bescheidener Erfolg erzielt wird, denn Zahlen werden von der linken Hirnhälfte verarbeitet, wie schon die Untersuchungen von Dr. Julie Beischel in den USA gezeigt haben.

ÜBUNG 19

Diese Übung zielt darauf ab, das Bewusstsein bezüglich sich selbst zu entwickeln, das auch für das psychische Lesen der Informationen (insbesondere der nahen Vergangenheit) und für die Medialität verwendet werden kann. Die zwei Teile der Übung dauern insgesamt fünfzehn Minuten, wobei die Teilnehmer sich während drei Minuten gegenseitig austauschen.

Diese Übung ist zweigeteilt: Der erste Teil wird alleine durchgeführt, der zweite Teil zu zweit.

In einem ersten Schritt konzentriert sich die Person auf Dinge, die sie gerne hat, und zählt sie innerlich auf: mit Freunden ausgehen, stricken, Spaziergänge in der Natur, mit Gewürzen kochen, Süssigkeiten verzehren usw. Dasselbe tut sie dann mit Dingen, die sie weniger mag: im Supermarkt Schlange stehen, traurige Filme, abstrakte Malerei, lesen usw.

Jeder positiven oder negativen Emotion entspricht eine Empfindung. Was verspüre ich, wenn ich mir vorstelle, wie ich etwas tue, das mir liegt? Schmetterlinge im Bauch, Kribbeln in der Brust, das Gefühl auf einer Berg- und Talbfahrt zu sein usw. Was verspüre ich, wenn ich mir vorstelle, wie ich etwas tue, das mir nicht liegt? Übelkeit, unangenehmer Juckreiz auf dem Kopf, ein Schweregefühl im Herzen usw. Welche Empfindung geht mit welcher angenehmen Aktivität einher, welche Empfindung geht mit welcher unangenehmen Aktivität einher? Es ist wichtig, dass die verschiedenen Empfindungen notiert werden.

Dieser Teil der Übung nimmt fünf Minuten in Anspruch.

Die zweite Hälfte der Übung wird zu zweit durchgeführt und erfordert das Lesen von Informationen aus der nahen Vergangenheit.

Sobald die Rollen verteilt sind, zentriert sich das Medium. Es atmet durch seine Fontanelle ein, baut sein Energiefeld auf und weitet dies in die ihm gegenübersitzende Person aus. Das Medium sucht während drei bis fünf Minuten nach Aktivitäten, die sein Klient kürzlich unternommen hat. Anhand der Empfindungen, die es während des ersten Teils der Übung notiert hat, wägt das Medium ab, ob die gegenübersitzende Person an den unternommen Aktivitäten Spass hatte.

Nach insgesamt zehn Arbeitsminuten tauschen sich die zwei Personen aus und besprechen die Ergebnisse: Hat das Medium die Aktivitäten mit einem angenehmen oder mit einem unangenehmen Gefühl einhergehend gespürt? Entspricht die Empfindung der Befriedigung, die der Klient dabei empfunden hat?

Nach dem gegenseitigen Austausch werden die Rollen getauscht.

ÜBUNG 20

Diese Übung kann von Haustierhaltern alleine durchgeführt werden. Das Ziel dieser Übung ist es, sein Tier (Hund oder Katze) gedanklich zu sich zu rufen. Hierfür zentriert sich die Person, atmet durch die Fontanelle ein, baut ihr Energiefeld auf und weitet es in sein Tier hinein aus. Die Kommunikation geschieht durch Bilder, nicht durch Wörter. Die Person stellt sich also gedanklich das Bild ihres Tiers vor, das sich nähert, um gestreichelt zu werden. Daraufhin sollte das Tier entsprechend reagieren. Grundsätzlich geschieht die Kommunikation mit einem Tier immer durch Bilder. So kann man ihm beispielsweise sagen, dass es nicht in der Wohnung oder ausserhalb seiner Kiste sein Geschäft erledigen soll.

—

Psychisches Lesen

—

Die folgenden Übungen dienen der Weiterentwicklung der Fähigkeit des psychischen Lesens.

ÜBUNG 21

Diese Übung erlaubt es, die kürzlichen Ereignisse im Leben einer Person zu lesen. Wenn wir von kürzlichen Ereignissen sprechen, sind damit relevante Dinge gemeint, das heisst nicht alltägliche Ereignisse: sich ein Paar Schuhe gekauft zu haben, eine Reifenpanne erlebt zu haben, eine ungewöhnliche Verspätung bei der Arbeit, eine zufällige oder eine geplante Begegnung. Ereignisse wie zum Beispiel die tägliche Körperpflege oder das Essen sind Teil des Lebens eines jeden und somit alltäglich.

Diese Übung wird zu zweit durchgeführt. Die Teilnehmer sitzen sich gegenüber und wechseln sich nach fünfzehn Minuten ab, sodass beide zum Zug kommen.

Der Übende schliesst seine Augen und zentriert sich: Er atmet die Energie seiner Lichtsäule durch die Fontanelle ein und atmet von seinem Zentrum ausgehend aus, um so sein Energiefeld aufzubauen. Dann weitet er sein Energiefeld in jenes der anderen Person aus. Es gilt, die Intention zu formen, von der gegenübersitzenden Person Informationen aus deren nahen Vergangenheit zu erhalten, das heisst aus der Zeitspanne der letzten ein bis sieben Tage.

Während ungefähr fünf Minuten öffnet sich der Übende für Informationen aus der nahen Vergangenheit der anderen Person und merkt sich diese.

Nach insgesamt zehn Minuten öffnet der Übende seine Augen und beschreibt anschliessend der anderen Person, welche Informationen er erhalten hat, worauf letztere diese jeweils bestätigt oder verwirft.

Falls die Antwort negativ ausfällt, notiert der Übende den Fehler und erwägt, auf welche Weise er die Information erhalten hat, denn aus seinen Fehlern lernt man am meisten. Man erlernt die Fähigkeit, Fehler auch dadurch zu erkennen, dass man seine Selbstwahrnehmung stärkt und die jeweiligen Empfindungen mit denjenigen bei einer korrekten Antwort vergleicht.

Diese Übung, bei der das Energiefeld einer anderen Person gelesen wird, kann nicht nur bezüglich der nahen Vergangenheit durchgeführt werden; es können ebenfalls beispielsweise die ersten zehn Jahre der Kindheit gelesen werden oder die Altersspanne der ersten zehn bis zwanzig Jahre.

Nach insgesamt fünfzehn Minuten werden die Rollen getauscht.

Die Übung lässt sich variieren, indem sie alleine durchgeführt wird, wobei das Energiefeld durch Intention auf eine räumlich entfernte Person, die zuvor eingewilligt hat, ausgeweitet wird. Die erhaltenen Informationen werden anschliessend auf einem Notizblock festgehalten. Diese Übung erstreckt sich auf ungefähr zehn Minuten. In einem zweiten Schritt wird via Videokonferenz, Telefon oder per Textnachricht Rücksprache mit der betroffenen Person gehalten, wobei diese die Informationen jeweils bestätigt oder verwirft.

ÜBUNG 22

Auch diese Übung erlaubt es, die relevanten Ereignisse, die sich kürzlich im Leben einer Person ergeben haben, zu lesen.

Die Übung wird zu zweit und auf spielerische Weise, dem Tischtennis ähnlich, durchgeführt. Dabei sitzen sich die Teilnehmer gegenüber und übernehmen abwechslungsweise die aktive Rolle. Eine Dauer von fünfzehn Minuten ist vorgesehen, es sei denn, die Übung wird in privatem Rahmen durchgeführt, dann kann sie auch verlängert werden. Dies ist meine Lieblingsübung.

Die zwei Teilnehmer schliessen die Augen und zentrieren sich: Jeder atmet die Energie aus seiner Lichtsäule durch seine Fontanelle hindurch ein und von seinem Zentrum ausgehend aus, um so sein Energiefeld auszuweiten. Dann weitet jeder sein Energiefeld in das der anderen Person aus. Es gilt, die Intention zu formen, von der gegenüber sitzenden Person Informationen aus deren nahen Vergangenheit zu erhalten, das heisst aus der Zeitspanne der letzten ein bis sieben Tage.

Abwechslungsweise öffnet sich jeder für Informationen aus der nahen Vergangenheit der anderen Person und teilt ihr diese mündlich mit, worauf die Person jeweils mit Ja oder mit Nein antwortet.

Die Übung lässt sich variieren, indem sie auf Distanz durchgeführt wird, via Videokonferenz, am Telefon oder per Textnachricht.

ÜBUNG 23

Für diese Übung werden idealerweise zwei Gruppen gleicher Grösse gebildet, dies wenn möglich jeweils mit einer geraden Teilnehmerzahl. Die Übung dauert fünfzehn Minuten.

Die Rollen müssen vor Beginn der Übung definiert werden. Die Teilnehmer der einen Gruppe sind aktiv und die der anderen Gruppe übernehmen die Rolle des Klienten.

Zu Beginn müssen die Stühle folgendermassen verteilt werden: Zwei Stuhlreihen werden direkt hintereinander aufgestellt, wobei darauf zu achten ist, dass die Stühle sich nicht berühren.

Die Teilnehmer der aktiven Gruppe nehmen auf der vorderen Reihe platz, schliessen ihre Augen und beginnen damit, ihr Energiefeld aufzubauen, indem sie durch die Fontanelle in ihr Zentrum einatmen, und ihr Feld ausweiten.

Die Teilnehmer der zweiten Gruppe setzen sich lautlos hinter die Teilnehmer der aktiven Gruppe. Es ist wichtig, dass die Teilnehmer der aktiven Gruppe nicht wissen, wer hinter ihnen sitzt. Jedem Teilnehmer der aktiven Gruppe muss ein Klient zugeordnet sein.

Die Teilnehmer der aktiven Gruppe haben ihr Energiefeld aufgebaut und weiten es jeweils in die hinter ihnen sitzende Person aus. Dabei wird die Intention geformt, Fakten über die Person zu erhalten, die es erlauben, in einem ersten Schritt eine äusserliche Beschreibung über sie zu erstellen: Handelt es sich um einen Mann oder eine Frau? Klein oder gross? Welche Farbe und Länge haben die Haare? Anschliessend kann die aktive Person Fakten bezüglich der beruflichen Beschäftigung ermitteln: In welchem Bereich arbeitet die Person? Wo arbeitet die Person? Die Möglichkeiten sind vielfältig: Die aktiven Teilnehmer können Fakten über den Wohnort lesen (Lebt die Person in einem Haus oder in einer Wohnung? Falls in einer Wohnung, in welchem Stock? Wie sieht die Eingangstüre aus? Wie oder in welchem Stil ist der Wohnraum eingerichtet?), über die familiäre Situation (Lebt die Person alleine, zusammen mit einer anderen Person, mit Kindern?), über die wichtigsten Charakterzüge (Handelt es sich um eine emotionale Person? Oder ist sie eher pragmatisch? Hält sie sich gerne unter Menschen auf oder ist sie lieber alleine?), oder auch über ihre Freizeitbeschäftigungen (Macht die Person gerne lange Spaziergänge durch den Wald oder zieht sie es vor, in einem bequemen Sessel ein Buch zu lesen? Handelt es sich um einen sportlichen Menschen oder um einen eher gemütlichen Fernsehliebhaber? Bastelt, malt oder töpfert die Person gerne?).

Bei dieser Übung ist darauf zu achten, dass man so faktisch wie möglich bleibt, um zu vermeiden, dass sich der eigene Intellekt einmischt: Man kann nämlich versucht sein zu erraten, wer sich hinter sich befindet. Besonders, wenn die Teilnehmer sich zuvor begegnet sind oder sich sogar kennen. Falls die Teilnehmer sich gegenseitig kennen, liegt es bei den aktiven Teilnehmern, ihr Wissen auszublenden und sich ausserhalb dessen zu bewegen.

Nach insgesamt fünfzehn Minuten öffnen die Teilnehmer der aktiven Gruppe ihre Augen, drehen sich um und teilen der anderen Person mit, welche Informationen sie über sie erhalten haben. Für diesen Austausch sind drei bis fünf Minuten vorzusehen.

ÜBUNG 24

Diese Übung wird alleine durchgeführt und dient der Verankerung des Reflexes, durch welchen man sein Energiefeld für die Arbeit öffnet und es unmittelbar danach wieder schliesst. Es geht hier in erster Linie also nicht darum, ein korrektes Resultat zu erzielen, sondern darum, sich eine Gewohnheit anzueignen, die immer dann zum Zug kommt, wenn es darum geht, Informationen zu erhalten. Was hier also vor allem geübt wird, ist der folgende Mechanismus: Öffnen seines Energiefeldes für die gewünschte Information, Wahrnehmen oder Empfangen, Schliessen seines Energiefeldes und Erdung oder Rückkehr zu sich selbst. Falls sich das Ergebnis dann zudem noch als korrekt erweist, dann ist dies natürlich umso besser.

Das Medium kann diesen Prozess täglich üben, zum Beispiel, wenn es entweder einen Telefonanruf oder eine Textnachricht erhält. Sobald der Klingelton ertönt, öffnet das Medium – noch bevor es nach dem Telefon greift – sein Energiefeld, um zu ermitteln, von wem es gerade kontaktiert wird. Sobald es einen Namen erhalten hat, schliesst es sein Energiefeld, erdet sich und prüft sein Telefon.

Eine amüsante Variante kann sich folgendermassen abspielen: Das Medium hat einen Termin mit jemandem. Vor dem physischen Treffen nimmt es sich einen Moment Zeit, um sein Energiefeld zu öffnen. Dann versucht es zu ermitteln, wie die andere Person gekleidet ist (dominante Farbe, Stil, besonders auffallendes Kleidungsstück usw.) und ob die Person pünktlich sein wird oder nicht. Sobald es die Informationen erhalten hat, schliesst es sein Energiefeld wieder, erdet sich und überprüft später die Richtigkeit seiner Wahrnehmungen.

ÜBUNG 25 – ERSTELLEN DER PERSÖNLICHEN FARBTABELLE

Die Farben spielen eine wichtige Rolle bei der Arbeit mit Sensitivität, sei es im Bereich des Heilens oder der Medialität. Dafür ist es wichtig, seine persönliche Farbtabelle erstellt zu haben. Es wird empfohlen, eine Tabelle mit zwei Achsen zu erstellen. Auf einer Achse werden die Farben, auf die man am häufigsten stösst, abgetragen, die andere Achse ist für die vier Schichten vorgesehen: die physische, die mentale, die emotionelle und die spirituelle.

Dann geht es darum, jede einzelne Farbe zu spüren. Wenn man sich einer bestimmten Farbe nähert, sollte man deren Schwingung fühlen können und sich die Frage stellen, womit man diese Farbe assoziiert. Auf physischer Ebene: mit welchem Körperteil? Auf mentaler Ebene: mit welchem mentalen Funktionsschema? Auf emotioneller Ebene: mit welcher Emotion? Auf spiritueller Ebene: mit welcher Art von Blockierung oder mit welchem alten Schema?

Es ist wichtig, dass man weiss, wie man selbst die Farben situiert. Der Prozess der Erstellung dieser persönliche Farbpalette ist nie abgeschlossen.

Um eine Farbe erfassen zu können, stellt man sich die Frage, was die Farbe für einen persönlich darstellt und welcher Auraschicht (der physischen, der mentalen, der emotionalen, der spirituellen) man sie zuordnen kann.

Ich persönlich assoziiere beispielsweise gelbbraun mit Eiter, rot mit Blut, grün mit Übelkeit oder Magenschmerzen, grau mit der grauen Substanz des Gehirns usw.

Nachfolgend führen wir eine Farbtabelle auf, wie sie aussehen könnte, bevor sie ausgefüllt ist. Es handelt sich hierbei natürlich lediglich um ein Beispiel, denn die Anzahl möglicher Farbabstufungen ist im Prinzip unendlich gross.

Die Auraschichten / Farben	Physische Schicht	Mentale Schicht	Emotionale Schicht	Spirituelle Schicht
Türkis				
Himmelblau				
Königsblau				
Indigo				
Violett				
Rosa				
Weiss				
Silbergrau				
Schwarz				
Goldbraun				
Rot				
Orange				
Gelb				
Hellgrün				
Smaragdgrün				
Dunkelgrün				

ÜBUNG 26 – DIE GÄRTEN DES GROSSEN GEISTES PRANAYAMAS (20 MINUTEN)

Ich setze mich bequem auf einen Stuhl oder auf ein Meditationskissen. Mein Rücken ist gestreckt, ich lasse meine Schultern hängen, mein Unterkiefer ist entspannt, ich atme ruhig. Ich beobachte einfach nur die Bewegung meines Brustkorbs. Ich beobachte mein Einatmen und mein Ausatmen. Ich beobachte einfach nur die Bewegung des Brustkorbs. Ich atme ein und atme aus, ich beobachte meine Atmung.

Ich konzentriere mich auf den Bereich zwischen meiner Oberlippe und meinen Nasenlöchern, ich folge dem Luftzug beim Einatmen und beim Ausatmen. Ich erhalte die Konzentration aufrecht. Meine gesamte Konzentration gilt diesem spürbaren Luftzug meiner Atmung, diesem Luftzug oberhalb der Oberlippe.

Ich konzentriere mich und visualisiere mein linkes Nasenloch. Ich atme ausschliesslich durch mein linkes Nasenloch ein und aus. Nach meinem nächsten Ausatmen auf der linken Seite atme ich durch mein rechtes Nasenloch, ausschliesslich durch mein rechtes Nasenloch. Einatmen und Ausatmen. Nach dem nächsten Ausatmen auf der rechten Seite wechsle ich meine Atmung ab, das heisst, ich atme links ein und atme rechts aus, ich atme rechts ein und atme links aus, links-rechts, rechts-links. In meinem natürlichen Atemrhythmus wechsle ich ab zwischen links-rechts und rechts-links. Ich bringe meine beiden Hirnhälften und mein Nervensystem ins Gleichgewicht, ich stärke mein drittes Auge und trainiere meine Konzentration. Vier Übungen in einer Atemübung.

Nach dem nächsten Ausatmen auf der linken Seite kehre ich zu meiner normalen Atmung zurück. Ich spüre mein Perineum, ich spanne es an. Wenn ich eine Frau bin, spüre ich meinen Gebärmutterhals und spanne ihn an. Ich spanne ihn an und entspanne ihn, ich spanne ihn an und entspanne ihn. Ich tue dies einige Male. Und ich visualisiere eine Lichtsäule, die von meinem Perineum ausgeht und bis zur Mitte meines Kopfes reicht, eine Lichtsäule, welche die Wirbelsäule umgibt. Ich visualisiere eine Lichtkugel im Bereich meines Perineums. Eine Kugel, die mein gesamtes Becken erleuchtet. Und mit jedem Einatmen bewege ich diese Kugel aufwärts, der Lichtsäule entlang, bis in die Mitte des Kopfes. Mit jedem Ausatmen gleitet diese Kugel meiner Wirbelsäule entlang abwärts, bis zum Perineum. Während diesen Pranayamas, während diesen Atemzügen berührt meine Zungenspitze meinen Gaumen. Beim Einatmen steigt die Energie aufwärts, beim Ausatmen sinkt sie abwärts. Ich lasse diese Energiekugel meiner Wirbelsäule entlang auf- und absteigen, im Rhythmus meiner Atmung.

Während des Einatmens steigt die Kugel auf, beim Ausatmen sinkt die Kugel ab. Ich erzwinge die Energie nie, ich bleibe entspannt. Meine Intention wird bewirken, dass diese Energie sich tatsächlich bewegt. Man kann die Energie nicht erzwingen. Man kann sie jedoch führen und man führt sie eben mit seiner Intention. Mit jedem Einatmen bewege ich diese Kugel meiner Wirbelsäule entlang aufwärts, mit jedem Einatmen lockere ich dichte Partikel und löse sie auf. Mit jedem Atemzug werde ich also ein bisschen leichter, mit jedem Atemzug vergrössere ich mein Schwingungsfeld. Mit jedem Atemzug verringert sich der Grad meiner eigenen Dualität. Mit jedem Atemzug bin ich ausgeglichener und mehr im Frieden. Diejenigen, welche die Intensität der Atmung etwas steigern möchten, können in Gedanken jeweils vier «Aum» singen. Ich folge einfach der Regel: «Während des Einatmens singe ich in Gedanken vier Aum, während des Ausatmens singe ich in Gedanken vier Aum.» Vier Aum während des Einatmens, vier Aum während des Ausatmens. Ganz entspannt atme ich aus und wieder ein.

Personen mit hohem Blutdruck oder einer Hiatushernie dürfen den Atem nach dem Einatmen nicht anhalten und Personen mit tiefem Blutdruck dürfen den Atem nach dem Ausatmen nicht anhalten. Und jetzt, nachdem ich während vier Aum eingeatmet habe, halte ich den Atem während zwei Aum an, das heisst ich mache eine Atempause von zwei Aum, atme dann während vier Aum aus, mache wieder zwei Aum Pause.

Ich atme im Viertakt: viermal einatmen, zweimal pausieren, viermal ausatmen, zweimal pausieren. Vier Aum beim Einatmen, zwei während des Atemstillstands und vier Aum beim Ausatmen, zwei während des Atemstillstands. Wenn meine Atmung konstant ruhig und ausgeglichen ist, dann wende ich das Pranayama-Quadrat an. Der Takt entspricht dann vier Mal, vier Mal, vier Mal, vier Mal: vier Aum während des Einatmens, vier Aum während des Atemstillstands, vier Aum während des Ausatmens, vier Aum während des Atemstillstands.

Nach dem nächsten Ausatmen kehre ich zur normalen Atmung zurück, ich visualisiere grosse flüssige Bewegungen meiner Wirbelsäule entlang: vom unteren Ende hinauf bis zum oberen, bis zur Mitte des Kopfes; von der Mitte des Kopfes hinunter bis zum Perineum. Ich habe meine beiden Gehirnhälften ins Gleichgewicht gebracht, ich habe mich selbst hinsichtlich der Erde und des Himmels ins Gleichgewicht gebracht, ich bin bereit für meine Übung.

DIE GÄRTEN DES GROSSEN GEISTES (40 MINUTEN)

Ich sehe mich selbst, wie ich irgendwo in den Bergen Asiens zu Fuss unterwegs bin. Ich bin umgeben von üppiger Vegetation und hängenden Gärten. Ich befinde mich auf einem schmalen Pfad, umgeben von Hügeln. Vor mir erblicke ich eine steinerne Treppe, die mich zur ersten Terrasse, zum ersten Garten führt.

Vor dieser Treppe halte ich inne, ich verweile, umhüllt von einer Lichtsäule, die auf mich herunterfällt und mich vollständig umgibt. Durch meine Fontanelle hindurch atme ich dieses Licht in mein Zentrum ein, in die Mitte meiner Brust. Ich atme dieses Licht ein und lasse es mit meinem eigenen Licht verschmelzen. Mit jedem Atemzug steige ich eine weitere Stufe hoch. Mit jedem Atemzug atme ich das Licht durch meine Fontanelle hindurch ein und baue mein Zentrum auf. Bei jedem Ausatmen steige ich die nächste Stufe hoch. Bei jedem Ausatmen entspanne ich mich. Durch meine Fontanelle hindurch atme ich in mein Zentrum ein und mein Zentrum baut sich auf. Und ich steige weiter die Treppe hoch. Stufe um Stufe erstrahle ich heller, denn bei jedem Einatmen baue ich mein Zentrum auf, weite es durch mich hindurch aus, ich weite es über mich selbst hinweg aus und hülle mich vollständig in mein eigenes Licht ein, immer umgeben von dieser wunderbaren Lichtsäule, von diesem himmlischen Licht. Stufe um Stufe steige ich hoch. Bei jedem Ausatmen entspanne ich mich. Einatmen und aufbauen, ausatmen und entspannen.

Mit jeder Stufe erstrahle ich noch heller. Ich erreiche das obere Ende der Treppe. Vor mir liegt ein wunderbarer Garten, voll von Pflanzen und Fruchtbäumen. Eigenartig an diesem Garten ist, dass er von einem starken roten Licht erhellt wird, das über die ganze Terrasse hinweg scheint. Mit jedem Atemzug weite ich mich in diese so spürbar vibrierende Farbe aus, in diese Farbe, die alle Zellen meines physischen Körpers belebt. Ich atme in mein Zentrum ein und von meinem Zentrum aus sende ich meine Strahlen in diesen Garten, in diese Farbe, in diese vibrierende rote Energie. Beim Ausatmen entspanne ich mich. Ich lade mich auf, mit dieser elektromagnetischen, erholsamen Energie, die mein gesamtes System stärkt und all jenes, was meinen physischen Körper ausmacht. Mit jedem Atemzug weite ich mich in dieses Rot aus. Bei jedem Ausatmen entspanne ich mich und erlaube meinem Körper, sich aufzuladen und sich zu stärken. Ich erhalte viel, sehr viel Kraft.

Am Ende des Gartens erblicke ich die nächste Treppe, auch sie ist steinern. Ich bin immer noch von meiner Lichtsäule umgeben und steige die ersten Stufen hoch. Mit jeder Stufe atme ich ein und weite mich durch mich hindurch aus. Bei jedem Ausatmen entspanne ich mich noch mehr. Schritt für Schritt, im natürlichen Rhythmus meiner Atmung. Und schon erblicke ich ein wunderbares smaragdgrünes Licht, welches mich auf der nächsten Terrasse erwartet. Und tatsächlich: Ich betrete den Garten und sogleich durchdringt dieser smaragdgrüne Schein, diese smaragdgrüne Kraft alles. Wiederum schreite ich durch diese wunderbare Vegetation. Das Grün wirkt auf meine emotionale Schicht ein. Diese Farbe lindert meine inneren Leiden. Sie bringt mich in mein Gleichgewicht und stellt meine innere Harmonie wieder her. Ich finde Abstand und meinen Frieden, Abstand und Frieden. Alles schimmert grün. Mit jedem Atemzug weite ich mich in dieses leuchtende Grün aus und verspüre immer mehr inneren Frieden. Schritt für Schritt schreite ich durch den smaragdgrünen Garten.

Ich gelange ans Ende dieser schönen Terrasse und vor mir liegt eine weitere Treppe, die nach oben führt. Und Schritt für Schritt steige ich hinauf, ruhig und in tiefstem Frieden. Mit jedem Schritt sinke ich tiefer in mein Zentrum, tiefer in mein Zentrum, tiefer in meinen Frieden. Ich erblicke ein blaues Licht: ein kräftiges Königsblau, das aus der nächsten Terrasse scheint. Ich betrete diesen Garten, ich nehme dieses königsblaue Licht wahr, ein lebhaftes Blau und ich trete ein. Dieses Blau besänftigt meine mentale Schicht, mein mentales Innenleben. Ich atme in mein Zentrum ein und weite mich von meinem Zentrum ausgehend in dieses wunderbare Blau aus. In dieses Blau, das meine repetitiven Gedanken beruhigt. In dieses Blau, das beruhigend auf mein gesamtes mentales System wirkt. Ich sinke noch tiefer in meinen Frieden. Besänftigt, beruhigt. Durch meine Fontanelle hindurch atme ich in mein Zentrum ein und weite mich in das Blau aus. Mit jedem Atemzug werden meine Gedanken ruhiger, mit jedem Atemzug verstärkt sich meine Konzentration. Ich verstärke meine Konzentration. Konzentriert und ruhig.

Und am Ende des Gartens führen mich die nächsten Stufen wieder höher. Schritt für Schritt steige ich hoch. Schritt für Schritt bereite ich mich vor. Schritt für Schritt komme ich meiner spirituellen Schicht näher. Ein Lichtschein, ein violettes, fast fluoreszierend violettes Licht durchdringt mich, sobald ich den nächsten Garten betrete. Und von meinem Zentrum weite ich mich aus und nehme diese wunderbare spirituelle Farbe auf. Ich tauche mit meiner spirituellen Schicht vollständig in dieses Violett ein. Es löst meine Zweifel auf und stärkt meinen Glauben. Es zeigt meiner Spiritualität die Richtung. Es löscht alle Dogmen aus. Mit jedem Atemzug wird meine Spiritualität freier, neutraler und reiner. Diese wunderbare Farbe bringt mir Mitgefühl, Wertfreiheit und eine klare Ausrichtung auf eine Spiritualität, die nicht durch Gedanken getrieben ist, eine freie Spiritualität.

Vor mir liegt eine Treppe, die mich zur letzten Terrasse bringt, ganz zuoberst auf diesem Hügel. Schritt für Schritt nähere ich mich ihr, denn ich weiss, dass ich meine Geistführer treffen werde. Ich werde das Licht des Grossen Geistes erfahren. Mit jedem Schritt werde ich leichter, freier. Mit jedem Atemzug bin ich mehr im Frieden. Und schon fallen die ersten Strahlen des weissen Lichts auf mich und ich betrete diesen Garten und setze mich im wunderbaren Licht des Grossen Geistes nieder. Ich spüre, wie die Liebe meiner Geistführer sich mir nähert und mich umgibt. Ich bitte meine Geistführer, sich mir zu nähern, damit wir eine Weile zusammen verbringen, zusammen im Licht des Grossen. Es soll keine angeregte Diskussion sein, mit den Wesen, die mich führen; es soll ein Moment der Zusammenkunft und der Liebe sein. Es ist ein Moment des Friedens im Licht des Grossen Geistes. Ich atme in mein Zentrum ein und von meinem Zentrum weite ich meine Strahlen in das Licht Gottes aus. Jedes Mal, wenn ich meine Strahlen weiter aussende, durchdringt mich sein Licht noch stärker. Ich bin ein Schwamm im Ozean und der Ozean ist im

Schwamm. Der eine ist im anderen, mit jedem Atemzug noch mehr. Mit jedem Atemzug verliere ich mich etwas mehr und ich bin nur noch strahlendes Licht. Ein Licht in einem anderen. Zwei Lichter, die zu einem werden. So ham, ham sa, ich bin dies, dies ist ich. Ich bin pures Bewusstsein. Ich bin Liebe, die frei von Intention ist. Ich bin Liebe und ich teile meine Liebe mit all dem, was existiert. Ich bin das Licht des Grossen Geistes. Es strahlt stets in mir und ich erinnere mich, dass es in jedem Wesen strahlt. Wir alle sind eins. Ich bin Teil des Grossen Geistes und der Grosse Geist ist Teil von mir, für immer. Ich erhebe mich in diesem magischen Garten und verankere diesen Zustand des Glücks und des tiefen Friedens fest in mir. Ich erhalte diese Liebe aufrecht, den ganzen Tag hindurch, durch meine Nächte hindurch, durch meine gesamte Zeit hindurch.

Leichten Schrittes steige ich die Treppen hinunter. Von einem Glücksgefühl getragen durchquere ich den violetten Garten. Ich steige wieder in den blauen Garten hinab. Ich werde mir meines Körpers etwas mehr bewusst. Ich steige in den smaragdgrünen Garten hinab. Mit jedem leichten Schritt beginne ich, meinen Körper zu spüren. Ich steige die Treppe hinab, die mich zu den rot schimmernden Fruchtbäumen bringt, zu diesem belebenden Rot, das mir hilft, zu mir, zu meinem physischen Körper zurückzufinden. Ich spüre meine Fusssohlen, die den Boden berühren, oder das Kissen, auf dem ich sitze. Ich komme unten an, auf diesem schmalen Pfad, der mich zu diesem Hügel gebracht hat. Ich bewege meine Hände, meine Finger. Ich bewege meine Zehen, ich berühre meine Oberschenkel. Ich finde zu mir zurück, ich komme zu mir zurück und ich bewahre diesen Frieden.

Psychometrie

Die psychische Lesung oder Psychometrie geschieht anhand eines Gegenstandes, welcher der Person gehört, die man lesen möchte. Die Gegenstände oder Fotos können lebenden Personen gehören oder Verstorbenen gehört haben. Unabhängig davon, ob es sich um energetisierte Watte handelt (wie bei der Übung zur Schulung der Selbstkenntnis) oder um Karten, kleine kristallene Tierfiguren, Steine, Wasser, Sand, Blumen,

Blätter, Bälle, Farbbänder – der entsprechende Gegenstand muss oft von der Person getragen werden oder oft von ihr berührt worden sein. Diese Aufzählung ist nicht abschliessend. Der Vorgang sieht folgendermassen aus: Man tritt mit einem Gegenstand in Verbindung, genau wie man dies mit einer Person tut. Umgeben von seiner Lichtsäule atmet man durch seine Fontanelle hindurch in sein Zentrum ein, um so sein Energiefeld aufzubauen. Sobald man sein Energiefeld ausgeweitet hat, richtet man dieses auf den Gegenstand aus, welchen man bearbeiten möchte. Diese Art der Verbindung erlaubt das Lesen der physischen, der mentalen, der emotionellen und der spirituellen Schicht.

ÜBUNG 27

Diese Übung wird zu zweit durchgeführt. Sie dauert fünfzehn Minuten, wonach man sich während drei bis fünf Minuten austauscht.

Für diese Übungen werden kleine Gegenstände benötigt, die den Teilnehmern gehören und von diesen regelmässig getragen werden. Zum Beispiel: ein Schmuckstück, eine Uhr, eine Brille, ein Schlüsselbund usw. Pro Gruppe wird mit zwei Gegenständen gearbeitet.

Die Teilnehmer setzen sich gegenüber an einen Tisch. Die aktive Person schliesst ihre Augen. Die andere Person überreicht ihr dann ihren Gegenstand.

Durch ihr Empfinden liest die aktive Person ihren Kollegen. Dies geschieht anhand des Gegenstandes, welchen sie in ihren Händen hält. Sie lässt sich inspirieren durch dessen Form, Farben, Zahlen, Beschaffenheit usw., sie spricht über das Leben ihres Klienten und dessen Charakter mithilfe von Analogien, Symbolen, Bildern und Metaphern.

Danach werden die Rollen getauscht.

ÜBUNG 28

Diese Übung wird zu zweit durchgeführt. Die Teilnehmer sitzen sich gegenüber. Die Dauer beträgt fünfzehn Minuten, wonach man sich während drei bis fünf Minuten austauscht.

Beide Teilnehmer haben einen Gegenstand mitgebracht, der einem lebenden Bekannten gehört. Die aktive Person nimmt den Gegenstand der anderen Person in die Hände.

Nachdem sie sich zentriert hat, weitet die aktive Person ihr Energiefeld in den Gegenstand aus und sucht nach Fakten: Woher stammt der Gegenstand? Was ist die Geschichte des Gegenstandes? Auf welchem Weg hat er zu seinem Besitzer gefunden? Ist er neu? Handelt es sich um ein Erbstück? Handelt es sich um ein Geschenk? Handelt es sich um einen Fund? Sobald sie diese Informationen erhalten hat, versucht die aktive Person zu ermitteln, wem dieser Gegenstand gehört: einem Mann oder einer Frau? Welches Alter hat die Person? In welchem Verhältnis steht sie zur Person, die mir den Gegenstand überreicht hat? Welchen Charakter hat die Person? Welchen Beruf übt sie aus? Wo lebt sie? Handelt es sich um einen Gegenstand von Bedeutung? Weshalb ist der Gegenstand für seinen Besitzer von Bedeutung oder nicht?

Am Schluss tauschen sich die Teilnehmer aus, wonach die Rollen getauscht werden.

ÜBUNG 29

Diese Übung wird zu zweit durchgeführt. Die Teilnehmer sitzen sich gegenüber. Die Dauer beträgt fünfzehn Minuten, wonach man sich während drei bis fünf Minuten austauscht.

Beide Teilnehmer haben ein Foto von einem oder einer lebenden oder verstorbenen Bekannten mitgebracht. Auf dem Foto darf keine andere Person abgebildet sein. Das Foto wird in einen Umschlag gelegt, sodass die Übung blind durchgeführt wird.

Nachdem sie sich zentriert hat, weitet die aktive Person ihr Energiefeld in das Foto aus und sucht nach Fakten: Handelt es sich bei der abgebildeten Person um einen Mann oder um eine Frau? Welches Alter hat die Person? In welcher Beziehung steht sie zu dem Teilnehmer, der das Foto mitgebracht hat? Welchen Charakter hat sie? Welchen Beruf übt sie aus? Wo lebt sie? Wie sieht ihre familiäre Situation aus? Wie ist ihr momentaner Gesundheitszustand (Kopfschmerzen, Rückenschmerzen usw.)?

Es sei erwähnt, dass diese Fragen in der Vergangenheitsform zu stellen sind und auf ihr vergangenes irdisches Leben zu beziehen sind, falls es sich um eine verstorbene Person handelt.

Am Schluss tauschen sich die Teilnehmer aus, wonach die Rollen getauscht werden.

ÜBUNG 30

Diese Übung wird alleine durchgeführt. Das Medium hat zuvor durch eine oder einen Bekannten ein Foto oder den Vornamen einer ihm bekannten Person erhalten. Diese Person muss der Lesung zugestimmt haben, falls sie noch lebt.

Falls es sich um ein Foto handelt, wird dieses in einem verschlossenen Umschlag dem Medium übergeben, damit die Übung blind durchgeführt werden kann. Der Besitzer des Fotos verrät dabei einzig, ob es sich um eine noch lebende oder um eine verstorbene Person handelt.

Nachdem sich das Medium alleine zuhause zentriert hat, weitet es sein Energiefeld in das Foto aus und sucht nach Fakten: Handelt es sich um einen Mann oder um eine Frau? Welches Alter hat die Person? In welcher Beziehung steht die abgebildete Person zu der Person, welche das Foto zur Verfügung gestellt hat? Welchen Charakter hat sie? Welchen Beruf übt sie aus? Wo lebt sie? Wie sieht ihre familiäre Situation aus? Wie ist ihr momentaner Gesundheitszustand (Kopfschmerzen, Rückenschmerzen usw.)?

Es sei erwähnt, dass diese Fragen in der Vergangenheitsform zu stellen sind und auf ihr vergangenes irdisches Leben zu beziehen sind, falls es sich um eine verstorbene Person handelt.

Das Medium nimmt sich für diese Übung so viel Zeit, wie es benötigt, und notiert die erhaltenen Informationen schrittweise auf einem Notizblock.

In einem zweiten Schritt tauscht sich das Medium mit dem Besitzer des Fotos per Telefon, Telekonferenz oder Textnachricht aus und überprüft so die Richtigkeit der Informationen.

Falls ein Vorname übergeben wurde, braucht das Medium zusätzlich die Information, ob es sich um eine noch lebende oder eine verstorbene Person handelt. Die Übung wird auf dieselbe Weise durchgeführt, wobei das Energiefeld des Mediums jedoch auf den Vornamen ausgeweitet wird.

Nachdem die Übung beendet wurde, tauscht sich das Medium per Telefon, Telekonferenz oder Textnachricht mit der Person aus, die ihm den Vornamen gegeben hat und überprüft so die Richtigkeit der Informationen.

ÜBUNG 31

Diese Übung wird alleine durchgeführt. Das Medium benötigt hierfür lediglich eine Internetverbindung und Zugang zu einer Suchmaschine.

Die Übung besteht darin, mehr oder weniger genau die Geburtsdaten von bekannten Persönlichkeiten zu erhalten.

Zunächst wird eine Liste von bekannten Persönlichkeiten aufgestellt, deren Geburtsdaten das Medium nicht kennt.

Nachdem sich das Medium alleine zuhause zentriert hat, weitet es sein Energiefeld in den ersten Namen auf der Liste aus und sucht nach Informationen zum Zeitpunkt der Geburt der betroffenen Person. Dabei wird der Präzisionsgrad laufend erhöht: Man visualisiert einen viergeteilten Kreis, wobei jeder Viertel eine Jahreszeit darstellt. Ist die Person im ersten Viertel (Frühling), im zweiten (Sommer), im dritten (Herbst) oder im vierten Viertel (Winter) geboren? Ist die Person im Verhältnis zum Medium vor oder nach diesem geboren? Wie viele Jahre liegen ihre Geburten auseinander, zehn Jahre, zwanzig Jahre?

Jede Jahreszeit besteht aus drei Monaten; in welchem Monat ist die Person geboren?

Danach wird das ganze Monatsblatt eines Kalenders visualisiert, auf welchem alle Tage des Monats abgebildet sind. Befindet sich der Geburtstag in der oberen oder in der unteren Hälfte? Dieses Vorgehen wird angewandt, bis ein vollständiges Datum definiert ist, wonach dessen Richtigkeit mithilfe der Suchmaschine überprüft wird.

ÜBUNG 32

Diese Übung erlaubt es, blind und unter geringstmöglichem Einfluss des eigenen Intellekts zu arbeiten. Sie wird zu dritt durchgeführt: Eine Person ist aktiv und zwei Personen übernehmen die Rolle der Klienten. Als Material wird ein Bällchen benötigt.

Das Medium setzt sich auf einen Stuhl, mit dem Rücken zu den beiden anderen Personen. Letztere setzen sich hinter das Medium, und zwar genügend nahe, sodass sie dem Medium auf die Schultern tippen und ihm so mitteilen können, ob eine Antwort entweder richtig ist oder falsch ist, oder dass sie mehr Details benötigen. Das Medium darf die Stimme seines Klienten nämlich nicht hören, denn es könnte diesen erkennen und damit wissen, wo sich das Bällchen befindet und mit wem es arbeitet.

Einer der beiden Klienten hält das Bällchen in seiner Hand. Die Übung kann beginnen: Das Medium schliesst seine Augen, zentriert sich, atmet durch seine Fontanelle hindurch ein, atmet von seinem Zentrum ausgehend aus, baut so sein Energiefeld auf und weitet es in den Halter des Bällchens aus. Das Medium weiss dabei natürlich nicht, bei wem sich das Bällchen befindet. Es liest ein Ereignis aus der nahen Vergangenheit des Halters des Bällchens und gibt es bekannt: Falls das Ereignis stattgefunden hat, tippt er oder sein Begleiter einmal auf die Schulter des Mediums. Falls es nicht stattgefunden hat zweimal und falls die Aussage nicht verstanden wurde dreimal.

Nachdem das Medium ein Ereignis mitgeteilt hat, kann das Bällchen jeweils entweder bei derselben Person bleiben oder dem Begleiter übergeben werden.

Dabei zentriert sich das Medium jeweils, atmet durch seine Fontanelle hindurch ein und weitet sein Energiefeld in das Bällchen aus. Seine Konzentration muss dabei stets beim Bällchen bleiben.

Nach fünfzehn Minuten dreht sich das Medium um und tauscht sich mit seinen Klienten über seine Wahrnehmungen und die Antworten aus.

Nach der dreiminütigen Besprechung werden die Rollen innerhalb der Gruppe getauscht.

ÜBUNG 33 – SAND LESEN

Diese Übung wird in einer Gruppe durchgeführt. Als Material werden ein Behälter und Sand in genügend grosser Menge benötigt, sodass darin Handabdrücke gemacht werden können.

Der Behälter wird mit Sand gefüllt. Derjenige Teilnehmer, der den Sandbehälter lesen wird, verlässt den Raum. So wird sichergestellt, dass er nicht wissen kann, wen er liest. Einer der Teilnehmer der Gruppe erstellt nun seine Handabdrücke im Sand. Dadurch hinterlässt er dort seine Energie.

Danach wird die Person, welche die Lesung durchführt, wieder hereingebeten. Sie weitet ihr Energiefeld in den Behälter und die Person, welche ihre Abdrücke hinterlassen hat, aus.

Das Medium führt eine psychometrische Lesung und eine Lesung der Energie durch. Es sei erwähnt, dass der Sand umso mehr Energie enthält, je öfter er für die Übung verwendet wird. Deshalb werden die Lesungen eher energetischer als psychometrischer Natur sein.

ÜBUNG 34 – BÄLLCHEN LESEN

Diese Übung wird in einer Gruppe durchgeführt. Die Teilnehmer sitzen in einem Kreis. Das Medium setzt sich mit dem Rücken zum Kreis, sodass es nicht sehen kann, welcher Teilnehmer das Bällchen erhält.

Dann nimmt ein Teilnehmer das Bällchen in seine Hand, worauf das Medium die energetische Verbindung mit der Person herstellt, welche das Bällchen hält. In der Folge kann es der Gruppe ein Ereignis aus der nahen Vergangenheit seines Klienten mitteilen.

Im Anschluss kann die Übung auf zwei Arten weitergeführt werden:

- Die erste Variante besteht darin, dass das Bällchen an einen anderen Teilnehmer weitergegeben wird, sobald das Medium eine korrekte Aussage gemacht hat.
- Bei der zweiten Variante tauschen das Medium und der Halter des Bällchens ihre Rollen und Plätze, sobald das Medium eine korrekte Aussage gemacht hat.

ÜBUNG 35

Diese Übung wird alleine durchgeführt. Das Medium benötigt ein kürzlich getragenes Kleidungsstück (Pullover, Schal usw.), welches es aus seinem Bekanntenkreis erhalten hat.

Es geht hier darum, eine Lesung der verschiedenen Orte durchzuführen, welche der betroffene Freund oder Partner kürzlich aufgesucht hat.

Das Medium beginnt also damit, anhand des ihm anvertrauten Kleidungsstücks die energetische Verbindung mit der Person herzustellen. Er sucht dann nach den kürzlich aufgesuchten geografischen Orten und beschreibt sie so gut wie möglich (handelt es sich um eine ländliche Gegend oder um eine städtische Umgebung, um den nördlichen/südlichen/östlichen/westlichen Teil des Landes, um eine sehr zugebaute oder im Gegenteil sehr grüne Umgebung?). Es notiert alle Informationen auf einem Notizblock, um sich später mit der betroffenen Person entweder direkt, am Telefon, via Telefonkonferenz oder via Textnachricht auszutauschen, wobei das Gegenüber die erhaltenen Informationen jeweils bestätigen oder verwerfen kann.

ÜBUNG 36 – WASSER LESEN (FÜR FORTGESCHRITTENE MEDIEN)

Diese Übung wird in einer Gruppe durchgeführt. Für die Übung werden ein Becher und Wasser benötigt.

Der Becher wird mit Wasser gefüllt, worauf ein Teilnehmer seine Energie auf das Wasser überträgt. Dabei darf das Medium sich nicht im selben Raum befinden. Dadurch ist sichergestellt, dass das Medium nicht weiss, wessen Energie auf das Wasser übertragen wurde.

Das Medium stellt dann die energetische Verbindung mit dem Wasser her und führt eine Lesung der Energie durch.

ÜBUNG 37 – ARBEIT MIT STEINEN

Diese Übung wird alleine durchgeführt. Hier wird das Herstellen der energetischen Verbindung zu einem Gegenstand geübt, was die Verbindung bei psychischen Lesungen anhand von Gegenständen erleichtert. Es ist dabei nicht nötig, die spezifische Wirkung des jeweiligen Steins zu kennen. Die Übung dauert fünf Minuten, danach findet während drei Minuten ein Austausch mit dem Rest der Gruppe statt.

Wählen Sie für sich selbst nach dem Zufallsprinzip einen Stein aus, halten Sie diesen in Ihrer Hand und schliessen Sie die Augen. Zentrieren Sie sich, atmen Sie durch Ihre Fontanelle hindurch ein, bauen Sie Ihr Energiefeld auf und weiten Sie sich in den Stein aus.

Auf welche Stelle auf Ihrem Körper würden Sie diesen legen wollen? Welche Emotion weckt er in Ihnen? Auf welchen meditativen Weg führt er Sie? Fühlt sich der Kontakt mit ihm angenehm oder unangenehm an? Aus welchem Grund oder aus welchen Gründen haben Sie diese Empfindungen? An welche(n) Lebensabschnitt(e) erinnert er Sie?

In den meisten Fällen steht die Stelle, auf welche wir den Stein legen möchten, ohne ihn zu kennen, im Einklang mit seiner Wirkung auf den menschlichen Körper. Genauso verhält es sich mit den Emotionen, auf welche er einwirken kann. Der meditative Weg ist sehr persönlich, weshalb dessen Ausprägung nur durch die eigene Erfahrung bestätigt werden kann.

ÜBUNG 38 – ARBEIT MIT STEINEN

Durch diese Übung wird die Fähigkeit der Beobachtung gestärkt, wodurch eine psychische oder mediale Verbindung hergestellt werden kann. Die Übung wird zu zweit durchgeführt und dauert zehn Minuten, wonach ein dreiminütiger Austausch stattfindet.

Sobald darüber entschieden wurde, wer zuerst die aktive Rolle einnimmt, wählt das Medium einen Stein aus, wobei es dabei an seinen Klienten denkt und innerlich die Intention formt, Informationen aus dessen naher Vergangenheit zu erhalten.

Dann zentriert sich das Medium, atmet durch seine Fontanelle hindurch ein, baut sein Energiefeld auf und weitet sich in den Stein aus. Sobald dies getan ist, öffnet es seine Augen wieder und beobachtet den Stein: Gibt ihm die Farbe des Steins Auskunft über ein Ereignis aus der nahen Vergangenheit? Kann die Schwingung des Steins Informationen über die nahe Vergangenheit liefern? Es geht also darum, dass das Medium aus dem Stein Informationen über die nahe Vergangenheit erhält und seinem Gegenüber die resultierenden Empfindungen beziehungsweise Informationen mitteilt. Nach Ablauf der zehn Minuten tauschen sich die beiden Teilnehmer aus.

Am Ende werden die Rollen getauscht.

ÜBUNG 39 – FERNWAHRNEHMUNG (ENGLISCH: «REMOTE VIEWING»)

Diese Übung wird alleine durchgeführt. Das Medium kann seinen Partner oder einen Freund darum bitten, ihm eine Liste von zehn bisher noch nicht besuchten geografischen Orten zu erstellen, oder es kann die Liste selbst erstellen. Die Orte müssen jedoch im Internet auffindbar sein.

Das Medium arbeitet dann alleine und konzentriert mit jeweils einem Ort. Es notiert auf einem Notizblock jegliche Informationen und Details, die es erhält.

In einem zweiten Schritt führt es im Internet für jeden der Orte eine Bildsuche durch, wobei auch Street View oder ähnliche Werkzeuge eingesetzt werden können. So kann es überprüfen, wie weit die während der Übung erhaltenen Informationen mit der Realität übereinstimmen.

Medialität

Die nachstehend aufgeführten Übungen zielen darauf ab, die Verbindung zu den Verstorbenen der geistigen Welt zu stärken; gleichzeitig soll damit ebenfalls ein Gerüst für den Kontakt mit Verstorbenen vermittelt werden, welches die Qualität der erhaltenen Informationen erhöht.

Die nachfolgenden Übungen werden mithilfe einer Person aus der geistigen Welt durchgeführt. Hierzu muss der Übende bereits wissen, wie die Verbindung zu einer Person aus der geistigen Welt hergestellt werden kann. Bei diesen Übungen geht es darum, die Verbindung zu einem Verstorbenen herzustellen, nicht zu einem Geistführer und auch nicht zur Person, mit welcher man die Übung durchführt. Mit Ausnahme der Meditation mit den Geistführern können diese Übungen nicht allein durchgeführt werden, man braucht einen Klienten, der dem Übenden gegenübersitzt.

Vorab eine kurze Zusammenfassung des Protokolls, anhand welchem die Verbindung mit einer Person aus der geistigen Welt aufgebaut wird.

Das Medium zentriert sich: Aus seiner Lichtsäule durch die Fontanelle hindurch einatmen, von seinem Zentrum ausgehend ausatmen, um so sein Energiefeld aufzubauen, seine Lichtkugel, in welcher gearbeitet wird. Sobald dieser Schritt abgeschlossen ist, bittet es jemanden aus der geistigen Welt, zu ihm in seine Lichtkugel einzutreten, worauf die mediale Arbeit beginnen kann.

Das Gerüst für den medialen Kontakt muss in einem ersten Schritt rigide sein, damit die Medien, die in der Regel in unterschiedlichem Masse fortgeschritten sind, mit derselben Ausrüstung starten. Aber vor allem deshalb, weil der Klient dadurch Informationen erhält, die so faktisch wie möglich sind. Denn, und dies zur Erinnerung, je faktischer die Informationen sind, desto besser wird der Klient die Person aus der geistigen Welt erkennen können, die ihm einen Besuch abstattet. Damit wird die Botschaft, welche durch das Medium übermittelt wird, noch sachdienlicher und noch besser auf den Klienten abgestimmt sein.

Damit dieses Gerüst richtig angewandt wird, ist an dieser Stelle eine kurze Zusammenfassung angebracht.

Nachdem die Verbindung zu einer Person aus der geistigen Welt aufgebaut wurde, versucht das Medium durch seine Hellsinne, die folgenden faktischen Informationen zu erhalten, um so seine Sitzung zu strukturieren:

- → Handelt es sich um einen Mann oder eine Frau?
- → Wie alt ist die Person?
- → Was war die Todesursache? Ist der Kommunikator in einem Spital verstorben, zuhause oder an einem anderen Ort?
- → In welchem Verhältnis stehen der Kommunikator und die Person, die seinen Besuch erhält?
- → Handelt es sich um ein familiäres, freundschaftliches oder amouröses Verhältnis oder schlicht um eine Bekanntschaft?
- → Wie war die familiäre Situation des Kommunikators? Alleinstehend, verheiratet, mit einem Lebensgefährten, mit oder ohne Kinder? Wie viele Kinder hatte er? Gab es in seinem Umfeld eine Person, mit der er eine besondere Beziehung unterhielt?
- → Welchen Beruf übte der Kommunikator aus?
- → Welche Hobbies pflegte er? War der Kommunikator eher intellektuell oder manuell veranlagt? Aufgrund welcher Fakten?
- → Hatte der Kommunikator ein Haustier?
- → Wie war sein Charakter? Eher extrovertiert oder eher introvertiert?
- → Hatte der Kommunikator ein ausgeprägtes Sozialleben oder war er lieber alleine?

Diese Aufführung ist nicht abschliessend, aber sie gibt einen Rahmen vor, anhand dessen ein mentales Ordnungssystem aufgebaut werden kann: Wo ist nach welcher Information zu suchen? Es ist ebenso wichtig, seinen eigenen Geist auf diese Weise zu strukturieren, denn das Medium wird keine Informationen erhalten, um die es sich nicht bemüht hat.

ÜBUNG 40 – MEDITATION MIT DEN GEISTFÜHRERN

PRANAYAMAS (20 MINUTEN)

Wir wiederholen die Pranayamas, die Ihnen schon bekannt sind, um eine optimale Vorbereitung für diese wertvolle Übung zu gewährleisten.

Ich setze mich bequem auf einen Stuhl oder auf ein Meditationskissen. Mein Rücken ist gestreckt, ich lasse meine Schultern hängen, mein Unterkiefer ist entspannt, ich atme ruhig. Ich beobachte einfach nur die

Bewegung meines Brustkorbs. Ich beobachte mein Einatmen und mein Ausatmen. Ich beobachte einfach nur die Bewegung des Brustkorbs. Ich atme ein und atme aus, ich beobachte meine Atmung.

Ich konzentriere mich auf den Bereich zwischen meiner Oberlippe und meinen Nasenlöchern, ich folge dem Luftzug beim Einatmen wie beim Ausatmen. Ich erhalte die Konzentration aufrecht. Meine gesamte Konzentration gilt diesem spürbaren Luftzug meiner Atmung, diesem Luftzug oberhalb der Oberlippe. Ich konzentriere mich und visualisiere mein linkes Nasenloch. Ich atme ausschliesslich durch mein linkes Nasenloch ein und aus. Nach meinem nächsten Ausatmen auf der linken Seite atme ich durch mein rechtes Nasenloch, ausschliesslich durch mein rechtes Nasenloch. Einatmen und Ausatmen. Nach dem nächsten Ausatmen auf der rechten Seite wechsle ich meine Atmung ab, das heisst, ich atme links ein und atme rechts aus, ich atme rechts ein und atme links aus, links-rechts, rechts-links. In meinem natürlichen Atemrhythmus wechsle ich ab zwischen links-rechts und rechts-links. Ich bringe meine beiden Hirnhälften und mein Nervensystem ins Gleichgewicht, ich stärke mein drittes Auge und trainiere meine Konzentration. Vier Übungen in einer Atemübung.

Nach dem nächsten Ausatmen auf der linken Seite kehre ich zu meiner normalen Atmung zurück. Ich spüre mein Perineum, ich spanne es an. Wenn ich eine Frau bin, spüre ich meinen Gebärmutterhals und spanne ihn an. Ich spanne ihn an und entspanne ihn, ich spanne ihn an und entspanne ihn. Ich tue dies einige Male. Und ich visualisiere eine Lichtsäule, die von meinem Perineum ausgeht und bis zur Mitte meines Kopfes reicht, eine Lichtsäule, welche die Wirbelsäule umgibt. Ich visualisiere eine Lichtkugel im Bereich meines Perineums. Eine Kugel, die mein gesamtes Becken erleuchtet. Mit jedem Einatmen bewege ich die Kugel aufwärts, der Lichtsäule entlang, bis in die Mitte des Kopfes. Mit jedem Ausatmen gleitet die Kugel meiner Säule entlang abwärts, bis zum Perineum. Während diesen Pranayamas, während diesen Atemzügen berührt meine Zungenspitze meinen Gaumen. Beim Einatmen steigt die Energie aufwärts, beim Ausatmen sinkt sie abwärts. Ich lasse diese Energiekugel meiner Wirbelsäule entlang auf- und absteigen, im Rhythmus meiner Atmung.

Während des Einatmens steigt die Kugel auf, beim Ausatmen sinkt die Kugel ab. Ich erzwinge die Energie nie, ich bleibe entspannt, meine

Intention wird bewirken, dass diese Energie sich tatsächlich bewegt. Man kann die Energie nicht erzwingen. Man kann sie jedoch führen und man führt sie eben mit seiner Intention. Mit jedem Einatmen bewege ich die Kugel meiner Wirbelsäule entlang aufwärts, mit jedem Einatmen lockere ich dichte Partikel und löse sie auf. Mit jedem Atemzug werde ich ein bisschen leichter, mit jedem Atemzug vergrössere ich mein Schwingungsfeld. Mit jedem Atemzug verringert sich der Grad meiner eigenen Dualität. Mit jedem Atemzug bin ich ausgeglichener und mehr im Frieden.

Wer die Intensität der Atmung etwas steigern möchte, kann in Gedanken jeweils vier «Aum» singen. Ich folge einfach der Regel: «Während des Einatmens singe ich in Gedanken vier Aum, während des Ausatmens singe ich in Gedanken vier Aum.» Vier Aum während des Einatmens, vier Aum während des Ausatmens. Ganz entspannt atme ich aus und wieder ein.

Personen mit hohem Blutdruck oder einer Hiatushernie dürfen den Atem nach dem Einatmen nicht anhalten und Personen mit tiefem Blutdruck dürfen den Atem nach dem Ausatmen nicht anhalten. Und jetzt, nachdem ich während vier Aum eingeatmet habe, halte ich den Atem während zwei Aum an, das heisst ich mache eine Atempause von zwei Aum, atme dann während vier Aum aus, mache wieder zwei Aum Pause. Ich atme im Vierertakt: viermal einatmen, zweimal pausieren, viermal ausatmen, zweimal pausieren. Vier Aum beim Einatmen, zwei während des Atemstillstands und vier Aum beim Ausatmen, zwei während des Atemstillstands. Wenn meine Atmung konstant ruhig und ausgeglichen ist, dann wende ich das Pranayama-Quadrat an, das heisst der Takt entspricht dann vier Mal, vier Mal, vier Mal, vier Mal: vier Aum während des Einatmens, vier Aum während des Atemstillstands, vier Aum während des Ausatmens, vier Aum während des Atemstillstands.

Nach dem nächsten Ausatmen kehre ich zur normalen Atmung zurück, ich visualisiere grosse flüssige Bewegungen meiner Wirbelsäule entlang: vom unteren Ende hinauf bis zum oberen, bis zur Mitte des Kopfes; von der Mitte des Kopfes hinunter bis zum Perineum. Ich habe meine beiden Gehirnhälften ins Gleichgewicht gebracht, ich habe mich selbst hinsichtlich der Erde und des Himmels ins Gleichgewicht gebracht, ich bin bereit für meine Übung.

ARBEIT MIT DEN GEISTFÜHRERN (50 MINUTEN)

Ich sitze in einer angenehmen Position. Ich visualisiere eine Lichtsäule, die auf mich herabscheint. Ein wunderbares, strahlendes Licht, das mich vollständig umgibt. Ich visualisiere eine Öffnung an der obersten Stelle meines Kopfes, in meiner Fontanelle. Durch meine Fontanelle hindurch atme ich diese Energie in mein Zentrum ein. Falls ich noch nicht weiss, wo sich mein Zentrum befindet, gehe ich von Anahata aus, meinem Herzchakra in der Mitte meiner Brust. Ich atme durch meine Fontanelle hindurch ein, ich atme in mein Zentrum ein. Bei jedem Einatmen füllt sich mein Zentrum mit Licht, bei jedem Einatmen weitet sich mein Zentrum aus, bei jedem Ausatmen entspanne ich mich. Ich atme ein und weite mich aus, ich atme aus und entspanne mich. Ich weite mich durch meinen gesamten Oberkörper hindurch aus. Ich atme in mein Zentrum ein und ich weite mich durch mein Becken hindurch aus, ich weite mich durch meine Beine hindurch bis in meine Füsse hinein aus. Ich atme aus und lasse los. Ich atme in mein Zentrum ein und ich weite mich durch meine Schultern hindurch aus, durch meine Arme hindurch bis in meine Hände. Ich fülle den Nacken und den Hals und den ganzen Kopf. Ich atme ein und weite mich über meinen Körper hinweg aus. Ich atme in mein Zentrum ein und baue mein Energiefeld auf, ich hülle mich in meine Lichtkugel ein, immer noch vollständig von dieser wunderbaren Lichtsäule umgeben, die auf mich herabscheint und mich nährt. Ich atme in mein Zentrum ein und baue mein Energiefeld auf.

Im Schutze meiner Lichtsäule und in meine eigene Lichtkugel eingehüllt, visualisiere ich mich auf dem obersten Gipfel eines sehr hohen Berges. Ich befinde mich an diesem heiligen Ort in mir, diesem Ort, der fern von den Plagen und den Unwettern meines täglichen Lebens liegt. In der Energie meiner Geistführer sind die Unwetter weit weg von mir, sie ertönen nur noch aus der Ferne. Ich sitze auf dem Gipfel und weiter unten tanzen die Wolken, ich lasse mich vom Licht der höheren Wesen vollständig durchdringen. Einige Berggipfel ragen durch die dunklen Gewitterwolken hindurch. Weit darüber betrachte ich in meinem Frieden die wunderbare Landschaft. Ich sitze zuoberst auf dem Berg, umgeben von meiner Lichtkugel und im Schutze meiner Lichtsäule. Ich weiss, dass ich hier bin, um einen oder eine meiner Geistführer zu treffen, oder mehrere. Ich werde eine bescheidene Arbeit beginnen, bei welcher ich meine Zeit der geistigen Welt zur Verfügung stelle, damit diese den Zugang zu meinem Geist finden kann, eine auf meinen Geist oder meine Seele angepasste Kommunikationsweise. Ich weiss, dass eines dieser Lichtwesen sich mir bald nähern wird.

Ganz oben auf dem Berg atme ich durch meine Fontanelle hindurch ein, ich atme in mein Zentrum ein und ich weite mich aus. Ich weiss, dass dieses Lichtwesen sich mir jetzt nähert und ich kann schon eine leichte Veränderung in meinem Energiefeld fühlen. Ich spüre, wie diese Energie langsam, langsam stärker wird, wie die Strahlen meines Energiefeldes diejenigen meines Geistführers oder meiner Geisführerin berühren. Trotz meiner grossen Entspannung, trotz meines inneren Friedens lasse ich mich nicht in einen passiven Zustand hinabgleiten, nein, ich verweile in einem Zustand der Interaktion, in einem wachen Zustand, der es mir erlaubt, wahrnehmen zu können. Ich bin also ruhig und gleichzeitig wachsam. Ich bitte meine Geistführer, sich mir zu nähern. Ich beobachte die Veränderungen in meinem Energiefeld. Tretet näher, kommt näher, bitte ich sie, kommt ganz nahe, damit ich Euch wahrnehmen kann. Ich atme in mein Zentrum ein und von meinem Zentrum ausgehend weite ich mich in die Energie meines Geistführers aus, beim Ausatmen beobachte ich und entspanne mich. Ich bin ruhig, aber wachsam. Aufmerksam und entspannt. Immer näher, und noch näher, immer mehr Eins. Ich atme ein und weite mich aus. Ich weite mich aus und bitte die Geistführer näher zu kommen, näher denn je. Ich weite mich in meine Geistführer hinein aus und beobachte mich. Ich bewege mich so wenig wie möglich, um die Energie, die sich aufbaut, nicht zu zerstören.

Um mein Bewusstsein zu schulen, bitte ich meine Geistführer, sich nur für einen kurzen Augenblick zurückzuziehen, damit ich die Veränderungen in meinem Energiefeld feststellen kann. Jetzt. Und jetzt bitte ich sie erneut, ganz nahezukommen und ich beobachte. Ich beobachte, wie die Energie sich wieder aufbaut. Ich beobachte, welche Wahrnehmungen ich habe, wenn ich mit ihnen in Verbindung stehe. Ganz systematisch werde ich jetzt meine Hellsinne schärfen: Zu Beginn bitte ich meine Geistführer also, sich durch mein Hellfühlen spürbar zu machen. Ich bitte sie, meine Energie so zu bearbeiten oder mich so zu berühren, dass ich es spüren kann. Sobald ich dies formuliert habe, beobachte ich nur noch und bleibe dabei offen.

Ich atme in mein Zentrum ein und weite mich in meine Geistführer aus und bitte sie, an meiner Hellhörigkeit zu arbeiten. Sobald dies formuliert ist, nehme ich die Beobachtung wieder auf. Oftmals höre ich sie ausserhalb des Ohrs, hinter dem Kopf. Manchmal vernehme ich eine Stimme im Innern meines Kopfs. Ich erwarte nichts Spezifisches. Ich bleibe offen und ich beobachte wachsam.

Ich atme durch meine Fontanelle hindurch ein, ich atme in mein Zentrum ein und ich weite mich in meine Geistführer aus und ich bitte sie, an meinem Hellwissen zu arbeiten, mir durch meine Fontanelle hindurch Ideen und Gedanken zu übertragen.

Ich atme in mein Zentrum ein und ich weite mich aus und ich bitte meine Geistführer, mit einem Duft zu arbeiten. Zu versuchen, mir einen himmlischen Duft zu übermitteln.

Ich atme in mein Zentrum ein und ich weite mich in meine Geistführer aus. Ich bitte sie, mir visuelle Eindrücke zu übermitteln. Ich bitte sie, an meiner Hellsichtigkeit zu arbeiten. Falls es mir schwerfällt, aufmerksam und konzentriert zu bleiben, achte ich auf jedes einzelne Bild, das ich sehe, auf jeden einzelnen Eindruck, den ich erhalte.

Ich atme durch meine Fontanelle hindurch ein, ich atme in mein Zentrum ein und von meinem Zentrum ausgehend weite ich mich in meine Geistführer aus. Und nochmals bitte ich sie, noch näher zu treten, näher denn je. Um einfach gemeinsame Zeit mit mir zu verbringen. Und jedes Mal, wenn meine Gedanken umherschweifen, was völlig normal ist, jedes Mal zentriere ich mich erneut, indem ich einatme und mich ausweite. Niemals ärgere ich mich, wenn meine Gedanken umherwandern. Tretet näher, helft mir, ein besseres Werkzeug zu werden, ein besseres Werkzeug für die Arbeit mit dem Licht. Ich erhalte meine Aufmerksamkeit aufrecht, ich bewahre mein Bewusstsein. Ich versuche, mir meines Zustands bewusst zu sein, ich präge mir diesen Zustand ein, ich präge mir ein, wie dieser Zustand sich von meinem Normalzustand unterscheidet. Was ist verschieden? Wie fühle ich mich, wenn ich begleitet bin? Welches ist mein Zeichen, das mir sagt, das mir beweist, dass ich mir nicht Geschichten erzähle, dass ich tatsächlich von einem Lichtwesen begleitet bin?

Langsam wird es Zeit, mich von meinen Geistführern zu trennen. Ich spüre mich sehr bewusst, ich beobachte mich. Und jetzt, wo ich meine Geistführer bitte, sich zurückzuziehen, beobachte ich mich noch aufmerksamer: Welche Veränderungen werde ich in meinem Energiefeld wahrnehmen? Wie kann ich mir ihrer Präsenz oder ihres Rückzugs bewusst werden? Ich verstärke meine Atmung und finde in meinem eigenen Rhythmus zu mir selbst zurück, ich finde zu mir in der Gegenwart zurück, in diesem Raum, auf diesem Sessel oder Kissen. Ich danke ihnen für ihren Besuch, für ihre Arbeit und ich komme zu mir zurück, ich komme zu mir zurück.

DIE FRAGE

Oftmals, wenn wir mit unseren Geistführern kommunizieren, wenn wir eine Antwort erhalten, haben wir Zweifel und fragen uns, ob es sich tatsächlich um eine Information handelt, die von einem höheren Bewusstsein stammt, oder ob es unser Intellekt ist, der diese Antwort erschaffen hat. Um das zu klären, gehen wir in mehreren Schritten vor.

Der erste Schritt besteht darin, die Frage richtig zu formulieren.

Der zweite Schritt besteht in einem Moment der Ruhe, in diesem Moment wird die Antwort aufgenommen.

Wenn ich den Eindruck habe, diese Antwort verstanden zu haben, wiederhole ich sie und bitte dann um ein Zeichen, einen Beweis, der mir bestätigt, dass das, was ich verstanden und wiederholt habe, wirklich korrekt ist.

Wir nehmen uns jetzt also Zeit, um diese Prüfung oder Erfahrung Schritt für Schritt zu durchlaufen.

Ich zentriere mich vollständig, ich begebe mich in mein Zentrum, in mein eigenes Licht, und ich formuliere meinen Geistführern auf klare Weise, was ich wissen muss. Gut, ich habe meine Frage zum Ausdruck bringen können.

Jetzt nehme ich eine Weile lang Abstand, um in mich hineinzuhören. Ich warte auf die Antwort.

Jetzt wiederhole ich, was ich für die Antwort halte: «Ich glaube, verstanden zu haben, dass ...»

Ich bitte meine Geistführer jetzt, mir die Bestätigung zu geben, die Bestätigung, dass ich richtig verstanden habe. Diese Bestätigung kann ein Symbol sein, ein Bild, eine Situation, in der ich mich in den kommenden Tagen wiederfinden werde, in meinem alltäglichen Leben, jedoch ohne nach dieser Bestätigung zu suchen. Dies könnte beispielsweise eine Palme an einem ungewöhnlichen Ort sein oder eine Feder, die mir vor die Füsse fällt. Irgendeine Situation, der ich in meinem täglichen Leben begegnen kann, und dies zu einem Zeitpunkt, an dem ich nicht daran denke. Jetzt nehme ich also erneut Abstand und warte darauf, dass ich einen Gedanken, eine Wahrnehmung, ein Wort oder ein Bild erhalte.

Gut, jetzt notiere ich auf einem Blatt Papier meine Frage, die Antwort und mein Symbol oder mein Zeichen, das der Bestätigung dient.

ÜBUNG 41

Bei dieser Übung können alle Hellsinne trainiert werden. Die meisten Medien tendieren zum Hellsehen, wie wir weiter oben schon angesprochen haben. Wir verfügen jedoch auch über die anderen Hellsinne. Um diese Übung erfolgreich durchführen zu können, darf man sich nicht von seinem bevorzugten Hellsinn ablenken lassen, sondern muss seine Aufmerksamkeit immer wieder zu dem Hellsinn, für dessen Weiterentwicklung man sich zuvor entschieden hat, zurückführen.

Diese Übung wird zu zweit durchgeführt und dauert fünfzehn Minuten, wonach ein drei- bis fünfminütiger Austausch unter den Teilnehmern stattfindet.

Während des Aufbaus der Verbindung zur geistigen Welt und noch bevor die Verbindung interaktiv wird (mit dem Einsatz der anderen Hellsinne), wird ausschliesslich das Hellsehen verwendet, um durch Beobachtung Informationen über die verstorbene Person zu erhalten: Handelt es sich bei der Person, die ich sehe, um einen Mann oder eine Frau? Auf welches Alter lässt ihr Äusseres schliessen? Wie erscheint ihr Körperbau? Kann ich physische Probleme erkennen? Kann ich erkennen, woran diese Person verstorben ist?

Falls sich ein anderer Hellsinn einschaltet, geht es darum, seine Konzentration auf das Sehen zurückzuführen.

Das Medium teilt seinem Klienten laufend alle Informationen mit, welche es zu sehen vermag.

Danach konzentriert sich das Medium ausschliesslich auf das Hellhören, um so die Informationen weiter anzureichern: Was kann die Person mir über ihren Körper mitteilen? Wenn ich mich an ihrer Stimme orientiere, höre ich einen Mann oder eine Frau? Was kann ich bezüglich der Todesursache vernehmen? Was kann sie über ihre familiäre Situation sagen?

Und wiederum: Falls sich ein anderer Hellsinn einschaltet, geht es darum, seine Konzentration auf das Hören zurückzuführen.

Das Medium teilt seinem Klienten laufend alle Informationen mit, welche es zu hören vermag.

Das Medium geht nun zum Hellfühlen über, um nach zusätzlichen Informationen zu suchen: Kann es die Gründe, die zum Tod geführt haben, am eigenen Körper spüren? Kann es fühlen, welche Emotionen die verstorbene Person verspürte? Spürt das Medium Freude, Trauer, Groll, Mitgefühl?

Und wiederum: Falls sich ein anderer Hellsinn einschaltet, geht es darum, seine Konzentration auf das Fühlen zurückzuführen.

Das Medium teilt seinem Klienten laufend alle Informationen mit, welche es zu fühlen vermag.

Am Ende der Übung tauschen die beiden Teilnehmer ihre Rollen.

ÜBUNG 42

Diese Übung wird zu dritt durchgeführt.

Das Ziel der Übung besteht in der Stärkung der Fähigkeit, die Energie einer Person aus der geistigen Welt, die schon präsent ist, zu erfassen und die energetische Verbindung mit ihr aufzubauen. Die Übung dauert fünfzehn Minuten, worin eine drei- bis fünfminütige Besprechung gegen Ende inbegriffen ist.

Vor Beginn der Übung werden die Rollen aller drei Teilnehmer festgelegt:

- Ein Teilnehmer stellt die Verbindung her und formt dabei die Intention, dass eine Person für den Klienten erscheinen möge. Sobald die Verbindung hergestellt ist, gibt er eine Beschreibung des Äusseren ab, beschreibt den Typ der Beziehung zwischen dem Verstorbenen und der Person, für welche er erschienen ist und nennt die Todesursache und den Beruf.

- Der zweite Teilnehmer nimmt in einem zweiten Schritt an der Verbindung teil und vertieft diese, indem er Informationen über die familiäre Situation, den Charakter des Verstorbenen und dessen Lebensort liefert.
- Der dritte Teilnehmer übernimmt die Rolle des Klienten.

Sobald alle Rollen verteilt sind, nimmt sich das erste Medium einen Moment Zeit, um die Verbindung mit der geistigen Welt herzustellen und schliesslich um die Präsenz eines Verstorbenen für den Klienten zu bitten. Dann gibt es eine Beschreibung des Äusseren und der Beziehung zu der Person, für welche der Verstorbene erschienen ist, nennt die Todesursache und den Beruf. Nachdem es sich über das Erscheinungsbild und den Typ der familiären oder freundschaftlichen Beziehung ausgedrückt hat, legt es eine Pause ein und fragt den Klienten, ob die soeben gelieferten Informationen für ihn Sinn ergeben. Falls der Klient nicht alle Informationen versteht, wendet sich das Medium wieder der Person aus der geistigen Welt zu und bittet diese um ergänzende Informationen über deren äusseres Erscheinungsbild, Beruf, Todesursache oder familiäre Beziehung.

Sobald die verstorbene Person erkannt werden konnte, schaltet sich das zweite Medium ein, um die Verbindung zu vertiefen. Das kann beispielsweise mit Informationen über die familiäre Beziehung, den Charakter des Verstorbenen oder den Lebensort geschehen. Das zweite Medium sieht ebenfalls eine Unterbrechung in seinen Aussagen vor, damit sichergestellt wird, dass die Informationen, welche die Person erhält, für die der Kontakt hergestellt wurde, weiterhin vollständig Sinn ergeben.

Die Medien sprechen nicht beide gleichzeitig, sondern beachten die Reihenfolge, die zu Beginn festgelegt wurde. Beide Medien können jedoch die vom anderen Medium gelieferten Informationen ergänzen.

ÜBUNG 43

Für diese Übung werden im Idealfall zwei gleich grosse Gruppen gebildet, die jeweils aus einer geraden Anzahl von Teilnehmern bestehen. Die Übung dauert fünfzehn Minuten, wonach ein drei- bis fünfminütiger Austausch stattfindet.

Die Teilnehmer der einen Gruppe haben die Rolle des Mediums, die Teilnehmer der anderen Gruppe haben die Rolle des Klienten. Diese Rollen werden zu Beginn festgelegt.

Vor Beginn der Übung werden die Stühle aufgestellt: Es sind zwei Reihen hintereinander zu bilden, wobei die Stühle sich nicht berühren sollen.

Die Teilnehmer der aktiven Gruppe nehmen als Medien in der vorderen Reihe Platz, schliessen ihre Augen und beginnen damit, ihr Energiefeld aufzubauen, indem sie durch ihre Fontanelle hindurch in ihr Zentrum einatmen und dieses so ausweiten, dass sie die Verbindung mit einer Person aus der geistigen Welt herstellen können.

Die Teilnehmer der zweiten Gruppe nehmen lautlos hinter der ersten Gruppe, den Medien, Platz. Es ist wichtig, dass die Teilnehmer der aktiven Gruppe nicht wissen, welcher Teilnehmer hinter ihnen sitzt. Jedem Teilnehmer der Gruppe der Medien muss ein Klient zugeordnet sein.

Die Übung läuft in drei Phasen ab: In der ersten Phase geht es darum, die Identität des Verstorbenen zu ermitteln, in der zweiten Phase wird der Klient, der hinter dem Medium sitzt, beschrieben. Das geschieht anhand von Informationen, die vom Verstorbenen erhalten werden. Die letzte Phase dient der Beschreibung der Beziehung zwischen dem Klienten und der Person aus der geistigen Welt.

Die Medien bauen also ihr Energiefeld auf und bitten für den Klienten um die Präsenz einer Person aus der geistigen Welt. Sobald diese Verbindung hergestellt ist, gibt das Medium zuallererst faktische Informationen über die Person aus der geistigen Welt wieder: Handelt es sich um einen Mann oder um eine Frau? Gross, klein? Welche Farbe und Länge haben die Haare? Woran ist die Person verstorben? In welcher Beziehung stand sie zum Klienten?

Sobald diese Beschreibung vollständig ist, beginnt das Medium die Interaktion mit der Person aus der geistigen Welt und bittet sie um Informationen über den Klienten, welcher sich hinter dem Medium befindet: Handelt es sich bei der Person hinter dem Medium um einen Mann oder eine Frau? Wie lässt sich ihr äusseres Erscheinungsbild beschreiben? Welche berufliche Tätigkeit übt sie aus? Welches ist ihr Lebensort?

Anschliessend geht das Medium zu den gemeinsamen Erinnerungen über: Was haben der Klient und die Person aus der geistigen Welt gemeinsam erlebt? Haben sie gemeinsam einen bestimmten Ort aufgesucht? Sind sie gemeinsam einer bestimmten Beschäftigung nachgegangen?

Zum Abschluss fragt das Medium den Verstorbenen, ob dieser eine Botschaft für den Klienten hat.

Bei dieser Übung geht es darum, so faktisch zu bleiben wie irgend möglich, um zu verhindern, dass der eigene Intellekt sich einschaltet: Wenn die Teilnehmer der Gruppe sich zuvor begegnet sind oder sich sogar kennen, kann man natürlicherweise versucht sein zu erraten, wer sich auf dem hinteren Stuhl befindet.

Nachdem die fünfzehn Minuten abgelaufen sind, öffnen die Teilnehmer der aktiven Gruppe ihre Augen, drehen sich um und besprechen die Informationen, die sie über ihren Partner erhalten haben. Für diesen Austausch sind drei bis fünf Minuten vorzusehen.

ÜBUNG 44

Diese Übung wird zu zweit durchgeführt: ein Medium und ein Klient, die sich gegenübersitzen. Diese Übung dauert fünfzehn Minuten. Danach findet ein drei- bis fünfminütiger Austausch zwischen den Partnern statt.

Bei dieser Übung baut das Medium für den Klienten, der ihm gegenübersitzt, zwei Verbindungen mit zwei Kommunikatoren aus der geistigen Welt auf.

Ziel dieser Übung ist es, als Medium zwei verschiedene Energien aus der geistigen Welt wahrzunehmen, diese auseinanderzuhalten und seine Konzentration vom einen Kommunikator zum anderen verlagern zu können, ohne die Quellen der Informationen zu verwechseln. Zudem sollen die erhaltenen Informationen wiedergegeben werden, wobei jeweils zu erwähnen ist, von welchem Kommunikator sie stammen. Das Medium muss dabei seinen Geist gut beherrschen, um erkennen zu können, von welchem Kommunikator es seine Informationen erhält, und um so den Eindruck zu vermeiden, dass sich beide Kommunikatoren gleichzeitig ausdrücken.

Das Medium beginnt also die Intention zu formen, für seinen Klienten die Präsenz einer Person aus der geistigen Welt zu erhalten. Dann baut er die Verbindung zu dieser Person aus der geistigen Welt auf.

Das Medium beginnt seine Sitzung mit der Beschreibung des Verstorbenen: Mann, Frau, Alter, Körpergrösse, Todesursache, Verhältnis zum Klienten. Das Medium sieht eine Unterbrechung vor, um sicherstellen zu können, dass die Informationen für seinen Klienten Sinn ergeben und dass dieser den Kommunikator als eine verstorbene Person aus seinem eigenen Umfeld erkennen kann.

Nachdem der Klient den Verstorbenen erkannt hat, bittet das Medium den Kommunikator, sich an seine linke oder rechte Seite zu begeben und sich einen Augenblick zu gedulden.

Dann formt das Medium die Intention, für seinen ihm gegenübersitzenden Klienten die Präsenz eines zweiten Kommunikators aus der geistigen Welt zu erhalten und baut dann eine zweite Verbindung auf. Sobald dies erfolgt ist, beginnt er mit der Beschreibung des zweiten Kommunikators: Mann, Frau, Alter, Körpergrösse, Todesursache, Verhältnis zum Klienten und zum anderen Kommunikator. Das Medium legt eine Pause ein und versichert sich, dass der Klient den Kommunikator versteht und als eine verstorbene Person aus seinem eigenen Umfeld erkennt.

Nachdem beide Kommunikatoren vom Klienten erkannt wurden, bittet das Medium den zweiten Kommunikator, sich an seine linke oder rechte Seite zu begeben, je nachdem, auf welcher Seite sich der erste Kommunikator nicht befindet.

Dann wechselt das Medium zwischen diesen zwei Kommunikatoren ab: Faktische Informationen vom einen Kommunikator erhalten, diese dem Klienten wiedergeben, dann faktische Informationen vom anderen Kommunikator erhalten, wobei diese von denjenigen, die vom ersten Kommunikator erhalten wurden, verschieden sein können oder sie ergänzen können, sie dem Klienten wiedergeben usw. Das wird so weitergeführt, bis die Dauer der Übung abgelaufen ist.

Das Medium schliesst seine Sitzung mit einer Botschaft, die entweder von jedem der Kommunikatoren separat kommt oder von beiden Kommunikatoren gemeinsam (das Medium achtet darauf, jedem der Kommunikatoren das Wort einzeln zu erteilen, sodass diese nicht gleichzeitig kommunizieren).

Zum Schluss der Übung tauschen sich die beiden Teilnehmer aus und tauschen danach die Rollen.

ÜBUNG 45

Diese Übung wird zu zweit durchgeführt: ein Medium und ein Klient. Die Übung dauert fünfzehn Minuten, wonach ein drei- bis fünfminütiger Austausch zwischen den Partnern stattfindet. Bei dieser Übung geht es für das Medium darum, den energetischen Unterschied zwischen einem Kommunikator aus der geistigen Welt und dem Energiefeld seines Klienten wahrzunehmen. In der Tat gilt die energetische Schwingungsrate der geistigen Welt im Verhältnis zur energetischen Schwingungsrate von Menschen als hoch. Die tiefere Schwingungsrate der Menschen ergibt sich aus dem Umstand, dass Menschen auch aus Materie bestehen.

Für das Medium besteht das Ziel darin, wahrzunehmen und zu verstehen, auf welche Weise ihm die Information übertragen wurde. Bei der psychischen Lesung ist dieses Kriterium von Bedeutung, denn es kann vorkommen, dass ein Kommunikator aus der geistigen Welt sich ausdrücken und Informationen über den Klienten beitragen möchte. Bei der medialen Lesung wird das Medium merken, wenn seine Konzentration von seinem Kommunikator abschweift und dabei die Informationen über die Person aus der geistigen Welt im Energiefeld seines Klienten liest.

Das Medium baut also seine Lichtkugel auf, in welcher es arbeiten wird, und bittet mit klarer Intention um die Präsenz einer Person aus der geistigen Welt, welche vom Klienten erkannt werden kann.

Er beginnt, seinem Klienten den Kommunikator zu beschreiben: Mann, Frau, Alter, Körpergrösse, Todesursache, Verhältnis zum Klienten.

Sobald das Gegenüber durch die vom Medium gelieferten faktischen Informationen eine verstorbene Person aus seinem eigenen Umfeld identifizieren konnte, bittet das Medium den Kommunikator, an seiner Seite zu verweilen und sich einen Augenblick zu gedulden.

Dann baut das Medium die Verbindung mit seinem Klienten auf, wie wir dies in den Übungen zur psychischen Lesung kennengelernt haben: Es weitet sein Energiefeld, seine Lichtkugel in das Energiefeld des Klienten hinein aus. Sobald die Verbindung steht, liest das Medium im Energiefeld seines Klienten zusätzliche faktische Informationen über den Verstorbenen, welcher präsent ist.

Das Medium wechselt zwischen dem Kommunikator und dem Energiefeld seines Klienten ab, wobei die Verbindung mit der Person, die ihm gegenübersitzt, und die Verbindung mit dem Verstorbenen aufrechterhalten wird. Es richtet seine Aufmerksamkeit jeweils auf die Art und Weise, auf welche es die Informationen erhält: Haben sie eine unterschiedliche Schwingung? Fällt dem Medium der Umgang mit einer der zwei Energien leichter? Wie kommen die Unterschiede in der Energie oder in der Schwingung zum Ausdruck, sobald es mit der Energie des Verstorbenen beziehungsweise mit dem Energiefeld seines Klienten arbeitet?

Nach Ende der Übung und anschliessender Diskussion werden die Rollen getauscht.

ÜBUNG 46 – DOUBLE BLIND (DOPPELBLIND)

Nachdem der Leser über die möglichen Fehlerquellen unterrichtet wurde, sei es der Intellekt eines Teilnehmers, sei es ein Foppgeist, führen wir nachstehend die Anleitung für die Übung auf, welche «Double blind» genannt wird und mindestens zu dritt durchgeführt wird: Eine Person notiert die Buchstaben, welche von der geistigen Welt angegeben werden, und den beiden anderen Personen sind idealerweise die Augen verbunden oder sie schliessen ihre Augen.

Wenn die Absicht besteht, das Ouijabrett als Kommunikationsmittel zu verwenden und dies ausschliesslich in der Intention, dadurch unterrichtet zu werden oder anderen besser dienen zu können, ist folgendermassen vorzugehen: Es wird für die Übung um die Präsenz eines Geistwesens, das für das Licht arbeitet, gebeten. Die Scheibe, welche von den Fingerspitzen der zwei Personen, deren Augen im folgenden Schritt verbunden werden, nur leicht berührt wird, sollte sich fortlaufend vom einen Buchstaben zum nächsten bewegen und dadurch korrekte Wörter entstehen lassen. Sobald die Bewegung regelmässig geworden ist, werden die Augen aller Teilnehmer verbunden, mit Ausnahme der Person, die lautlos jeden Buchstaben notiert, welchen die Scheibe berührt hat. Um definitiv ausschliessen zu können, dass keiner der Teilnehmer das Resultat beeinflussen kann, dreht die Person, welche die Buchstaben notiert, die Scheibe mehrmals, damit die Teilnehmer, deren Augen verbunden sind, nicht einmal erraten könnten, wo sich welche Buchstaben befinden. Nur dann kann man zu hundert Prozent sicher sein, dass die Botschaft oder die Unterrichtung aus der geistigen Welt stammt.

Les Secrets

Die hier wiedergegebenen Secrets (aus dem Französischen, deutsch «Geheimnisse») stammen aus Abt Julios Werk «Prières Merveilleuses – Pour la guérison de toutes les maladies physiques et morales» (deutsch: «Wunderbare Gebete – Für die Heilung aller körperlicher und psychischer Krankheiten»).

SECRET GEGEN VERBRENNUNGEN JEGLICHER ART – GEBET AN ST. LORENZ

Blasen Sie drei Mal in Kreuzform († von oben nach unten, von links nach rechts) auf die Verbrennung und sprechen Sie:

† Oh grosser Sankt Lorenz,
Im sengenden Flammenmeer,
Immer wieder auflodernd,
Kanntest Du kein Leid.
† Verschone mich,
Dass dieses Feuer vergehe:
† Feuer Gottes, verliere Deine Hitze,
Wie Judas sein Bekenntnis verlor,
Als er, aus jüdischem Eifer,
Jesus im Olivengarten verriet.

Originaltext (französisch):
† Ô grand Saint Laurent,
Sur un brasier ardent
Tournant et retournant,
Vous n'étiez pas souffrant.
† Faites-moi la grâce
Que cette ardeur se passe :
† Feu de Dieu, perds ta chaleur,
Comme Judas perdit sa couleur,
Quand il trahit, par passion juive,
Jésus au Jardin des Olives.

Danach fünf Mal das Vaterunser und das Ave Maria beten.

Vaterunser:

Vater unser im Himmel,
Geheiligt werde Dein Name.
Dein Reich komme.
Dein Wille geschehe, wie im Himmel so auf Erden.
Unser tägliches Brot gib uns heute.
Und vergib uns unsere Schuld,
Wie auch wir vergeben unsern Schuldigern.
Und führe uns nicht in Versuchung,
Sondern erlöse uns von dem Bösen.
Amen

Ave Maria:

Gegrüsset seist Du, Maria, voll der Gnade,
Der Herr ist mit Dir.
Du bist gebenedeit unter den Frauen,
Und gebenedeit ist die Frucht Deines Leibes, Jesus.
Heilige Maria, Mutter Gottes,
Bitte für uns Sünder,
Jetzt und in der Stunde unseres Todes.
Amen

SECRET GEGEN WUNDEN ODER KRANKHEITEN JEGLICHER ART

Blasen Sie in Kreuzform († von oben nach unten, von links nach rechts) auf die betroffene(n) Stelle(n) und sprechen Sie:

† Im Namen Jesu,
† und im Namen seines Gehilfen Jean Sempé,
Übel, quäle mich nicht weiter.
† Im Namen Jesu, dies ist mein Wille und ich gebiete es Dir:
Verschwinde, kehr zurück, woher Du kommst und bleib für immer dort.
So sei es!
† Übel, wer auch immer Du bist, woher auch immer Du kommst,
was auch immer Dein Wesen oder Dein Grundsatz ist, ich gebiete
Dir im Namen Jesu,
dem alles gehorcht im Himmel,
auf Erden und bis in die Unterwelten,
(Name der Person) zu verlassen, dieses Geschöpf Gottes hier zugegen.
Ich gebiete es Dir, im Namen † des Vaters, † und des Sohnes,
† und des Heiligen Geistes.
So sei es!

Originaltext (französisch):
† Au nom de Jésus,
† et au nom de son serviteur Jean Sempé,
Mal, cesse de me faire souffrir.
† Au nom de Jésus, je le veux et je te le commande :
Va-t'en, retourne d'où tu viens et restes-y toujours.
Ainsi soit-il !
† Mal, qui que tu sois, d'où que tu viennes, quel que soit
ta nature ou ton principe, je t'ordonne au Nom de Jésus,
à qui tout obéit au ciel,
sur la terre et jusque dans les enfers,
de quitter (nom de la personne)
cette créature de Dieu ici présente.
Je te l'ordonne, au Nom † du Père, † et du Fils,
† et du Saint-Esprit.
Ainsi soit-il !

SECRET GEGEN ZAHNSCHMERZEN

Blasen Sie dreimal in Kreuzform († von oben nach unten, von links nach rechts) auf die betroffene Wange und sprechen Sie:

Heilige Apollonia, Musisch und göttlich,
Ruhte am Fusse eines Baums,
Auf dem weissen Marmorstein.
Jesus, unser Retter,
Kam dort vorbei dank glücklicher Fügung,
Und sprach zu ihr: Apollonia Wer macht Dich denn traurig?
Ich weile hier, Göttlicher Meister,
Aus Schmerz, und nicht aus Kummer:
Ich bin hier für mein Haupt, für mein Blut
Und für meine Zahnschmerzen.
Jesus sprach zu ihr: Apollonia ist stetig in ihrem Glauben:
† Auf mein Gebot, oh Leiden, weiche!
† Wenn es Blut ist, so wird es trocknen;
† Wenn es ein Wurm ist, so wird er sogleich sterben.

Originaltext (französisch):
Sainte Apolline, Belle et divine,
Était assise au pied d'un arbre,
Sur la blanche pierre de marbre.
Jésus, notre Sauveur,
Là passant par bonheur,
Lui dit : Apolline Qui donc te chagrine ?
Je suis ici, Maître Divin,
Pour douleur, et non pour chagrin :
J'y suis pour mon chef, pour mon sang
Et pour mon mal de dents.
Jésus lui dit : Apolline a la foi :
† Sur ma parole, ô mal, détourne-toi !
† Si c'est goutte de sang, elle séchera ;
† Si c'est un ver, aussitôt il mourra.

Danach fünf Mal das Vaterunser und das Ave Maria beten, in Andacht an die fünf Wunden des Retters.

Impressum

Text: Mahãn Hannes Jacob
Lektorat: Werd & Weber Verlag
Korrektorat: Anja Rüdin, Werd & Weber Verlag
Satz und Umschlaggestaltung: Virginie Angéloz und Werd & Weber Verlag
Bildbearbeitung: Adrian Aellig, Werd & Weber Verlag

ISBN 978-3-03922-032-8
www.werdverlag.ch
www.weberverlag.ch

myclimate neutral Drucksache